사도행전 속로

제5권 내가 보내었느니라

사도행전 속으로
Into the Acts
5. I Have Sent

지은이 이재철
펴낸곳 주식회사 홍성사
펴낸이 정애주
국효숙 김의연 박혜란 손상범
송민규 오민택 임영주 차길환

2011. 11. 24. 초판 발행   2024. 5. 24. 7쇄 발행

등록번호 제1-499호 1977. 8. 1.
주소 (04084) 서울시 마포구 양화진4길 3 전화 02) 333-5161 팩스 02) 333-5165
홈페이지 hongsungsa.com 이메일 hsbooks@hongsungsa.com
페이스북 facebook.com/hongsungsa
양화진책방 02) 333-5163

ⓒ 이재철, 2011

• 잘못된 책은 바꿔 드립니다. • 책값은 뒤표지에 있습니다.

ISBN 978-89-365-0889-0 (04230)
ISBN 978-89-365-0531-8 (세트)

속으로 사도행전

5 내가 보내었느니라

사도행전 10장

이재철

홍성사

서문
참된 교회를 그리며

저는 주일예배 시간에 늘 '순서설교'를 합니다. 순서설교는 제가 만든 용어로, 문자 그대로 성경을 순서대로 설교하는 것입니다. 강해설교도 성경의 순서를 따르지만 일반적으로 본문을 넓게 잡기에 각 구절에 대한 비중이 떨어지기 쉽습니다. 그러나 순서설교는 본문을 한두 구절씩 짧게 잡는 것이 특징입니다. 그러다 보니 성경 가운데 책 한 권의 설교를 끝내기 위해서는 상당한 햇수가 필요합니다. 그런데도 제가 목회를 시작한 이래 20여 년 동안 계속 순서설교를 해온 까닭이 있습니다. 1년에 주일은 52일밖에 없습니다. 그러므로 목회자가 한 교회에서 평생 목회해도 주일예배 시간에 성경 66권의 내용을 모두 심도 있게 설교하는 것은 물리적으로 불가능합니다. 주일예배는 물론이고 새벽 기도회, 수요 성경공부, 구역 성경공부 등에 빠짐없이 참석하는 교인은 예외겠지만, 주일예배에만 참석하는 대다수 교인은 결국 일주일에 한 번 설교자가 선호하거나 의도하는 구절에 대한 설교만 듣게 됩니다. 그렇게 해서는 하나님의 말씀이신 성경 전체를 바르게 이해하고 세상에서 하나님의 말씀을 좇아 사는 것은 지극히 어려운 일입니다. 그와 같은 단점을 보완하기 위해 매 주일 본문 구절의 깊이와 성경 전체의 넓이를 동시에 추구하자는 것이 순서설교입니다. 다시 말해 주일마다 각 구절을 깊이 있게 다루면서, 그 깊이만큼 해당 구절을 창으로 삼아 성경 전체를 들여다보고, 예배가 끝난 뒤에는 그 구절을 안경으로 쓰고 일주일 동안 세상에서 살자는 것입니다.

성경은 창세기부터 요한계시록까지 거미줄보다 더 정교하고 치밀하게 얽혀 있습니다. 그리고 성경 각 구절은 그 전체를 들여다보는 신비로운 창입니다. 똑같은 풍경도 창의 모양과 색깔에 따라 다르게 보이듯이, 성경을 들여다보는 창이 많고 다양할수록 성경 전체에 대한 이해가 더 깊어지고 넓어지기 마련입니다. 제가 순서설교를 선호하는 까닭이 여기에 있습니다. 구약성경의 초점이 '오실 예수'에, 신약성경의 초점이 '오신 예수'에 맞추어져 있기에, 즉 성경 전체의 초점이 '오직 예수' 한 분이시기에 순서설교와 절기설교는 상충하지 않습니다. 성경의 모든 구절이 예수님을 들여다보기 위한 창이기 때문입니다. 특정 절기와는 무관해 보이는 구절로 그 절기를 묵상함으로써 오히려 성경의 오묘함을 더 깊이 확인할 수 있습니다.

100주년기념교회 주일예배 설교 텍스트로 사도행전을 선택한 데엔 두 가지 이유가 있습니다. 저의 첫 목회지였던 '주님의교회'에서 요한복음 순서설교를 끝으로 10년 임기를 마친 것이 첫 번째 이유입니다. 목회의 장소와 형태 그리고 목적은 달라져도 목회의 영속성이 단절되는 것은 아니기에 요한복음에 이어 사도행전을 선택하였습니다. 두 번째 이유는 100주년기념교회로 저를 불러내신 주님께서 제게 부여하신 소명이 한국 교회의 출발점인 양화진외국인선교사묘원 묘지기이기 때문입니다. 이미 출판된 요한복음 설교집 〈요한과 더불어〉의 주제가 '주님과 동행'이라면 〈사도행전 속으로〉의 주제는 복음의 결과인 '교회 되기'이므로, 한국 교회의 출발점인 양화진에서 사도행전을 통해 참된 교회의 의미를 되새기기 위함입니다. 2005년 7월 10일 100주년기념교회 창립과 동시에 사도행전 1장 1절부터 순서설교를 시작한 이래 만 5년을 맞는 현재에도 사도행전을 계속 설교하고 있습니다. 주님께서 제 건강과 여건을 허락하신다면, 100주년기념교회에서 목회하는 동안 사도행전 순서설교를 끝내는 것이 제 소박한 바람입니다.

 부족하기 짝이 없는 사람을 늘 변함없이 당신의 도구로 사용해 주시는 주님께 감사드릴 뿐입니다.

2010년 7월 양화진에서

이재철

차례

서문_ 참된 교회를 그리며 5

사도행전 10장

1. 고넬료라 하는 사람 (행 9:43-10:8) 13
2. 제구 시쯤 되어 (행 10:1-8) 25
3. 네 기도와 구제가 상달되어 37
4. 베드로라 하는 시몬 50
5. 경건한 사람 63
6. 욥바로 보내니라 75
7. 이튿날 (행 10:9-23) 87
8. 내가 보내었느니라 99
9. 그들이 대답하되 111
10. 말을 들으려 123
11. 유숙하게 하니라 100주년기념교회 창립 3주년 기념 주일 136
12. 어떤 형제들도 (행 10:17-23) 149
13. 모아 기다리더니 (행 10:24-29) 161
14. 나도 사람이라 172
15. 사양하지 아니하고 I 184
16. 사양하지 아니하고 II 197
17. 무슨 일로 208

18. 명하신 모든 것을 (행 10:30-33) 220
19. 다 하나님 앞에 232
20. 다 받으시는 줄 (행 10:34-43) 244
21. 화평의 복음 256
22. 갈릴리에서 268
23. 마귀에게 눌린 모든 사람을 280
24. 죽였으나 다시 살리사 종교개혁 주일 293
25. 미리 택하신 증인 306
26. 재판장과 죄사함 319
27. 성령이 말씀 듣는 사람에게 (행 10:44-48) 감사 주일 331
28. 세례를 베풀라 대림절 첫째 주일 343
29. 며칠 더 머물기를 대림절 둘째 주일 357

부록

새것이 되었도다 성탄 축하 예배 369

일러두기

*〈사도행전 속으로〉 제5권은 2008년 4월 6일부터 2008년 12월 7일까지 100주년기념교회 이재철 목사가 주일예배에서 설교한 내용을 묶어 낸 것입니다.
*본문에 인용한 성경 구절은 개역개정판 성경을 기본으로 하였고, 그 외의 역본을 따랐을 경우 별도 표기 하였습니다.
*본문에 인용한 찬송가는 새찬송가를 기본으로 하였습니다.

사도행전 10장

고넬료는 베드로로부터
베드로의 말을 들으려 하지 않았습니다.
그는 베드로로부터
살아 계신 하나님의 레마를 듣기 원했습니다.

1. 고넬료라 하는 사람

사도행전 9장 43절-10장 8절
베드로가 욥바에 여러 날 있어 시몬이라 하는 무두장이의 집에서 머무니라 가이사랴에 **고넬료라 하는 사람**이 있으니 이달리야 부대라 하는 군대의 백부장이라 그가 경건하여 온 집안과 더불어 하나님을 경외하며 백성을 많이 구제하고 하나님께 항상 기도하더니 하루는 제구 시쯤 되어 환상 중에 밝히 보매 하나님의 사자가 들어와 이르되 고넬료야 하니 고넬료가 주목하여 보고 두려워 이르되 주여 무슨 일이니이까 천사가 이르되 네 기도와 구제가 하나님 앞에 상달되어 기억하신 바가 되었으니 네가 지금 사람들을 욥바에 보내어 베드로라 하는 시몬을 청하라 그는 무두장이 시몬의 집에 유숙하니 그 집은 해변에 있다 하더라 마침 말하던 천사가 떠나매 고넬료가 집안 하인 둘과 부하 가운데 경건한 사람 하나를 불러 이 일을 다 이르고 욥바로 보내니라

'믿음'을 한마디로 표현하면 생각과 마음을 고쳐먹는 것입니다. 그리스도인이 현재의 자신과 되어져야 할 자신 사이에 통합을 이룬다는 것 역시 현재의 생각과 마음을 버리고, 되어져야 할 존재로서의 생각과 마음을 지니

는 것입니다. 다시 말해 예수 그리스도 안에서 이미 하나님의 자녀가 된 사람다운 생각과 마음으로 살아가는 것입니다. 그러므로 주님을 믿는다면서도 주님의 말씀 안에서 생각과 마음을 고쳐먹으려 하지 않는다면, 그 사람은 자신이 하나님의 자녀가 되었다는 사실을 믿지 않거나 인식하지 못한 사람입니다. 우리가 생각과 마음을 고쳐먹기에 우리에게 구원이 임하고 하나님의 자녀가 되는 것이 아닙니다. 우리가 예수 그리스도 안에서 이미 구원 얻은 하나님의 자녀가 되었기에, 그에 걸맞은 생각과 마음으로 살아가는 것입니다. 바꾸어 말하면 그리스도인이 생각과 마음을 고쳐먹는 것은 그것이 구원의 조건이어서가 아니라, 주님의 은혜 속에서 그저 얻은 구원의 결과이기 때문입니다. 중요한 사실은 한 사람이 생각과 마음을 고쳐먹는 것은 그 당사자의 일로 끝나지 않고, 그로 인해 세상이 고쳐지게 된다는 것입니다. 그리스도 안에서 생각과 마음을 고쳐먹은 사람을 통해 주님께서 친히 세상을 고치시기 때문입니다.

본문 9장 43절을 보겠습니다.

> 베드로가 욥바에 여러 날 있어 시몬이라 하는 무두장이의 집에서 머무니라.

베드로는 욥바에서 죽은 다비다를 기도로 살렸습니다. 그렇다면 욥바의 그리스도인들 가운데, 그 위대한 능력의 사도 베드로를 자기 집에 모시기 원하는 사람들이 얼마나 많았겠습니까? 그런데도 베드로는 무두장이 시몬의 집을 자신의 유숙지로 정했습니다. 지난 시간에 말씀드린 것처럼 유대인들은 가죽 제조 기술자인 무두장이를 최하층 천민으로 간주하여 인간으로 취급하지 않음은 물론이요, 아예 상종조차 하지 않았습니다. 무두장이는 가

죽을 얻기 위해 죽은 짐승의 부정한 시체를 다루기에 무두장이 자체가 부정한 인간이요, 그 부정한 무두장이의 손에 닿는 모든 것이 부정해지기에, 무두장이와 관계를 맺는 것은 곧 자기 자신을 부정하게 하는 행위였기 때문이었습니다. 그래서 본문 10장 6절은 무두장이 시몬의 집이 해변에 있었음을 밝혀 주고 있습니다. 시몬은 어부가 아니었습니다. 그럼에도 무두장이 시몬의 집이 해변에 위치할 수밖에 없었던 것은 가죽 제조 과정에서 발생하는 폐수를 버리기 용이하다는 현실적인 이유를 넘어, 모든 사람들로부터 배척당한 무두장이 시몬이기에 어쩔 수 없이 외딴 바닷가에 떨어져 혼자 살아야만 했기 때문입니다.

희한한 것은 무두장이를 그토록 부정하게 여겨 무두장이의 손에 닿는 모든 것마저 부정하게 간주하던 유대인들이, 그 부정한 무두장이의 부정한 손에 의해 만들어진 가죽 제품만은 전혀 부정하게 여기지 않고, 도리어 귀중품으로 다루었다는 사실입니다. 그것은 이율배반적인 자기모순이었지만 유대인들은 그것이 모순이라는 사실 자체를 자각하지 못했습니다. 그런데 위대한 사도 베드로가 자신을 모시려는 사람들의 청을 마다하고 무두장이의 집에서 여러 날을 머물렀습니다. 유대인들이 상상조차 할 수 없는 일을 같은 유대인인 베드로가 행한 것이었습니다. 그것은 베드로가 자기모순을 극복하고 자기 통합을 이루었기 때문이라고 지난 시간에 말씀드렸습니다. 다시 말하면, 그리스도 안에서 베드로가 생각과 마음을 고쳐먹은 것이었습니다. 무두장이를 부정하게 간주하여 인간 이하로 취급하는 것은 유대인들의 그릇된 관념이었을 뿐, 그리스도 안에서 그리스도의 마음과 그리스도의 관점으로 볼 때 무두장이 역시 하나님의 형상으로 지음 받은 하나님의 피조물이요, 하나님의 피조 세계를 위하여 땀 흘려 일하는 하나님의 백성이요, 사랑해 마땅한 이웃이자 형제였던 것입니다. 그래서 베드로는 거리낌 없이, 그리고 기꺼이 무두장이의 집을 자신의 유숙지로 삼았습니다.

이처럼 베드로 한 사람이 무두장이에 대하여 생각과 마음을 고쳐먹은 것이 당시 사회에 얼마나 큰 영향을 미쳤으면, 베드로가 무두장이의 집에서 잠을 잤다는 사실을 성경이 굳이 밝히면서 강조하고 있겠습니까? 무두장이의 집에서 유숙한 위대한 사도 베드로로 인해 무두장이에 대한 사회적 인식이 달라지지 않았겠습니까? 베드로로 인해 인간의 신분과 직업에 대한 그릇된 계급의식이 타파되는 물꼬가 트이지 않았겠습니까? 그러나 베드로 한 사람이 생각과 마음을 고쳐먹은 결과는 그것으로 그치지 않았습니다.

> 가이사랴에 고넬료라 하는 사람이 있으니 이달리야 부대라 하는 군대의 백부장이라(1절).

사도행전 10장은 주님의 섭리 속에서 베드로가 가이사랴의 백부장 고넬료에게 복음을 전하는 내용입니다. 무두장이 시몬이 비록 유대인들로부터 인간 취급을 받지 못했지만, 혈통적으로는 그 역시 엄연한 유대인이었습니다. 그러나 가이사랴의 고넬료는 이방인이었습니다. 선민의식에 젖어 있던 유대인들은 이방인을 신앙적으로는 짐승처럼 여겼습니다. 그런데 유대인인 베드로가 이방인 고넬료에게 복음을 전한 것입니다. 이제 앞으로 계속 살펴보겠지만, 베드로 한 사람이 생각과 마음을 고쳐먹은 것은 유대인 세계는 말할 것도 없고 이방인 세계에까지 영향을 미쳤습니다. 한 사람이 생각과 마음을 고쳐먹는 것이 얼마나 큰 결과를 낳는지를 보여 주는 좋은 예가 아닐 수 없습니다.

이것은 단순히 성경 속의 이야기만은 아닙니다. 언제 어디서나 한 사람이 그리스도 안에서 생각과 마음을 고쳐먹을 때, 그로 인해 세상의 병든 부분이 고쳐졌다는 것은 2천 년 교회사가 증명해 주고 있습니다. 물론 우리나라도 예외가 아닙니다.

이곳 양화진에 묻혀 있는 분들 가운데 무어S. F. Moore 선교사가 있습니다. 1892년 32세의 나이로 조선 땅을 밟은 무어 선교사는 현재의 소공동 롯데호텔 자리인 곤당골에, 새문안교회 다음으로 두 번째 장로교회인 곤당골교회를 세웠습니다. 그리고 교회 안에 예수학당을 열어 조선인 교육에도 힘을 기울였습니다. 예수학당의 학생들 가운데 봉주리라 불리는 학생이 있었는데, 그 학생은 백정白丁 박 씨의 아들이었습니다. 당시 조선 사회에서 인간으로 취급받지 못하던 백정에게는 이름이 없고 단지 성만 있었습니다. 어느 날 봉주리로부터 아버지가 장티푸스에 걸려 죽게 되었다는 소식을 접한 무어 선교사는 백정 박 씨를 문병하였습니다. 그리고 의사였던 에비슨O. R. Avison 선교사를 데리고 가서 백정 박 씨를 치료하게 했습니다. 후에 세브란스병원을 설립한 에비슨 선교사는 당시 고종 황제의 주치의였습니다. 수차례에 걸친 에비슨의 왕진으로 백정 박 씨는 깨끗하게 완쾌되었습니다. 박 씨는 사람들이 인간으로 취급조차 하지 않는 자신을 무어 선교사와 왕의 주치의가 관심을 갖고 치료해 준 데 감격해서 곤당골교회에 나가게 되었습니다. 무어 선교사가 백정 박 씨를 환대하였음은 말할 것도 없고, 그에게 박성춘이란 이름도 지어 주고 세례까지 베풀어 주었습니다.

그러나 백정 박성춘으로 인해 곤당골교회에 말썽이 일어났습니다. 양반 교인들이 백정과는 함께 예배를 드릴 수 없다며, 무어 선교사에게 백정을 내보낼 것을 요구하면서 교회 출석을 거부한 것입니다. 무어 선교사는 다 같은 하나님의 자녀로서 그것은 옳지 않은 일이라고 만류했지만 소용없었습니다. 약 한 달 뒤 양반 교인 대표가 무어 선교사를 찾아와 양반들의 자리를 예배당 앞쪽에 별도로 마련해 주고, 그 뒤로 백정을 앉게 하면 교회에 다시 나오 겠다고 제의하였습니다. 그러나 무어 선교사는 교회에서 그런 차별은 있을 수 없다며 거절하였습니다. 그러자 양반 교인들은 아예 곤당골교회와 결별 하고, 양반을 위한 홍문동교회를 따로 세워 나갔습니다. 그 일로 가장 난처해진 사람은 백정 박성춘이었습니다. 자기로 인해 교회가 분열되면서 대부분의 교인들이 나가 버렸기 때문입니다. 박성춘은 교회의 빈자리를 메우기 위해 무어 선교사의 도움 속에서 자신과 같은 백정들에게 전도하기 시작했습니다. 백정을 사람 취급해 주는 교회가 있다면서 서울은 말할 것도 없고 수원에 있는 백정들에게까지 전도하였고, 그 결과 사람들은 양반 교회였던 곤당골교회를 백정 교회라고 불렀습니다.

그 후에 곤당골교회에서 갈라져 나간 홍문동교회의 양반 교인들은 자신들의 잘못을 뉘우치고 무어 선교사에게 되돌아왔습니다. 그래서 양반 교회인 홍문동교회와 백정 교회인 곤당골교회가 합쳐져, 현재 인사동에 있는 승동교회의 전신인 홍문섯골교회가 세워지게 되었습니다. 그때가 1898년이었는데, 당시 100여 명의 교인 가운데 백정이 30여 명에 이르렀습니다. 몇 년 후 박성춘은 홍문섯골교회의 장로가 되었는데, 그 뒤에 왕손이었던 이재형도 장로가 되었습니다. 이를테면 백정과 양반과 왕족이 예수 그리스도 안에서 명실공히 한 지체가 되어 진정한 보편적 교회 universal church를 이룬 것이었습니다. 그것은 오직, 모든 인간은 그리스도 안에서 동등한 하나님의 자녀라는 무어 한 사람의 믿음으로 인함이었습니다.

그리고 박성춘을 포함한 백정들은 무어 선교사의 후원과 지도하에 백정 해방을 위하여 수차례에 걸쳐 조선 정부에 탄원서를 올렸습니다. 그리고 마침내 이 땅의 백정들은 해방의 감격을 맛보게 되었습니다. 백정들이 국민의 자격을 얻어 국민의 한 사람으로 민적民籍에 오를 수 있게 되었을 뿐 아니라, 양반들처럼 갓과 망건도 쓸 수 있게 되었고, 법률적으로 차별 없이 모든 사람들과 동등한 대우를 받게 되었습니다. 그것은 110년 전 조선 사회에서는 가히 혁명적인 일로서, 무어 선교사가 없었던들 불가능했을 일이었습니다. 그러므로 마르다 헌트리Martha Huntley 여사가 자신의 저서 《한국 개신교 선교 역사A History of the Protestant Mission in Korea》에서 무어 선교사의 백정 해방을 "세계를 뒤집어 놓은 사건turning the world upside down"으로 명명하면서, "링컨 대통령의 노예해방선언을 얻은 미국 흑인들의 기쁨은 한국 백정들의 기쁨보다 결코 더 크지 않았다"고 표현한 것은 전혀 과장이 아니었습니다.

남녀노소 빈부귀천을 막론하고 모든 사람에게 차별 없는 복음을 전하던 무어 선교사는, 1906년 장티푸스에 걸려 46세의 나이로 숨을 거두고 이곳 양화진에 묻혔습니다. 그가 조선 땅을 밟은 지 14년 만의 일이었습니다. 14년은 길지 않은 기간이라 할 수 있습니다. 그러나 그리스도 안에서 생각과 마음을 고쳐먹은 한 사람에 의해 사회의 한 부분이 새로워지는 데에는, 14년은 충분히 긴 세월이었습니다. 무어 선교사는 조선인이 아닙니다. 그는 조선과는 지구 반대편에 위치한 미국에서 태어난 미국인이었습니다. 그에게 당시의 조선은 이방이요, 조선인은 자신과는 아무 상관도 없는 이방인이었습니다. 그러나 그 한 사람의 미국인이 그리스도 안에서 생각과 마음을 고쳐먹자, 수백 년 동안 인간 이하로 간주되던 조선의 백정들이 해방되는 출애굽의 대역사가 조선 땅에서 일어났습니다.

그것은 당시 백정들의 세계에만 국한된 변화가 아니었습니다. 봉주리로 불리던 백정 박성춘의 아들 역시 박서양이란 어엿한 이름을 얻은 뒤, 세브란스 의대의 전신인 제중원의학교 1회 졸업생이 되어, 그 후 10년 동안 모교에서 설립자인 에비슨과 함께 교수로 재직하였습니다. 인간이 아닌 백정의

자식 역시 인간일 수 없었습니다. 그런데 인간이 아닌 백정의 아들이 사회의 지도자가 된 것입니다. 따라서 무어 선교사에 의한 백정 해방이 당시 조선 사회와 조선인의 의식에 얼마나 지대한 영향을 미쳤을 것인지는 능히 짐작할 수 있습니다.

무어 선교사의 묘는 양화진묘역 A구역에 있습니다. 한국전쟁 당시 총탄을 맞아 부분적으로 훼손된 무어 선교사의 묘비에는, "예수 그리스도의 충복 Dedicated Servant of Jesus Christ"이라는 글귀가 새겨져 있습니다. 그는 형식적인 그리스도인이거나, 명목상으로만 주님의 종이었던 것이 아니었습니다. 그는 문자 그대로 예수 그리스도의 충복忠僕이었습니다. 그는 자신을 구원해 주신 예수 그리스도 안에서, 예수 그리스도 때문에, 예수 그리스도를 힘입어, 생각과 마음을 고쳐먹은 그리스도인이었고, 고쳐먹은 생각과 마음으로 일평생 주님을 위한 삶으로 일관한 주님의 진정한 제자였기 때문입니다.

주님을 믿는다는 것은 주님을 믿는 그리스도인답게, 하나님의 자녀답게 생각과 마음을 고쳐먹는 것입니다. 그리고 그렇게 하는 사람은 신분, 직책, 직업, 학력, 경력, 연령, 국적, 재산 정도에 상관없이 누구든지 예수 그리스도의 충복이 될 수 있습니다. 주님께서 그 사람을, 병든 세상을 고치는 당신의 도구로 사용하시기 때문입니다. 그러나 인간이 얼마나 이기적이고 자기중심적입니까? 그 이기적이고 자기중심적인 생각과 마음을 인간이 고쳐먹는다는 것은 말처럼 쉬운 일이 아닙니다. 아니, 그보다 더 어려운 일이 없다고 해도 과언이 아닙니다. 그런데도 2천여 년 전 베드로는 어떻게 그리스도 안에서 생각과 마음을 고쳐먹고 무두장이를 해방시킬 수 있었겠습니까? 그리고 그로부터 2천여 년이 지난 뒤 미국인 무어는 또 어떻게 생각과 마음을 고쳐먹음으로 이 땅의 백정들을 해방시키는 출애굽의 대역사를 이룰 수 있었겠습니까? 우리는 이 질문에 대한 해답을 오늘의 본문을 통해 얻을 수 있습니다.

　이미 말씀드린 것처럼 사도행전 10장은, 욥바에 있던 베드로가 주님의 섭리 속에서 가이사랴의 백부장인 고넬료에게 복음을 전한 내용입니다. 가이사랴는 욥바의 북쪽에 위치한 도시입니다. 따라서 베드로가 가이사랴에 가게 된 것은, 그때 베드로가 마침 욥바에 체류 중이었기 때문임을 알게 됩니다. 대체 그때 베드로가 왜 욥바에 체류하고 있었습니까? 욥바의 다비다가 죽었을 때, 욥바의 그리스도인들이 베드로가 욥바의 인근 도시 룻다에 머물면서 중풍병자 애니아를 낫게 했다는 소문을 듣고 그를 욥바로 청했기 때문입니다. 본래 히브리파 유대인으로서 예루살렘을 넘어설 생각이나 엄두를 내지 못하던 베드로가 예루살렘을 넘어 룻다에는 또 어떻게 가게 되었습니까? 헬라파 유대인이었던 빌립 집사가 이방인의 피가 섞였다 하여 유대인들이 짐승처럼 여기던 북쪽 사마리아 사람들에게 복음을 전하고, 남쪽 광야 길에서 이방인 에티오피아 내시에게 세례를 베풀고, 서남쪽 아소도에서부터 서북쪽 가이사랴에 이르기까지 여러 성읍에서 복음을 전한 결과, 여러 곳에서 주님을 영접한 그리스도인들을 만나 보고 또 베드로 자신도 복음을 전하기 위함이었습니다.

　그렇다면 이렇게 생각해 보십시다. 헬라파 유대인이었던 빌립 집사가 예루살렘 밖에서 역사하는 복음의 능력을 확인시켜 주지 않았던들, 과연 히브리파 유대인이었던 베드로가 자발적으로 예루살렘을 넘어설 수 있었겠습니까? 베드로가 예루살렘을 넘어섰더라도 남쪽으로 내려갔다면 어떻게 되었겠습니까? 사도행전 9장 32절의 증언처럼 베드로가 사방으로 두루 다니다가 서북쪽에 있는 룻다에 이르렀기에 룻다의 인근 도시인 욥바에 갈 수 있었고, 욥바에 갔기 때문에 욥바의 북쪽에 위치한 가이사랴 고넬료에게까지

가서 복음을 전할 수 있었습니다.

그렇다면 가이사랴에 있는 고넬료의 입장에서 볼 때, 그것은 얼마나 신비스러운 주님의 섭리입니까? 빌립과 베드로의 행보 가운데 단 한 과정만 어긋났더라도 북쪽 가이사랴에 있던 고넬료는 베드로부터 복음을 전해 받지 못했을 것입니다. 주님께서 북쪽 가이사랴의 고넬료를 위해, 고넬료가 주님을 알기도 전에, 빌립과 베드로를 통하여 한 치의 오차도 없이 치밀하게 역사하시고, 주님께서 작정하신 때에 마치 핀셋으로 집어내시듯 가이사랴의 고넬료를 정확하게 구원해 내셨습니다. 그 사실을 나중에 알게 되었을 때, 고넬료가 자신을 구원하신 주님의 그 신묘막측神妙莫測한 은혜 속에서 구원받은 그리스도인답게 생각과 마음을 고쳐먹지 않았겠습니까? 신비로운 주님의 구원의 도구로 쓰임 받은 베드로는 또 어떠했겠습니까?

베드로는 본래 갈릴리의 무식한 어부가 아니었습니까? 그러나 주님의 제자로 부르심 받는 은총을 입고서도 계속 실수 연발이었지 않습니까? 이 땅을 떠나 승천하시는 주님으로부터 예루살렘을 넘어 유대와 사마리아를 거쳐 땅끝까지 이르러 주님의 증인이 되라는 명령을 분명히 받았음에도, 히브리파 유대인인 자신의 한계로 인해 예루살렘만을 고수하고 있지 않았습니까? 그러나 주님께서 헬라파 유대인인 빌립 집사를 통해 베드로에게 예루살렘 밖에서 역사하는 복음의 능력을 확인시켜 주심으로 베드로가 예루살렘을 넘어서게 하시고, 그가 가는 곳마다 생명의 역사가 일어나게 하셨습니다. 주님의 그 오묘한 역사를 자신의 삶으로 체험한 베드로가, 어찌 주님을 위해 자신의 마음과 생각을 고쳐먹지 않을 수 있었겠습니까?

그렇습니다. 주님을 믿는다면서도 주님의 말씀과 능력보다 자신을 더 신뢰하는 사람은 절대로 자신의 생각과 마음을 고쳐먹을 수 없습니다. 그 사람에게는 자기 생각과 마음보다 더 확실하고 구체적인 것은 없기 때문입니다. 그러나 자신을 구원하신 주님의 은혜가 얼마나 신묘막측한지 아는 사람은, 미천한 자신을 통해 주님께서 얼마나 오묘하게 역사하시는지 깨달은 사람은, 자신을 구원해 주신 주님 안에서 생각과 마음을 고쳐먹을 수밖에 없습니다. 주님의 신묘막측한 은혜를 아는 사람에게 인간의 생각과 마음은 한낱 물거품에 지나지 않기 때문입니다.

사랑하는 교우 여러분!

갈릴리의 무식한 어부 베드로를 위대한 사도 베드로로 불러내신 주님께서 당신의 신묘막측한 은혜로 한 치의 오차도 없이 치밀하게 역사해 주셨기에, 오늘 우리가 그리스도인으로 이 자리에 앉아 있게 되었음을 믿으십니까? 지나간 우리의 삶 속에 단 한 사건, 단 한 과정만 어긋났더라도, 오늘 우리가 이 자리에 있을 수는 없었음을 알고 계십니까? 그렇다면 우리 모두 지금부터 생각과 마음을 고쳐먹는 그리스도인이 되십시다. 주님을 믿는다는 것, 주님을 좇아 산다는 것, 하나님의 자녀로 살아간다는 것은 언제 어디서나, 어떤 상황 속에서나, 그리스도 안에서 생각과 마음을 고쳐먹고, 고쳐먹은 생각과 마음으로 주님을 위해 초지일관하는 것임을 잊지 마십시다. 그때 우리는 세상의 병든 곳을 고치는, 예수 그리스도의 진정한 충복이 될 것입니다. 주님께서 우리를 통해 이 시대의 무두장이와 백정을 해방시키실 것이기 때문입니다.

우리가 주님을 알기도 전에, 주님께서 우리를 먼저 택해 주셨습니다. 그리고 마치 핀셋으로 우리를 집어내듯 우리를 구원해 주시기 위해, 지나간 우리의 삶 속에서 수많은 일들을 꾸미시고, 많은 사람들을 동원하셨습니다. 그 모든 과정 가운데서 단 한 과정만 어긋났더라도, 우리가 구원받은 그리스도인으로 이 자리에 앉아 있지는 못할 것입니다. 그래서 우리가 그리스도인 되었음이 기적 중의 기적임을 깨달으며, 우리 모두 사도 바울처럼 고백하지 않을 수 없습니다.

"하나님의 부유하심은 어찌 그리 크십니까? 하나님의 지혜와 지식은 어찌 그리 깊고 깊으십니까? 그 어느 누가 하나님의 판단을 헤아려 알 수 있으며, 그 어느 누가 하나님의 길을 더듬어 찾아낼 수 있겠습니까?"(롬 11:33, 새번역).

주님께서 이처럼 신묘막측한 은혜로 우리를 구원해 주셨으니, 이제 우리 모두 주님 안에서, 주님 때문에, 주님을 힘입어, 그리스도인답게 우리의 생각과 마음을 고쳐먹게 하옵소서. 주님을 믿는다는 것도, 주님을 따른다는 것도, 그리스도 안에서 생각과 마음을 고쳐먹는 것이요, 한 사람이 생각과 마음을 고쳐먹음으로 이 세상의 한 부분이 고쳐짐을 잊지 말게 하옵소서. 인생의 봄을 맞았다고 교만에 빠지지 않고, 인생의 겨울이라고 절망하지 않으며, 언제 어디서나, 어떤 상황 속에서나, 주님 안에서 고쳐먹은 생각과 마음으로 초지일관하게 살아가는 주님의 충복이 되게 하옵소서.

그리하여 우리 모두 이 사회의 무두장이와 백정을 해방시키는, 우리 시대의 베드로와 무어로 살아가게 하옵소서. 아멘.

2. 제구 시쯤 되어

사도행전 10장 1-8절
가이사랴에 고넬료라 하는 사람이 이달리야 부대라 하는 군대의 백부장이라 그가 경건하여 온 집안과 더불어 하나님을 경외하며 백성을 많이 구제하고 하나님께 항상 기도하더니 하루는 **제구 시쯤 되어** 환상 중에 밝히 보매 하나님의 사자가 들어와 이르되 고넬료야 하니 고넬료가 주목하여 보고 두려워 이르되 주여 무슨 일이니이까 천사가 이르되 네 기도와 구제가 하나님 앞에 상달되어 기억하신 바가 되었으니 네가 지금 사람들을 욥바에 보내어 베드로라 하는 시몬을 청하라 그는 무두장이 시몬의 집에 유숙하니 그 집은 해변에 있다 하더라 마침 말하던 천사가 떠나매 고넬료가 집안 하인 둘과 부하 가운데 경건한 사람 하나를 불러 이 일을 다 이르고 욥바로 보내니라

우리는 오늘로 7주째 베드로의 행적을 좇고 있습니다. 예루살렘으로부터 룻다를 거쳐 욥바에 이른 베드로는, 그곳에서 죽은 다비다를 살리는 주님의 도구로 쓰임 받았습니다. 그리고 사람들이 상종하기조차 꺼리는 무두장이 시몬의 집에서 유숙함으로써, 유대인들의 이율배반적인 이중성과 자기모

순으로부터 무두장이를 해방시켜 주었습니다. 오늘의 본문은 그 이후의 일을 전해 주고 있습니다.

먼저 1절을 보시겠습니다.

> 가이사랴에 고넬료라 하는 사람이 있으니 이달리야 부대라 하는 군대의 백부장이라.

가이사랴는 주전 25년부터 약 10년에 걸쳐 헤롯 대왕이 예루살렘 서북쪽 100여 킬로미터 지점의 해안에 세운 대규모의 신설 도시입니다. 헤롯 대왕은 그 도시에 자신을 유대 왕으로 임명해 준 로마 황제의 칭호인 카이사르 Caesar를 붙여 가이사랴Caesarea라고 명명하였습니다. 그 이후 가이사랴는 팔레스타인 지역에서 로마제국의 행정 중심 도시가 되어, 유대 총독 관저와 집무실이 있었고 많은 로마인들이 살았습니다. 한마디로 가이사랴는 이스라엘 땅에 있는 로마인의 도시라 말할 수 있었습니다.

그 가이사랴에 고넬료라는 사람이 살고 있었습니다. 그는 로마인으로만 구성된 이탈리아 부대의 백부장이었습니다. 당시 로마제국은 식민지에서 일어날 수 있는 소요나 폭동에 대비하기 위하여 로마인으로만 구성된 군대를 배치하곤 했습니다. 그러므로 가이사랴에 주둔하고 있던 이탈리아 부대의 백부장이었던 고넬료 역시 로마인이요, 유대인의 입장에서는 이방인이었음을 알게 됩니다. 백부장은 100명의 병사를 통솔하는 장교의 직함이었습니다.

그 고넬료에 대해 본문 2절은 다음과 같이 소개하고 있습니다.

> 그가 경건하여 온 집안과 더불어 하나님을 경외하며 백성을 많이 구제하고

하나님께 항상 기도하더니.

본 구절은 단 한 문장에 불과하지만, 고넬료가 하나님과 사람 앞에서 얼마나 신실하게 사는 사람이었는지를 생생하게 밝혀 주고 있습니다. 본 구절이 고넬료를 묘사하고 있는 단어들을 다시 보십시다. '경건하다', '하나님을 경외하다', '많이 구제하다', '항상 기도하다'— 여기에 다른 수식어를 덧붙이면 사족이 될 정도로 완벽한, 고넬료에 대한 단 한 문장의 평가입니다.

그러고 보면 사도행전 9장 32절 이후에 베드로가 거쳐 온 룻다와 욥바에서도 성경은 단 한 문장으로 사람을 소개하거나 평가하고 있음을 확인하게 됩니다.

거기서 애니아라 하는 사람을 만나매 그는 중풍병으로 침상 위에 누운 지 여덟 해라(행 9:33).

룻다의 애니아에 대한 단 한 문장의 설명입니다. 그러나 이 한 문장의 설명 앞에 다른 말이 필요치 않습니다. 이 한 문장만으로도 중풍병자 당사자인 애니아는 물론이요, 그의 가족을 포함하여 주위 사람들의 고통과 괴로움이 얼마나 컸을는지는 넉넉히 짐작할 수 있습니다. 그런가 하면 9장 36절은 또 이렇게 증언하고 있습니다.

욥바에 다비다라 하는 여제자가 있으니 그 이름을 번역하면 도르가라 선행과 구제하는 일이 심히 많더니.

욥바에 살던 주님의 여제자 다비다에 대한 설명도 단 한 문장으로 이루어져 있습니다. 그리스도의 제자로 살아가는 다비다를 설명하는데, '선행과 구제하는 일이 심히 많았다'라는 한 문장의 설명 외에 무슨 첨언이 또 필요하겠습니까?

이처럼 룻다의 애니아도, 욥바의 다비다도, 가이사랴의 고넬료도, 성경은 단 한 문장으로 그들을 소개하고 또 평가하고 있습니다.

이것은 그 세 사람에게만 국한된 이야기가 아닙니다. 이완용에게 어찌 장점이 없었겠습니까? 그에게 왜 재능이 없었겠습니까? 재능 없이 어떻게 고종 19년인 1882년, 과거에 급제할 수 있었겠습니까? 그러나 그에게 붙어 있는 단 한 문장의 내용이 무엇인지 우리는 잘 알고 있습니다―'나라를 팔아먹은 매국노.' 설령 그의 장점이 하늘을 찌르고 그의 재능이 바다를 가른다 한들, 이 한 줄의 문장 앞에서 대체 무슨 소용이 있겠습니까?

이완용이 자기 사욕을 위하여 나라까지 팔아먹으면서 이 땅의 주권과 평화를 유린하던 비슷한 시기에, 지구 반대편에서 국적을 초월한 인류애로 세계 평화를 위하여 헌신한 사람이 있었습니다. 1901년 노벨평화상을 수상한 스위스의 앙리 뒤낭Jean Henri Dunant이었습니다. 그에겐들 어찌 결점이 없었겠습니까? 그로부터 상처받은 사람이 왜 없었겠습니까? 1882년 이완용이 과거에 급제하기 이전에 앙리 뒤낭은 이미 아프리카의 알제리에서 제분 회사를 경영할 정도로 국제적인 사업 수완을 지니고 있었으니, 어찌 그의 마음이 천사 같기만 했겠습니까? 그러나 온 세계인이 그에게 부여한 단 한 문장―'국제 적십자운동의 아버지'란 단 한 줄의 평가 앞에서, 그의 모든 결함과 단점마저도 그의 아름다움과 장점으로 승화되었습니다.

과거의 인물, 그것도 역사적인 인물만 한 문장으로 표현되는 것이 아닙니다. 살아 있는 인간 역시 누구를 막론하고 예외 없이 단 한 문장으로, 심한 경우에는 단 한 단어로 표현됩니다.

여러분이 알고 있는 사람 가운데 아무나 한 명을 지금 여러분의 머릿속에 떠올려 보십시오. 여러분이 그 사람을 책 한 권 분량의 내용으로 기억하고 계십니까? 아니면 A4용지 한두 페이지의 분량입니까? 그렇지 않지 않습니까? 그 사람을 단 한 문장 혹은 한 단어로 기억하고 있지 않으십니까? 가령 누군가가 여러분에게, 여러분이 알고 있는 제3자에 대하여 그 사람이 어떤 사람이냐고 묻는다면 여러분은 어떻게 대답하십니까? 책 한 권의 분량으로, 혹은 A4용지 한두 페이지 분량으로 대답하시지는 않지 않습니까? '아, 걔? 사기꾼이야', '절대로 믿어서는 안 될 사람이야', '걔? 좋은 사람이야', '그 사람은 믿을 만한 사람이야', '아, 그분! 존경스러운 분이야', '그분은 정말 예수님 닮은 분이야.' 이처럼 여러분 역시, 여러분이 알고 있는 모든 사람을 단 한 문장이나 한 단어로 기억하고 평가하고 또 소개하시지 않습니까?

그렇다면 여러분을 알고 있는 사람들 역시 여러분을 단 한 문장이나 한 단어로 기억하고, 또 평가하고 있다는 사실을 알고 계십니까? 과연 여러분의 주위 사람들은 어떤 내용의 한 문장으로 여러분을 평가하고 있겠습니까? 그 해답은 그들이 아니라, 그동안 여러분이 추구해 온 여러분의 삶에 달려 있습니다. 그동안 여러분이 하나님과 사람 앞에서 참된 그리스도인으로 살아오셨다면, 여러분에 대한 단 한 문장의 평가는 분명히 긍정적인 내용일 것입니다. 그러나 불행히도 참된 그리스도인의 삶을 추구해 오지 않으셨다면, 여러분의 기대와는 달리 여러분에 대한 한 문장의 평가는 부정적 내용일 것임에 틀림없습니다.

잊지 마십시오. 우리가 이 세상에서 아무리 오래 살아도, 살아생전 아무리 많은 일을 한다 해도, 우리의 이력서에 페이지를 넘겨 가며 화려한 경력을 기술한다 해도, 세상 사람들은 단 한 문장으로 우리를 기억하고, 오늘 본문을 통해 확인할 수 있는 것처럼 하나님께서도 단 한 문장으로 우리의 일생을 평가하실 것입니다. 인생이란 그 짧은 한 문장의 평가를 위한 대장정이라 할 수 있습니다. 그렇다면 지금까지 어떤 삶을 살아왔든, 이제부터는 함부로 아무렇게나 살 수 없지 않겠습니까? 진정으로 그리스도인답게 살아야 하지 않겠습니까? 그래서 하나님과 세상 사람들로부터, '저 사람은 경건하여 온 가족과 더불어 하나님을 경외하고 사람을 많이 구제하고 하나님께 항상 기도하는 사람'이란 한 문장의 평가를 받을 때, 우리의 코끝에서 호흡이 멈추는 순간 후회함이 없지 않겠습니까?

본문 3-6절은, 살아생전 하나님으로부터 완벽한 한 문장의 평가를 받은 고넬료에게 하나님께서 어떤 은혜를 베푸셨는지를 밝혀 주고 있습니다.

> 하루는 제구 시쯤 되어 환상 중에 밝히 보매 하나님의 사자가 들어와 이르되 고넬료야 하니 고넬료가 주목하여 보고 두려워 이르되 주여 무슨 일이니이까 천사가 이르되 네 기도와 구제가 하나님 앞에 상달되어 기억하신 바가 되었으니 네가 지금 사람들을 욥바에 보내어 베드로라 하는 시몬을 청하라 그는 무두장이 시몬의 집에 유숙하니 그 집은 해변에 있다 하더라.

어느 날 고넬료가 환상을 보았습니다. 환상 속에 나타난 천사를 통해 하나님께서 고넬료에게 친히 말씀하신 것이었습니다. 내용인즉, 욥바의 해변에 위치한 무두장이의 집에서 유숙하고 있는 베드로를 청하라는 것이었습니다. 가이사랴에 주둔하고 있던 이방인 고넬료는, 유대인의 영향으로 온 가족과 더불어 하나님을 경외하고 구제를 행하며 항상 기도하는 경건한 사람이었지만, 그러나 아직 예수 그리스도의 복음을 접해 보지는 못한 사람이었습니다. 그래서 하나님께서는 그 경건한 고넬료가 생명의 복음을 접할 수 있게끔, 욥바에 있는 베드로를 청하도록 역사하신 것이었습니다.

> 마침 말하던 천사가 떠나매 고넬료가 집안 하인 둘과 부하 가운데 경건한 사람 하나를 불러 이 일을 다 이르고 욥바로 보내니라(7-8절).

고넬료는 그 직후 집안 하인 두 명과 경건한 부하 한 명, 도합 세 명을 불러 자초지종을 설명한 뒤 그들을 욥바에 있는 베드로에게 보냈습니다. 그때까지 고넬료는 베드로를 만난 적이 없음은 말할 것도 없고, 베드로의 이름조차 알지 못했습니다. 베드로가 가이사랴의 남쪽 욥바에 와 있다는 사실도 몰랐습니다. 욥바의 수많은 집들 가운데, 베드로가 해변의 무두장이 집에 유숙하고 있다는 것은 더욱 몰랐습니다. 게다가 예수 그리스도의 복음도 전혀 알지 못했습니다. 그런데도 하나님께서 고넬료로 하여금 환상을 통해 욥바의 베드로를 청하게 하시고 생명의 복음을 접하게 하신 것은 얼마나 신비스러운 역사입니까?

오늘 이 시간 우리가 주목하고자 하는 것은, 고넬료가 그 신비한 환상을 통해 하나님의 말씀을 들은 시각입니다. 본문 3절은 그때가 제9시였음을 밝혀 주고 있습니다. 2천 년 전 유대 시간으로 제9시는 요즈음 시간으로 오후 3시입니다. 오후 3시라면 대낮입니다. 일반적으로 사람들은 신비한 환상을 통해 하나님의 말씀을 들을 수 있는 시간은, 온 세상이 고요한 한밤중이거나 새벽일 것이라 생각합니다. 그러나 고넬료는 세상이 가장 분주하고 시끄러운 대낮에 환상을 통해 하나님의 말씀을 들었습니다.

고넬료는 직업이 없는 무직자가 아니었습니다. 시간을 자기 마음대로 사용할 수 있는 자유업 종사자도 아니었습니다. 그는 당시 세계에서 규율과 군기가 가장 엄격하던 로마 군대, 그것도 로마인으로만 구성된 최정예부대의 백부장이었습니다. 백부장은 병사 100명을 통솔하는 하급 장교에 불과했습니다. 그 고넬료에게 오후 3시는 근무시간이었습니다. 사사로이 근무지를 이탈할 수 있는 시간이 아니었습니다. 그러므로 고넬료가 오후 3시에 환상을 통해 하나님의 말씀을 들었을 때, 그가 그의 근무지에 있었을 것임은 두말할 나위가 없습니다. 사람들은 특정 장소와 특정 상황 속에서만 환상을 보거나 하나님의 음성을 들을 수 있다고 생각합니다. 그러나 고넬료는 자신의 근무지, 자신의 일터에서 환상을 통해 하나님의 말씀을 들었습니다.

9-11절을 보시겠습니다.

> 이튿날 그들이 길을 가다가 그 성에 가까이 갔을 그때에 베드로가 기도하려고 지붕에 올라가니 그 시각은 제육 시더라 그가 시장하여 먹고자 하매 사람들이 준비할 때에 황홀한 중에 하늘이 열리며 한 그릇이 내려오는 것을 보니 큰 보자기 같고 네 귀를 매어 땅에 드리웠더라.

고넬료가 욥바의 베드로를 청하기 위해 보낸 세 사람이 욥바에 가까이 이르렀을 때입니다. 그때 베드로가 마침 기도하기 위해 자신이 유숙하던 무두장이 집의 옥상으로 올라갔습니다. 그리고 그곳에서 기도하다가 베드로 역시 환상을 통해 하나님의 말씀을 들었습니다. 그 환상의 내용에 대해서는 해당 본문을 접할 때 상세하게 살펴보겠습니다. 베드로는 그때까지만 해도 예수 그리스도의 구원은 유대인에게만 국한된 것으로 생각하고 있었습니다. 하나님께서 베드로의 그 그릇된 생각을 깨뜨리시고, 베드로가 가이사랴의 이방인 고넬료에게 복음을 전하게끔 환상을 통해 베드로에게 친히 말씀하신 것이었습니다. 그런데 그때의 시간은 제6시였습니다. 요즈음 시간으로 낮 12시였습니다. 중동의 낮 12시는 태양이 가장 눈부시게 빛나는 시간입니다. 그 백주의 한낮에 베드로는 실내도 아닌 옥상에서, 경건한 사람의 집이 아니라 사람들이 부정하게 여기는 무두장이 집의 옥상에서, 환상을 통해 하나님의 음성을 들었던 것입니다.

그리고 창세기 18장 1절은 다음과 같은 내용을 전하고 있습니다.

> 여호와께서 마므레의 상수리나무들이 있는 곳에서 아브라함에게 나타나시니라 날이 뜨거울 때에 그가 장막 문에 앉아 있다가.

창세기 18장은 마므레에 있던 아브라함이 자신을 찾아오신 하나님을 만난 내용입니다. 그런데 자신의 장막 문 앞에 앉아 있던 아브라함이 하나님을 만난 시간은 '날이 뜨거울 때'였습니다. 중동의 뜨거운 태양이 작열하는 한낮이었다는 말입니다. 그때 아브라함은 기도하고 있지도 않았습니다. 환상 속에서 하나님을 만난 것도 아니었습니다. 아브라함은 백주의 한낮에 자신의 집 문 앞에서, 사람의 모습으로 자신을 찾아오신 하나님을 하나님으로 즉각 알아보았습니다.

이처럼 베드로와 고넬료가 소음이 가장 많고 사람들이 가장 분주한 낮 12시와 오후 3시에 사람들이 인간으로 취급조차 않던 무두장이의 집 옥상과 자신의 근무지에서 환상을 통해 하나님의 음성을 듣고, 아브라함이 태양이 작열하는 대낮에 자신의 집 문 앞에서 하나님을 직접 뵈었다는 것은, 특정 장소와 특정 시간 그리고 특정 상황 속에서만 하나님의 음성을 듣고 하나님을 만날 수 있다는 우리의 생각을 완전히 뒤집어엎고 있습니다. 그러나 오늘의 본문 앞에서 조금만 깊이 생각해 보면, 그와 같은 우리의 생각이 얼마나 터무니없는 착각인지를 알게 됩니다. 그것이야말로 하나님을 특정 장소와 특정 시간 그리고 특정 상황 속에 가두어 버리는, 지극히 비성경적이고 비신앙적인 편견이기 때문입니다.

삼위일체 하나님은 시간과 공간을 초월하시는 영이십니다. 그분은 특정 장소, 특정 시간, 특정 상황 속에 갇혀 계시는 분이 아니십니다. 그분은 우리 집 문 앞에도 계시고, 우리 집 옥상에도 계시고, 우리의 근무지에도 계십니다. 언제 어디서나 나와 함께하고 계십니다. 낮 12시에도 계시고, 오후 3시에도 계시고, 한밤중에도 계시고, 새벽에도 계십니다. 내가 깨어 있을 때에도 나와 함께 계시고, 내가 잠잘 때에도 내 곁에 계십니다. 그러므로 우리는 언제 어디서나 하나님의 음성을 들을 수 있고, 또 하나님을 뵐 수 있습니다. 그것이 불가능하다면 그것은 하나님의 문제가 아니라, 우리 자신의 문제일 뿐입니다.

한 교우님이 제게 보낸 편지 내용 가운데, 자신이 외국에서 유학할 때 경험한 감동적인 이야기가 있었습니다. 어느 날 건강하게 장수하는 할아버지의 인터뷰 장면을 시청하게 되었습니다. 아나운서가 그 할아버지에게 건강과 장수의 비결을 묻자, 그 할아버지가 이렇게 대답했습니다.

"나는 매일 아침 햇빛을 듣습니다."

얼마나 의미심장한 대답입니까? 사람들은 태양, 햇빛을 눈으로 보는 시각의 대상으로만 인식합니다. 그러나 그 할아버지는 햇빛을 단순히 시각의 대상만이 아니라 청각의 대상으로도 삼았습니다. 들으려 하지 않는 사람이 문제이지, 들으려 하는 사람에게 어떻게 햇빛의 소리가 들리지 않겠습니까? 날이 맑으면 맑은 대로, 흐리면 흐린 대로, 겨울에는 겨울인 대로, 여름에는 여름인 대로, 햇빛이 하는 말이 왜 들리지 않겠습니까? 매일 아침 햇빛을 듣는다는 것은, 아침마다 동터 오는 햇빛을 통해 우주 만물을 주관하시는 하나님의 음성에 귀 기울이며 산다는 말이 아니겠습니까? 아침마다 육신의 눈으로 볼 수 있는 것을 통해 보이지 않는 하나님의 말씀을 좇아 살아간다면, 그 삶이 영육 간에 즐겁고 평안할 수밖에 없지 않겠습니까?

아브라함은 하나님의 명령을 좇아 자신의 고향과 친척과 아버지의 집마저 떠나지 않았습니까? 베드로는 주님을 좇아 자신의 생업을 포기하지 않았습니까? 고넬료는 하나님을 경외하고, 하나님의 말씀을 좇아 많은 구제를 행하며, 하나님께 항상 기도하는 경건한 사람 아니었습니까? 그 세 사람의 공통점은, 그들 모두 하나님 중심으로 살았다는 것입니다. 그러니 그들이 온 세상이 분주한 시끄러운 대낮에 자기 집 문 앞과 무두장이의 집 옥상, 그리고 자신의 근무지에서 하나님의 말씀을 듣고 하나님을 뵐 수 있었다는 것은 너무나도 당연한 일이 아니겠습니까?

사랑하는 교우 여러분!

우리가 믿는 삼위일체 하나님은 특정 장소, 특정 시간, 특정 상황 속에 갇혀 있는 우상이 아닙니다. 삼위일체 하나님께서는 시간과 공간을 초월하여 무소부재하신 하나님이십니다. 그러므로 하나님을 듣고 보려는 사람은 언제 어디서나 하나님을 듣고 볼 수 있습니다. 매일 아침 동터 오는 햇빛 속에서, 저녁 하늘을 물들이는 석양 속에서, 겨우내 얼었던 땅을 헤집고 돋아나는 새싹을 통해, 지난 4월 9일 치러진 총선의 결과 속에서, 언제 어디서나 반드시 정의가 승리하는 인간의 역사 속에서, 자기 삶 속에서 자신의 의지와는 무관하게 되어지는 일들을 통해, 이 땅에서 일어나는 크고 작은 모든 사건들 속에서, 신문 기사 속에서, 사람들과의 만남 속에서, 하나님의 음성을 듣고 하나님을 만납니다.

하나님에 대해 그처럼 열린 귀와 눈을 지닐 때 우리는 문자로 기록된 성경 말씀의 깊은 뜻을 비로소 바르게 깨닫고 실천할 수 있을 것이요, 그 결과 사람들은 우리를 가리켜 단 한 문장으로 이렇게 평할 것입니다.

'저 사람은 진짜 예수쟁이다.'

룻다의 애니아도, 욥바의 다비다도, 가이사랴의 고넬료도, 한국의 이완용도, 스위스의 앙리 뒤낭도, 단 한 줄의 문장으로 기억되고, 또 평가받고 있습니다. 칠십 년을 살든, 팔십 년을 살든, 아니 백 년을 살든, 나를 스쳐 지나가는 모든 시간들은, 오직 단 한 줄의 문장으로 압축된다는 사실을 잊지 말게 하옵소서.

'내가 세상 끝 날까지 너희와 항상 함께 있으리라'고 약속하신 주님!

주님을 특정 장소, 특정 시간, 특정 상황에만 가두어 두는 어리석음을 더 이상 범치 말게 하옵소서. 아침 9시에도, 낮 12시에도, 오후 3시에도, 한밤중에도, 새벽 미명에도, 이 세상의 크고 작은 사건 속에서도, 바람소리 속에서도, 언제 어디서나 하나님의 음성을 듣는 귀와 하나님을 뵙는 눈을 허락하여 주옵소서. 그 눈과 귀로, 하나님께서 우리에게 문자로 주신 성경 말씀의 참의미를 바르게 깨닫고, 삶으로 실천하게 하옵소서.

그리하여 우리의 코끝에서 호흡이 멎는 순간 하나님과 세상 사람에 의해 우리의 일생이, '저 사람은 진짜 예수쟁이'라는 영광된 한 문장으로 요약되게 하옵소서. 아멘.

3. 네 기도와 구제가 상달되어

사도행전 10장 1-8절

가이사랴에 고넬료라 하는 사람이 있으니 이달리야 부대라 하는 군대의 백부장이라 그가 경건하여 온 집안과 더불어 하나님을 경외하며 백성을 많이 구제하고 하나님께 항상 기도하더니 하루는 제구 시쯤 되어 환상 중에 밝히 보매 하나님의 사자가 들어와 이르되 고넬료야 하니 고넬료가 주목하여 보고 두려워 이르되 주여 무슨 일이니이까 천사가 이르되 **네 기도와 구제가** 하나님 앞에 **상달되어** 기억하신 바가 되었으니 네가 지금 사람들을 욥바에 보내어 베드로라 하는 시몬을 청하라 그는 무두장이 시몬의 집에 유숙하니 그 집은 해변에 있다 하더라 마침 말하던 천사가 떠나매 고넬료가 집안 하인 둘과 부하 가운데 경건한 사람 하나를 불러 이 일을 다 이르고 욥바로 보내니라

구약성경 시편 102편에는 다음과 같은 표제가 붙어 있습니다.

고난당한 자가 마음이 상하여 그의 근심을 여호와 앞에 토로하는 기도.

인내의 한계를 초월하는 고난과 고통으로 마음이 찢어질 대로 찢어신 사람이, 자신의 괴로움을 하나님께 토해 내는 기도라는 의미입니다. 그리고 그 시인의 기도는 다음과 같이 시작되고 있습니다.

여호와여 내 기도를 들으시고 나의 부르짖음을 주께 상달하게 하소서 (시 102:1).

시인의 기도는 무엇보다도 먼저 자신의 기도가 하나님께 상달되기를 간구하는 것으로 시작되고 있습니다. 옛 사람들은 하나님께서 높은 곳에 계신다고 생각했습니다. 그래서 이 시인 역시, 위에 계신 하나님께 자신의 기도가 이르러 하나님께서 그 기도를 들어주시기를 간구하는 마음으로 '상달上達'이란 표현을 사용하였습니다. 그런데 이 시인이 자신의 기도가 하나님께 상달되기를 간구했다는 것은, 인간의 기도 가운데에는 하나님께 상달되지 않는 기도도 있다는 사실을 그가 잘 알고 있었음을 의미합니다.

잠언 1장 27-28절을 통한 하나님의 말씀입니다.

너희의 두려움이 광풍같이 임하겠고 너희의 재앙이 폭풍같이 이르겠고 너희에게 근심과 슬픔이 임하리니 그때에 너희가 나를 부르리라 그래도 내가 대답하지 아니하겠고 부지런히 나를 찾으리라 그래도 나를 만나지 못하리니.

그런가 하면 미가서 3장 4절을 통해서는 이렇게 말씀하십니다.

그때에 그들이 여호와께 부르짖을지라도 응답하지 아니하시고 그들의 행위가 악했던 만큼 그들 앞에 얼굴을 가리시리라.

우리는 모두 우리의 기도가 하나님께 상달되기를 원합니다. 그러나 실제로는 하나님께 상달되는 기도가 있는가 하면, 상달되기는커녕 도리어 하나님께서 당신의 얼굴을 가리시고 외면하시는 기도도 있습니다. 목이 터져라 소리 높여 울부짖었음에도 하나님께서 얼굴을 돌려 그 기도를 외면하신다면, 하나님을 믿는 사람에게 그보다 더 비참한 일이 어디에 있겠습니까? 그렇다면 어떤 기도가 하나님께 상달되겠습니까? 우리의 기도가 하나님께 상달되기 위해서는 우리가 어떤 기도를 드려야 되겠습니까? 우리는 그 해답을 오늘의 본문 속에서 찾아볼 수 있습니다.

헤롯 대왕이 로마 황제를 위해 건설한 도시 가이사랴에 로마의 백부장 고넬료가 살고 있었습니다. 그는 이방인이면서도 유대인의 영향을 받아 온 집안 식구와 더불어 하나님을 경외하고, 백성을 많이 구제하며, 하나님께 항상 기도하는 경건한 사람이었습니다.

하루는 제구 시쯤 되어 환상 중에 밝히 보매 하나님이 사자가 들어와 이르되 고넬료야 하니(3절).

어느 날 고넬료는 환상을 보았습니다. 더 정확히 말하면, 환상 속에 나타난 천사를 통해 하나님의 말씀을 들었습니다. 그때의 시간이 제9시, 요즈음 시간으로 오후 3시였습니다. 그 시간의 의미에 대해서는 지난 주일에 깊이 생각해 보았습니다. 오늘 우리가 주목하고자 하는 것은 천사를 통해 하나님께서 말씀하신 내용입니다.

> 고넬료가 주목하여 보고 두려워 이르되 주여 무슨 일이니이까 천사가 이르되 네 기도와 구제가 하나님 앞에 상달되어 기억하신 바가 되었으니 (4절).

하나님께서 천사를 통해 고넬료의 기도가 "하나님 앞에 상달되어 기억하신 바가 되었다"고 말씀하셨습니다. 우리말 '기억하신 바'로 번역된 헬라어 '므네모쉬논μνημόσυνον'은 본래 '기념물', '기념비memorial'라는 의미입니다. 하나님 보시기에 고넬료의 기도가 얼마나 아름다웠던지 그의 기도가 하나님께 상달되었음은 물론이요, 하나님 앞에 기념비로 세워졌습니다. 대체 고넬료의 기도가 어떤 기도였기에 하나님 앞에 상달되어 기념비가 되었겠습니까?

본문 4절을 자세히 보면 하나님께서 천사를 통해 고넬료에게 '네 기도가 하나님 앞에 상달되어 기억하신 바가 되었다'고만 말씀하신 것이 아닙니다. 하나님께서는 고넬료에게 "네 '기도와 구제'가 하나님 앞에 상달되어 기억하신 바가 되었다"고 말씀하셨습니다. 하나님 앞에 상달되어 기념비로 세워진 것은 단순히 고넬료의 기도만이었던 것이 아니라, 구제와 병행된 기도였습니다. 그러므로 만약 고넬료가 구제를 수반하는 삶이 없이 단지 입으로만 기도하는 사람이었다면, 그의 기도가 하나님 앞에 기념비로 세워졌을 리가 없었음을 알게 됩니다. 이 세상에 입으로만 기도하는 사람은 부지기수이기 때문입니다.

본문에서 '구제'라 번역된 헬라어 '엘레에모쉬네ἐλεημοσύνη'는 구제 행위 자체를 가리키기보다는, 구제 행위를 수반하는 자비로운 마음을 뜻하는 용어입니다. 즉 사람을 긍휼히 여기는 마음으로, 그 특징은 단지 사람을 긍휼히 여기는 생각으로만 끝나는 것이 아니라 반드시 긍휼의 행동을 수반하는 마음입니다. 이것은 우리로 하여금 중요한 사실을 깨닫게 해줍니다. 하나님께서 인간의 모든 구제 행위를 전부 중요하게 여기시는 것은 아닙니다. 사람을 긍휼히 여기고 사랑하는 마음 없이, 단지 자기 자신을 과시하기 위한 구제 행위가 이 세상에는 얼마든지 있기 때문입니다. 어쩌면 인간의 구제 행위 거의 모두가 자기과시를 위한 것인지도 모릅니다. 오죽하면 주님께서 이렇게 말씀하셨겠습니까?

> 그러므로 구제할 때에 외식하는 자가 사람에게서 영광을 받으려고 회당과 거리에서 하는 것같이 너희 앞에 나팔을 불지 말라 진실로 너희에게 이르노니 그들은 자기 상을 이미 받았느니라 너는 구제할 때에 오른손이 하는 것을 왼손이 모르게 하여 네 구제함을 은밀하게 하라 은밀한 중에 보시는 너의 아버지께서 갚으시리라(마 6:2-4).

오늘도 많은 사람들이 세상을 향해 나팔을 불면서 자신의 구제 행위를 과시합니다. 그러나 그런 구제 행위는 결코 하나님께 상달될 수 없습니다. 그것은 하나님과는 전혀 무관한, 인간의 자기 홍보에 지나지 않기 때문입니다.

그렇다면 우리는 이제 본문의 깊은 의미를 바르게 이해할 수 있습니다. 고넬료의 기도가 그처럼 하나님께 열납될 수 있었던 것은, 그가 사람을 긍휼히 여기는 마음으로, 단지 생각뿐 아니라 반드시 긍휼의 행위를 수반하는 '엘레에모쉬네'의 마음으로 기도하는 사람이었기 때문입니다. 그런 마음으로 기도드리는 사람이 남이야 어떻게 되든 상관없이, 오로지 자기 욕구만을 채우기 위한 이기적인 기도를 드릴 수 있겠습니까? 그런 마음으로 드리는 기도라면, 자신을 뛰어넘어 사랑해야 할 이웃을 위한 이타적인 기도가 아니었겠습니까? 한 사람이라도 더 많은 사람과 더불어 살기 위한, 되어져야 할 존재가 되기 위한 성숙한 기도가 아니었겠습니까? 그저 입으로 공기를 진동시키는 것으로 끝나 버리는 기도가 아니라, 기도에 상응하는 행위를 배태키 위한 실천적 기도가 아니었겠습니까? 그런 기도를 드리는 사람이라면, 그 기도가 수반한 자신의 구제 행위에 대하여 자신을 과시하려 했겠습니까? 자신에게 사람을 긍휼히 여기는 마음을 주신 하나님의 영광을 위하여, 자신이 긍휼히 여기는 대상의 인격을 지켜 주기 위하여, 은밀하게 구제하면서 도리어 자신을 감추지 않았겠습니까? 그렇지 않고서야 고넬료의 기도와 구제가 하나님께 상달되어 기념비로 세워졌을 리가 없습니다.

우리는 오늘의 본문 속에서 두 가지의 교훈을 얻게 됩니다. 첫째 교훈은, 기도보다 더 중요한 것은 기도의 결과로 드러나는 우리의 삶이라는 것입니다. 평소 우리가 어떤 기도를 드리느냐는 것은 결국 우리의 삶으로 드러나기 때문입니다. 사람들은 절박한 사정이 있을 때 하나님께 금식기도를 드립니다. 자신의 기도가 하나님께 상달되기를 원하는 절박한 심정의 표현이 금식기도로 나타나는 것입니다. 이것은 사람들이 금식기도를 그만큼 중요하게 여긴다는 반증이기도 합니다. 그러나 하나님께서는 금식기도와 관련하여 이렇게 말씀하십니다.

> 보라 너희가 금식하면서 논쟁하며 다투며 악한 주먹으로 치는도다 너희가 오늘 금식하는 것은 너희의 목소리를 상달하게 하려는 것이 아니니라 이것이 어찌 내가 기뻐하는 금식이 되겠으며 이것이 어찌 사람이 자기의 마음을 괴롭게 하는 날이 되겠느냐 그의 머리를 갈대같이 숙이고 굵은 베와 재를 펴는 것을 어찌 금식이라 하겠으며 여호와께 열납될 날이라 하겠느냐 내가 기뻐하는 금식은 흉악의 결박을 풀어 주며 멍에의 줄을 끌

러 주며 압제당하는 자를 자유하게 하며 모든 멍에를 꺾는 것이 아니겠느냐 또 주린 자에게 네 양식을 나누어 주며 유리하는 빈민을 집에 들이며 헐벗은 자를 보면 입히며 또 네 골육을 피하여 스스로 숨지 아니하는 것이 아니겠느냐 그리하면 네 빛이 새벽같이 비칠 것이며 네 치유가 급속할 것이며 네 공의가 네 앞에 행하고 여호와의 영광이 네 뒤에 호위하리니 네가 부를 때에는 나 여호와가 응답하겠고 네가 부르짖을 때에는 내가 여기 있다 하리라(사 58:4-9상).

하나님께서는 인간과는 달리, 인간이 그토록 중요시하는 금식기도를 전혀 중요하게 간주하시지 않습니다. 아무리 오랫동안 금식기도를 드려도 금식기도드리는 사람에게 인간을 긍휼히 여기는 삶이 수반되지 않는다면, 하나님 앞에서 그의 금식기도는 무의미한 공기의 진동으로 끝나 버릴 뿐입니다. 그러나 긍휼히 여겨야 할 사람에게 긍휼을 베푸는 삶을 산다면, 하나님께서는 그 사람의 삶 자체를 금식기도보다 더 귀한 기도로 간주하십니다. 그가 그런 삶을 산다는 것 자체가 사람을 긍휼히 여기는 마음, 즉 '엘레에모쉬네'의 마음으로 기도한 결과이기 때문입니다. 그러므로 기도보다 기도의 결과로 드리니는 삶이 더 중요하다는 것은, 기도 그 자체보다 기도하는 마음이 더 중요하다는 말과 같습니다. 사람을 긍휼히 여기는 '엘레에모쉬네'의 마음으로 기도할 때에만 기도가 자기중심적 이기심을 뛰어넘어 이타적인 성숙한 기도가 될 수 있고, 그 기도가 결과적으로 사람에게 긍휼을 베푸는 삶으로 드러나게 됩니다. 그래서 사람을 긍휼히 여기는 '엘레에모쉬네'의 마음으로 드리는 기도가 하나님 앞에 기념비로 세워지게 됩니다.

오늘 본문을 통해 얻을 수 있는 두 번째 교훈 역시, 구제보다도 더 중요한 것은 구제를 행하는 마음이라는 것입니다. 다음은 고린도전서 13장 3절의 증언입니다.

> 내가 내게 있는 모든 것으로 구제하고 또 내 몸을 불사르게 내줄지라도 사랑이 없으면 내게 아무 유익이 없느니라.

내게 있는 모든 것으로 누군가를 구제하고, 또 누군가를 위하여 내 몸을 불사르기까지 내준다는 것은 얼마나 위대한 구제 행위입니까? 그런데도 상대에 대한 사랑이 없다면, 상대를 긍휼히 여기는 마음이 없다면, 왜 그것은 내게 아무런 유익도 되지 못하는 것입니까? 상대에 대한 사랑과 긍휼이 배제된 구제 행위는 구제를 행하는 사람의 자기과시, 자기 홍보에 지나지 않기 때문입니다. 그는 자기 홍보와 자기과시로 자신의 구제에 대하여 자기 스스로 자신을 포상한 것입니다. 그러니 하나님과는 전혀 무관한 그 행위가 하나님 앞에서 무슨 유익이 될 수 있겠습니까? 하나님과 무관한 자기과시와 자기 홍보는 결국 자기 자신을 한 줌의 흙으로 허망하게 끝나게 하고 말 것인즉, 그것이야말로 하나님 앞에서 백해무익한 자해 행위 아니겠습니까? 이미 말씀드린 것처럼 사람을 긍휼히 여기는 '엘레에모쉬네'의 마음을 지닌 사람만 하나님의 영광과 상대의 인격을 위하여 자신의 행위를 가리게 되고, 그 결과 그의 모든 행위가 하나님 앞에 기념비로 세워지게 됩니다.

이처럼 사람을 긍휼히 여기는 '엘레에모쉬네'의 마음을 지닌 사람의 기도와 행위는 반드시 하나님께 상달되어 기념비로 세워집니다. 하나님께서 그와 같은 사람의 기도와 행위를 통하여 친히 역사하시기 때문입니다. 고넬료가 오직 사람을 긍휼히 여기는 '엘레에모쉬네'의 마음으로 기도와 구제를 행하였을 때, 하나님께서 당신의 신비스러운 방법으로 베드로를 그에게 보내시어 그만 구원해 주신 것이 아니었습니다. 앞으로 살펴보겠지만 그의 가족은 말할 것도 없고 그의 친척과 친구까지 모두 구원해 주셨을 뿐 아니라, 고넬료의 아름다운 삶을 성경 속에 기록하시어 영원히 기념되게 하셨습니다. 하나님께서 사람을 긍휼히 여길 줄 아는 그의 기도와 행위를 기념비로 삼아 주셨기에 가능한 일이었습니다. 고넬료는 기도와 구제를 자기과시와 자기 홍보의 수단으로 삼지 않음으로, 하나님으로부터 영원한 상급을 받았던 것입니다.

이처럼 우리의 기도와 모든 행위도 하나님 앞에서 기념비로 세워지는 영원한 상급을 받기 원한다면, 우리 역시 사람을 긍휼히 여기는 마음, 다시 말해 사람을 배려하는 '엘레에모쉬네'의 마음으로 살아야 합니다. 그것은 결코 어려운 일이 아닙니다. 그것은 나의 존재를 바르게 파악하기만 하면 가능합니다.

이 세상의 모든 인간은 예외 없이 홀로 태어납니다. 쌍둥이라 할지라도 출생 시간만큼은 다릅니다. 그뿐 아니라 모든 인간은 철저하게 홀로 죽습니다. 아무도 죽음의 동반자가 되어 주지 않습니다. 그러므로 홀로 태어나서 홀로 죽어야 하는 인간은 어쩔 수 없이 개별적인 개체個體입니다. 그러나 하나님께서 아담 혹은 하와 한 사람만 창조하시고, 그 한 사람만 이 땅에서 살게 하신 것은 아닙니다. 하나님께서는 수많은 사람들을 창조하시고 모두 더불어 함께 살게 하셨습니다. 따라서 인간은 개체인 동시에 집합체입니다. 함께 더불어 살지 않고서는 개체로서의 나의 존재가 영위될 수 없는 것입니다. 사람들 가운데에는, 이 세상 그 누구와도 관계를 맺지 않고 홀로 살아갈 수 있다고 생각하는 사람도 있습니다. 그러나 그것은 어이없는 착각임을, 시인 구상 선생의 〈홀로와 더불어〉라는 시가 일깨워 주고 있습니다.

나는 홀로다.
너와는 넘지 못할 담벽이 있고
너와는 건너지 못할 강이 있고
너와는 헤아릴 바 없는 거리가 있다.

나는 더불어다.
나의 옷에 너희의 일손이 담겨 있고
나의 먹이에 너희의 땀이 배어 있고
나의 거처에 너희의 정성이 스며 있다.

이렇듯 나는 홀로서
또한 더불어서 산다.

그래서 우리는 저마다의 삶에
그 형평과 조화를 이뤄야 한다.

우리가 의식하든 하지 않든 상관없이, 우리는 누군가의 손길 속에서만 개체로서의 나 자신을 유지할 수 있습니다. 오늘 아침에 내가 먹은 음식, 내가 지금 입고 있는 옷, 내가 귀가하면서 이용하게 될 자동차나 지하철, 오늘밤 잠자리에 들 나의 집, 내일 아침 접하게 될 신문이나 텔레비전 뉴스—이 모든 것들이 내가 개체만으로는 결코 존재할 수 없는 존재임을 말해 주는 증거들입니다.

사랑하는 교우 여러분!

오늘 아침 무슨 음식을 드셨습니까? 지금 무슨 옷을 입고 있으며, 무엇을 소유하고 계십니까? 그 모든 것을 단순히 비인격적인 식품이나 소유물로만 간주하지 마십시오. 그 속에서, 그것들을 위해 수고한 사람들의 체온을 느껴 보십시오. 그들이 흘린 땀방울을 직시해 보십시오. 그들이 쏟아부은 정성을 만져 보십시오. 그들의 말에 귀 기울여 보십시오. 비록 여러분이 지금 혼자 독신으로 살고 있다 해도 실은 수많은 사람들과 더불어 살고 있음을, 그리고 그들로 인해 여러분의 생명이 지탱되고 있음을 확인하게 될 것입니다. 그때부터 여러분은 여러분과 더불어 살고 있는, 보이지 않는 이웃을 생각하고 감사하며, 그들을 사랑하는 마음으로 살게 될 것입니다. 그뿐 아니라 비록 그와 나 사이에 넘지 못할 담이 있고 건너지 못할 강이 있다 할지라도, 죄악과 불의의 문제가 아닌 한, 그가 없이는 개체로서의 내가 존재할 수 없기에 비로소 그를 이해할 수 있고, 그를 배려할 수 있습니다. 그와 동시에 내가 있기에 그가 또한 존재할 수 있다는 인식의 바탕 위에서, 그에게 '엘레에모쉬네'의 마음으로 긍휼을 베풀 수 있습니다. 그때부터 나의 기도는 무의미한 공기의 진동에서 벗어나고, 나의 모든 행위는 백해무익한 자기과시와 자기 홍보를 탈피하여, 하나님 앞에 기념비로 세워지게 됩니다.

지금 무슨 일을 하고 계십니까? 그 일의 결과가 누구에게 어떤 영향을 미치게 될 것인지를 생각하며 그 일을 진행하고 수행하십시오. 그 익명의 대상자들에게 반드시 선하고 유익한 결과가 돌아갈 수 있게끔, 여러분이 행하는 일에 여러분의 정성과 사랑과 성실과 땀을 쏟아부으십시오. 그리고 그 위에 기도를 더하십시다. 그때 여러분의 직업이 무엇이든, 여러분이 지금 행하고 있는 일은 단순히 여러분 자신만을 위한 호구지책이 아니라, 이 세상 모든 사람들을 위한 아름다운 헌신으로 승화될 것입니다. 그리고 '엘레에모쉬네'의 마음으로 살아가는 여러분의 기도와 일거수일투족 역시 세상 사람을 위한 향기로운 봉사요, 구제요, 자비와 긍휼이 될 것입니다. 하나님께서 '엘레에모쉬네'의 마음으로 살아가는 여러분의 삶을 당신의 기념비로 삼으시고, 그 삶을 통해 친히 역사하실 것이기 때문임은 두말할 나위가 없습니다.

구원받은 그리스도인에게, 자기 삶이 하나님의 기념비로 세워지는 것보다 더 귀하고 아름다운 일은 없습니다. 자신을 구원해 주신 하나님께 충성하기 원하는 그리스도인에게, 자기 삶이 하나님의 기념비로 인정받는 것보다 더 충성된 일은 없습니다. 하나님께서 그리스도 안에서 우리를 구원해 주신 까닭이 바로 거기에 있습니다.

고넬료의 기도와 구제를 열납하시고 성경에 기록되게 하시어, 그의 삶을 영원한 기념비로 세워 주신 하나님 아버지!

아버지를 향한 나의 기도가 무의미한 공기의 진동으로 그치기를 원치 않습니다. 허공에 사라져 버리는 메아리가 되기를 원치도 않습니다. 구제를 포함한 나의 모든 신앙 행위가, 백해무익한 자기과시나 자기 홍보의 수단으로 전락하는 것을 바라지도 않습니다. 언제 어디서나 나의 기도와 모든 행위가 오직 하나님 아버지 앞에 상달되기를 소망합니다.

이 시간 이후로, 지금의 내가 존재할 수 있게끔 나와 더불어 살고 있는, 보이지 않는 수많은 사람들을 생각하며 살아가게 하옵소서. 그들의 정성과 땀과 수고에 감사하며 살게 하옵소서. 그들이 있기에 내가 존재할 수 있음을 깨달아, 비록 그들과 나 사이에 넘지 못할 담과 건너지 못할 강이 있다 할지라도, 죄악과 불의의 문제가 아니라면, 나의 기도가 그 담을 넘는 사다리가 되며, 나의 행위가 그 강을 가로지르는 교량이 되게 하옵소서. 사람을 배려하는 '엘레에모쉬네'의 마음으로 살아가는 나의 삶 자체가 세상 사람들을 위한 봉사요, 헌신이요, 구제요, 사랑이요, 긍휼이게 하옵소서.

그리하여 나의 기도와 삶이 하나님께 상달되는 향기로운 향연이게 하시고, 이 땅에 하나님의 이름과 영광을 더 높이는 기념비가 되게 하옵소서. 아멘.

4. 베드로라 하는 시몬

사도행전 10장 1-8절
가이사랴에 고넬료라 하는 사람이 있으니 이달리야 부대라 하는 군대의 백부장이라 그가 경건하여 온 집안과 더불어 하나님을 경외하며 백성을 많이 구제하고 하나님께 항상 기도하더니 하루는 제구 시쯤 되어 환상 중에 밝히 보매 하나님의 사자가 들어와 이르되 고넬료야 하니 고넬료가 주목하여 보고 두려워 이르되 주여 무슨 일이니이까 천사가 이르되 네 기도와 구제가 하나님 앞에 상달되어 기억하신 바가 되었으니 네가 지금 사람들을 욥바에 보내어 **베드로라 하는 시몬**을 청하라 그는 무두장이 시몬의 집에 유숙하니 그 집은 해변에 있다 하더라 마침 말하던 천사가 떠나매 고넬료가 집안 하인 둘과 부하 가운데 경건한 사람 하나를 불러 이 일을 다 이르고 욥바로 보내니라

가이사랴에 살던 로마의 백부장 고넬료가 어느 날 환상을 보았습니다. 더 정확하게 말하면, 환상 속에 나타난 천사를 통해 하나님의 말씀을 들었습니다. 하나님께서는 단순한 공기의 진동이거나 자기과시가 아닌, 인간에 대한 사랑과 긍휼이 수반된 고넬료의 기도와 구제가 하나님께 상달되어 기념

비로 세워졌음을 고넬료에게 친히 일러 주셨습니다. 그리고 하나님의 말씀은 다음과 같이 계속되었습니다.

> 네가 지금 사람들을 욥바에 보내어 베드로라 하는 시몬을 청하라 그는 무두장이 시몬의 집에 유숙하니 그 집은 해변에 있다 하더라(5-6절).

고넬료의 기도와 구제가 하나님께 상달될 정도로 고넬료가 경건한 사람이기는 했지만, 그러나 이방인이었던 그가 예수 그리스도의 복음은 아직 접해 보지 못한 상태였습니다. 하나님께서는 그 고넬료에게 생명의 복음을 전해 주시기 위하여 그로 하여금, 그가 살고 있는 가이사랴에서 약 50킬로미터 떨어진 욥바의 무두장이 시몬의 집에 체류 중인 베드로를 청하게 하신 것이었습니다.

우리는 욥바의 무두장이 시몬에 대하여 이미 잘 알고 있습니다. 그의 집이 외딴 해변에 위치하고 있었던 것은 가죽 제조업자인 그의 직업상 폐수를 처리하기에는 바닷가가 용이하다는 현실적 필요를 넘어, 당시 유대인들이 무두장이를 인간으로 취급조차 하지 않았기 때문에 그가 어쩔 수 없이 외딴곳에 홀로 살아야만 했기 때문입니다. 그런데 그 무두장이의 이름과, 그의 집에 유숙 중인 베드로의 본래 이름이 똑같이 시몬이었습니다. 그래서 본문은 욥바의 무두장이 시몬과 갈릴리 어부 출신의 시몬을 구별하기 위하여, 후자를 "베드로라 하는 시몬"이라 부르고 있습니다.

베드로의 본디 이름이 시몬이었음에도 그가 베드로로 불리는 것은, 그것이 주님께서 그에게 친히 지어 주신 새 이름이기 때문입니다. 시몬을 처음 만난 주님께서 시몬에게 하신 말씀을 요한복음 1장 42절이 전해 주고 있습니다.

예수께서 보시고 이르시되 네가 요한의 아들 시몬이니 장차 게바라 하리라 하시니라(게바는 번역하면 베드로라).

주님께서 당신 앞에 나아온 시몬을 보셨습니다. 이때 '보다'에 해당하는 헬라어 동사 '엠블레포$\dot{\epsilon}\mu\beta\lambda\acute{\epsilon}\pi\omega$'는 그냥 보는 것이 아니라 주목하여 관찰하는 것을 의미합니다. 단순하면서도 불같은 성미인지라 매사에 격한 감정을 주체하지 못해 언제나 덤벙대며 살아가는 시몬을 주님께서 꿰뚫어 보신 것이었습니다. 그리고 그에게 '게바'라는 새로운 이름을 지어 주셨습니다. '게바' 즉 '켑하스$\kappa\eta\phi\hat{\alpha}\varsigma$'는 유대인들이 사용하던 아람어로 '반석'이라는 뜻이었습니다. 그 반석이란 의미의 '게바'를 헬라어로 번역하니 '페트로스$\pi\acute{\epsilon}\tau\rho o\varsigma$'가 되었고, 한글 성경은 그 '페트로스'를 '베드로'라 음역하였습니다. 주님께서는 시몬에게 반석을 의미하는 베드로란 새 이름을 지어 주심으로, 반석과 같은 믿음의 사람이 되지 않으면 그의 인생에 그 어떤 가치나 의미도 있을 수 없음을 일깨워 주신 것이었습니다. 이 이후부터 성경은 시몬을 베드로, 혹은 시몬 베드로로 부르고 있습니다.

도대체 연약하기 짝이 없는 인간이 어떻게 반석이 될 수 있으며, 또 반석 같은 믿음의 사람이 될 수 있겠습니까? 다음은 시편 62편 1-2절의 증언 내용입니다.

나의 영혼이 잠잠히 하나님만 바람이여 나의 구원이 그에게서 나오는도다 오직 그만이 나의 반석이시요 나의 구원이시요 나의 요새이시니 내가 크게 흔들리지 아니하리로다.

모든 것이 변하는 가변적인 이 세상에서, 영원히 흔들리지 않는 불변의 반석은 오직 삼위일체 하나님 한 분뿐이십니다. 그러므로 연약한 인간은 하나님께 자신을 접붙임으로 반석 같은 믿음의 사람이 될 수 있고, 또 반석 같은 믿음의 삶을 살 수 있습니다. 이것은 반석 위에 잘 붙여진 종이와 같습니다. 종이 자체는 쉽게 찢어지지만, 반석 위에 붙여진 종이는 더 이상 찢어지지 않습니다. 반석의 강함이 그 위에 붙어 있는 종이의 강함이 되었기 때문입니다.

그렇다면 연약한 우리 자신을 반석이신 하나님께 접붙인다는 것은 또 무엇을 의미하겠습니까? 시몬 베드로의 이름이 그 해답을 밝혀 주고 있습니다. 주님께서 시몬에게 새로 지어 주신 이름, 베드로의 의미가 반석임은 이미 말씀드렸습니다. 그리고 베드로의 본래 이름인 시몬은 '들음'이란 의미입니다. 단순히 귀로 듣는 것을 뛰어넘어 들은 것에 순종하는 '들음'을 의미합니다. 우리말에서도 '저 아이는 선생님의 말을 잘 듣는다'는 표현은 단순히 그 아이의 청력이 좋다는 뜻이 아니라, 그 아이가 선생님의 말에 잘 순종한다는 의미인 것과 마찬가지입니다.

이처럼 '시몬'이 '들음'을, 그리고 '베드로'가 '반석'을 의미함을 알고 나면, 우리는 그 두 단어가 합쳐진 '시몬 베드로'란 이름의 뜻을 이해할 수 있습니다. 즉 '시몬 베드로'는 '들음으로 반석이 된다'는 뜻입니다. 오늘 본문의 표현인 '베드로라 하는 시몬' 역시 '반석에 이르는 들음'이라는 의미입니다. 이를테면 얇은 종잇조각처럼 연약하기 짝이 없는 인간도 들음을 통하여 반석과 같은 사람이 될 수 있다는 말입니다. 여기에서 들음이란 반석이신 삼위일체 하나님의 말씀을 듣는 것임은 두말할 나위도 없습니다. 그래서 주님께서 다음과 같이 말씀하셨습니다.

그러므로 누구든지 나의 이 말을 듣고 행하는 자는 그 집을 반석 위에 지은 지혜로운 사람 같으리니 비가 내리고 창수가 나고 바람이 불어 그 집에 부딪치되 무너지지 아니하나니 이는 주추를 반석 위에 놓은 까닭이요 나의 이 말을 듣고 행하지 아니하는 자는 그 집을 모래 위에 지은 어리석은 사람 같으리니 비가 내리고 창수가 나고 바람이 불어 그 집에 부딪치매 무너져 그 무너짐이 심하니라(마 7:24-27).

영원한 반석이신 하나님—그 하나님의 말씀을 듣고 순종함으로써, 연약한 인간은 반석이신 하나님의 능력을 힘입어 반석 같은 믿음의 사람이 될 수 있습니다. 그것은 당사자 한 사람의 유익으로 멈추지 않고, 수많은 사람의 유익으로 이어지게 됩니다. 시몬 베드로의 삶이 바로 그 좋은 증거입니다.

시몬은 원래 이스라엘의 변방 갈릴리에서 고기 잡던 무식한 어부였습니다. 당시 예루살렘을 주름잡던 쟁쟁한 엘리트들에 비하면 시몬은 보잘것없는 천민에 지나지 않았습니다. 만약 시몬이 주님을 만나지 못했더라면, 그의 일생은 갈릴리의 무명의 어부로 끝나고 말았을 것입니다. 그 시절 갈릴리 연안의 마을마다 가득하던 그 수많은 무명의 어부들처럼 말입니다. 그러나 그가 자신을 찾아오신 주님의 부르심을 듣고 주님의 말씀에 순종하면서부터 그는 위대한 반석—시몬 베드로가 되었습니다. 어부였던 시몬 개인에게는 그보다 더 큰 영광은 없었을 것입니다. 그러나 그것은 끝이 아니었습니다. 시몬 한 사람이 베드로 된 것은, 다시 말해 그가 하나님의 말씀을 듣고 순종하는 반석이 된 것은 수많은 사람들의 유익으로 나타났습니다.

오순절에 베드로의 설교를 듣고 인생이 새로워진 사람은 그날 하루에만 3천 명에 달했습니다. 예루살렘성전 미문에서 구걸하던 선천성 하반신 불구자가 베드로를 통해 치유함을 받았습니다. 빌립으로부터 복음을 받아들인 사마리아 사람들은 베드로의 안수로 성령을 받았습니다. 베드로를 만난 룻다의 중풍병자 애니아가 완쾌되었습니다. 아예 죽었던 욥바의 다비다는 베드로의 기도로 다시 살아났습니다. 유대 사회에서 인간 이하의 존재로 경원시되던 욥바의 무두장이 시몬의 집에 베드로가 유숙함으로, 베드로에 의해 무두장이 시몬의 존재 가치와 의미가 회복되기도 했습니다.

이것은 모두 시몬이 베드로, 즉 반석이 되었기에 가능할 수 있었던 일들이었습니다. 만약 갈릴리의 어부 시몬이 반석 되지 못했던들 그는 갈릴리에서 일평생 자신만을 위해, 고작 자기 가족만을 위해 살다가 인생이 끝나고 말았을 것입니다. 세상에 정상인치고 자기 가족을 부양하지 않는 사람이 없고 보면, 그와 같은 삶이 그리스도인에게 최종 목표나 목적이 될 수는 없습니다. 그러나 그가 주님 안에서 반석이 되었을 때, 그로 인해 수많은 사람들의 인생이 반석으로 세워지는 역사가 일어났습니다.

그리고 반석이 된 베드로의 삶은 타인으로부터 청함 받는 삶으로 이어졌습니다. 하나님께서 신비스러운 당신의 섭리 속에서 가이사랴의 고넬료에게 욥바에 있는 베드로를 청하게 하셨습니다. 그러나 그것은 처음 있는 일이 아니었습니다. 우리가 5주 전에 살펴보았던 사도행전 9장 38절 역시 똑같은 사실을 전해 주고 있습니다.

> 룻다가 욥바에서 가까운지라 제자들이 베드로가 거기 있음을 듣고 두 사람을 보내어 지체 말고 와달라고 간청하여.

룻다에 있던 베드로가 욥바에 이르게 된 것도, 욥바의 그리스도인들이 베드로에게 사람을 보내어 욥바에 와줄 것을 간청했기 때문입니다. 그가 반석이 되지 않았던들 있을 수 없는 일이었습니다. 그리고 본문 이후에도 그는 수많은 사람들로부터 청함 받는 삶을 살았습니다.

그러나 그것은 베드로 자신의 실력이나 능력으로 인함이 아니었습니다. 그 자신은 여전히 무식하고 비천한 갈릴리의 어부 출신에 지나지 않았지만, 자신을 찾아오신 주님의 말씀을 듣고 그 말씀에 순종한 결과였습니다. 주님의 말씀을 듣고 순종했을 때, 반석이신 주님의 생명과 능력이 그를 통해 역사하셨기 때문입니다. 주님의 말씀을 듣고 순종하는 것은 그래서 중요합니다. 주님께서 이 땅에 계실 때 몇 번씩이나 "귀 있는 자는 들으라"고 강조하셨습니다. 그것은 청력을 지닌 사람을 일컫는 말씀이 아니었습니다. 귀에 들리는 주님의 말씀에 삶으로 순종하라는 의미였습니다. 반석이신 주님의 말씀에 순종함으로써만 연약한 인간은 반석과 같은 시몬 베드로, 베드로라 하는 시몬이 될 수 있기 때문입니다.

이것을 바꾸어 말하면 주님을 믿는다면서도 주님의 말씀을 귀로만 들을 뿐 삶으로 들으려 하지 않으면, 삶으로 순종하려 하지 않으면, 그 사람은 반석이신 주님과는 무관한 사람일 수밖에 없습니다. 주님의 말씀에 순종하지 않는 것은 결국, 주님을 자기 인생의 반석으로는 믿지 않음을 의미하기 때문입니다.

제가 《참으로 신실하게》라는 책에 기술한 '대한항공 담요'와 관련하여, 얼마 전에도 한 그리스도인의 편지를 받았습니다. 제가 스위스 제네바에서 살던 3년 기간 동안, 그곳에 사는 한인들 가운데 대한항공 기내용 담요를 갖고 있는 분들이 적지 않았습니다. 그분들의 이야기인즉, 어린아이를 키우거나 자동차 여행을 할 때 대한항공 담요가 아주 편리하고 요긴하게 사용된다고 했습니다. 그 이후 눈여겨보니 유럽, 미국, 호주, 남미 할 것 없이 해외에 거주하는 한인 가운데 대한항공 기내용 담요를 가진 사람들이 의외로 많았습니다. 아시아나항공이 취항하는 도시에서는 아시아나항공 담요를 가진 분들도 물론 많았습니다. 그리고 한국에 귀국해서는 국내인들 역시 대한항공이나 아시아나항공 기내용 담요를 가진 분들이 많음을 확인할 수 있었습니다. 믿지 않는 사람들의 경우에는 카드나 화투 놀이를 할 때 기내용 담요가 깔판으로 안성맞춤이라고 했습니다. 어떤 그리스도인은 자기 집에 대한항공 기내용 담요가 세 장이나 있음을 자랑하기도 했습니다.

　여기에서 불신자의 경우는 논외로 하고, 비행기에서 기내용 담요를 가져가는 그리스도인들에 대하여 생각해 보십시다. 그리스도인들이 대한항공이나 아시아나항공의 기내용 담요를 가져올 때, 승무원이 보는 앞에서 태연히 자기 가방에 넣었겠습니까? 혹은 주위 승객들 보란 듯이 공개적으로 넣었겠습니까? 절대로 그렇게 하지 않았을 것입니다. 누구도 보지 않는 틈을 타서 아무도 몰래 넣었을 것입니다. 그 이유는 너무나도 간단합니다. 자신의 행위가 도둑질임을 알기 때문입니다. 문제는 항공 회사의 재산인 기내용 담요를 남몰래 도둑질하면서도, 정작 자기 자신이 도둑이라는 사실은 전혀 자각하지 못한다는 것입니다. 이것은 남의 집에 놀러 갔다가 그 집의 예쁜 담요를 슬쩍 집어 오고시도 아무 거리낌 없이 살이기는 것과 같습니다. 그렇다면 이것은 단순히 담요 한 장의 문제일 수 없습니다. 남몰래 항공 회사 담요를 훔치는 그리스도인이 아무도 보지 않는 곳에서 과연 하나님의 말씀에 순종하며 살 수 있겠습니까? 그런 사람이 국방의 의무와 납세의 의무를 포함하여 대한민국 국민의 의무와 책임을 다할 수 있겠습니까? 그 대답은 회의적일 수밖에 없습니다. 그런 그리스도인들이 국민의 25퍼센트가 아니라, 99퍼센트에 이른다 한들 이 사회가 새로워질 수 있겠습니까? 오히려 그런 이중적인 그리스도인들로 인해 이 사회가 더 어두워지고 오염되지 않겠습니까?

약 10년 전 독일 슈투트가르트에서 청년 집회를 인도할 때에도 대한항공 담요에 대해 언급했습니다. 유럽에 진출해 있는 청년들 가운데 적지 않은 크리스천 청년들도 항공사 담요를 갖고 있음을 알기 때문이었습니다. 집회 마지막 날 서로 깨달은 바를 나누는 시간에 한 청년이 마이크 앞으로 나와 다음과 같이 고백하였습니다.

저는 어젯밤에 한잠도 자지 못했습니다. 꼬박 밤을 새운 셈이지요. 왜냐하면 우리 집엔 대한항공 담요가 두 장이나 있기 때문입니다. 다른 청년들 집에 가면 으레 대한항공 담요가 있기에 저도 가져온 것이지요. 문제는 저는 신학도라는 겁니다. 이곳에서 계획한 공부를 끝내면 저는 한국으로 돌아가 신학자나 목회자로 평생 살 사람입니다. 그런데도 단지 남이 한다고 해서 타인의 것을 도둑질하고서도 자신이 도둑이라는 사실조차 깨닫지 못하고 살아왔습니다. 이러고서도 하나님과의 약속에 충실한 양, 스스로 의로운 양 살아온 저 자신이 부끄럽고 한심스러워 한잠도 잘 수가 없었습니다.

이상과 같은 이야기를 수록한 제 책을 읽은 분 가운데 자신의 잘못을 깨닫고 담요를 해당 항공사에 되돌려 주거나 담요 값을 항공사에 송금해 주었다면서, 제게 감사를 표하는 편지를 보낸 분들이 그동안 국내외에서 여러 분 있었습니다. 얼마 전에 받은 편지도 동일한 내용이었습니다. 그분들은 그 글을 읽다가 '도둑질하지 말라'는 하나님의 명령을 듣고 자신들의 삶으로 순종한 이 시대의 시몬 베드로들이었습니다.

지난 화요일 '새신자반' 시간에 '예배'를 공부하면서 '속건제guilt offering'에 대하여 설명을 드렸습니다. 속건제는 누군가에게 물질적 피해를 입혔을 경우 그것이 죄임을 자각하는 즉시 5분의 1을 더하여 보상하라는 하나님의 명령입니다. 오늘날 그리스도인들에 대한 세상 사람들의 인식은 대단히 부정적입니다. 세상 사람들의 눈에는 그리스도인들이 대체적으로 이기적이고도 독선적인 인간들로 비쳐지고 있습니다. 거기에는 여러 가지 이유가 있겠지만, 가장 큰 이유 중의 하나는 그리스도인들이 속건제를 명하시는 하나님의 명령에 전혀 순종하지 않기 때문입니다. 그리스도인들이 다른 사람에게 물질적으로 피해를 입혔을 때, 그 피해를 보상하려 하기는커녕 스스로 하나님께 용서받았다며 오히려 당당하게 살아가는 경우가 허다합니다. 피해자는 여전히 고통 속에 있는데, 가해자는 자신을 용서해 주신 하나님의 은혜를 찬양한다면서 도리어 기뻐하며 살고 있습니다. 피해자의 입장에서 보면 기가 막힌 일이 아닐 수 없습니다. 그런 그리스도인들의 모습을 보며 과연 세상 사람들이 하나님을 믿으려 하겠습니까? 오늘날 실추된 그리스도인들의 신뢰는, 그리스도인들이 속건제를 명하시는 하나님의 명령에 순종할 때에만 회복될 것입니다.

  이런 요지의 속건제 공부가 다 끝난 뒤에 한 청년이 제게 기도를 요청하였습니다. 그 청년은 편의점에서 아르바이트를 한 적이 있는데, 다른 아르바이트 청년들이 그렇게 하는 것처럼 자기도 필요한 물건을 주인 몰래 슬쩍 가져가곤 했습니다. 그러면서도 자신이 도둑이라는 사실을 전혀 자각지 못했다가, 새신자반을 통해 속건제를 공부하면서 자신이 큰 죄를 범했음을 깨달았습니다. 그래서 자신이 편의점에 끼친 피해액을 산출하고 그 금액에 5분의 1을 더하니 총 10만 8,000원이었습니다. 그 청년은 이튿날 편의점 주인을 만나 자신의 잘못을 사과하면서 10만 8,000원을 되돌려 드리기로 결심하였습니다. 그리고 자신의 마음이 변하지 않도록, 또 두려움 없이 편의점 주인을 만나 사과할 수 있도록 제게 기도를 요청한 것이었습니다. 얼마나 사랑스러운 청년인지, 저는 그 청년을 위해 간절히 기도를 드렸습니다. 그 청년 역시 속건제를 명하시는 하나님의 말씀을 귀로만 듣지 않고, 온몸으로 듣고 온몸으로 순종한 진정한 시몬 베드로였습니다.

항공사 기내 담요와 관련된 글을 읽고 '도둑질하지 말라'는 하나님의 명령에 순종하여 해당 담요나 담요 값을 항공사에 되돌려 준 그리스도인들, 새신자반 공부를 하면서 속건제를 명하시는 하나님의 말씀에 순종하여 편의점 주인에게 10만 8,000원을 변제한 청년, 그들이 그렇듯 하나님의 말씀에 삶으로 순종한 것은 하나님만 자기 인생의 반석이심을 믿기 때문이 아니겠습니까? 반석이신 하나님의 말씀에 순종하는 것만이 자기 삶이 반석으로 세워질 수 있음을 확신하기 때문이 아니겠습니까? 그처럼 매사 하나님의 말씀에 삶으로 순종하려는 사람들이라면, 그들의 삶이 하나님 보시기에 아름다울 것임은 말할 것도 없고, 그들 개개인을 통해 얼마나 많은 사람들에게 하나님의 능력과 생명과 사랑이 전해지겠습니까? 인생의 곤고함을 당한 사람들이 인생의 바른길을 알기 위해, 언제나 반석과 같은 삶을 사는 그들을 청하려 하지 않겠습니까? 우리 주위에 인생의 바른길에 대해 입으로 말하는 사람은 많아도, 자신의 삶으로 실천하는 사람은 극히 드물기 때문입니다.

인간이 인간에게 청함 받는 삶을 산다는 것은 참으로 귀한 일입니다. 청함 받은 연예인이 자신의 탤런트를 보여 주고, 청함 받은 학자가 자신의 지식을 전수하며, 청함 받은 기술자가 남다른 기술을 발휘하는 것은 얼마나 귀하고 아름다운 일입니까? 전혀 청함을 받지 못하는 연예인이나 학자, 혹은 기술자가 있다면, 그 사람이 그렇게 존재하는 이유에 대한 근본적 의문이 제기될 수도 있습니다. 세상의 청함도 이렇듯 소중하고 귀하다면 새로운 생명을 위하여, 참된 진리를 위하여, 바른 인생을 위하여, 한마디로 반석과도 같은 삶을 위하여 청함 받는 것은 얼마나 보배로운 일이겠습니까? 그 청함은 영원을 위한 청함이기 때문입니다.

사랑하는 교우 여러분!

이제부터 우리 모두 영원한 반석이신 하나님의 말씀을 들으십시다. 귀로만 들으려 하지 말고, 삶으로 듣고 삶으로 순종하십시다. 내일부터가 아니라, 지금 이 순간부터 순종하십시다. 그것만이 하나님을 우리 인생의 반석으로 믿는다는 증거요, 우리의 삶을 영원한 반석으로 세우는 유일한 길입니다. 그 때 우리로 인해 수많은 사람들이 생명과 진리와 사랑의 유익을 얻게 될 것이요, 바른 삶을 살기 원하는 수많은 사람들이 우리를 청하게 될 것입니다. 주님의 말씀에 순종하는 우리 자신이 곧 주님께서 이 시대를 위해 친히 사용하시는 시몬 베드로요, 베드로라 하는 시몬일 것이기 때문입니다.

"너희는 여호와를 영원히 신뢰하라. 주 여호와는 영원한 반석이심이로다"(사 26:4).

시시각각 모든 것이 변하는 가변적인 이 세상 속에서, 영원히 변치 않는 불변의 반석이신 나의 하나님 아버지! 하나님의 말씀을 좇아 살지 않는 것은 유한한 나의 생명을 허공에 흩날려 버리는 어리석은 짓이기에, 하나님의 말씀에 대한 불순종이 곧 나 자신의 생명에 대한 최대의 경멸임을 일깨워 주셔서 감사합니다.

지금 하나님 앞에 머리 숙인 우리 모두, 얇디얇은 종잇조각에 불과한 우리 자신을, 영원한 반석이신 하나님의 말씀에, 예수 그리스도의 풀로 접붙이게 하여 주옵소서. 하나님의 말씀을 눈과 귀로만 보고 듣는 것이 아니라, 우리의 삶으로 듣고, 삶으로 순종하게 하옵소서. 영원한 반석이신 하나님의 말씀 안에서, 우리 모두 반석 같은 믿음의 사람이 되어, 반석 같은 믿음의 삶을 살게 하옵소서. 이제까지는 우리가 갈릴리의 어부였던 시몬처럼 자기 자신만 아는 이기적인 인간이었다 할지라도, 이 이후로는 수많은 사람들에게 생명과 진리와 사랑의 유익을 끼치며, 참생명에 목말라하는 사람들의 청함에 기꺼이 응하는 우리 시대의 시몬 베드로, 베드로라 하는 시몬이 되게 하옵소서.

오직 하나님의 말씀을 삶으로 듣고 순종할 때에만 그와 같은 삶이 가능함을, 우리의 코끝에 호흡이 있는 동안 결코 잊지 말게 하옵소서. 아멘.

5. 경건한 사람

> 사도행전 10장 1-8절
> 가이사랴에 고넬료라 하는 사람이 있으니 이달리야 부대라 하는 군대의 백부장이라 그가 경건하여 온 집안과 더불어 하나님을 경외하며 백성을 많이 구제하고 하나님께 항상 기도하더니 하루는 제구 시쯤 되어 환상 중에 밝히 보매 하나님의 사자가 들어와 이르되 고넬료야 하니 고넬료가 주목하여 보고 두려워 이르되 주여 무슨 일이니이까 천사가 이르되 네 기도와 구제가 하나님 앞에 상달되어 기억하신 바가 되었으니 네가 지금 사람들을 욥바에 보내어 베드로라 하는 시몬을 청하라 그는 무두장이 시몬의 집에 유숙하니 그 집은 해변에 있다 하더라 마침 말하던 천사가 떠나매 고넬료가 집안 하인 둘과 부하 가운데 **경건한 사람** 하나를 불러 이 일을 다 이르고 욥바로 보내니라

가이사랴에 살던 로마의 백부장 고넬료가 어느 날 환상을 보았습니다. 더 정확하게 말하면, 환상 속에 나타난 천사를 통해 하나님의 말씀을 들었습니다. 하나님께서는 단순한 공기의 진동이나 자기과시가 아닌, 인간에 대한 사랑과 긍휼이 수반된 고넬료의 기도와 구제가 하나님께 상달되어 기념비

로 세워졌음을 고넬료에게 친히 일러 주셨습니다. 그리고 가이사랴에서 약 50킬로미터 떨어진 욥바의 무두장이 시몬의 집에 머물고 있던 베드로를 청하도록 명령하셨습니다. 비록 고넬료의 기도와 구제가 하나님께 기념비로 상달되기는 했지만, 그러나 그때까지 고넬료는 예수 그리스도의 복음은 아직 접해 보지 못한 상태였습니다. 이에 하나님께서 고넬료에게 생명의 복음을 직접 전해 주시기 위해 욥바에 있는 베드로를 청하게 하신 것이었습니다.

이에 대한 고넬료의 반응을 본문 7-8절이 밝혀 주고 있습니다.

> 마침 말하던 천사가 떠나매 고넬료가 집안 하인 둘과 부하 가운데 경건한 사람 하나를 불러 이 일을 다 이르고 욥바로 보내니라.

고넬료는 그 즉각 자기 집 하인 중에서 두 명, 그리고 휘하 병사 중에서 한 명, 도합 세 명을 불러 자초지종을 설명해 준 뒤 그들을 욥바로 보내었습니다. 물론 그곳에 체류 중인 베드로를 모셔 오기 위함이었습니다. 그런데 본문은 고넬료가 차출한 병사를 가리켜 "경건한 사람"이라 부르고 있습니다.

그 병사 역시 자신의 직속상관인 백부장 고넬료와 함께 이탈리아 부대에 소속되어 있었습니다. 이탈리아 부대는 이미 말씀드린 것처럼, 로마제국의 시민권자로만 구성된 정예부대였습니다. 당시 로마제국은 식민지에서 일어날 수 있는 소요와 폭동 등에 대비하기 위하여 로마 시민으로만 구성된 군대를 배치하곤 하였습니다. 그러므로 이탈리아 부대에 속한 본문의 병사 역시 로마 시민이었을 것임은 두말할 나위가 없습니다. 그런데도 그 병사는 다른 로마 시민처럼 황제나 태양, 혹은 신화 속의 잡신들을 숭배하는 사람이 아니었습니다. 그는 경건한 사람이었습니다. 성경에서 '경건하다'는 말은, 중심으로 하나님을 섬기는 사람에게만 사용되는 용어입니다. 어떻게 로마 시민이었던 그 병사가 하나님을 섬기는 경건한 사람이 될 수 있었겠습니까? 본문 1-2절 속에 그 해답이 들어 있습니다.

> 가이사랴에 고넬료라 하는 사람이 있으니 이달리야 부대라 하는 군대의 백부장이라 그가 경건하여 온 집안과 더불어 하나님을 경외하며 백성을 많이 구제하고 하나님께 항상 기도하더니.

그 병사의 직속상관인 백부장 고넬료가 경건한 사람이었습니다. 하나님을 경외하는 그의 기도와 구제가 하나님 앞에 기념비로 상달될 정도로 그는 경건한 사람이었습니다. 따라서 본문 속의 경건한 병사가 경건한 고넬료의 영향을 받아, 유대인이 아니면서도 하나님을 경외하는 경건한 삶을 추구하게 되었음은 쉽게 짐작할 수 있습니다. 그뿐 아니라 본문은, 경건한 고넬료가 온 집안 식구와 더불어 하나님을 경외하는 경건한 사람이었음을 증언하고 있습니다. 따라서 경건한 병사와 함께 욥바로 출발한 두 명의 집안 하인 역시 경건한 사람이었을 것임을 알게 됩니다. 그렇지 않고서야, 경건한 고넬료가 하나님의 명령을 좇아 경건한 사도 베드로를 모셔 오는 특사로 그들을 선택했을 리가 만무합니다.

우리는 여기에서 경건한 사람 곁에 경건한 사람이 생기고 모인다는 지극히 평범한, 그러나 대단히 중요한 사실을 확인할 수 있습니다.

반면에 예수님께서 서기관들과 바리새인들을 질책하신 내용이 수록되어 있는 마태복음 23장은 정반대의 사실을 우리에게 전해 주고 있습니다. 당시 서기관들과 바리새인들은 유대인 중에서 가장 경건한 사람으로 인정받는 무리였습니다. 그들 스스로 자신들의 경건함을 추호도 의심하지 않았습니다.

그러나 주님께서는 도리어 그들을 크게 질타하셨습니다.

> 화 있을진저 외식하는 서기관들과 바리새인들이여 너희는 천국 문을 사람들 앞에서 닫고 너희도 들어가지 않고 들어가려 하는 자도 들어가지 못하게 하는도다 화 있을진저 외식하는 서기관들과 바리새인들이여 너희는 교인 한 사람을 얻기 위하여 바다와 육지를 두루 다니다가 생기면 너희보다 배나 더 지옥 자식이 되게 하는도다(마 23:13-15).
> 화 있을진저 외식하는 서기관들과 바리새인들이여 회칠한 무덤 같으니 겉으로는 아름답게 보이나 그 안에는 죽은 사람의 뼈와 모든 더러운 것이 가득하도다 이와 같이 너희도 겉으로는 사람에게 옳게 보이되 안으로는 외식과 불법이 가득하도다(마 23:27-28).
> 뱀들아 독사의 새끼들아 너희가 어떻게 지옥의 판결을 피하겠느냐(마 23:33).

자타가 경건하다 인정하는 그들이었지만, 주님께서는 그들을 가리켜 경건은 고사하고 지옥의 판결을 피할 수 없는 인간들이요, 주위 사람들마저 지옥 자식으로 전락시키는 외식外飾주의자들, 다시 말해 이중인격자들이라고 판정하였습니다.

이것은 당시 대제사장을 비롯한 제사장 무리에게도 고스란히 해당되는 판정이었습니다. 거룩한 예복을 입은 제사장들이 예루살렘성전에서 거룩한 예식에 따라 거룩하게 제사를 집례하면, 그들의 일거수일투족은 경건의 극치를 이루는 것처럼 보였습니다. 아무도 그 경건에 대해 이의를 제기하지 못할 만큼 완벽해 보이는 경건이었습니다. 그러나 그렇듯 경건하게 보이는 제사가 행하여지던 예루살렘성전을 가리켜 주님께서는 "강도의 소굴"(마 21:13)이라고 판정하셨습니다. 주님 보시기에는 경건을 연출하는 제사장들이나, 그 주위에 몰려 있는 측근들이나, 모두 수단과 방법을 가리지 않고 추악한 자기 사욕만을 좇는 강도의 무리에 지나지 않았습니다.

고넬료는 로마인으로 로마 군대의 백부장이었습니다. 그가 아무리 경건하다 한들, 겉으로 드러나는 그의 언행이 예루살렘성전을 중심으로 살아가는 제사장과 서기관 그리고 바리새인만큼 경건해 보일 수는 없었을 것입니다. 이방인인 고넬료의 직업은 이방 군대의 군인인 데 반해, 제사장과 서기관 및 바리새인은 유대교 지도자들로서 직업 종교인들이었기 때문입니다. 그런데도 성경은 전혀 상반된 판정을 우리에게 전해 주고 있습니다. 이방인인 데다 직업군인인 고넬료와 그 주위 사람들은 더불어 경건하였지만, 정작 경건해 보이는 유대교 지도자들은 전혀 경건하지 않았다고 말입니다. 도대체 이 양자의 차이가 어디에 기인하는 것이겠습니까?

본문에서 '경건하다'고 번역된 단어가 헬라어 원문에는 '유세베스 $εὐσεβής$'로 기록되어 있습니다. 이것은 '잘well'을 의미하는 부사 '유 $εὖ$'와 '경배하다', '섬기다', '공경하다'라는 뜻의 동사 '세보 $σέβω$'가 합쳐진 합성어입니다. 따라서 경건하다는 것은 하나님을 잘 경배하고, 하나님을 잘 섬기며, 하나님의 뜻을 잘 좇는 것을 의미합니다. 이와 관련하여 유의하지 않으면 안 될 것은, 많은 사람들이 경건을 외적 모양으로 그릇 이해하고 있다는 사실입니다. 외적 모양만 놓고 따진다면, 로마 군인인 고넬료보다 예루살렘의 유대교 지도자들이 훨씬 경건해 보였고 또 실제로 당시 사람들은 그렇게 믿고 있었지만, 그러나 그것은 전혀 진실이 아니었습니다. 그러므로 경건에 관한 한 겉으로 드러난 외적 모양보다 더 중요한 것은, 경건을 이루는 내적 바탕입니다.

경건의 내적 바탕이란, 자신과 함께하고 계시는 하나님에 대한 통찰력입니다. 하나님은 결코 멀리 계시지 않습니다. 하나님께서는 당신을 믿는 우리를 고아처럼 내버려 두시는 분이 아닙니다. 하나님께서는 언제 어디서나 우리와 함께 계십니다. 그래서 하나님이신 것입니다. 이처럼 언제나 우리의 삶 속에 현존하고 계시는 하나님에 대한 통찰력을 지니고 살아갈 때, 우리는 언제 어디서나 예외 없이 하나님을 잘 경배하고, 하나님을 잘 섬기며, 하나님의 뜻을 잘 좇는 경건한 사람이 될 수 있습니다. 그렇지 않겠습니까? 자신의 삶 속에 현존하시는 하나님을 보고 느끼면서도 그 삶이 경건해지지 않을 사람이 어디에 있겠습니까?

문제는 자신의 삶 속에 현존하시는 하나님에 대한 통찰력을 상실할 때입니다. 그때에는 하나님의 현존이 육감적으로 느껴지는 곳, 이를테면 예배당 안이나 종교 행사장 혹은 교인들이 모여 있는 곳에 국한하여 경건의 외적 모양만을 추구하게 됩니다. 그 결과 당사자의 삶은 어쩔 수 없이 이중적이게 됩니다. 하나님의 현존을 육감적으로 느끼는 곳과 그렇지 않은 곳에서의 삶이 일치될 도리가 없기 때문입니다.

디모데후서 3장 1-5절은 말세에 나타날 현상을 다음과 같이 밝혀 주고 있습니다.

> 너는 이것을 알라 말세에 고통하는 때가 이르러 사람들이 자기를 사랑하며 돈을 사랑하며 자랑하며 교만하며 비방하며 부모를 거역하며 감사하지 아니하며 거룩하지 아니하며 무정하며 원통함을 풀지 아니하며 모함하며 절제하지 못하며 사나우며 선한 것을 좋아하지 아니하며 배신하며 조급하며 자만하며 쾌락을 사랑하기를 하나님 사랑하는 것보다 더하며 경건의 모양은 있으나 경건의 능력은 부인하니 이 같은 자들에게서 네가 돌아서라.

말세의 현상을 한마디로 표현하면, 소위 하나님을 믿는다는 사람들이 '경건의 모양은 있으나 능력은 부인한다'는 것입니다. 다시 말해 모두 겉으로 드러나는 경건의 모양만을 추구할 뿐, 경건의 내적 바탕인 하나님에 대한 통찰력을 지니려 하지는 않는다는 것입니다. 그 통찰력 없이는 참된 경건의 삶이 불가능한데도 말입니다.

다윗은 자신의 삶을 이렇게 고백하였습니다.

> 내가 여호와를 항상 내 앞에 모심이여 그가 나의 오른쪽에 계시므로 내가 흔들리지 아니하리로다(시 16:8).

다윗의 삶이 흔들림 없이 경건할 수 있었던 것은, 그가 언제나 자기 삶 속에 현존하시는 하나님에 대한 통찰력 속에서 살았기 때문입니다. 그러나 우리는 잘 알고 있습니다. 그가 그 통찰력을 잠시 상실했을 때, 그는 남의 아내를 자신의 침실로 불러들여 불륜을 저지르면서도, 그 범죄의 현장을 하나님께서 보고 계신다는 가장 기본적인 사실을 망각하고 말았습니다. 남의 아내를 범했을 뿐 아니라 그 여인의 남편을 살해하기까지 하는 엄청난 범죄를 저지르고서도, 때마다 태연하게 하나님께 제사를 드렸습니다. 하나님에 대한 통찰력을 상실했기에, 하나님께서 자신의 죄과를 낱낱이 알고 계신다는 사실조차 인식하지 못한 까닭이었습니다. 범죄한 그는 여전히 경건의 외적 모양은 갖추고 있었습니다. 그러나 경건의 내적 바탕인 경건의 능력, 즉 자신과 함께하고 계시는 하나님에 대한 통찰력을 상실한 그는 하나님 보시기에 가증스러운 이중인격자에 지나지 않았습니다. 그럼에도 다윗의 위대한 점은, 나단 선지자를 통해 자신의 잘못을 지적받는 즉각 하나님에 대한 통찰력과 경건을 동시에 회복했을 뿐 아니라, 동일한 잘못을 결코 되풀이하지 않았다는 것입니다. 다시 회복한 하나님에 대한 통찰력을 다시는 상실하지 않았기 때문입니다.

사도 바울은 경건과 관련하여 이렇게 권면하고 있습니다.

> 망령되고 허탄한 신화를 버리고 경건에 이르도록 네 자신을 연단하라 (딤전 4:7).

경건에 이르기를 스스로 연단한다는 것은 무슨 의미이겠습니까? 자신의 삶 속에 현존하시는 하나님에 대한 통찰력을 배양하는 것입니다. 성경공부도, 기도도, 신앙 훈련도 바로 이 통찰력, 즉 경건의 내적 바탕을 다지고 키우기 위함입니다. 이 통찰력을 지니지 못할 때 우리의 신앙 연륜이 거듭될수록 우리는 경건의 외적 모양만 지닌 외식주의자, 다시 말해 이중인격자가 될 뿐입니다.

그렇다면 이제 우리는 앞서 제기한 질문에 대한 해답을 찾았습니다. 성경이 예루살렘의 직업적인 종교인들인 유대교 지도자들을 제쳐 놓고, 그들보다 경건의 외적 모양이 턱없이 떨어져 보이는 로마의 백부장 고넬료를 경건한 사람이라고 판정한 것은 그가 경건의 내적 바탕, 즉 자기 삶 속에 현존하시는 하나님에 대한 통찰력을 지니고 있었기 때문입니다. 그 통찰력으로 그는 그의 구제와 기도가 하나님께 기념비로 상달될 정도로 하나님을 잘 섬기고, 하나님의 뜻을 잘 좇는 경건한 사람이 될 수 있었습니다. 그리고 그 결과로 그의 집 하인들과 휘하 병사와 같은 주위 사람들이 그의 경건한 삶에 영향을 받아, 그들 역시 경건한 삶을 추구하는 경건한 사람들이 된 것은 너무나도 자연스러운 수순이었습니다.

반면에 누구보다도 경건해 보이는 언행의 유대교 지도자들이 하나님 보시기에는 형편없는 이중인격자에 지나지 않았던 것은, 자기 교만에 빠져 있던 그들에게는 경건의 내적 바탕인 하나님에 대한 통찰력이 결여되어 있었기 때문입니다. 그래서 그들의 일상적 삶은 어쩔 수 없이 성전 안에서의 언행과 괴리를 이룰 수밖에 없었고, 그들의 영향하에 있는 주위 사람들 역시 경건의 외적 모양만을 흉내 내는 자기 위선에서 벗어날 수 없었습니다.

십자가의 죽음을 목전에 둔 주님께서 제자들에게 말씀하셨습니다.

> 보라 너희가 다 각각 제 곳으로 흩어지고 나를 혼자 둘 때가 오나니 벌써 왔도다 그러나 내가 혼자 있는 것이 아니라 아버지께서 나와 함께 계시느니라 (요 16:32).

주님께서 3년 동안 온갖 사랑과 정성을 다 쏟아부으셨던 제자들이 가장 결정적인 순간에 주님을 배신하고 뿔뿔이 흩어져 도망가 버립니다. 그 처절한 배신의 현장에 주님 홀로 남으셨습니다. 그러나 주님께서는 알고 계셨습니다. 당신이 결코 혼자가 아니라는 사실을 말입니다. 주님께서는 아무도 없는 그곳에 하나님 아버지께서 당신과 함께 계심을 분명히 아셨습니다. 주님께서는 하나님 아버지에 대한 통찰력으로 십자가를 지셨고, 그 통찰력의 결과로 부활하셨습니다. 바로 그 통찰력으로 인해 주님의 삶은 단 한순간도 경건과 분리된 적이 없었습니다.

잊지 마십시오. 경건은 결코 종교 행사나 특정 프로그램과 관련된 용어가 아닙니다. 경건은 하나님을 믿는 그리스도인의 삶 자체를 일컫는 용어입니다. 그러므로 살아 있는 사람의 삶이 멈출 수 없듯이 그리스도인의 경건 또한 중단될 수 없고, 그것은 하나님에 대한 통찰력의 바탕 위에서만 가능합니다.

다음은 김정란 시인의 〈그때에〉라는 시입니다.

일상의 일들이 밀물처럼
밀려오고 나가는 해변에서
하루의 빈 그물을 씻고 있는
그때에

보잘것없는 지식을 머리에 씌워
타고난 어리석음을 가려 보려고
헤매던 어둔 밤중
그때에

헛된 욕심에 눈 어두워
앞을 보지 못하고 길가에 나뒹구는
돌멩이처럼 주저앉고 말았던
그때에

세상 온갖 유혹에 끌려다니다가
넘어진 상처투성이
내 모양을 버려두었던
그때에

그때에 나를 찾으신 주님
아아

나를 정하게 하셨네

이 시가 노래하고자 하는 것이 무엇이겠습니까? 하나님보다 자신을 더 신뢰하던 자기 교만을 버리고, 자신의 삶 속에 임해 계시는 주님에 대해 겸손하게 눈뜨게 되었을 때, 그때 자신이 비로소 주님 안에서 정결하게 되었다는 것입니다. 이것을 오늘의 용어로 표현하면, 자기 삶 속에 현존하시는 주님에 대한 통찰력을 지님으로써 주님 안에서 자신의 삶이 비로소 경건하게 되었다는 것입니다. 주님께서는 특별한 종교 행사장이 아니라, 자기 일상의 삶 속에 임해 계신다는 것입니다. 일상의 삶 속에 임해 계시는 주님에 대한 통찰력을 지닐 때, 바로 그때부터 인간의 삶은 주님 안에서 온전히 새로워진다는 것입니다.

사랑하는 교우 여러분!

우리 심령의 정결도, 삶의 경건도, 오직 삼위일체 하나님에 대한 통찰력으로부터 시작됩니다. 하나님은 하늘 위에나 산 너머, 혹은 바다 건너 멀리 계시지 않습니다. 하나님께서는 우리의 삶 속에 이미 임해 계십니다. 그 하나님에 대한 통찰력을 지니십시오. 말씀과 기도를 통해 하나님에 대한 통찰력을 날로 배양하십시오. 언제 어디서나 그 통찰력으로 살아가십시오. 그때 예배당 안에서 비록 우리의 기도가 어눌하고 찬송이 서툴다 해도, 하나님께서는 본문의 고넬료와 그 주위 사람들처럼 우리를 경건하다 인정해 주시고, 우리를 통로로 삼아 우리와 더불어 살아가는 사람들의 삶마저 경건하게 가꾸어 주실 것입니다. 그리스도인의 삶 자체를 일컫는 경건에 관한 한, 우리의 경건이 입증되는 곳은 예배당 안이 아니라, 예배당 밖—바로 우리 일상의 삶의 현장이기 때문입니다.

하나님 아버지!

오늘 본문을 통하여 경건한 사람 곁에 경건한 사람들이 있고, 외식하는 사람 주위에 외식하는 사람들이 모여듦을 일깨워 주셔서 감사합니다. 나와 더불어 사는 사람들 가운데 혹 외식하는 사람이 있다면, 그것은 그 사람의 허물이 아니라, 그동안 단지 경건의 외적 모양만을 추구해 온 나의 잘못임을 회개하오니 용서하여 주옵소서.

이제부터 우리 모두 경건의 내적 바탕을 바르게 다지는, 진정한 믿음의 사람이 되게 하옵소서. 우리 삶 속에 이미 임해 계시는 하나님에 대한 통찰력을 지니고, 그 통찰력을 날로 배양하게 하옵소서. 언제 어디서나 그 통찰력으로 살아가게 하옵소서. 우리의 경건이 입증되는 곳은 예배당 안이 아니라 우리 일상의 삶의 현장임을, 그리고 우리 자신의 경건 여부가 우리 주위 사람들의 삶의 수준을 결정함을 잊지 말게 하옵소서.

그리하여 날마다 하나님에 대한 통찰력으로 살아가는 우리의 경건이 우리에게서 멈추지 않고, 우리 주위 사람들에게 날로 확산되게 하옵소서. 아멘.

6. 욥바로 보내니라

사도행전 10장 1-8절
가이사랴에 고넬료라 하는 사람이 있으니 이달리야 부대라 하는 군대의 백부장이라 그가 경건하여 온 집안과 더불어 하나님을 경외하며 백성을 많이 구제하고 하나님께 항상 기도하더니 하루는 제구 시쯤 되어 환상 중에 밝히 보매 하나님의 사자가 들어와 이르되 고넬료야 하니 고넬료가 주목하여 보고 두려워 이르되 주여 무슨 일이니이까 천사가 이르되 네 기도와 구제가 하나님 앞에 상달되어 기억하신 바가 되었으니 네가 지금 사람들을 욥바에 보내어 베드로라 하는 시몬을 청하라 그는 무두장이 시몬의 집에 유숙하니 그 집은 해변에 있다 하더라 마침 말하던 천사가 떠나매 고넬료가 집안 하인 둘과 부하 가운데 경건한 사람 하나를 불러 이 일을 다 이르고 **욥바로 보내니라**

사람들은 '다윗' 하면 가장 먼저 '골리앗'을 생각합니다. 믿지 않는 사람들조차도 쌍방의 격차가 심하게 나는 싸움을 가리켜 '다윗과 골리앗'의 싸움이라 일컬을 정도로 다윗과 골리앗은 불가분의 관계에 있습니다. 그도 그럴 것이 다윗이 골리앗을 제압함으로 우리가 알고 있는 바대로의 다윗이 되었기 때문입니다.

　인간의 역사가 시작된 이래, 세계 도처에서 인간 간의 크고 작은 싸움이 얼마나 많았습니까? 그런데도 지금부터 3천여 년 전 아득히 먼 이스라엘 땅에서 벌어졌던 다윗과 골리앗의 싸움이 왜 오늘날까지 믿지 않는 사람마저 언급할 정도로 유명합니까? 그것은 다윗이 상식적으로는 도저히 이길 수 없는 싸움에서 이겼기 때문입니다. 이스라엘을 침공한 블레셋의 골리앗은 신장이 2미터 74센티미터인 데다, 몸에 걸친 갑옷의 무게는 한 사람의 체중에 해당하는 57.5킬로그램이나 되었습니다. 그가 어깨에 메고 있는 단창의 창자루는 옷감을 짜는 베틀의 용두머리만큼 굵었고, 그 끝에 붙어 있는 창날의 무게만 약 7킬로그램에 달했습니다. 한마디로 골리앗은 전무후무한 거인이었습니다. 그를 본 이스라엘 군대의 장군들과 군사들은 모두 그 외모에 압도당하여, 감히 누구 한 명 골리앗과 맞서려는 사람이 없었습니다. 그에 반하여 당시 다윗은 겨우 십대의 청소년에 불과하였습니다.

　그런데도 다윗은 골리앗이 모독하는 하나님의 영광을 위하여 단신으로 골리앗과 맞섰습니다. 그것은 문자 그대로 거인과 어린아이의 싸움으로, 그 결과는 불을 보듯 뻔할 수밖에 없었습니다. 그러나 모든 사람의 예상을 뒤엎고 그 싸움은 다윗의 일방적인 승리로 끝났습니다. 다윗은 그 승리로 인해 풍전등화의 위기에서 나라를 구한 구국의 영웅이 되었을 뿐 아니라, 그 이후 이스라엘 역사의 중심인물이 되었습니다. 이처럼 다윗의 승리가 아무도 상상할 수 없을 정도로 극적이었던 만큼, 3천여 년이 지난 지금까지 믿지 않는 사람 사이에서도 다윗과 골리앗의 싸움이 인용되는 것은 조금도 이상한 일이 아닙니다.

　그러나 다윗을 불세출의 영웅으로 만들어 준 다윗과 골리앗의 싸움을 아는 사람들 가운데, 다윗이 어떻게 골리앗과 맞서게 되었는지를 소상하게 아는 사람은 흔치 않습니다. 당시 다윗은 전쟁에 출정한 군인이 아니었습니다. 그의 집이 전쟁터 곁에 있었기에 담장 너머로 골리앗을 보게 된 것도 아닙니다. 그때 다윗의 집은 골리앗이 진 치고 있던 엘라 골짜기에서 약 60리나 떨어진 베들레헴에 있었습니다. 그런데도 나이 어린 다윗이 동네 골목도 아닌, 이스라엘과 블레셋의 군대가 마주 진 치고 있는 전쟁터에서 적장인 골리앗과 맞서게 된 데는 이유가 있었습니다.

다윗은 베들레헴 사람 이새의 여덟 아들 중 막내아들이었습니다. 블레셋의 거인 골리앗이 군대를 이끌고 이스라엘을 침공하자, 당시 이스라엘 왕이었던 사울은 적군을 물리치기 위해 급히 군사를 모았습니다. 그때 이새의 아들들 가운데 세 명, 장남과 차남 그리고 삼남도 징병되었습니다. 어느 날 이새는 전쟁터에서 고생하는 세 아들들에게 먹을거리를 보내기로 했습니다.

> 이새가 그의 아들 다윗에게 이르되 지금 네 형들을 위하여 이 볶은 곡식 한 에바와 이 떡 열 덩이를 가지고 진영으로 속히 가서 네 형들에게 주고 이 치즈 열 덩이를 가져다가 그들의 천부장에게 주고 네 형들의 안부를 살피고 증표를 가져오라(삼상 17:17-18).

이새가 전쟁터로 보낸 먹을거리는 곡식 한 에바, 그리고 빵과 치즈 각 열 덩이였습니다. 한 에바는 우리의 도량형으로 열두 되, 즉 한 말 두 되입니다. 그리고 당시 유대인들의 빵과 치즈는 커다란 덩어리 형태였습니다. 그러므로 곡식 한 말 두 되와 빵과 치즈 열 덩이씩을 합치면 만만찮은 무게입니다. 게다가 이새가 있는 베들레헴에서 전쟁터인 엘라 골짜기까지는 60리 길이라고 했습니다. 그 무거운 곡식, 그리고 빵과 치즈 열 덩이씩을 지고 그 먼 60리

길을 걸어간다는 것은 여간 힘든 일이 아닐 것입니다. 이새의 세 아들이 징병되었으므로, 집에는 넷째부터 여덟째 막내까지 다섯 명의 아들들이 남아 있었습니다. 만약 그 무거운 먹을거리를 한 명이 전달해야 한다면, 남아 있는 다섯 아들들 가운데 제일 연상인 넷째 아들에게 그 일을 맡기는 것이 타당할 것입니다. 하지만 이새는 그 일을 어린 막내아들 다윗에게 시켰습니다. 아버지 이새는 알고 있었던 것입니다. 자신이 무슨 일을 시키든 막내아들 다윗만 자신의 심부름에 군말 없이 응한다는 사실을 말입니다.

다윗의 입장에서 생각해 보십시다. 다윗은 아버지의 명령에 불복할 명분이 얼마든지 있었습니다. '아버지, 왜 막내인 제가 가야 합니까? 저는 아직 어린 데다 지고 가야 할 짐은 너무 무겁고, 가야 할 길은 너무 멉니다. 제 위로 형들이 네 명이나 있지 않습니까? 형들 중에 한 명을 보내시지요.' 만약 다윗이 아버지의 심부름에 불응하려 했다면, 그는 무슨 핑계를 대든 그 일을 형들에게 떠밀고 말았을 것입니다. 그러나 다윗은 그렇게 하지 않았습니다.

다윗이 일평생 동안 가장 잘한 일 한 가지만 선택한다면 무엇이겠습니까? 대부분의 사람들은 그가 단신으로 골리앗과 맞서 이긴 것을 꼽을 것입니다. 그러나 조금만 깊이 생각해 보면 그것이 아님을 알 수 있습니다. 무거운 먹을거리를 먼 전쟁터의 형들에게 가져다주라는 아버지의 심부름에 단 한마디의 이의도 없이 '예' 하고 순종한 것—이것이 다윗이 그의 일생일대에서 가장 잘한 일입니다. 다윗이 그때 아버지의 심부름에 순종했기에 전쟁터에서 이스라엘을 모독하는 골리앗을 목격했고, 그 골리앗과 맞서 승리할 수 있었습니다. 만약 그가 아버지의 심부름에 순종하지 않았던들 골리앗을 물리친 구국의 영웅 다윗은 존재하지 않았을 것입니다.

적군의 침입으로 위기에 빠진 나라를 구한다는 것은 참으로 위대한 일이 아닐 수 없습니다. 그에 비하면 전쟁터에 나가 있는 형들에게 먹을거리를 전해 주는 심부름은 하찮고 시시하고 보잘것없는 일처럼 보입니다. 나라를 구하는 일이 위대한 장수의 일이라면, 먹을거리 심부름은 머슴의 몫인 것처럼 여겨집니다. 만약 다윗이 어린 시절부터 나라를 위한다는 명분하에 크고 거창하게 보이는 일에만 관심을 갖고 먹을거리 심부름 정도는 하찮게 여겨 자기 일로 간주하지 않았다면, 역설적이게도 그는 나라를 구하는 불세출의 영웅이 되지는 못했을 것입니다. 오히려 그가 하찮고 보잘것없어 보이는 일에 충실했던 결과가 골리앗의 위협으로부터 나라를 구하는 위업으로 나타났고, 그 이후 그는 새로운 역사의 구심점이 되었습니다.

이것은 비단 다윗에게만 국한된 이야기가 아닙니다. 구약성경 룻기는 '룻'이란 한 여인에 관한 이야기입니다. 성경 66권 가운데 여성의 이름이 책의 제목으로 붙여진 것은 에스더서와 룻기뿐입니다. 그러나 룻은 에스더처럼 지체 높은 왕비도 아니었고, 사회적으로 위대한 업적을 남기거나 명성을 크게 떨친 인물도 아니었습니다. 유대인도 아닌, 이방 모압 여인이었던 그녀는 전업주부였을 뿐입니다. 그녀가 잘한 것이라고는, 결혼하고 10년 뒤 남편이 죽어 청상과부가 된 뒤에도 유대인 시어머니인 나오미를 잘 공경했다는 것입니다. 그녀가 시어머니 나오미를 얼마나 잘 공경했던지, 며느리의 효심에 감동한 시어머니 나오미의 주선으로 보아스란 남자에게 개가한 룻은 오벳이란 아들을 얻었습니다. 이에 시어머니 나오미는 말할 것도 없고, 나오미 주위의 동네 사람들마저 나오미가 아들을 낳은 것처럼 기뻐해 주었습니다. 그것이 룻이란 한 여인이 이 세상에서 행한 전부입니다.

시집간 여자가 시부모를 잘 공경하고 자식을 낳아 기른다는 것은 누구나 하는 일로, 그것은 조금도 특별한 일이 아닙니다. 오히려 사회적으로 자신의 이상을 당당하게 실현하는 전문직 여성에 비한다면 그것은 하찮고 시시하고 고리타분해 보이기까지 합니다. 그런데 그렇듯 하찮아 보이는 룻의 삶을 전해 주는 룻기는 이렇게 끝나고 있습니다.

> 이웃 여인들이 그 아기에게 이름을 지어 주면서 "나오미가 아들을 보았다!" 하고 환호하였다. 그들은 그 아기의 이름을 오벳이라고 하였다. 그가 바로 이새의 아버지요, 다윗의 할아버지이다. 다음은 베레스의 계보이다. 베레스는 헤스론을 낳고, 헤스론은 람을 낳고, 람은 암미나답을 낳고, 암미나답은 나손을 낳고, 나손은 살몬을 낳고, 살몬은 보아스를 낳고, 보아스는 오벳을 낳고, 오벳은 이새를 낳고, 이새는 다윗을 낳았다 (룻 4:17-22, 새번역).

지금 룻이 낳은 것은 오벳이라는 핏덩이일 뿐입니다. 그런데도 성경은 그 핏덩이가 미래에 태어날 다윗의 할아버지임을, 다시 말해 그 핏덩이가 미래에 낳을 손자가 다윗임을 강조하고 있습니다. 그 사실이 얼마나 중요하면 미래에 태어날 다윗의 이름을 미리 기록한 다윗의 족보를 보여 주는 것으로 룻기는 끝나고 있습니다. 이미 언급한 것처럼 룻은 가사家事에만 전념한 전업주부인 반면, 그녀의 증손자인 다윗은 골리앗의 침범으로부터 나라를 구하고 이스라엘의 역사를 새롭게 한 성경의 위인입니다. 왜 룻기는 아직 태어나지도 않은 다윗을 미리 등장시켜 룻과 다윗을 동시에 보여 주는 것으로 끝나겠습니까? 전업주부였던 룻이 시어머니를 공경하면서 가사에 충실하지 않았던들 그녀의 시어머니가 그녀를 개가시켜 주려 하지도 않았을 것이요, 그녀가 보아스에게 개가하지 않았던들 골리앗을 꺾을 다윗도, 이스라엘 역사의 구심점이 될 다윗도 있을 수 없음을 일깨워 주기 위함입니다. 바꾸어 말하면 한 여인이 가사에만 충실해도 그녀로 인해 한 나라의 역사의 지평은 얼마든지 새로워질 수 있다는 것입니다. 더욱이 룻기의 마지막을 장식하고 있는 다윗의 족보는 마태복음 1장에서 예수 그리스도의 족보로 이어지고 있습니다. 결국 룻기는 한 여인이 가사에만 충실해도 그녀와 그녀의 가정, 그리고 그녀의 후손을 통해 하나님의 역사는 얼마든지 이루어짐을 웅변해 주고 있습니다.

그렇다면 우리는 대수롭지 않아 보이는 가사에 충실했던 룻을 통해 이스라엘의 역사에 새 지평이 열리고, 하찮아 보이는 아버지의 심부름에 순종했던 다윗을 통해 이스라엘의 역사가 새로워진 사실을 보면서 하나님 앞에서는 크고 작은 일이 구별되지 않는다는 교훈을 얻게 됩니다. 사람 보기에는 아무리 하찮아 보이는 일도 하나님 앞에서는 무의미한 것이 없습니다. 아무리 작아 보이는 일도 하나님 앞에서는 절대적인 의미를 지닙니다. 한 개인의 인생도, 한 나라의 역사도, 가장 작고 가장 사소해 보이고 가장 하찮아 보이는 일에 충실한 사람들에 의해 바로 세워집니다. 오늘의 본문이 주는 메시지 역시 바로 이것입니다.

가이사랴에 살던 로마의 백부장 고넬료가 환상 속에 나타난 천사를 통해 하나님의 명령을 들었습니다. 욥바의 바닷가에 위치한 무두장이 시몬의 집에 유숙하고 있는 베드로를 청해 오라는 명령이었습니다. 이에 대한 고넬료의 반응은 본문 7-8절이 전해 주고 있습니다.

> 마침 말하던 천사가 떠나매 고넬료가 집안 하인 둘과 부하 가운데 경건한 사람 하나를 불러 이 일을 다 이르고 욥바로 보내니라.

고넬료는 즉각 자기 집 하인 중에서 두 명, 그리고 휘하 병사 중에서 한 명, 도합 세 명을 차출하여 자초지종을 상세히 설명한 뒤 그들을 욥바로 보내었습니다. 하나님께서 명령하신 대로 욥바에 체류 중인 베드로를 모셔 오기 위함이었습니다. 이때 고넬료가 차출했던 병사가 경건한 사람이었다는 본문의 증언에 비추어, 우리는 지난 시간에 경건의 의미에 대하여 깊이 생각해 보았습니다. 오늘 우리가 주목하고자 하는 것은 고넬료가 베드로를 모셔 오기 위해 욥바로 보낸 세 사람입니다. 이제 그들의 입장에서 한번 생각해 보십시다.

그들은 고넬료 집안 하인과 휘하 병사로, 모두 고넬료의 명령을 받들어야 하는 위치에 있었습니다. 고넬료가 욥바에 다녀오라고 명령한 이상 이유 없이 욥바에 다녀와야 합니다. 그러나 그 명령의 근거가 비현실적인 환상이었습니다. 고넬료가 환상 속에서 들은 대로 욥바에 가서 베드로를 모셔 오라는 것이었습니다. 그들은 베드로와 일면식도 없었습니다. 베드로가 체류 중이라는 무두장이 집의 정확한 위치도 알지 못했습니다. 아는 것이라고는 무두장이의 집이 막연히 바닷가에 있다는 것뿐이었습니다. 욥바가 항구도시인 만큼 바닷가가 얼마나 길겠습니까? 이것은 온통 바닷가인 항구도시 부산에 가서 다짜고짜 특정인을 찾는 것처럼 애매한 일입니다. 또 고넬료가 환상을 근거로 내린 명령이니 실제로 베드로라는 사람이 욥바에 체류 중인지, 그것이 사실이어서 요행히 베드로를 만난다 해도 베드로가 자신들의 말을 듣고 가이사랴까지 따라올 것인지, 그들로서는 전혀 알 수 없는 일이었습니다. 한마디로 환상을 근거로 그들에게 내려진 고넬료의 명령은 현실과 동떨어진 황당한 명령이었습니다. 만약 그들이 가이사랴에서 50여 킬로미터나 떨어진 욥바까지 애써 찾아가지 않고 중도에서 되돌아와, 욥바에 베드로라는 사람이 없더라고 보고해도 고넬료로서는 믿을 수밖에 없는 상황이었습니다.

그러나 다음 시간에 상세히 살펴보겠지만, 그 세 사람이 욥바의 바닷가에 있는 베드로에게 이른 것은 이튿날 낮 12시였습니다. 고넬료가 환상을 본 것은 오후 3시였습니다. 오후 3시라면, 그 시간이 로마의 백부장이었던 고넬료에게는 부대 내에서 근무 중인 시간이었을 것임은 우리가 이미 생각해 본 적이 있습니다. 그 이후 그가 부대에서 일과를 끝내고 퇴근하여 하인 두 명과 병사 한 명을 불러 자초지종을 설명하고, 그 세 사람들이 먼 길을 가기 위한 여장을 꾸리고 욥바를 향해 출발한 것은 그날 오후 늦은 시각이었을 것입니다. 가이사랴에서 50킬로미터 떨어진 욥바는 당시 사람의 도보로 12시간 거리였습니다. 욥바에 당도하여서도 욥바의 길고 긴 바닷가에서 무두장이 시몬의 집을 찾기 위해서는 적지 않은 시간이 필요했을 것입니다. 그러고서도 그들이 이튿날 낮 12시에 베드로에게 이를 수 있었다는 것은, 그들이 요기하는 시간과 최소한의 휴식 시간을 제외하고는 밤을 새워 가며 계속 걸어갔음을 의미합니다. 한마디로 그들은 주어진 일에 최선을 다하는 사람들이었습니다. 그리고 그들은 베드로를 모시고 가이사랴의 고넬료 집으로 되돌아감으로 자신들의 책임을 완수하였습니다. 이때 베드로가 이방인인 고넬료의 집에 이른 것이 사도행전 속에서, 나아가 2천 년 교회 역사 속에서 중요한 분수령을 이루는 것은, 이것 역시 앞으로 상세히 살펴보겠지만, 히브리파 유대인인 사도들이 이방인도 구원의 대상임을 공식적으로 직접 확인하는 최초의 사건이었기 때문입니다.

중풍병자 애니아를 일으키고 죽은 다비다를 살리며 가는 곳마다 하나님 나라의 복음을 전하는 사도 베드로의 사역에 비하면, 고작 밤을 새우며 베드로를 모시러 가는 세 사람의 역할은 너무나도 초라하고 보잘것없어 보입니다. 그러나 그들이 없었던들 땅끝까지 주님의 증인이 되어야만 하는 사도들의 사역도, 사도행전도, 교회의 역사도 완성될 수 없었습니다. 하나님의 역사는 겉으로 드러나고, 큰일을 하는 것처럼 보이는 소수의 사람들에 의해서만 이루어지는 것이 결코 아닙니다. 하나님의 역사는 겉으로 드러나지 않는 다수의 사람들, 세상적인 잣대로 보면 하찮고 시시하고 보잘것없어 보이는 일일지라도 최선을 다하는 사람들에 의해서도 완성됩니다. 그래서 하나님은 공평하십니다.

우리는 여기에서 교만과 겸손의 참된 의미를 깨닫게 됩니다. 교만은 작은 것의 가치를 무시하고 하찮게 여기는 것입니다. 골리앗이 도저히 질 수 없는 어린 다윗과의 싸움에서 치욕의 패배를 당한 것은, 단지 작다는 이유만으로 다윗을 업신여겼기 때문입니다. 한마디로 교만했기 때문입니다. 하나님께서 말씀하시지 않았습니까?

> 교만은 패망의 선봉이요 거만한 마음은 넘어짐의 앞잡이니라 (잠 16:18).

작은 것의 가치를 무시했던 교만한 골리앗이 작은 다윗에게 패했던 것은, 아무도 거스를 수 없는 하나님의 법칙이었습니다.

반면에 겸손은 작고, 하찮고, 대수롭지 않아 보이는 일의 가치를 아는 것입니다. 한 방울의 물이 모여 시내를 이루고, 시내가 모여 강이 되고, 강이 모여 바다가 됩니다. 망망대해가, 작고 하찮아 보이는 한 방울의 물부터 시작되는 것입니다. 그 작은 물 한 방울의 가치를 아는 것, 그래서 물 한 방울처럼 하찮아 보이는 일에도 자신의 생을 걸고 최선을 다하는 것—바로 이것이 겸손입니다. 이런 의미에서 하찮아 보이는 먹을거리 심부름에 최선을 다해 응했던 다윗은 겸손한 사람이었습니다. 하나님께서 말씀하셨습니다.

겸손은 존귀의 길잡이니라(잠 15:33하).

하나님의 역사는 작은 일의 가치를 아는 겸손한 사람을 통해 완성되기 때문입니다. 그래서 교만한 골리앗은 작지만 겸손한 다윗의 적수가 될 수 없었습니다.

사랑하는 교우 여러분!

지금 하나님께서 가라시는 곳이 어디입니까? 하나님께서 하라시는 것이 무엇입니까? 지금 주어진 일이 무엇입니까? 그 일이 아무리 하찮게 보여도 룻처럼, 다윗처럼, 본문의 세 사람처럼 그 일에 최선을 다하십시오. 그때 여러분의 삶이 하나님에 의해 견고하게 세워질 뿐 아니라, 여러분으로 인해 이 시대의 신사도행전이 완성될 것이요, 나아가 이 땅의 역사에 새로운 지평이 열리게 될 것입니다. 이것이 오늘 본문을 통해 주님께서 우리에게 주시는 약속입니다.

지극히 작은 것에 충성된 자는 큰 것에도 충성되고 지극히 작은 것에 불의한 자는 큰 것에도 불의하니라(눅 16:10).

주님의 말씀이십니다.

룻은 전업주부의 자기 역할에 충실했을 뿐인데, 하나님께서는 그녀의 삶을 통해 이스라엘 역사에 새 지평을 열어 주셨습니다. 다윗은 전쟁터에 나가 있는 형들에게 먹을거리를 전해 주라는 아버지의 심부름에 순종했다가 골리앗을 물리치는 구국의 영웅이 되었을 뿐 아니라, 이스라엘의 역사를 새롭게 하는 성경의 위인이 되었습니다. 본문 속의 이름 없는 세 사람은, 욥바의 베드로를 모셔 오라는 고넬료의 명령에 밤을 새워 가며 최선을 다함으로 사도행전을 완성시키는 하나님의 도구들이 되었습니다.

망망대해도 물 한 방울부터 시작되게 하신 하나님!

물 한 방울처럼 작고 하찮고 보잘것없어 보이는 일의 가치를 알고 실천하는 것이 겸손이요, 그 가치를 무시하는 것이 교만임을 잊지 말게 하옵소서. 지극히 작은 일에 충성하는 사람이 큰일에도 충성하고, 지극이 작은 일에 불의한 사람이 큰일에도 불의하다는 하나님의 법칙을, 언제 어디서나 명심하게 하옵소서. 그리하여 지금 우리가 피하고 싶은 그 하찮은 일, 세상의 잣대로 볼 때 가장 보잘것없어 보이는 그 작은 일에 우리의 최선을 다함으로, 우리 시대의 신사도행전을 우리의 삶으로 완성시켜 가게 하옵소서. 그와 같은 우리의 삶으로 인해, 이 땅의 역사가 새로워지게 하옵소서. 우리 모두 이 시대의 교만한 골리앗을 물리치는 겸손한 다윗이 되게 하시되, 어떤 경우에도 작은 것의 가치를 업신여기다가 겸손한 다윗에게 패하는 허황한 골리앗이 되지 않게 하옵소서. 아멘.

7. 이튿날

사도행전 10장 9-23절

이튿날 그들이 길을 가다가 그 성에 가까이 갔을 그때에 베드로가 기도하려고 지붕에 올라가니 그 시각은 제육 시더라 그가 시장하여 먹고자 하매 사람들이 준비할 때에 황홀한 중에 하늘이 열리며 한 그릇이 내려오는 것을 보니 큰 보자기 같고 네 귀를 매어 땅에 드리웠더라 그 안에는 땅에 있는 각종 네 발 가진 짐승과 기는 것과 공중에 나는 것들이 있더라 또 소리가 있으되 베드로야 일어나 잡아먹어라 하거늘 베드로가 이르되 주여 그럴 수 없나이다 속되고 깨끗하지 아니한 것을 내가 결코 먹지 아니하였나이다 한대 또 두 번째 소리가 있으되 하나님께서 깨끗하게 하신 것을 네가 속되다 하지 말라 하더라 이런 일이 세 번 있은 후 그 그릇이 곧 하늘로 올려져 가니라 베드로가 본바 환상이 무슨 뜻인지 속으로 의아해하더니 마침 고넬료가 보낸 사람들이 시몬의 집을 찾아 문밖에 서서 불러 묻되 베드로라 하는 시몬이 여기 유숙하느냐 하거늘 베드로가 그 환상에 대하여 생각할 때에 성령께서 그에게 말씀하시되 두 사람이 너를 찾으니 일어나 내려가 의심하지 말고 함께 가라 내가 그들을 보내었느니라 하시니 베드로가 내려가 그 사람들을 보고 이르되 내가 곧 너희가 찾는 사람인데 너희가 무슨 일로 왔느냐 그들이 대답하되 백부장 고넬료는 의인이요 하나님을 경외하는 사람이라 유대 온 족속이 칭찬하더니 그가 거룩한 천사의 지시를 받아 당신을 그 집으로 청하여 말을 들으려 하느니라 한대 베드로가 불러들여 유숙하게 하니라 **이튿날** 일어나 그들과 함께 갈새 욥바에서 온 어떤 형제들도 함께 가니라

가이사랴에 살던 로마의 백부장 고넬료는 경건한 사람이었습니다. 단순한 공기의 진동이나 자기과시가 아닌, 인간에 대한 사랑과 긍휼이 수반된 그의 기도와 구제가 하나님께 상달되어 기념비로 세워질 정도로 그는 경건한 사람이었습니다. 그러나 이방인이었던 고넬료는 아직 예수 그리스도의 복음을 접하지는 못한 상태였습니다. 이에 하나님께서는 환상 속에서 천사를 통해 고넬료에게, 욥바의 무두장이 시몬의 집에 유숙하고 있는 베드로를 청할 것을 명하셨습니다. 예수 그리스도께서 십자가 위에서 성취하신 구원의 복음을, 하나님께서 베드로를 도구로 삼아 고넬료에게 친히 전해 주시기 위함이었습니다. 고넬료는 즉시 자기 집안 하인 중에 두 명, 휘하 병사 가운데 한 사람, 도합 세 사람을 차출하였습니다. 그리고 그들에게 자초지종을 상세하게 설명한 뒤 그들을 욥바로 보내었습니다. 욥바는 가이사랴에서 50여 킬로미터나 떨어져 있었습니다. 곧장 걸어가기에는 가까운 거리가 아니었습니다. 그런데도 고넬료의 명을 받은 세 사람은, 지난 시간에 생각해 본 것처럼, 요기하는 시간과 최소한의 휴식 시간을 제외하고는 밤을 새워 욥바를 향해 걸어갔습니다. 목적은 오직 하나—그곳에 유숙하고 있는 베드로를 가이사랴의 고넬료 집으로 모셔 오기 위함이었습니다.

바로 여기에 우리의 주의가 필요합니다. 고넬료가 베드로에게 보낸 세 사람이 이미 가이사랴를 출발하여 밤을 새워 가며 욥바를 향해 걸어가고 있지만, 욥바에 있는 베드로는 그들이 자신을 찾아오고 있다는 사실을 새까맣게 모르고 있습니다. 그는 가이사랴의 이방인인 고넬료를 아예 알지도 못

합니다. 게다가 더 심각한 것은, 히브리파 유대인이었던 베드로는 그때까지 이방인에 대한 복음 전파의 필요성을 전혀 깨닫지 못하고 있었습니다. 그동안 베드로가 예루살렘을 넘어 여러 곳을 다니면서 복음을 전하기는 했지만, 그러나 그 대상은 모두 이스라엘 영내에 있는 이스라엘인에게만 국한되어 있었습니다. 그런 상황에서 이방인인 고넬료가 보낸 사람들이 그를 찾아온다 한들, 베드로가 그 이방인의 청에 응해야 할 까닭이 없었습니다. 그때까지만 해도 베드로에게 예수 그리스도의 복음은, 하나님의 선민인 이스라엘인만 누릴 수 있는 이스라엘의 전유물일 따름이었습니다.

그런데도 이방인인 고넬료가 욥바로 보낸 세 사람은 밤을 새워 가며 베드로를 향해 나아가고 있습니다. 아무것도 모르고 있는, 자신들의 청함에 응하리라는 보장도 없는 베드로를 향해 말입니다. 그렇다면 그들은 지금 헛수고를 하고 있음에 틀림없어 보입니다.

그러나 오늘의 본문 9절이 이렇게 시작되고 있습니다.

> 이튿날 그들이 길을 가다가 그 성에 가까이 갔을 그때에 베드로가 기도하려고 지붕에 올라가니 그 시각은 제육 시더라.

이튿날이었습니다. 다시 말해 고넬료가 세 사람을 욥바로 보낸 그다음 날이었습니다. 날이 새도록 쉬지 않고 욥바를 향해 걸어간 그 세 사람이 이윽고 욥바 성 가까이에 이르렀을 때, 바로 그때였습니다. 갑자기 베드로에게 기도하고픈 마음이 생겼습니다. 그때의 시각이 유대 시간으로 제6시, 요즈음 우리 시간으로 낮 12시였습니다.

경건한 유대인들은 하루에 세 번씩 기도하였습니다. 시편 55편 17절에 의

하면 다윗의 기도 시각은 아침, 낮 12시, 저녁이었던 것으로 나타나 있습니다. 그러나 기도 시각은 절대적인 율법의 명령이 아니라 단지 종교적 관습일 뿐이었습니다. 그래서 다윗 시대로부터 약 1천 년이 경과했을 때, 로마의 역사가 요세푸스F. Josephus는 유대인들의 기도 시각이 이른 아침과 오후 3시, 그리고 황혼 녘이라는 기록을 남겼습니다. 《유대 전쟁사Bellum Judaicum》와 《유대 고대사Antiquitates Judaicae》의 저자인 요세푸스는 본래 유대인 제사장의 아들로서, 2천 년 전 유대인들의 신앙생활과 관습에 정통한 사람이었습니다. 그러므로 요세푸스에 따르면, 베드로가 본문 속에서 기도한 낮 12시는 당시 유대인의 관습상 정규 기도 시간이 아니었습니다.

그런데도 바로 그 시각 베드로에게 갑자기 기도하고픈 마음이 불 일듯 일었고, 베드로는 지체 없이 기도하기 위하여 자신이 유숙하던 무두장이 집의 지붕, 즉 옥상으로 올라갔습니다. 그리고 그곳에서 환상을 통하여 하나님의 음성을 들음으로 베드로는 이방인에 대해 갖고 있던 자신의 편견을 버리고, 자신을 찾아온 세 사람의 말을 듣고 자신을 청하는 고넬료의 요청을 수락하게 됩니다. 만약 그때 베드로에게 기도하고픈 마음이 일지 않았다면, 기도하고픈 마음이 일었더라도 실제로 기도하지는 않았더라면, 기도했더라도 환상을 보지는 못했더라면, 환상을 보았더라도 그 환상이 무엇을 의미하는지를 일깨워 주시는 하나님의 음성을 듣지는 못했더라면, 베드로가 일면식도 없는 이방인 고넬료의 청을 스스럼없이 수락하지는 않았을 것입니다.

그렇다면 우리는 그 모든 배후에서 치밀하게 역사하신 하나님을 만나게 됩니다. 가이사랴에 있는 고넬료에게 욥바에 체류 중인 베드로를 청하라 명령하신 하나님께서는, 고넬료가 베드로에게 보낸 세 사람이 베드로를 만나 기도 전에 베드로가 고넬료의 청을 수락할 수밖에 없도록 미리 역사하셨습니다. 정규 기도 시간이 아닌 낮 12시에 베드로로 하여금 느닷없이 기도하게 하신 분도, 베드로가 기도하기 위해 올라간 옥상에서 환상을 보게 하신 분도, 그 환상의 의미를 알지 못하는 베드로의 무지와 편견을 친히 일깨워 주신 분도, 모두 하나님이셨습니다. 그때 베드로가 그곳에서 본 환상의 구체적인 내용과 의미에 대해서는 다음 시간에 살펴보겠습니다. 이 시간에 우리가 주목하고자 하는 것은, 바로 그와 같은 하나님의 역사가 있었던 날이 언제였는가 하는 것입니다.

이미 언급한 것처럼 본문은, 그날이 '이튿날'이었음을 밝혀 주고 있습니다. 이튿날이란 한 날을 기준으로 삼을 때 그 기준 날의 다음 날을 의미합니다. 다시 말하면 이튿날은 기준일의 내일, 즉 미래가 됩니다. 하나님께서 고넬료의 기도와 구제를 열납하시고 그에게 욥바에 체류 중인 베드로를 청하라 명하시던 날, 그날 당일에만 하나님께서 고넬료를 위해 역사하신 것이 아니었습니다. 하나님께서는 그날의 이튿날, 즉 그날의 미래에도 고넬료를 위해 한 치의 오차도 없이 역사하셨습니다. 고넬료를 위한 하나님의 역사는 어제 혹은 오늘에만 국한된 것이 아니라, 오늘의 이튿날인 내일까지 포함하고 있었습니다. 이것이 본문 23절 또한 다음과 같이 증언하고 있는 이유이기도 합니다.

> 베드로가 불러들여 유숙하게 하니라 이튿날 일어나 그들과 함께 갈새 욥바에서 온 어떤 형제들도 함께 가니라.

베드로는 밤을 새워 가며 가이사랴에서 걸어온 세 사람을 일단, 자신이 유숙하던 무두장이 시몬의 집으로 불러들여 쉬게 하였습니다. 그리고 또 이튿날이 되었습니다. 고넬료가 세 사람을 베드로에게 떠나보낸 날로부터 따지자면 이튿날의 이튿날이었습니다. 그 이튿날의 이튿날에, 드디어 베드로가 가이사랴에 있는 이방인 고넬료를 만나기 위해 욥바를 출발하였습니다. 이튿날의 이튿날에도 하나님께서 친히 역사하신 결과였음은 두말할 나위도 없습니다. 그러나 그것이 모두가 아니었습니다. 본문 24-25절의 증언 역시 다음과 같이 이어지고 있습니다.

> 이튿날 가이사랴에 들어가니 고넬료가 그의 친척과 가까운 친구들을 모아 기다리더니 마침 베드로가 들어올 때에 고넬료가 맞아 발 앞에 엎드리어 절하니.

이튿날의 이튿날에 욥바를 출발한 베드로는 그다음 날, 다시 말해 이튿날의 이튿날의 이튿날에 마침내 가이사랴의 이방인 고넬료의 집에 도착하였고, 고넬료는 감격 속에서 베드로를 영접하였습니다. 고넬료가 하나님의 명령을 듣고 세 사람을 욥바로 보낸 이튿날은 물론이요, 이튿날의 이튿날과, 이튿날의 이튿날의 이튿날에도 하나님께서 역사해 주시지 않았던들 불가능했을 감격의 상봉이었습니다.

이처럼 고넬료를 위한 하나님의 역사는 하루에 그치지 않고 이튿날에도, 이튿날의 이튿날에도, 이튿날의 이튿날의 이튿날에도 계속 이어졌음을 본문은 강조하고 있습니다. 하나님께서는 당신을 믿는 우리의 이튿날을, 다시 말해 우리의 미래를 책임져 주시는 분이심을 우리의 심령에 각인시켜 주기 위함입니다.

성경은 인간에 대한 하나님의 구원의 역사를 전해 주는 책입니다. 역사는 현재의 이야기가 아닙니다. 미래의 이야기는 더더욱 아닙니다. 역사는 과거, 즉 지난날에 있었던 사건의 기록입니다. 아브라함의 가정사가 그렇고, 모세의 출애굽사가 그러하며, 다윗의 왕조사 또한 그렇습니다. 그것은 모두 짧게는 3천 년에서 길게는 4천 년 전의 이야기들입니다. 오늘날이나 100~200년 전의 사건은 고사하고, 1천 년 전의 이야기만 해도 눈을 씻고 보아도 성경에서 찾을 수 없습니다. 이 시간에 우리가 다루고 있는 사도행전만 하더라도 2천 년 전의 기록이고, 그것이 성경에서 우리가 접할 수 있는 가장 최근의 이야기입니다. 한마디로 성경의 모든 내용은 최소한 2천 년 이전의 이야기들입니다. 우리의 속담을 빌리자면, 성경은 그야말로 호랑이가 담배 피우던 시절의 아득히 먼 옛이야기일 뿐입니다.

그런데도 우리는 성경을 생명처럼 귀하게 여기며 그 말씀을 배우고 익히고 실천하려 애씁니다. 대체 그 이유가 무엇입니까? 단순히 수천 년 전 이스라엘의 역사를 공부하기 위함입니까? 그 역사로부터 오늘을 살아가기 위한 교훈을 도출하기 위함입니까? 단지 그것이 목적이라면 구태여 성경을 배울 필요는 없습니다. 우리에게도 5천 년에 달하는 긴 역사가 있고, 그 장구한 역사가 우리에게 주는 교훈만도 충분타 못해 주체하지 못할 정도입니다.

옛날 이스라엘 사람들은 하나님을 자기 조상들의 하나님, 즉 '아브라함의 하나님, 이삭의 하나님, 야곱의 하나님'이라 불렀습니다. 하나님께서 당신을 그렇게 부르도록 명하신 까닭이었습니다. 그것은 하나님께서 이스라엘 백성의 옛 조상 시절에 역사하셨던 당신의 과거를 뽐내시기 위함이 아니었습니다. 과거 이스라엘 조상과 함께하셨던 하나님께서 추호의 변함도 없이, 이스라엘 백성의 미래에도 영원토록 함께하시며 역사해 주실 것임을 일깨워 주시기 위함이었습니다. 우리가 성경 말씀을 생명처럼 귀하게 여기지 않으면 안 될 이유가 여기에 있습니다.

우리가 성경을 읽고 배우며 또 익히는 이유는 한 가지입니다. 내가 오늘 하나님의 말씀을 믿어 나의 삶을 하나님께 의탁할 때, 수천 년 전 성경 속에서 역사하셨던 하나님께서 나의 이튿날—나의 내일, 나의 이튿날의 이튿날—나의 미래에도 나를 책임져 주시며 나를 위해 역사해 주실 것을 확신하는 믿음으로 인함입니다. 하나님은 결코 과거만의 하나님이거나, 성경의 역사 속에 갇혀 계시는 분이 아닙니다. 내가 오늘 하나님과 동행할 때, 과거에 천지를 창조하신 하나님께서 나의 이튿날을 새롭게 창조해 주십니다. 내가 오늘 하나님께 나의 삶을 의탁할 때, 과거에 죽음과도 같은 이집트의 노예살이에서 이스라엘 백성을 출애굽시켜 주셨던 하나님께서 내 삶의 모든 질곡으로부터 나의 내일을 출애굽시켜 주십니다. 내가 오늘 나의 중심으로 하나님을 섬길 때, 과거에 사도 바울을 통해 인류의 역사를 새롭게 하신 하나님께서 나의 미래를 새롭게 빚어 주십니다. 그래서 우리는 성경의 모든 말씀들을 이 세상의 그 무엇보다 귀하게 여깁니다. 그 모든 말씀들은 어김없이 나의 이튿날에—나의 내일에, 나의 이튿날의 이튿날에—나의 미래에, 반드시 구체적인 현실로 성취될, 나를 위한 하나님의 영원한 약속들이기 때문입니다.

 그렇다면 우리는 오늘 본문의 토대 위에서 그리스도인을 새롭게 정의할 수 있습니다. 그리스도인은 이 세상의 그 어떤 보배보다 더 값진 이튿날을, 더 소중한 내일을, 더 가치로운 미래를 소유하고 살아가는 사람입니다. 바꾸어 말하면, 그리스도인은 현재 자기 자신에게 다가오고 있는 이튿날의, 내일의, 미래의 값어치를 아는 사람입니다. 그 모든 날들은 하나님께서 자신을 위하여, 천지를 창조하신 당신의 능력으로 친히 가꾸어 주시는 날들이기 때문입니다. 그러므로 참된 그리스도인은 살아갈수록 그 삶이 날로 아름다워질 수밖에 없습니다. 그에게 다가가는 모든 이튿날의 주체는 그 자신이 아니라, 그 이튿날들을 가꾸어 주시는 하나님이시기 때문입니다.

어제는 대단히 중요합니다. 오늘은 더 중요합니다. 그러나 내일이 없다면 어제와 오늘의 가치는 상실될 수밖에 없습니다. 어제와 오늘이 가치로운 것은 어제는 오늘의 바탕이요, 오늘은 내일의 관문인 까닭입니다. 어제도, 오늘도, 내일과 연결될 때에만 비로소 진정한 값어치를 지니게 됩니다. 그리스도인의 어제와 오늘이 가치로운 것은, 그것이 하나님께서 주시는 내일과 이어지기 때문입니다.

야곱의 열한 번째 아들인 요셉은 이복형들의 미움을 받아, 이집트에 종으로 팔려 13년 동안이나 종살이와 옥살이를 해야만 했습니다. 그러나 그 누구도 13년에 걸친 그의 종살이와 옥살이를 무의미했다고 말하지 않습니다. 눈물겹도록 고통스러웠던 그 기간이야말로 하나님께서 주시는 새로운 미래, 7년간의 대기근으로부터 세상을 구원해 내는 그의 미래를 담는 은혜의 그릇이었기 때문입니다. 사울 역시 13년간이나 고향 다소에서 칩거해야만 했습니다. 우리가 사도행전 9장을 통해 잘 알고 있는 바와 같이 다마스쿠스 도상에서 주님을 만난 사울은 즉시 주님의 증인으로 살기 원했지만, 주님께서는 도리어 청년 사울로 하여금 13년이나 마치 실패자인 것처럼 고향에서 칩거하게 하셨습니다. 그 또한 그에게 새로운 미래를 주시기 위함이었습니다. 그의 미래에 인류의 역사를 새롭게 하는 사도 바울이 되기 위해서는, 자신의 능력으로는 아무것도 할 수 없음을 영육 간에 체질화하는 13년의 기간이 필수적이었던 것입니다.

다음 시는 우리 국민이 애송하는 미당 서정주 선생의 시, 〈국화 옆에서〉입니다.

　　한 송이의 국화꽃을 피우기 위해
　　봄부터 소쩍새는

그렇게 울었나 보다.

한 송이의 국화꽃을 피우기 위해
천둥은 먹구름 속에서
또 그렇게 울었나 보다.

그립고 아쉬움에 가슴 조이던
머언 먼 젊음의 뒤안길에서
인제는 돌아와 거울 앞에 선
내 누님같이 생긴 꽃이여.

노오란 네 꽃잎이 피려고
간밤엔 무서리가 저리 내리고
내게는 잠도 오지 않았나 보다.

국화가 꽃망울을 터뜨리는 미래도 그냥 오지 않습니다. 소쩍새가 울어 대는 봄과, 천둥이 포효하는 여름이 지나, 무서리가 사방을 뒤덮고 잠 못 이루는 밤이 깊어지는 가을이 되어야 한 송이의 국화꽃이 피는 법입니다.

사랑하는 교우 여러분!

지금 혹 소쩍새처럼 목이 터져라 울고 싶을 정도로 인생이 힘겨우십니까? 포효하는 인생의 천둥과 주체할 수 없는 인생의 무서리로 인해 불면의 밤이 계속되고 계십니까? 그렇다면 그것은 절망할 일이 아니라 도리어 기뻐할 일입니다. 오늘 우리가 하나님께 우리의 삶을 의탁하고 있는 한, 그것이야말로 우리의 삶 속에 진리의 꽃이 피도록 하나님께서 우리를 위해 친히 가꾸어 주시는 새로운 이튿날이 우리의 눈앞에 다가와 있음을 의미하기 때문입니다.

혹 누군가 이렇게 반문할지도 모르겠습니다. 아무리 그렇다 해도 오늘 밤 나의 코끝에서 호흡이 끝나 버리면, 모든 것이 끝장 아니냐고 말입니다. 그러나 그것은 틀린 생각입니다. 오늘 밤 잠자리에서 우리의 호흡이 끝날지라도, 우리에게는 반드시 이튿날이 있습니다. 영원한 생명이 시작되는 영원한 이튿날입니다. 그 영원한 이튿날을 우리에게 주시기 위해 예수 그리스도께서 십자가의 제물이 되어 돌아가셨다가, 이튿날의 이튿날에 부활하셨습니다. 그 주님께서 우리의 이튿날을 가꾸어 주시기에, 우리의 모든 이튿날들은 눈부시게 아름다울 수밖에 없습니다.

보십시오!

천하를 주고도 바꿀 수 없는 새로운 이튿날이, 지금 우리를 향해 달려오고 있지 않습니까?

주님!

지금까지 나는 과거의 굴레에만 얽매여 살았습니다. 그래서 그동안 수없이 많은 오늘들을 맞았지만, 그 많은 오늘들이 모두 무의미한 과거의 찌꺼기로 소멸되고 말았습니다. 그래도 주님께서는 나를 포기하시지 않고 오늘도 나를 부르시어, 주님께서 주시는 나의 이튿날들이 내게 다가오고 있음을, 그 내일을 소유하고 살아야 함을, 그 미래를 가꾸는 믿음의 사람이 되어야 함을 일깨워 주셔서 감사합니다.

이제 나의 마음을 주님을 향해 확정합니다. 지금부터 주님과 동행하며, 나의 오늘을 주님의 말씀에 의탁합니다. 눈부신 이튿날을, 보배로운 내일을, 아름다운 미래를 소유한 믿음의 사람답게 오늘을 살아가게 하옵소서.

이제부터 나의 모든 오늘들이, 보석보다 더 값진 내일들을 담는 진리의 그릇이 되게 하옵소서. 그리하여 여태까지 내가 어떤 삶을 살아왔든 상관없이, 나를 위해 십자가의 제물로 돌아가셨다가 이튿날의 이튿날에 부활하신 주님께서 내게 주실 눈부신 이튿날들로 인해, 나의 삶 속에 날마다 진리가 꽃피게 하옵소서. 아멘.

8. 내가 보내었느니라

사도행전 10장 9-23절

이튿날 그들이 길을 가다가 그 성에 가까이 갔을 그때에 베드로가 기도하려고 지붕에 올라가니 그 시각은 제육 시더라 그가 시장하여 먹고자 하매 사람들이 준비할 때에 황홀한 중에 하늘이 열리며 한 그릇이 내려오는 것을 보니 큰 보자기 같고 네 귀를 매어 땅에 드리웠더라 그 안에는 땅에 있는 각종 네 발 가진 짐승과 기는 것과 공중에 나는 것들이 있더라 또 소리가 있으되 베드로야 일어나 잡아먹어라 하거늘 베드로가 이르되 주여 그럴 수 없나이다 속되고 깨끗하지 아니한 것을 내가 결코 먹지 아니하였나이다 한대 또 두 번째 소리가 있으되 하나님께서 깨끗하게 하신 것을 네가 속되다 하지 말라 하더라 이런 일이 세 번 있은 후 그 그릇이 곧 하늘로 올려져 가니라 베드로가 본바 환상이 무슨 뜻인지 속으로 의아해하더니 마침 고넬료가 보낸 사람들이 시몬의 집을 찾아 문밖에 서서 불러 묻되 베드로라 하는 시몬이 여기 유숙하느냐 하거늘 베드로가 그 환상에 대하여 생각할 때에 성령께서 그에게 말씀하시되 두 사람이 너를 찾으니 일어나 내려가 의심하지 말고 함께 가라 **내가 그들을 보내었느니라** 하시니 베드로가 내려가 그 사람들을 보고 이르되 내가 곧 너희가 찾는 사람인데 너희가 무슨 일로 왔느냐 그들이 대답하되 백부장 고넬료는 의인이요 하나님을 경외하는 사람이라 유대 온 족속이 칭찬하더니 그가 거룩한 천사의 지시를 받아 당신을 그 집으로 청하여 말을 들으려 하느니라 한대 베드로가 불러들여 유숙하게 하니라 이튿날 일어나 그들과 함께 갈새 욥바에서 온 어떤 형제들도 함께 가니라

고넬료가 욥바의 베드로에게 보낸 사람들이 가이사랴를 출발하여 밤을 새워 가며 욥바를 향해 걸어갔지만, 정작 욥바에 있는 베드로는 그런 사람들이 자신을 찾아오고 있다는 사실을 까맣게 모르고 있었습니다. 그는 가이사랴의 이방인인 고넬료를 아예 알지도 못했습니다. 더 심각한 문제는, 히브리파 유대인이었던 베드로는 그때까지 이방인에 대한 복음 전파의 필요성을 전혀 깨닫지 못하고 있었다는 것입니다. 그동안 베드로가 예루살렘을 넘어 여러 곳을 다니며 복음을 전파하기는 했지만, 그러나 그 대상은 이스라엘 영내에 있는 이스라엘인에게만 국한되어 있었습니다. 그때까지만 해도 베드로에게 예수 그리스도의 복음은, 하나님의 선민인 이스라엘인만 누릴 수 있는 이스라엘의 전유물일 따름이었습니다. 그런 상황에서 이방인인 고넬료가 보낸 사람들이 그를 찾아온다 한들, 베드로가 그 이방인의 요청에 응해야 할 까닭이 없었습니다. 이방인 고넬료가 베드로를 직접 만나러 오는 것도 아니요, 오히려 베드로가 있는 곳에서 50여 킬로미터나 떨어진 곳에 앉아 베드로에게 자신을 만나러 오라는 것이니 베드로로서는 그 요청에 응할 이유가 더더욱 없었습니다. 이와 같은 정황만을 놓고 본다면 세 사람을 베드로에게 보낸 고넬료나, 그의 명을 받고 밤을 새워 가며 베드로를 향해 나아가고 있는 세 사람이나, 모두 공연한 헛수고를 하고 있는 것처럼 보입니다.

그러나 그것은 고넬료가 임의로 행한 일이 아니었습니다. 가이사랴의 이방인 고넬료로 하여금 욥바의 베드로를 청하도록 명하신 분은 하나님이셨습니다. 하나님께서 하라 하신 이상 행하기만 하면, 하나님께서 그 결과를

책임져 주실 것임은 자명한 일이었습니다. 하나님께서는 어떤 경우에도 인간을 상대로 빈말을 하시는 분이 아니시기 때문입니다. 그래서 우리는 지난 시간에, 하나님께서 고넬료에게 베드로를 청하라 명하신 그 당일뿐만 아니라 그 이튿날에도, 그 이튿날의 이튿날에도, 그 이튿날의 이튿날의 이튿날에도 고넬료를 위하여 치밀하게 역사하신 사실을 살펴보았습니다. 이 시간에 우리가 함께 생각해 보고자 하는 것은, 하나님께서 그 이튿날 고넬료를 위하여 행하셨던 역사의 구체적인 내용에 관해서입니다.

본문 9절에서 16절이 다음과 같이 증언하고 있습니다.

> 이튿날 그들이 길을 가다가 그 성에 가까이 갔을 그때에 베드로가 기도하려고 지붕에 올라가니 그 시각은 제육 시더라 그가 시장하여 먹고자 하매 사람들이 준비할 때에 황홀한 중에 하늘이 열리며 한 그릇이 내려오는 것을 보니 큰 보자기 같고 네 귀를 매어 땅에 드리웠더라 그 안에는 땅에 있는 각종 네 발 가진 짐승과 기는 것과 공중에 나는 것들이 있더라 또 소리가 있으되 베드로야 일어나 잡아먹어라 하거늘 베드로가 이르되 주여 그럴 수 없나이다 속되고 깨끗하지 아니한 것을 내가 결코 먹지 아니하였나이다 한대 또 두 번째 소리가 있으되 하나님께서 깨끗하게 하신 것을 네가 속되다 하지 말라 하더라 이런 일이 세 번 있은 후 그 그릇이 곧 하늘로 올려져 가니라.

고넬료가 세 사람을 욥바로 보낸 이튿날이었습니다. 밤을 새워 길을 걸은 그들이 마침내 욥바에 가까이 이르렀을 때, 바로 그때였습니다. 그때의 시각이 유대 시간으로 제6시, 오늘날 우리 시간으로 낮 12시였습니다. 그 시각은 당시 유대인의 관습상 정규 기도 시간이 아니었는데도, 갑자기 베드로에게 기도하고픈 마음이 불같이 일어 베드로는 옥상으로 올라갔습니다. 그리고 그곳에서 기도하다가 베드로는 뜻하지 않게 환상을 보게 되었습니다. 하늘로부터 큰 보자기 같은 그릇이 내려왔는데, 그 속에는 이스라엘인들이 부정하게 여기는 온갖 짐승과 새들이 들어 있었습니다. 그래서 그것들을 잡아먹으라는 음성에 대하여 베드로는, 자신은 속되고 깨끗하지 않은 것을 결코 먹지 않는다는 답변으로 맞섰습니다. 그때 "하나님께서 깨끗하게 하신 것을 네가 속되다 하지 말라"는 음성이 다시 들렸습니다. 그리고 그와 똑같은 일이 세 번이나 반복되었습니다.

환상 속에서 베드로가 부정하다고 간주한 온갖 짐승과 새들은 실은 이방인의 상징이었습니다. 당시 베드로를 비롯한 이스라엘인들은 이방인을 부정한 존재로 간주하고 있었습니다. 그러므로 베드로가 보았던 환상의 의미는, 하나님께서 이스라엘 백성을 죄에서 구원해 주셨듯이 이방인의 죄 역시 씻어 주셨으니 이방인을 받아들이기를 꺼리지 말라는 뜻이었습니다. 그래서 똑같은 환상과, '하나님께서 깨끗하게 하신 것을 네가 속되다 하지 말라'는 동일한 음성이 세 번씩이나 반복되었습니다. 하나님께서 구원의 복음을 이스라엘인만의 전유물로 그릇 이해하고 있던 베드로의 편견을 교정해 주시기 위함이었습니다.

그러나 이에 대한 베드로의 반응을 17절 상반절이 이렇게 전해 주고 있습니다.

> 베드로가 본바 환상이 무슨 뜻인지 속으로 의아해하더니.

베드로는 자신이 보고 들은 환상과 음성이 무슨 뜻인지 의아해했습니다.

우리말 '의아해하다'로 번역된 헬라어 '디아포레오$\delta\iota\alpha\pi o\rho\acute{\epsilon}\omega$'는 '당황하다', '당혹스러워하다'는 의미입니다. 베드로는 똑같은 내용의 환상과 음성을 세 번씩이나 되풀이하여 보고 들었음에도, 그것이 무엇을 의미하는지를 깨닫지 못해 무척 당혹스러워했습니다. 자신이 부정하다고 간주했던 짐승들과 새들을 가리켜 '하나님께서 깨끗하게 하신 것을 네가 속되다 하지 말라'던 그 음성이, 이방인에 대한 자신의 그릇된 편견을 일깨워 주고 있다는 사실을 베드로는 전혀 인식하지 못했던 것입니다.

바로 여기에 우리가 유의해야 할 중요한 사실이 있습니다. 본문의 이야기가 전개되고 있는 장소가 대체 어디냐는 것입니다. 그것은 욥바의 바닷가에 위치한 무두장이 시몬의 집 옥상이었습니다. 베드로가 욥바에 이르게 된 것은 욥바의 다비다가 죽었을 때 욥바의 그리스도인들이, 마침 인근 룻다에 와 있던 베드로를 욥바로 청했기 때문이었습니다. 그리고 욥바에 당도한 베드로의 기도로 죽은 다비다가 다시 살아나게 되었습니다. 그 사실을 목격한 욥바의 그리스도인들 가운데, 그 놀라운 능력을 지닌 베드로를 자기 집에 모시려는 사람들이 얼마나 많았겠습니까? 그런데도 베드로는, 유독 동네 밖 외딴 바닷가에 따로 떨어져 살던 무두장이 시몬의 집을 자신의 유숙지로 삼았습니다. 그것은 베드로의 위대한 인간 승리였습니다.

사도행전 9장 43절을 살펴볼 때 이미 말씀드린 바와 같이, 전통적으로 이스라엘들은 가죽 제조공인 무두장이를 인간 이하로 취급하였습니다. 이스라엘 사람들은 죽은 짐승의 사체를 부정하게 간주하여, 그 부정한 짐승의 사체를 만지는 사람까지 부정하다고 단정하였습니다. 무두장이는 직업상 매일 짐승의 사체를 다루어야만 하기에, 이스라엘인은 그 부정한 무두장이를 인간으로 취급하지 않았던 것입니다. 무두장이와는 함께 식사를 하지 않것은 말할 것도 없고, 아예 상종조차 하지 않았습니다. 부정한 무두장이와 교류하면 무두장이의 부정이 자신에게 전이된다고 믿는 까닭이었습니다.

그러나 희한하게도 무두장이를 인간 이하로 취급하는 이스라엘인 중에서, 무두장이의 손에 의해 만들어진 가죽 제품을 부정하게 여기는 사람은 아무도 없었습니다. 옷, 벨트, 신발 등 가죽 제품은 그들의 일상생활에서 없어서는 안 될 필수품이었고, 이왕이면 한결같이 고급 제품을 선호하였습니다. 무두장이를 정말 인간 이하로 부정하게 여긴다면 무두장이의 손에 의해 만들어진 가죽 제품 또한 부정하게 간주해야 하고, 반대로 가죽 제품을 귀하게 취급한다면 무두장이 역시 귀하게 대하는 것이 마땅할 것입니다. 그러나 이스라엘인들은 전혀 그렇게 하지 않았습니다. 그들은 아무 거리낌 없이 무두장이는 인간 이하로 경멸하면서도 무두장이가 만든 가죽 제품들만은 애지중지하였습니다. 그것은 인간 내부에 도사리고 있는, 인간에 대한 무서운 자기모순과 이율배반적인 이중성이었습니다. 그런데 베드로가 욥바의 많고 많은 집 가운데 유독 무두장이의 집을 자신의 유숙지로 선택하였습니다. 그것은 베드로가 무두장이에 대하여 지니고 있던 자기모순과 이중성, 다시 말해 무두장이에 대한 그릇된 편견을 그리스도 안에서 극복하였음을 보여주는 일대 사건이었습니다. 그 역시 가죽 제품은 선호하면서도 무두장이는 인간 이하로 취급하던 이스라엘인이었기 때문입니다.

지금 베드로가 본문 속에서 환상을 본 장소는 바로 그 무두장이 시몬의 집 옥상이었습니다. 그 집은 베드로가 자신의 유숙지로 선택함으로써, 자신이 무두장이에 대한 그릇된 편견을 극복하였음을 만천하에 스스로 공포한 바로 그 현장이었습니다. 다른 곳이라면 모르되 적어도 그 무두장이의 집에서라면, 베드로는 이방인에 대한 편견마저 극복할 것을 촉구하는 환상과 음성의 의미를 바르게 깨달을 수 있었어야만 했습니다. 그러나 베드로는 전혀 깨닫지 못했습니다.

더욱이 본문 10절이 이렇게 증언하고 있습니다.

그가 시장하여 먹고자 하매 사람들이 준비할 때에.

베드로가 낮 12시에 기도하기 위하여 옥상으로 올라갈 때 그는 이미 시장기를 느끼고 있었습니다. 그 사실을 안 사람들이 베드로를 위해 음식을 준비하고 있었습니다. 그들이 대체 누구였겠습니까? 유명한 식당의 일류 요리사들이었겠습니까? 두말할 것도 없이 무두장이 시몬의 집안 식구들이었습니다. 그들이 준비한 음식은 또 어떠했겠습니까? 보암직도 하고 먹음직도 한 요리상이었겠습니까?

최근에 모로코에서 무두장이의 작업장을 직접 목격한 정용섭 장로님의 글을 당사자의 허락하에 읽어 드리겠습니다.

이번 모로코 여행에서 무두장이가 얼마나 힘든 일을 하는지 직접 확인하고, 목사님의 설교 중 베드로가 무두장이 시몬의 집에 머문 것이 얼마나 대단한 사건이었는지 알게 되었습니다. 유네스코가 인류문화유산보호지로 지정한 페스Fess에는 무두장이들이 살고 있습니다. 그들은 옛 방법 그대로 무두질과 염색 작업을 하고 있는데, 작업 환경이 얼마나 더럽고 열악한지 저는 그곳에 단 몇 분밖에 머물 수가 없었습니다. 작업 첫 단계는 무두장이들이 석회와 비둘기 배설물을 혼합한 액체 속에서 동물 가죽을 부드럽게 하는 것이었고, 두 번째 과정은 염료 통에서 염색하는 것이었는데, 역한 냄새로 인해 숨을 제대로 쉴 수조차 없을 정도였습니다. 그런 무두장이들을 이스라엘 사람들이 인간으로 취급하지 않았고, 그럼에도 불구하고 베드로가 무두장이의 집에서 유숙했다는 목사님의 설교 내용을 정말 실감나게 확인할 수 있었습니다.

오늘날 무두장이들의 처지가 이렇다면, 2천 년 전 욥바의 무두장이 시몬의 처지는 지금보다 못했으면 못했지, 지금보다 나았을 리가 만무하지 않겠습니까? 그의 작업이 얼마나 더럽고 역한 냄새를 풍겼으면 외딴 바닷가에 따로 떨어져 살아야만 했겠습니까? 인간 취급조차 받지 못한 채 그 힘든 일로 생계를 꾸려 가는 그에게 집과 작업장이 구별되어 있었겠습니까? 집이 작업장이고, 작업장이 집이 아니었겠습니까? 그렇다면 역한 냄새가 진동하는 그 무두장이 시몬의 집에서 만든 음식이 무슨 진수성찬이었겠습니까? 설령 진수성찬이라 한들, 숨을 쉬기도 어려울 만큼 역겨운 냄새 속에서 과연 식욕이 동했겠습니까? 그런데도 베드로는 그 무두장이의 집에서 유숙하면서 무두장이의 집안 식구들이 만들어 준 음식을 전날 저녁에도 먹었고, 본문 속 당일 아침에도 먹었고, 이제 곧 점심으로도 먹을 판이었습니다. 이미 무두장이에 대한 편견을 극복한 베드로에게는, 비록 역겨운 환경일망정 무두장이의 집안 식구들이 만들어 주는 음식도 전혀 문제가 되지 않았습니다.

그렇다면 적어도 그 집에서라면, 베드로는 자신이 부정하게 여기는 짐승들을 잡아먹으라면서 '하나님께서 깨끗하게 하신 것을 네가 속되다 하지 말라'는 음성의 의미를 정확하게 이해할 수 있어야 했습니다. 그러나 베드로는 역한 냄새가 진동하는 무두장이의 집에서 무두장이의 집안 식구들이 만들어 주는 음식을 거리낌 없이 받아먹으면서도, 이방인에 대한 편견을 극복할 것을 촉구하는 환상과 음성이 세 번씩이나 반복되었지만 그 의미를 깨닫지 못했습니다. 당시 베드로가 무두장이에 대한 편견을 극복하긴 했지만, 그러나 무두장이 시몬 역시 자신과 같은 이스라엘인이요, 이방인이었던 것은 아니었습니다. 그러므로 그때까지 베드로가 사마리아인이나 무두장이처럼 자신과 같은 이스라엘인에 대한 편견은 극복하였지만, 그 편견의 극복이 자신과는 본질적으로 다른 이방인에게까지는 미치지 못하고 있었습니다.

이와 같은 사실은 우리로 하여금, 인간의 인간에 대한 편견의 타파가 얼마나 어려운 일인지 깨닫게 해줍니다. 우리가 한 인간에 대하여 지니고 있던 편견을 극복했다고 해서 그것이 곧 다른 인간이나 모든 인간에 대한 편견의 극복을 의미하는 것은 아니라는 말입니다. 그렇다면 베드로는 어떻게 그 환상과 음성의 의미를 깨닫고 이방인에 대한 편견까지 극복하게 되었겠습니까?

> 베드로가 본바 환상이 무슨 뜻인지 속으로 의아해하더니 마침 고넬료가 보낸 사람들이 시몬의 집을 찾아 문밖에 서서 불러 묻되 베드로라 하는 시몬이 여기 유숙하느냐 하거늘 베드로가 그 환상에 대하여 생각할 때에 성령께서 그에게 말씀하시되 두 사람이 너를 찾으니 일어나 내려가 의심하지 말고 함께 가라 내가 그들을 보내었느니라 하시니(17-20절).

세 번씩이나 보고 들은 환상과 음성의 의미를 몰라 베드로가 당혹스러워하던 순간, 이방인 고넬료가 보낸 사람들이 베드로의 유숙지인 무두장이 시몬의 집에 도착하였습니다. 그와 동시에 성령 하나님께서 베드로에게 말씀하셨습니다―"내가 그들을 보내었느니라." 하나님께서 보내셨다는데 그들이 누군들 베드로가 만나지 못할 까닭이 없었습니다. 아니, 하나님께서 보내셨으니 베드로는 반드시 만나야만 했습니다. 하나님께서 보내신 사람들이니, 베드로는 그들이 무엇을 요청하든 반드시 들어주어야만 했습니다. 그래서 이튿날의 이튿날, 마침내 가이사랴에 당도한 베드로를 감격 속에서 영접하는 고넬료에게 베드로가 이렇게 말했습니다.

> 이르되 유대인으로서 이방인과 교제하며 가까이하는 것이 위법인 줄은 너희도 알거니와 하나님께서 내게 지시하사 아무도 속되다 하거나 깨끗하지 않다 하지 말라 하시기로 부름을 사양하지 아니하고 왔노라 (28-29절 상).

'내가 그들을 보내었느니라'—성령 하나님의 이 말씀 한마디에 베드로가 이방인에 대해 지니고 있던 편견은 타파되고 말았습니다. 다시 말해 성령님의 말씀 속에서 베드로는 방금 보고 들은 환상과 음성의 참의미를 비로소 깨닫고 이방인에 대한 편견을 극복할 수 있었습니다. 성령님의 말씀 속에서 되돌아볼 때, 베드로 자신을 만드신 하나님께서는 천지 만물을 창조하셨기에 곧 이방인을 만든 분이시기도 했습니다. 성령님의 조명 아래에서 생각할 때, 주님을 면전에서 세 번씩이나 부인했던 자신을 용서해 주신 주님께서 경건한 이방인을 받아 주시지 않을 까닭이 없었습니다. 성령님의 빛 속에서 살펴볼 때, 갈릴리의 하찮고 무식한 어부였던 자신을 구원해 주신 하나님께서 자신보다 나은 이방인을 구원해 주시지 않을 리가 없었습니다. 한마디로 이방인은 경원이나 배척의 대상이 아니라 그리스도 안에서 더불어 살아야 할 형제였습니다. 그래서 베드로는 그의 표현대로, 이방인인 고넬료의 부름에 사양치 않고 달려갔습니다. 베드로가 성령 하나님의 말씀 속에서 이방인에 대한 편견마저 극복했기에 가능한 일이었습니다. 베드로가 모든 유대인들이 인간 이하로 취급하던 무두장이에 대한 편견은 극복했다 할지라도 이처럼 이방인에 대한 편견마저 극복하지 못했던들, 그가 인류의 역사를 새롭게 하는 진정한 사도의 반열에 오르지는 못했을 것입니다.

사랑하는 교우 여러분!

한 인간에 대한 편견의 극복이, 다른 인간이나 모든 인간에 대한 편견의 극복을 의미하는 것이 아님을 잊지 마십시오. 아내에 대한 편견의 극복이, 일터의 동료에 대한 편견의 극복을 뜻하는 것은 아닙니다. 이웃에 대한 편견의 타파가, 남편에 대한 편견의 타파로 절로 이어지는 것은 아닙니다. 부모나 자식에 대한 편견이 해소되었다고 해서, 친구에 대한 편견이 그냥 해소되는 것도 아닙니다. 어떤 경우에도 인간에 대한 편견은 저절로 극복되거나, 그냥 해소되지 않습니다. 인간에 대한 편견의 극복과 해소는 오직 인간을 창조하신 하나님의 말씀과 성령님의 빛 속에서만 가능하고, 확장되고, 또 확대됩니다.

성숙한 그리스도인이 된다는 것은, 한 사람이라도 더 많은 사람과 바른 관계 속에서 더불어 살아가는 것임을 아십니까? 그래서 악과 불의와 타협하는 일이 아닌 한, 날이 갈수록 인간관계의 지경이 넓어지기를 원하십니까? 모든 인간관계에서, 인간에 대한 그 어떤 편견에도 예속되지 않는 진정한 자유인으로 살아가기를 원하십니까? 그렇다면 우리 모두 인간을 창조하신 하나님의 말씀 속에서, 성령님의 빛 속에서 인간관계를 맺어 가십시다. 그때 우리 역시 인간의 편견으로부터 이 시대의 숱한 무두장이들과 이방인들을 해방시키며, 특히 인간에 대한 편견의 감옥으로부터 우리 자신을 해방시키는 우리 시대의 베드로들이 될 것입니다. 하나님의 말씀과 성령님의 빛 속에서 인간관계를 맺어 가는 우리를 통해 삼위일체 하나님께서 친히 역사하실 것이기 때문입니다.

천지를 창조하셨기에 나의 창조자이신 동시에, 나 이외의 사람 역시 창조하신 하나님!

나처럼 하찮은 인간을 구원해 주셨기에, 나 이외의 사람에게도 구원자가 되시는 하나님!

나처럼 더러운 인간을 예수 그리스도 안에서 의롭다 인정해 주셨기에, 나 이외의 사람도 깨끗하게 하시는 하나님!

인간에 대한 편견을 지니고 사는 것은, 그와 나를 동시에 창조하신 하나님에 대한 거역임을 깨닫게 해주셔서 진심으로 감사합니다. 우리가 그리스도 안에서 변화되고 성숙해 간다는 것은, 인간에 대한 편견을 극복하며, 인간에 대한 지경을 넓혀 가는 것임을 깨닫게 해주심도 감사합니다. 히브리서 12장 4절 말씀처럼, 인간의 죄와 악과 불의가 피 흘리기까지 맞서 싸워야 할 대상인 것처럼, 인간에 대한 편견 역시 반드시 해소하고 극복해야 할 대상임을 잊지 말게 하옵소서. 인간에 대한 편견을 극복하고 해소하는 것은, 인간관계의 모든 그릇된 굴레에서 나 자신을 해방시키는 것임도 잊지 말게 하옵소서. 그러나 인간에 대한 편견은 어떤 경우에도, 저절로 극복되거나 그냥 해소되지 않는다는 사실도 명심하게 하옵소서. 오직 인간을 창조하신 하나님의 말씀 속에서, 성령님의 빛 속에서 사람 관계를 이루어 가게 하옵소서. 그리하여 '내가 그들을 보내었느니라'는 성령님의 말씀에 따라 베드로가 이방인에 대한 편견을 극복하고 고넬료를 찾아감으로 인류의 역사를 새롭게 하는 진정한 사도가 되었듯이, 우리가 누구를 만나든, 우리 역시 그 사람을 살리는 이 시대의 사도로 쓰임 받게 하옵소서. 아멘.

9. 그들이 대답하되

사도행전 10장 9-23절

이튿날 그들이 길을 가다가 그 성에 가까이 갔을 그때에 베드로가 기도하려고 지붕에 올라가니 그 시각은 제육 시더라 그가 시장하여 먹고자 하매 사람들이 준비할 때에 황홀한 중에 하늘이 열리며 한 그릇이 내려오는 것을 보니 큰 보자기 같고 네 귀를 매어 땅에 드리웠더라 그 안에는 땅에 있는 각종 네 발 가진 짐승과 기는 것과 공중에 나는 것들이 있더라 또 소리가 있으되 베드로야 일어나 잡아먹어라 하거늘 베드로가 이르되 주여 그럴 수 없나이다 속되고 깨끗하지 아니한 것을 내가 결코 먹지 아니하였나이다 한대 또 두 번째 소리가 있으되 하나님께서 깨끗하게 하신 것을 네가 속되다 하지 말라 하더라 이런 일이 세 번 있은 후 그 그릇이 곧 하늘로 올려져 가니라 베드로가 본바 환상이 무슨 뜻인지 속으로 의아해하더니 마침 고넬료가 보낸 사람들이 시몬의 집을 찾아 문밖에 서서 불러 묻되 베드로라 하는 시몬이 여기 유숙하느냐 하거늘 베드로가 그 환상에 대하여 생각할 때에 성령께서 그에게 말씀하시되 두 사람이 너를 찾으니 일어나 내려가 의심하지 말고 함께 가라 내가 그들을 보내었느니라 하시니 베드로가 내려가 그 사람들을 보고 이르되 내가 곧 너희가 찾는 사람인데 너희가 무슨 일로 왔느냐 **그들이 대답하되** 백부장 고넬료는 의인이요 하나님을 경외하는 사람이라 유대 온 족속이 칭찬하더니 그가 거룩한 천사의 지시를 받아 당신을 그 집으로 청하여 말을 들으려 하느니라 한대 베드로가 불러들여 유숙하게 하니라 이튿날 일어나 그들과 함께 갈새 욥바에서 온 어떤 형제들도 함께 가니라

욥바의 무두장이 시몬의 집에 유숙 중인 베드로는 자신과 같은 유대인인 무두장이에 대한 편견은 극복했지만, 그러나 이방인에 관한 한, 이방인은 부정하다는 유대인의 편견에서 벗어나지 못하고 있었습니다. 하나님께서는 베드로의 그 그릇된 편견을 제거해 주시기 위해 그로 하여금, 동일한 환상과 음성을 세 번이나 반복하여 보고 듣게 하셨습니다. 그 환상과 음성의 내용과 의미에 대해서는 지난 시간에 상세하게 살펴보았습니다. 하지만 베드로는 동일한 환상과 음성을 세 번이나 반복하여 보고 듣고서도 그것이 무엇을 의미하는지 깨닫지 못해 무척 당혹스러워하였습니다. 그때 가이사랴의 이방인 고넬료가 베드로에게 보낸 사람들이 베드로가 유숙하고 있는 무두장이의 집 앞에 당도하였습니다. 그 순간 성령님께서 베드로에게 말씀하셨습니다.

두 사람이 너를 찾으니 일어나 내려가 의심하지 말고 함께 가라 내가 그들을 보내었느니라(19하-20절).

성령님의 말씀에 베드로는 자신을 만나러 왔다는 사람들을 만나기 위해 기도하던 옥상에서 즉각 내려갔습니다. 바로 여기에서 한 가지 질문이 제기됩니다. 가이사랴의 이방인 고넬료가 베드로에게 보낸 사람은 분명히 세 사람이었습니다. 그러나 성령님께서는 베드로에게 "두 사람이 너를 찾는다"고 말씀하신 것으로 본문 19절이 전하고 있습니다. 그래서 19절을 자세히 보면

'두 사람'이란 단어 앞에 각주 번호가 있고 아래쪽 주註란에, 어떤 사본에는 그 수가 '세 사람'으로 명기되어 있음을 밝혀 주고 있습니다.

　잘 아시다시피 약 3400년 전부터 1900년 전까지 약 1500년에 걸쳐 기록된 성경의 원문은 오늘날 남아 있지 않습니다. 남아 있는 것은 원본을 사람들이 손으로 베껴 쓴 필사본들입니다. 만약 성경의 원본이 남아 있다면 인간들은 원본의 내용보다도 원본 그 자체를 신성시하고 우상시할 것이 분명하기에, 하나님께서는 성경 기자들이 직접 기록한 원본이 이 땅에 남아 있는 것을 허락하지 않으셨습니다. 그런데 인쇄술이 발명되어 대량인쇄가 가능해지기 전, 오랜 세월에 걸쳐 사람이 손으로 베껴 쓴 필사본을 계속 필사하는 일이 반복되다 보니 인간의 실수로 잘못 베껴 쓰는 경우도 발생하고, 또 내용상 약간씩의 차이가 나는 사본이 등장하게 되었습니다. 그 많은 사본들 가운데 가장 오래된, 다시 말해 가장 원본에 가까운 사본을 찾아내는 것이 이른바 사본학寫本學의 역할입니다.

　본문 19절 역시 '두 사람'이라 명기된 사본과 '세 사람'이라고 명기된 사본, 그리고 아예 사람의 수를 명기하지 않은 사본이 함께 존재하고 있습니다. 이 경우에 결국에는 사본 선택의 문제가 남게 됩니다. 그래서 우리 성경은 '두 사람'이라고 명기된 사본을 선택하여 본문 19절을 '두 사람'이라고 번역하였지만, 영어 NIV 성경은 '세 사람'으로 명기된 사본을 선택하여 19절을 '세 사람'이라고 번역하고 주란에 '두 사람'이라 표기된 사본도 있다고 밝혀 두었습니다. 그 양쪽 모두 나름대로 타당한 이유를 지니고 있습니다. '세 사람'이라 명기된 사본을 선택하는 쪽에서는, 애당초 고넬료가 보낸 사람이 세 사람이므로, 성령님께서 '세 사람이 너를 찾는다'고 말씀하시는 것이 맞다는 것입니다. 반면에 '두 사람'이라고 명기된 사본을 선택하는 쪽에서는, 고넬료가 보낸 세 사람 가운데 실제로 베드로에게 고넬료의 요청을 전달하는 역할을 맡은 사람은 두 사람이었다는 것입니다. 본래 고넬료는 자기 집안 하인 중에서 두 사람, 휘하 병사 가운데 한 사람—도합 세 사람을 베드로에게 보내지 않았습니까? 따라서 이를테면 그 세 사람 가운데 집안 하인 두 사람은 고넬료의 요청을 베드로에게 전하는 역할을 맡았고, 병사는 그 두 사람을 오고 가는 길 위에서 보호하는 역할을 맡았다는 식입니다. 그러므로 성령님께서 베드로에게 '두 사람이 너를 찾는다'고 말씀하시는 것이 타당하다는 것입니다.

양쪽의 주장이 모두 일리가 있어, 원본을 갖지 못한 우리로서는 어느 쪽 주장이 맞는지 알 길이 없습니다. 그러나 우리에게 중요한 것은 베드로에게 고넬료의 요청을 전한 사람의 수가 둘이냐, 혹은 셋이냐가 아닙니다. 본문 19-20절과 관련하여 중요한 것은 성령님께서 '내가 그들을 보내었다'고 말씀하셨다는 것입니다. 성령님께서 보내셨다는데 베드로가 누군들 만나지 못하겠습니까? 성령님께서 보내셨다는데 무슨 부탁인들 들어주지 못하겠습니까? 아니, 성령님께서 보내셨다니 그들이 누구인들 베드로는 반드시 만나야만 했고, 그들이 무슨 부탁을 하든지 반드시 들어주어야만 했습니다. 그래서 베드로는 자신을 찾아온 그들에게 무슨 일로 왔는지를 물었습니다. 이에 대한 그들의 답변은 22절이 밝혀 주고 있습니다.

> 그들이 대답하되 백부장 고넬료는 의인이요 하나님을 경외하는 사람이라 유대 온 족속이 칭찬하더니 그가 거룩한 천사의 지시를 받아 당신을 그 집으로 청하여 말을 들으려 하느니라 한대.

고넬료가 보낸 사람들은 베드로에게 단순히, 가이사랴에 주둔하고 있는 로마 군대의 백부장 고넬료의 명을 받들어 당신을 모시러 왔노라고 대답할 수도 있었을 것입니다. 그러나 그들은 먼저 고넬료가 어떤 사람인지 베드로에게 설명했습니다. 그 내용은 네 가지였습니다. 첫째, '백부장 고넬료는 의인이다.' 둘째, '그는 하나님을 경외하는 사람이다.' 셋째, '온 유대 족속이 그를 칭찬한다.' 넷째, '그가 천사의 지시를 받아 당신을 초청한다.'

이것은 언뜻 대단치 않은 내용처럼 보입니다. 그러나 베드로는 선민의식에 젖어 있는 유대인인 데 반해 고넬료는 유대인들이 부정한 존재로 경원하는 이방인이요, 더욱이 고넬료가 이스라엘을 식민지로 삼은 로마제국의 장교였음을 감안한다면, 대수롭지 않아 보이는 이 짧은 내용의 깊은 의미를 깨닫게 됩니다. 그것은 바로 이런 의미였습니다. 첫째, '고넬료는 식민지의 주둔군 장교이면서도 다른 군인들과는 달리 의로운 분입니다.' 둘째, '고넬료는 유대인들이 부정하다고 간주하는 이방인이면서도 하나님을 경외하는 신실한 분입니다.' 셋째, '고넬료는 지배자 계급에 속해 있으면서도 피지배 민족인 온 유대 족속들로부터 칭찬받는 분입니다.' 넷째, '고넬료는 거룩한 천사의 음성을 들을 만큼 신령한 분입니다.' 한마디로 표현하면, 고넬료는 하나님과 사람의 인정을 동시에 받는 훌륭한 인물이라는 것입니다. 그리고 바로 그 사람이 베드로 당신을 청한다는 것입니다.

지극히 짧은 문장이지만, 한 단어 한 단어에 고넬료에 대한 깊은 애정과 신뢰 그리고 자부심이 담겨 있습니다. 이방인인 고넬료를 유대인인 베드로에게 이보다 더 잘 소개할 길이 또 있겠습니까? 이런 설명을 듣고서야 누군들 고넬료를 만나 보고 싶지 않겠습니까?

고넬료가 보낸 사람들의 이상과 같은 답변을 전해 주는 본문 앞에서, 이 시간 우리는 우리 자신과 관련하여 세 가지 사항을 짚어 보아야 하겠습니다. 첫째, 나를 알고 있는 사람들은 나 자신을 어떻게 평가하고 있느냐는 것입니다. 나를 아는 사람들은 내가 없는 곳에서 나를 어떤 인간이라고 설명할까요? 먼 곳의 사람들이 아닌, 나와 가장 가까이에 있는 내 주위 사람들은 나를 어떤 인간으로 보고 있을까요?

지금 본문 속에서 고넬료에 대하여 베드로에게 설명하고 있는 사람들은 멀리서 고넬료를 피상적으로 아는 사람들이 아니었습니다. 그들은 고넬료의 집안 하인과 휘하 병사였습니다. 즉 집안 사람과 일터의 사람으로, 고넬료의 가장 가까이에 위치한 측근들이었습니다. 먼 곳에 있는 사람들로부터는 칭찬받기가 쉽습니다. 잘 모르는 사람들로부터는 존경받기도 쉽습니다. 멀리 있고 잘 모르기에, 그들 앞에서는 연기나 위장이 가능하기 때문입니다. 그러나 사람과 사람의 거리가 가까워질수록, 사람과 사람 사이의 막연했던 앎이 구체화될수록, 도리어 그와 반비례하여 칭찬과 존경은 감소되거나 아예 소멸되기가 쉽습니다. 한 인간의 곁에 있다는 것은 그 인간의 꾸밈없는 실체를 보는 것을 뜻하기에, 그때부터는 연기나 위장이 전혀 불가능한 탓입니다. 그런데도 고넬료는 그의 측근들로부터 진심에서 우러나는 존경과 사랑을 받고 있습니다. 그것도 고넬료가 없는 곳에서 말입니다. 그것이야말로 고넬료가 얼마나 훌륭한 사람이었는지를 여실히 증명해 주고 있습니다.

어떻습니까? 나의 아내는 나를, 참된 크리스천 남편으로 생각하고 있습니까? 나의 남편은 나를, 진정으로 신앙적인 아내로 여기고 있습니까? 나의 자식들은 나를, 매사에 하나님을 경외하는 부모로 인정하고 있습니까? 나의 부모는 나를, 주님을 믿는 신실한 자녀로 간주하고 있습니까? 내 일터의 아랫사람들은 나를, 의로운 상사로 존경하고 있습니까? 나의 윗사람은 나를, 모두로부터 칭찬받아 마땅한 사람으로 간주하고 있습니까? 나의 동료들은 나를, 영성 깊은 신령한 그리스도인으로 평가하고 있습니까? 이 질문에 우리 스스로 긍정적인 대답을 할 수 있기까지, 우리는 부단히 우리 자신을 진리 안에서 가꾸고 또 가꾸어야 합니다. 나에 관한 한, 내 주위 사람들은 나를 가장 정확하게 보고 아는 나의 증인들이기 때문입니다.

본문을 통해 우리가 짚어 보아야 할 두 번째 사항은, 나는 내 곁에 있는 사람들의 무엇을 보고 있느냐는 것입니다. 나는 지금 그들의 아름다움을 보고 있습니까, 혹은 추함을 보고 있습니까? 그들의 장점입니까, 아니면 결점입니까?

고넬료가 아무리 훌륭한 사람이었다 해도 그 역시 인간이었을 뿐 신이었던 것은 아니지 않습니까? 왜 그에게 실수가 없었겠으며, 어찌 그에게 결점이 없었겠습니까? 그의 측근들이 날이면 날마다 그를 모시면서 그에게 실망하거나, 그로 인해 마음 상한 적이 어디 한두 번이었겠습니까? 불평 불만스러울 때는 또 왜 없었겠습니까? 그러나 그들은 베드로에게 말했습니다. '고넬료는 식민지의 주둔군 장교이면서도 다른 군인들과는 달리 의로운 분입니다. 고넬료는 유대인들이 부정하다고 간주하는 이방인이면서도 하나님을 경외하는 신실한 분입니다. 고넬료는 지배자 계급에 속해 있으면서도 피지배 민족인 온 유대 족속으로부터 칭찬받는 분입니다. 고넬료는 거룩한 천사의 음성을 들을 정도로 신령한 분입니다.' 그들의 말 어디에서도 고넬료의 흠을 시사하거나 그에 대한 빈정거림의 흔적은 눈곱만큼도 찾아볼 수 없습니다. 그들은 자신들의 상전인 고넬료의 명을 받고 왔기에, 베드로에게 단순히 고넬료의 명령 내용을 사무적으로 통보하기만 해도 그만이었습니다. 그런데도 그들은 한결같이 고넬료에 대한 덕담으로 일관하고 있습니다. 그것도 온 지성을 다하여서 말입니다.

우리는 4주 전에, 고넬료가 베드로에게 보낸 사람들이 '경건한 사람들'이었다는 사실에 관해 생각해 보았습니다. 따라서 우리는 여기에서 경건한 사람의 특징을 발견하게 됩니다. 경건한 사람은 더불어 사는 사람들의 결점이나 추한 면보다 장점과 아름다운 면을 더 크게 보는 사람입니다. 바꾸어 말해 경건한 사람은 다른 사람에 대한 험담과는 거리가 먼, 덕담의 사람입니다.

사람은 누구든 자기 속에 들어 있는 것을 안경으로 삼아 타인을 바라보고 평가합니다. 마음속에 추한 것이 들어 있는 사람은 자신의 추함을 안경으로 하여 타인의 추함만을 확대해서 보게 됩니다. 아름다운 것이 속에 들어 있는 사람의 시선은, 자신의 아름다움을 안경 삼아 타인의 아름다움에 초점이 맞추어지게 됩니다. 경건한 사람은 그 속에 진리가 담겨 있기에, 진리의 아름다움으로 타인의 아름다움을 조명하는 사람입니다. 이런 의미에서 고넬료의 인간적인 단점과 결점을 뛰어넘어 그에 대한 덕담으로 일관한 본문 속의 사람들은 진정으로 경건한 사람들이었습니다.

그렇다면 우리 각자의 경우는 어떻습니까? 나의 눈에는 지금 무엇이 더 크게 보이고 있습니까? 내 곁에 있는 사람들의 결점과 추한 면입니까, 아니면 장점과 아름다운 면입니까? 하루 종일 그들을 향해 내 입에서 나오는 말 중 그들에 대한 비난의 말이 더 많습니까, 칭찬이나 격려의 말이 더 많습니까? 나는 내 윗사람이나 아랫사람의 흉보기를 신나하는 사람입니까, 그들의 장점을 본받기를 더 즐겨하는 사람입니까? 한마디로 나는 사람에 관한 한 험담의 사람입니까, 덕담의 사람입니까?

이 질문에 대한 해답은 그리 어렵지 않게 얻을 수 있습니다. 지금까지 내가 인생을 살아오는 동안에 내게 다가왔던 그 숱한 사람들 가운데, 지금 몇 사람이나 내 곁에 남아 있는지를 둘러보면 됩니다. 인간의 추함과 결점만 보는 사람 곁에는 사람이 남지 않는 법입니다. 나의 소유나 직책으로 인함이 아니라, 나와 더불어 인생길을 함께 걷고파 지금 내 곁에 있는 사람은 과연 몇 명이나 됩니까? 혹 내가 지금 소유하고 있는 것으로 인해 수많은 사람들이 나를 향해 벌 떼처럼 몰려들 수는 있으나, 만약 내가 사람의 장점과 아름다움을 더 크게 볼 줄 아는 덕담의 사람이 아니라면, 언젠가 내가 지닌 것들이 사라지는 날 그들은 모두 철새처럼 내 곁을 떠나고 말 것입니다.

중요한 것은 내가 아무리 율법에 능통하고 종교 예식에 익숙하다 할지라도, 사람의 아름다움을 보고 말할 줄 아는 덕담의 사람이 되기 전까지는, 진정 성경이 말하는 경건한 그리스도인일 수는 없다는 사실입니다. 경건한 그리스도인만 사람을 살리는 주님의 도구가 될 수 있을 것인즉, 그 곁에 머물고자 하는 사람이 도무지 없고서야, 그런 사람이 어떻게 사람을 살리고 섬기는 경건한 그리스도인이 될 수 있겠습니까?

본문을 통해 우리가 마지막으로 짚어 보아야 할 것은, 주님의 종으로 살아가는 우리의 삶 속에는 과연 감동이 있느냐는 것입니다.

본문 속 세 사람은 욥바의 베드로를 모셔 오라는 고넬료의 명령을 수행하기 위하여, 요기하는 시간과 최소한의 휴식 시간을 제외하고는 밤을 새우며 욥바를 향해 걸어갔습니다. 그것은 고넬료가 그렇게 하라고 시켰기 때문이 아니었습니다. 그들은 길을 가다가 주막에서 편안히 잠을 잔 뒤, 이튿날 밤 늦게 욥바에 도착할 수도 있었습니다. 그러나 그들은 상전의 명을 한 시간이라도 더 빨리 수행하기 위하여 자발적으로 그렇게 하였습니다. 그리고 베드로를 만나자마자 고넬료에 대한 신뢰와 존경과 긍지를 담은 말로 온 지성을 다해 베드로에게 고넬료가 어떤 사람인지 설명하였습니다. 그처럼 주어진 자신의 사명과 역할에 충성과 최선을 다하는 그들의 모습에는 가슴 뭉클한 감동이 있습니다. 그들을 통해 어찌 성령님께서 베드로를 감동시키지 않으시겠습니까?

지난 5월 4일 부천체육관에서 전 교인 합동 예배와 체육대회인 '100To-gether!' 행사가 있었습니다. 그와 관련하여 이유진 권사님이 보내온 글의 일부를 권사님의 양해하에 읽어 드리겠습니다.

저는 운동회 프로그램과는 거리가 멀다 싶어 예배를 드린 뒤, 구역 식구들과 점심 식사를 끝으로 되돌아올 요량으로 집을 나섰습니다. 그런데 부천 IC를 지나면서, 제 가슴에서 뜨거운 것이 뭉클 치솟아 눈물이 주르르 쏟아지게 만드는 광경을 보았습니다. 푸른 조끼를 입고 차량 방향을 안내하고 있는, 누가 보아도 100주년기념교회 성도임을 보여 준 '한 사람'이 거기 있었습니다. 자동차가 진행하는 진로를 따라 도로변에 계속 한 사람 한 사람의 봉사자들이 환한 얼굴로 길잡이 노릇을 하고 있었습니다. 감격스러움을 참다못해 함께 타고 가던 하나은, 박지희 집사님께 말했습니다. "너무 감동적이야. 가슴이 벅차서 눈물이 나네." 두 분 집사님도 쑥스러워 말을 못 했노라며 눈물을 닦고 있었습니다.

고속도로 인터체인지IC에서부터 수고를 마다하지 않은 한 사람 한 사람의 차량 봉사자들의 헌신에 감동한 권사님은 행사 도중에 귀가하려던 애초의 생각을 접고, 행사가 끝나기까지 기쁜 마음으로 자리를 지켰습니다. 그리고 권사님은 국가의 기본 단위인 한 사람으로서, 당신 자신의 역할 또한 얼마나 중요한지 깨달았다고 고백하였습니다. 그날 아침 부천체육관을 향하다가 고속도로 인터체인지에서부터 수고하는 차량 봉사자들의 헌신에 감동받은 사람은 비단 권사님 일행만이 아니었습니다. 자동차를 타고 간 분들은 열이면 열, 모두 감동을 받았다고 말했습니다. 저와 제 처 역시 차량이 질주하는 고속도로에서 첫 번째 차량 봉사자를 보았을 때 눈시울이 뜨거워지는 감동을 주체할 수 없었습니다. 그분들의 헌신이 그토록 감동적이었던 것은, 자신들에게 주어진 역할과 사명에 충성과 최선을 다했기 때문입니다. 어찌 그분들뿐이었겠습니까? 그날 행사를 위해 수고한 모든 봉사자들이 한 사람도 예외 없이 모두 맡겨진 사명과 역할에 최선을 다하였고, 결과적으로 '100Together!' 행사 자체가 감동이었습니다. 그리고 성령님께서는 그 감동을 통해 각각 다른 우리 모두를 하나로 묶어 주셨습니다. 이처럼 주어진 사명과 역할에 최선을 다하는 사람이 있는 곳에는 언제나 깊은 감동이 있고, 성령님께서는 그 감동을 통해 역사하십니다.

사랑하는 교우 여러분!

주님께서 우리 각자에게 주신 사명과 역할이 무엇입니까? 주님을 믿는 남편으로서, 아내로서, 부모로서, 자식으로서, 학생으로서, 사회인으로서, 대한민국 국민으로서, 주님께서 주신 사명과 역할에 충성과 최선을 다하십시다. 우리의 삶 자체가 하나님과 사람을 향한 감동이 되게 하십시다. 그때 성령님께서 '100Together!' 행사의 봉사자 한 사람 한 사람의 감동적인 봉사를 통해 우리를 하나로 묶어 주셨듯이, 성령님께서 고넬료가 베드로에게 보낸 사람들의 감동적인 헌신을 통해 베드로를 감동시키고 그를 도구로 삼아 고넬료를 포함한 이방인을 구원하심으로 인류의 역사를 새롭게 하셨듯이, 성령님께서는 자신에게 부여된 사명과 역할에 충성과 최선을 다하는 우리 한 사람 한 사람을 통해 날로 분열되어 가는 이 사회를 통합시키시고, 문제투성이인 이 나라의 역사를 새롭게 하실 것입니다. 국가와 개인은 별개의 관계가 아니라, 우리 한 사람 한 사람이 대한민국의 기본 단위이기 때문입니다.

내 곁에 있는 사람들은 나를 어떤 인간으로 간주하고 있는지, 내가 없을 때 그들은 나를 제3자에게 어떤 내용으로 설명하는지, 진리의 거울 앞에서 날마다 나를 객관화시킬 줄 아는 지혜를 부어 주옵소서. 그리고 나는 지금 내 곁에 있는 사람들의 무엇에 더 밝은지, 그들의 추함인지 아니면 아름다움인지 헤아려 봄으로, 궁극적으로 내 속에 들어 있는 것이 무엇인지 직시할 줄 아는 통찰력도 허락하여 주옵소서. 나아가 주님께서 내게 맡겨 주신 사명과 역할에 최선을 다하는 주님의 충성스러운 종이 되어, 나의 삶이 하나님과 사람을 향한 감동이 되게 하여 주옵소서. 그리하여 나의 삶을 통해 날로 분열되어 가는 이 사회가 통합되게 하시고, 문제투성이인 이 나라의 역사가 새로워지게 하옵소서.

한 사람과 국가는 별개의 관계가 아니라 국가의 기본 단위가 한 사람이므로, 나 한 사람이 역사의 주체이신 주님께서 맡겨 주신 사명과 역할에 충성과 최선을 다할 때, 나 한 사람의 삶을 통해서도 주님께서는 얼마든지 대한민국을 새롭게 할 수 있으심을 잊지 말게 하옵소서. 아멘.

10. 말을 들으려

사도행전 10장 9-23절

이튿날 그들이 길을 가다가 그 성에 가까이 갔을 그때에 베드로가 기도하려고 지붕에 올라가니 그 시각은 제육 시더라 그가 시장하여 먹고자 하매 사람들이 준비할 때에 황홀한 중에 하늘이 열리며 한 그릇이 내려오는 것을 보니 큰 보자기 같고 네 귀를 매어 땅에 드리웠더라 그 안에는 땅에 있는 각종 네 발 가진 짐승과 기는 것과 공중에 나는 것들이 있더라 또 소리가 있으되 베드로야 일어나 잡아먹어라 하거늘 베드로가 이르되 주여 그럴 수 없나이다 속되고 깨끗하지 아니한 것을 내가 결코 먹지 아니하였나이다 한대 또 두 번째 소리가 있으되 하나님께서 깨끗하게 하신 것을 네가 속되다 하지 말라 하더라 이런 일이 세 번 있은 후 그 그릇이 곧 하늘로 올려져 가니라 베드로가 본바 환상이 무슨 뜻인지 속으로 의아해하더니 마침 고넬료가 보낸 사람들이 시몬의 집을 찾아 문밖에 서서 불러 묻되 베드로라 하는 시몬이 여기 유숙하느냐 하거늘 베드로가 그 환상에 대하여 생각할 때에 성령께서 그에게 말씀하시되 두 사람이 너를 찾으니 일어나 내려가 의심하지 말고 함께 가라 내가 그들을 보내었느니라 하시니 베드로가 내려가 그 사람들을 보고 이르되 내가 곧 너희가 찾는 사람인데 너희가 무슨 일로 왔느냐 그들이 대답하되 백부장 고넬료는 의인이요 하나님을 경외하는 사람이라 유대 온 족속이 칭찬하더니 그가 거룩한 천사의 지시를 받아 당신을 그 집으로 청하여 **말을 들으려** 하느니라 한대 베드로가 불러들여 유숙하게 하니라 이튿날 일어나 그들과 함께 갈새 욥바에서 온 어떤 형제들도 함께 가니라

문학평론가 이어령 교수는 말과 관련하여 다음과 같은 견해를 밝힌 적이 있습니다.

> 언어는 하나하나가 모두 눈동자를 지니고 있다. 그러므로 작가가 하나의 말을 선택한다는 것은 하나의 시선을 선택한다는 의미이다. 그것은 보이지 않는 것, 숨겨져 있는 것까지도 들추어내는 눈이다. 그것은 현미경이며 동시에 확대경이다.

참으로 의미 있는 지적입니다. 사람들은 자신의 생각이 중요하면 할수록 함부로 말을 하지 않습니다. 사려 깊은 사람이라면, 중요하고 의미 있는 자신의 생각을 정확하게 나타낼 수 있는 적합한 단어를 선택하여 사용하는 법입니다. 다시 말해 자신이 표현하고자 하는 대상에 대한 자기 시선과 동일한 눈동자를 지닌 단어를 선택하여 구사합니다. 따라서 말을 듣는 사람들은, 말하는 이가 선택한 각 단어의 눈동자를 통하여 그를 분석하고 파악할 수 있습니다. 즉 말하는 이가 어떤 사상과 생각을 지니고 있는지, 세상을 향한 그의 시선이 어떠한지, 궁극적으로 그가 지향하는 것이 무엇인지를 해독할 수 있습니다. 예를 들어 생각해 보겠습니다.

미국산 쇠고기 수입과 관련하여 촉발된 촛불집회가 서울시청 앞 광장에서 두 달째 이어지고 있습니다. 그와 관련하여 세 사람이 이야기를 나눈다고 가정하십시다. 첫 번째 사람은 촛불집회에 참석하는 사람들을 가리켜 '선량

한 국민'이라 부르고, 두 번째 사람은 '특정 정치 세력'으로, 세 번째 사람은 '불순 집단'으로 불렀다고 하십시다. 우리는 그 세 사람이 각각 사용한 단어를 통하여 그 당사자가 어떤 이념의 소유자인지, 현 시국에 대하여 어떤 인식을 지니고 있는지, 추구하고 있는 궁극적 가치관이 무엇인지를 판독할 수 있습니다. 그들이 사용한 단어가 그들의 속생각을 들추어내는 현미경인 동시에 확대경이기 때문입니다.

오래전에 텔레비전에서 방영한 〈인체의 신비〉란 특선 다큐멘터리를 시청한 적이 있었습니다. 인간의 위胃가 얼마나 신비로운 구조로 이루어져 있는지, 그리고 위의 작용이 얼마나 경이로운지를 밝혀 주기 위해 제작된 그 프로그램은, 해설자가 이런 질문을 제기하는 것으로 시작되었습니다.

> 사람이 먹는 음식은 위 속에서 분비되는 위액에 의해 분해됩니다. 그런데 쇠고기의 질긴 심줄까지도 완벽하게 분해하는 위액이 어떻게 위장 자체는 분해시키지 못할까요?

그것은 참으로 놀라운 질문이었습니다. 쇠고기의 심줄은 말할 것도 없고, 그보다 질긴 마른 오징어까지도 완벽하게 분해하는 위액이 어떻게 그것보다 훨씬 연한 위장 자체는 분해시키지 못할까요? 과학의 문외한인 저는 그때까지 그런 질문을 단 한 번도 가져 본 적이 없었습니다. 따라서 저는 그 질문의 해답을 알기 위해 그 프로그램을 끝까지 주시하지 않을 수 없었습니다.

인간의 위벽에는 점액선이 거미줄처럼 얽혀 있는데, 그 점액선으로부터 분비되는 점액이 위벽을 감싸는 점막을 형성하고 있는바, 그 점막이 위액으로부터 위벽을 완벽하게 차단하는 보호막이 된다고 합니다. 그 점막 덕분에, 위 속에 들어가는 모든 것을 분해시키는 위액이 위 자체에는 그 어떤 손상도 가할 수 없는 것입니다. 일본 NHK 텔레비전 특수촬영팀이, 위벽을 보호하기 위하여 점액선에서 마치 분수처럼 쉬지 않고 솟아나는 점액을 촬영한 화면은 경이로움 그 자체였습니다. 지금 이 순간에도 우리의 위장 속에서는 우리가 의식하지도 못하는 가운데 그와 같은 경이로운 작용이 끊임없이 계속되고 있습니다. 이 얼마나 신비로운 창조의 손길입니까? 저는 그 프로그램을 시청하면서 위대하신 창조주 하나님을 찬양하지 않을 수 없었습니다.

그런데 바로 그 순간 해설자가 이렇게 말했습니다.

이것이야말로 오랜 진화의 과정을 거쳐 오면서 살아남기 위한 세포의 운동력이 얼마나 왕성했는지를 여실히 보여 주고 있습니다.

그 해설자가 사용한 '진화'라는 한마디를 통해 그 프로그램을 만든 사람들의 신념이 무엇이며, 그들의 삶이 무엇을 지향하고 있으며, 그들이 아무리 위대한 과학자라 할지라도 그들의 결국이 어떻게 될 것인지를 순식간에 알아차릴 수 있었습니다. '진화'라는 말이 그 말을 사용한 사람들을 들여다보게 해주는 눈이기 때문이었습니다.

이런 의미에서 말은 보이지 않는 것, 숨겨져 있는 것까지도 들추어내는 눈이며, 현미경인 동시에 확대경이란 이어령 교수의 지적은 실로 탁견이 아닐 수 없습니다.

성경은 하나님의 말씀입니다. 사람도 사려 깊은 사람이라면 함부로 말하지 않고 필요한 단어를 선택하여 사용한다면, 하물며 하나님께서 아무렇게나 말씀하실 까닭이 없습니다. 가장 적절한 단어를 통해 말씀하심은 두말할 나위가 없습니다. 우리가 성경의 한 단어 한 단어를 깊이 묵상하며 음미

해야 할 이유가 여기에 있습니다. 그 모든 단어들은 보이지 않는 하나님을 볼 수 있는 눈동자요, 감추어진 하나님의 뜻을 분별할 수 있는 현미경인 동시에 확대경이기 때문입니다.

가이사랴의 백부장 고넬료가 욥바의 무두장이 집에 체류 중인 베드로에게 세 사람을 보내었고, 밤을 새워 베드로를 찾아간 그들은 이튿날 낮 12시가 되어서야 베드로를 만났습니다. 그리고 그들이 베드로에게 자신들을 보낸 고넬료를 소개한 내용을 본문 22절이 이렇게 전해 주고 있습니다.

> 그들이 대답하되 백부장 고넬료는 의인이요 하나님을 경외하는 사람이라 유대 온 족속이 칭찬하더니 그가 거룩한 천사의 지시를 받아 당신을 그 집으로 청하여 말을 들으려 하느니라.

베드로는 선민의식에 젖어 있는 유대인인 데 반해, 고넬료는 유대인들이 부정한 존재로 경원하는 이방인이었습니다. 더욱이 고넬료는 이스라엘을 식민 통치하는 로마제국의 장교였습니다. 이 사실을 감안하고 본문을 대한다면, 언뜻 짧고 대수롭지 않아 보이는 본문의 참된 의미를 이해할 수 있다고 했습니다. 그것은 이런 의미였습니다. '첫째, 고넬료는 식민지의 주둔군 장교이면서도 다른 군인들과는 달리 의로운 분입니다. 둘째, 고넬료는 유대인들이 부정하다고 간주하는 이방인이면서도 하나님을 경외하는 신실한 분입니다. 셋째, 고넬료는 지배자 계급에 속해 있으면서도 피지배 민족인 온 유대 족속으로부터 칭찬받는 분입니다. 넷째, 고넬료는 거룩한 천사의 음성을 직접 들을 만큼 신령한 분입니다.' 한마디로 고넬료는 하나님과 사람의 인정을 동시에 받는 훌륭한 인물이라는 것이었습니다. 우리는 지난 시간에 고넬료가 보낸 사람들의 이와 같은 진술을 통해, 그들을 보낸 고넬료와 고넬료의 명을 충실하게 수행한 그들의 인간 됨됨이에 대해 생각하면서 우리 자신을 깊이 성찰해 보았습니다. 오늘 우리가 주목하고자 하는 것은 고넬료가 베드로를 청한 이유입니다.

본문 22절 하반절은 그 이유를 이렇게 밝히고 있습니다.

> 그가 거룩한 천사의 지시를 받아 당신을 그 집으로 청하여 말을 들으려 하느니라.

고넬료가 베드로를 청한 이유는 하나, '말을 듣기 위함'이었습니다.

대제사장을 비롯한 유대교 지도자들이 예수님을 체포한 뒤, 예수님을 죽이기 위해 빌라도 총독에게 끌고 갔을 때입니다. 빌라도 총독은 고발자들로부터 예수님이 갈릴리 출신이라는 말을 듣자, 마침 그때 예루살렘에 와 있던 갈릴리의 분봉왕 헤롯 안티파스에게 예수님을 보내어 심문하게 했습니다. 헤롯 대왕의 아들인 헤롯 안티파스는 예수님이 자기에게 끌려왔다는 보고를 받고 매우 기뻐하였습니다. 누가복음 23장 8절이 그 이유를 다음과 같이 밝혀 주고 있습니다.

> 헤롯이 예수를 보고 매우 기뻐하니 이는 그의 소문을 들었으므로 보고자 한 지 오래였고 또한 무엇이나 이적 행하심을 볼까 바랐던 연고러라.

헤롯이 예수님을 보고 기뻐한 이유는 단순했습니다. 당시 온갖 기적을 행하신 예수님의 소문이 온 이스라엘에 퍼져 있었으므로, 예수님을 직접 만나 예수님이 지니고 있다는 신통술을 자기 눈으로 직접 확인해 보고픈 호기심 때문이었습니다. 그러나 헤롯 안티파스 앞에 서신 예수님께서는 그가 기대하던 그 어떤 기적도 행치 않으셨습니다. 이에 실망한 헤롯 안티파스는 예수님을 마음껏 희롱한 뒤에 빌라도 총독에게 다시 되돌려 보내어 버렸습니다. 만약 헤롯 안티파스가 겸손하게 예수님의 말씀을 들으려 했다면, 그가 아무리 포악한 인간이었다 해도 그는 구원의 기쁨을 얻을 수 있었을 것입니다. 그러나 예수님의 말씀에는 관심도 없었던 그는, 구원자이신 예수님을 직접 만나고서도 구원과는 동떨어진 어리석은 인간이 되고 말았습니다.

본래 고넬료가 기도하다가 환상 속에서 천사를 통해 들었던 하나님의 말씀의 내용은 5-6절에 기록되어 있습니다.

> 네가 지금 사람들을 욥바에 보내어 베드로라 하는 시몬을 청하라 그는 무두장이 시몬의 집에 유숙하니 그 집은 해변에 있다 하더라.

하나님께서 고넬료에게, 말을 듣기 위해 베드로를 청하라고 말씀하신 것이 아니었습니다. 하나님께서는 단지 베드로를 청하라고만 말씀하셨을 뿐입니다. 그렇다면 고넬료 역시 헤롯 안티파스처럼, 중풍병자 애니아를 일으키고 죽은 다비다를 살리는 사도 베드로를 인간적인 호기심으로, 그리고 그의 신통술을 이용하여 자신의 욕망을 충족시킬 요량으로 청할 수도 있었을 것입니다. 그러나 고넬료는 헤롯 안티파스와는 달랐습니다. 그는 베드로로부터 말을 듣기 위하여 베드로를 청하였습니다.

그렇다고 해서 베드로가 대체 무엇이라고 말하는지, 고넬료가 베드로의 말을 그저 재미삼아 한번 들어 보기 위함도 아니었습니다.

복음을 전하던 사도 바울이 유대인들의 모함으로 가이사랴의 감옥에 갇혀 있을 때였습니다. 사도행전 26장에 의하면, 당시 유대 총독이던 베스도가 헤롯 대왕의 증손자이던 아그립바 왕의 예방을 받은 자리에서 감옥에 갇혀 있던 사도 바울을 불러내었습니다. 사도 바울의 자기변명을 직접 들어보기 위함이었습니다. 사도 바울은 베스도 총독과 아그립바 왕 앞에서 자신을 구원해 주신 예수 그리스도의 복음을 거침없이 증거하였습니다. 그러나 바울의 말이 채 끝나기도 전에 베스도 총독이 바울에게 다음과 같이 소리쳤습니다.

바울아 네가 미쳤도다 네 많은 학문이 너를 미치게 한다(행 26:24).

바울의 말을 들은 베스도 총독은 바울을 아예 정신병자로 단정하였습니다. 그런가 하면 아그립바 왕은 바울에게 이렇게 말했습니다.

네가 적은 말로 나를 권하여 그리스도인이 되게 하려 하는도다(행 26:28).

한마디로 말해, 그따위 말로 자신에게 전도하려는 수작을 부리지 말라는 의미였습니다. 사도 바울이 대체 누구입니까? 2천 년 교회 역사상 가장 위대한 전도자요 설교가가 아닙니까? 그가 얼마나 위대하면 그의 글과 말이 신약성경의 약 4분의 1을 차지하고 있겠습니까? 베스도 총독과 아그립바 왕은 그 위대한 바울의 말을 분명히 직접 들었습니다. 그러나 그들은 단지 사도 바울의 말을 귀로만 들었을 뿐, 그 말을 믿지는 않았습니다. 그래서 그들 역시 가장 위대한 전도자의 말을 듣고서도 스스로 구원을 내팽개치는 무지를 범하고 말았습니다.

그러나 고넬료는 그들과도 달랐습니다. 고넬료는 그저 베드로의 말을 한 번 들어 보기 위해 베드로를 청한 것이 아니었습니다. 본문 22절은 고넬료가 베드로를 청하여 말을 들으려 한 것으로 증언하고 있습니다. 여기에서 우리말 '말'로 번역된 헬라어 단어는 '레마ρῆμα'의 복수형인 '레마타ρήματα'로서, '레마'는 사람의 말이 아니라 '살아 역사하시는 하나님의 말씀'을 일컫는 단어입니다.

하나님의 말씀을 헬라어로 '로고스λόγος'라고 합니다. 그러나 로고스는 인간의 믿음을 요구합니다. 아무리 로고스가 주어져도, 믿지 않는 사람에게 로고스는 일고의 가치도 없는 허황된 말에 지나지 않습니다. 헤롯 안티파스는 로고스이신 예수님을 직접 만났고, 베스도와 아그립바는 위대한 사도 바울로부터 직접 로고스를 들었지만, 그러나 로고스를 믿지는 않았을 때 그들에게 로고스는 희롱의 대상이요, 미친 사람의 정신 나간 소리요, 광신자의 전도 구호에 지나지 않았습니다. 누구든지 하나님의 말씀을 믿어 그 말씀이 당사자의 삶 속에서 살아 역사하는 '레마'가 될 때, 로고스는 당사자에게 진정한 하나님의 말씀이 되는 것입니다.

고넬료는 베드로로부터 베드로의 말을 들으려 하지 않았습니다. 그는 베드로로부터 살아 계신 하나님의 레마를 듣기 원했습니다. 고넬료가 레마를 듣기 원했다는 것은 단순히 귀로만 듣겠다는 의미가 아니었습니다. 레마가 자신의 삶 속에서 살아 역사할 수 있게끔 자신의 삶으로 듣겠다는 결단의 표시였습니다. 그것이 하나님의 말씀을 믿는 사람의 바른 믿음의 태도이기 때문입니다. 그것이 얼마나 중요하면 총 48절로 이루어져 있는 사도행전 10장 전체가 온통, 하나님의 레마를 듣기 원했던 고넬료에 관한 이야기로 이루어져 있겠습니까?

예수님께서 공생애를 시작하시기 전 광야에서 40일에 걸친 금식을 마치셨을 때, 사탄이 예수님을 유혹하였습니다. 그 첫 번째 유혹이, '네가 정말 하나님의 아들이라면 지천으로 깔려 있는 돌로 떡을 만들어 네 주린 배를 채워 보라'는 것이었습니다. 예수님께서는 사탄의 유혹을 다음과 같이 일축하셨습니다.

> 사람이 떡으로만 살 것이 아니요 하나님의 입으로부터 나오는 모든 말씀으로 살 것이라(마 4:4).

예수님께서 이렇게 말씀하신 이유가 무엇이겠습니까? 떡은 제한된 기간 동안 인간의 육체를 살릴 뿐이지만, 하나님의 말씀은 인간의 육체와 죽음을 뛰어넘어 인간을 영원히 살리기 때문입니다. 그런데 주님께서 "하나님의 입으로부터 나오는 모든 말씀으로 살 것이라"고 말씀하실 때, '하나님의 말씀'을 가리키는 용어로 사용된 헬라어 단어가 로고스가 아닌 레마입니다. 하나님의 말씀을 믿어 그 말씀이 자신의 삶 속에서 살아 역사하는 레마가 되게 하는 사람만 참생명을 누릴 수 있기 때문입니다.

왜 하나님의 말씀만 우리를 바르고도 영원히 살릴 수 있습니까? 하나님의 말씀 한마디 한마디가 모두 눈을 지니고 있기 때문입니다. 그 눈은 유한한 나의 실상을 꿰뚫어 보게 해주는 동시에, 영원하신 하나님과 하나님의 뜻을 알게 해주는 현미경이자 확대경입니다. 그 말씀의 눈을 통해서만 우리는 있는 것 같으나 잠시 후면 사라지는 안개요, 오늘 있다가 내일 시들어 버리는 풀잎에 지나지 않음을 알게 됩니다. 그 말씀의 눈을 통해서만 우리는 예수 그리스도의 보혈로 우리를 영원히 살리시는 하나님을 뵐 수 있고, 우리를 향하여 이루시기 원하는 하나님의 뜻을 바르게 분별할 수 있습니다. 온 사회가 육체의 떡에만 관심을 쏟는 이 세상 속에서, 우리가 하나님의 입으로부터 나오는 하나님의 레마를 좇지 않으면 안 될 이유가 여기에 있습니다. 하나님의 레마가 아니고는 공동묘지에서 한 줌의 흙으로 끝나 버릴 나 자신을 꿰뚫어 볼 수도, 나를 영원히 살리실 하나님을 바르게 알 도리도 없기 때문입니다.

마라톤을 업으로 삼은 마라톤 선수라고 해서 마라톤이 항상 즐거운 것만은 아닙니다. 마라톤의 전 구간은 42.195킬로미터입니다. 대부분의 마라톤 선수들은 30킬로미터 지점에 이르기까지, 대개 한두 번쯤은 기권을 생각한다고 합니다. 그리고 30킬로미터를 넘어 40킬로미터 지점에 이르기까지는, 이번 경기를 끝으로 다시는 마라톤을 하지 않으리라는 생각도 한답니다. 그러나 40킬로미터 지점을 넘어서면서부터 온몸에서 기쁨과 새 힘이 솟아나면서, 다음 경기에도 반드시 참여하리라고 마음을 다진답니다. 42.195킬로미터 전 구간 가운데 무려 40킬로미터를 고통과 갈등 속에서 뛰면서도 왜 마라톤 선수는 마라톤을 계속하겠습니까? 마라톤 선수에게는 마라톤만이 살길이기 때문입니다.

사랑하는 교우 여러분!

우리의 처지와 상황이 어떠하든 우리의 살길은 오직, 우리의 생명을 창조하신 하나님께만 있음을 진정으로 믿으십니까? 이 세상이 아무리 발전하고 아무리 정부가 바뀌어도, 이 세상이 우리에게 약속하는 것은 언제나 한 줌의 재로 끝나 버릴 육체의 떡일 뿐임을 정녕 알고 계십니까?

그렇다면 우리 모두 지금부터 하나님의 입으로부터 나오는 모든 레마로 살아가십시다. 성경에 기록된 하나님의 모든 말씀이 우리 삶 속에서 살아 역사하는 레마가 되게 하십시다. 그 말씀의 눈을, 나를 알고 하나님을 아는 현미경과 확대경으로 삼으십시다. 그 말씀의 눈으로 하나님의 뜻을 분별하면서, 지금 우리에게 주어진 일이 무엇이든 그 일에 우리의 신명을 바치십시다. 그때 우리를 통해 이 시대를 위한 하나님의 뜻이 우리 삶의 현장에서 구현될 것입니다. 그뿐 아니라 2천 년 전 하나님의 레마 위에 자신의 인생을 세운 고넬료가 사도행전 10장을 통해 영원히 살아 있듯이, 우리의 인생 역시 레마 위에서 영원한 집으로 세워질 것입니다.

  오직 하나님의 레마만이 우리의 참된 미래요, 희망입니다.

한때 하나님을 외면한 채 부귀영화의 극치를 누렸던 솔로몬은, '인생은 헛되고 헛되며, 헛되고 헛되니, 모든 것이 헛되다'고 탄식하였습니다. 아무리 부귀영화를 누려도 육체의 떡만으로는 생명이 고갈될 뿐, 참생명이 채워지지 않음을 깨달았기 때문입니다. 오늘도 이 지구상에서는 수많은 사람들이 자신의 죽음을 맞아, 인생무상을 탄식하며 공동묘지로 사라질 것입니다. 그럼에도 하나님 아버지께서는 오늘 이 시간 우리를 아버지의 말씀 가운데로 불러 주시고, 본문의 말씀을 눈동자 삼아 우리 자신의 실상을 보게 하시니 감사합니다.

그동안 하나님께서 우리에게 생명의 말씀을 주셨음에도, 우리가 그 말씀을 듣지는 않았습니다. 설령 듣는다 해도 단지 귀로만 들었을 뿐, 우리의 삶으로 들으려 하지는 않았습니다. 그래서 우리가 그동안 몇 년을 살아왔든, 지금 무슨 일을 하고 있든, 소유가 얼마이든 상관없이, 지금이라도 우리의 코끝에서 호흡이 멎으면, 우리 역시 지난 세월에 대한 후회 속에서 이 세상을 떠날 수밖에 없습니다. 우리의 이 미련함을 용서하여 주옵소서.

이제 우리 모두 하나님의 입으로부터 나오는 레마로 살게 하옵소서. 하나님께서 우리에게 주신 모든 말씀을 믿어, 그 말씀이 우리의 삶 속에서 살아 역사하는 레마가 되게 하옵소서. 그 말씀의 눈이, 유한한 나의 실상과, 영원한 생명의 근원이신 하나님을 알고 직시하는 현미경과 확대경이 되게 하옵소서. 그 말씀의 눈으로 우리 삶의 현장에서 우리에게 주어진 소명과 삶에 우리의 신명을 다 바치게 하옵소서. 그리하여 우리의 삶을 통하여 이 혼란한 세상 속에 하나님의 뜻이 이루어지게 하시고, 우리의 인생 역시 고넬료처럼 하나님의 레마 위에 영원히 세워지게 하옵소서. 오직 하나님의 레마 속에만 우리의 참된 미래와 희망이 있음을 잊지 말게 하옵소서. 아멘.

11. 유숙하게 하니라
100주년기념교회 창립 3주년 기념 주일

사도행전 10장 9-23절

이튿날 그들이 길을 가다가 그 성에 가까이 갔을 그때에 베드로가 기도하려고 지붕에 올라가니 그 시각은 제육 시더라 그가 시장하여 먹고자 하매 사람들이 준비할 때에 황홀한 중에 하늘이 열리며 한 그릇이 내려오는 것을 보니 큰 보자기 같고 네 귀를 매어 땅에 드리웠더라 그 안에는 땅에 있는 각종 네 발 가진 짐승과 기는 것과 공중에 나는 것들이 있더라 또 소리가 있으되 베드로야 일어나 잡아먹어라 하거늘 베드로가 이르되 주여 그럴 수 없나이다 속되고 깨끗하지 아니한 것을 내가 결코 먹지 아니하였나이다 한대 또 두 번째 소리가 있으되 하나님께서 깨끗하게 하신 것을 네가 속되다 하지 말라 하더라 이런 일이 세 번 있은 후 그 그릇이 곧 하늘로 올려져 가니라 베드로가 본바 환상이 무슨 뜻인지 속으로 의아해하더니 마침 고넬료가 보낸 사람들이 시몬의 집을 찾아 문밖에 서서 불러 묻되 베드로라 하는 시몬이 여기 유숙하느냐 하거늘 베드로가 그 환상에 대하여 생각할 때에 성령께서 그에게 말씀하시되 두 사람이 너를 찾으니 일어나 내려가 의심하지 말고 함께 가라 내가 그들을 보내었느니라 하시니 베드로가 내려가 그 사람들을 보고 이르되 내가 곧 너희가 찾는 사람인데 너희가 무슨 일로 왔느냐 그들이 대답하되 백부장 고넬료는 의인이요 하나님을 경외하는 사람이

> 라 유대 온 족속이 칭찬하더니 그가 거룩한 천사의 지시를 받아 당신을 그 집으로 청하여 말을 들으려 하느니라 한대 베드로가 불러들여 **유숙하게 하니라** 이튿날 일어나 그들과 함께 갈새 욥바에서 온 어떤 형제들도 함께 가니라

10년 전 제가 3년 동안 제네바한인교회를 섬기는 동안, 그곳 교우님들과 일주일에 한 번씩 등산을 하곤 했습니다. 그림처럼 아름다운 알프스 줄기를 따라 짧게는 왕복 5시간, 길게는 왕복 8시간씩 산길을 걷는다는 것은 여간 상쾌한 일이 아니었습니다. 제가 교우님들을 좇아 처음으로 산행에 따라 나선 날이었습니다. 등산에 참여한 교우님들의 체력과 산행 실력이 동일하지 않아, 등산을 시작한 지 얼마 지나지 않아 앞서 가는 팀과 뒤처지는 팀으로 나누어졌습니다. 두 팀 간의 거리가 일정 거리를 벗어나자, 앞선 팀이 길가의 바위에 걸터앉아 뒤처진 팀을 기다렸습니다. 얼마 후 뒤처진 팀이 숨을 헐떡거리면서 나타남과 동시에, 앉아서 기다리고 있던 앞선 팀이 '출발!' 하더니 다시 산을 오르기 시작했습니다. 그들은 자신들이 그동안 쉰 것이 아니라 뒤처진 팀을 기다려 주었다고 여기기에, 뒤처진 팀에게 휴식 시간이 필요하다는 생각을 하지 못했습니다. 목표 지점에 닿기까지 같은 일이 몇 번이나 반복되었습니다. 그래서 일정한 시간마다 쉬어 가는 앞선 팀은 끝까지 생생하게 산을 오를 수 있었고, 휴식할 틈을 얻지 못한 뒤처진 그룹은 끝까지 숨을 헐떡거리며 힘겹게 산을 올라야만 했습니다.

처음 산행에 나선 제게 그것은 참으로 재미있는 광경이었습니다. 그것은 인간이 자기도 모르게 얼마나 자기중심적으로 행동하는지를 보여 주는 한 단면이었습니다. 앞선 그룹은 목표 지점에 닿기까지 몇 번이나 쉬면서도, 그것을 단지 뒤처진 그룹을 기다려 주기 위한 배려라고만 생각했습니다. 제대로 산을 오르지 못해 뒤처진 사람에 대한 배려는 그가 가쁜 숨을 고를 수

있도록 잠깐의 휴식 시간을 주고, 또 그와 함께 보조를 맞추어 주는 것입니다. 그런데도 만약 누군가가 그처럼 매사에 상대를 전혀 배려하지 않으면서도 마치 배려하는 것처럼 스스로 믿는다면, 그런 사람과 살아가야 하는 사람은 산행에서 뒤처진 사람처럼 그 삶이 얼마나 고달프고 힘겹겠습니까?

그러나 제네바한인교회 등산팀의 경우, 그 이후부터 앞선 그룹이 뒤처진 그룹을 진정으로 배려하게 되었음은 물론입니다.

가이사랴의 이방인 고넬료가 욥바에 체류 중인 베드로를 청하기 위해 세 사람을 보내었습니다. 그들은 가이사랴에서 50여 킬로미터나 떨어진 욥바까지 밤을 새워 걸어간 끝에, 이튿날 낮 12시가 되어서야 베드로가 머물고 있는 집에 도착하였습니다. 그와 때를 맞추어 하나님께서는 베드로가 고넬료의 요청을 받아들이지 않을 수 없게끔, 무두장이의 집 옥상에서 기도하던 베드로 하여금 동일한 환상과 음성을 세 번이나 반복하여 보고 듣게 하셨습니다. 그리고 성령 하나님께서 베드로에게 명령하셨습니다.

> 두 사람이 너를 찾으니 일어나 내려가 의심하지 말고 함께 가라 내가 그들을 보내었느니라(19하-20절).

성령 하나님께서는 베드로에게 당신이 보내신 사람들이 찾아왔으므로 의심하지 말고 그들과 함께 가라고 명령하셨습니다. 이에 베드로는 기도하던 옥상에서 내려가 고넬료가 보낸 사람들을 만났습니다. 그들은 지난 시간에 살펴본 것처럼, 가이사랴의 백부장 고넬료가 하나님의 레마를 듣기 위해 베드로를 청한다는 사실을 베드로에게 전했습니다. 성령 하나님께서 베드로에게 '너를 찾아온 사람들을 의심하지 말고 그들과 함께 가라'고 명령하셨고, 바로 그 사람들이 지금 베드로에게 가이사랴의 고넬료에게 갈 것을 요청하고 있습니다. 그렇다면 베드로가 '출발!' 하면서, 즉각 그들과 함께 길을 나서는 것이 타당하지 않겠습니까? 그러나 베드로는 그렇게 하지 않았습니다. 본문 23절 상반절을 보시겠습니다.

베드로가 불러들여…….

베드로는 자신을 찾아온 사람들을 집 안으로 불러들였습니다. 그리고 잠시 목이나 축이게 한 뒤에 출발한 것이 아니었습니다. 본문 10절은 그 직전의 상황을 이렇게 밝혀 주고 있습니다.

그가 시장하여 먹고자 하매 사람들이 준비할 때에.

그때의 시각이 낮 12시였는지라 베드로는 시장기를 느끼고 있었고, 베드로를 위해 무두장이의 가족들이 음식을 만들고 있었습니다. 그래서 베드로가 자신을 찾아온 사람들과 함께 점심 식사를 한 뒤에 곧장 길을 나선 것도 아니었습니다. 23절 상반절을 다시 보시겠습니다.

베드로가 불러들여 유숙하게 하니라.

베드로는 그들을 불러들여 유숙하게 했습니다. 유숙하게 했다는 것은, 그날 하루를 묵게 해주었다는 말입니다. 헬라어 '크세니조$\xi \epsilon \nu i \zeta \omega$'는 본래 '후히 영접하다'라는 의미인데, 한글 성경이 이를 '유숙하게 했다'로 번역한 것은 원문의 의미를 그대로 옮긴 적절한 표현입니다. 23절 하반절을 보시겠습니다.

이튿날 일어나 그들과 함께 갈새 욥바에서 온 어떤 형제들도 함께 가니라.

베드로가 그들과 함께 가이사랴를 향해 욥바를 출발한 것은 이튿날이었습니다. 그러므로 베드로는 이튿날이 되기까지 그들로 하여금 온전히 유숙하게 해준 것이었습니다.

베드로가 세 사람을 만난 시간이 낮 12시였습니다. 오전 중 편안히 쉰 베드로는 점심식사 후 곧 길을 나설 수도 있었습니다. 베드로 자신의 여건은 즉시 출발할 수도 있었지만, 그러나 베드로는 자신을 찾아온 사람들을 하루 동안 편안히 쉬게 해주기 위해 이튿날까지 기다렸습니다. 밤을 새워 길을 걸어온 그들에 대한 배려였습니다. 베드로는 상대방의 입장에서 상대를 배려할 줄 아는 진정한 그리스도인이었습니다.

베드로가 그들을 불러들여 유숙하게 한 집은 무두장이 시몬의 집이었습니다. 무두장이 시몬과 고넬료가 보낸 사람들이 함께 식사를 하고 같은 지붕 밑에서 잠을 잔 것입니다. 이것은 당시로서는 결코 있을 수 없는 일이었습니다.

이미 우리가 알다시피 당시의 무두장이는, 가죽 제조공인 그의 직업상 죽은 짐승의 부정한 사체를 만지는 부정한 인간으로 간주되어 같은 유대인들로부터 인간 이하의 취급을 받던 최하층민이었습니다. 그러나 혈통적으로는 무두장이 시몬 역시 엄연한 유대인이었고, 유대인인 이상 그 또한 선민의식에 젖어 있었음은 두말할 나위도 없었습니다. 반면에 그날 무두장이의 집에서 유숙하게 된 세 사람은 어떤 사람들이었습니까? 그들 가운데 한 명은 고넬료 휘하의 병사였습니다. 고넬료는 로마 시민으로만 구성된 이탈리아 부대의 백부장이었으므로, 그 휘하의 병사라면 그 역시 로마 시민이었음을 알게 됩니다. 유대인인 무두장이 시몬의 입장에서 본다면 그 병사는 짐승 같은 이방인인 셈이었습니다. 나머지 두 사람은 고넬료의 집안 하인이었습니다. 당시 로마제국의 장교들은 전쟁 포로를 집안 하인으로 삼고 임지가 바뀔 때마다 데리고 다녔습니다. 그러므로 그 하인들 역시 이방인이었습니다. 그렇다면 무두장이 시몬으로서는 할례받지 않은 이방인인 그들을 자기 집으로 불러들여 함께 식사를 하고, 더군다나 함께 잠을 잔다는 것은 상상조차 할 수 없는 일이었습니다. 할례받은 유대인에게 그것은 절대 금기 사항이었기 때문입니다.

반대로 이것을 그 세 사람의 입장에서 보더라도 역시 실현 불가능한 일이었습니다. 본문 10장 7절은 고넬료가 보낸 두 명의 하인을, 노예를 가리키는 '둘로스δοῦλος'가 아닌 '오이케테스οἰκέτης'로 표기하고 있습니다. '오이케테스'는 노예인 '둘로스'와는 달리, 주인의 절대적인 신임 속에서 집안의 크고 작은 일을 전담하는 일종의 집사 역할을 하는 사람이었습니다. 따라서 식민지의 주둔군 장교 집안의 오이케테스 역시 식민지 백성인 유대인들을 하찮게 여겼을 것이요, 인간으로 취급받지도 못하는 무두장이는 아예 거들떠보지도 않았을 것입니다. 이것은 마치 일제강점기 때 일본군 장교 집안의 대만 출신 오이케테스가, 자신이 일본군 장교 집의 오이케테스란 이유만으로 조선인을 업신여기는 것과 같은 일이었습니다. 더욱이 나머지 한 명의 병사는 당시 지중해 세계 최강을 자랑하던 로마제국의 현역 군인이었습니다. 그것도 이스라엘을 식민 통치하는 로마제국의 정예부대, 이탈리아 부대에 소속된 군인이었습니다. 그렇다면 이스라엘 땅에서 그의 자부심과 자존심이 얼마나 컸을는지는 충분히 짐작할 수 있습니다. 그가 자기 상관의 오이케테스들과 함께 인간 이하의 존재로 취급받는 무두장이의 집에 들어가 밥을 먹고 잠을 잔다는 것은, 일제강점기 때 일본군이 자기 상관의 오이케테스를 데리고 모든 조선인이 인간으로 간주하지 않는 백정의 집에 들어가 잠을 자는 것만큼이나 불가능한 일이었습니다.

이처럼 유대인인 무두장이는 할례받지 않은 이방인을 재워 줄 수 없는 처지였고, 이방인이었던 세 사람은 인간으로 취급받지도 못하는 무두장이의 집을 자신들의 유숙지로 삼을 수는 없는 입장이었습니다. 그 양자는 당시의 관습상 도저히 한자리에 앉을 수조차 없는 사이였습니다. 그런데도 유대인인 무두장이 시몬은 할례받지 않은 이방인인 그들에게 자신의 집을 기꺼이 제공했고, 세 이방인은 자신들의 자존심은 아랑곳하지 않고 인간으로 취급조차 받지 못하는 무두장이 시몬의 집에서 거리낌 없이 유숙하였습니다. 현실적으로 도저히 실현 불가능한 일이 그렇듯 실현될 수 있었던 것은, 바로 그곳에 사도 베드로가 있었기 때문입니다. 그러나 그것은 베드로 개인의 능력이나 역량으로 인함이 아니었습니다. 그것은 베드로가 예수 그리스도를 중심에 모신 진정한 그리스도인이었기 때문에 가능할 수 있었습니다. 베드로가 진정한 그리스도인이었기에, 평소라면 상종조차 않을 무두장이와 세 이방인을 한데 어우러지게 하는 주님의 도구로 쓰임 받을 수 있었습니다.

사도행전 10장 6절은 무두장이 시몬의 집이 욥바의 해변에 있었음을 밝혀 주고 있습니다. 가죽 제조 과정에서 발생하는 폐수를 처리하기 위해서는 바닷가가 적합하다는 직업상의 이유를 떠나, 사람들이 무두장이를 인간 이하로 취급하여 상종조차 하지 않았기에 무두장이 시몬은 어쩔 수 없이 동네에서 떨어진 외딴 바닷가에서 살아야만 했습니다. 그렇다면 우리는 그날 밤 바닷가의 그 외딴집을 머릿속에 그려 볼 수 있습니다.

욥바의 바닷가에 조그마한 집 한 채가 외로이 서 있습니다. 무두장이 시몬의 거처인 동시에 작업실이기에 볼품도 없고, 청결치도 않고, 역겨운 냄새만 진동하는 누추한 집입니다. 더구나 평소에 아무도 찾지 않는 집이기에 언제나 쓸쓸해 보이던 집입니다. 그러나 그날 밤, 그 집은 더 이상 쓸쓸한 집이 아니었습니다. 평소와는 달리 그날 밤에는, 여러 사람들이 그 집에서 함께 밤을 지내고 있습니다. 집주인인 무두장이와 그의 식구들, 벌써 며칠째 그 집에서 묵고 있는 사도 베드로, 그리고 베드로가 그날 낮에 불러들인 세 이방인입니다. 그들은 국적과 신분 그리고 관습을 뛰어넘어 모두 한마음이 되어 한 식탁에서 떡을 떼고, 오순도순 이야기를 나누고, 또 잠을 잡니다. 그날 그곳에는 십자가도, 아름다운 음악이나 형식을 갖춘 예배도 없었습니다. 그러나 그날 밤 그 집에 모인 사람들은, 이 세상 그 어떤 교회보다 더 아름다운 교회를 이루고 있었습니다.

오늘도 우리는 사도신경으로 우리의 신앙을 고백하면서 '거룩한 공회'를 믿는다고 고백했습니다. 그런데 '공회'의 의미가 대체 무엇입니까? 사도신경의 라틴어 원문에는 그 용어가 '에클레시암 카톨리깜ecclesiam catholicam'이라고 기록되어 있습니다. 그것을 영어로 번역하면 '캐톨릭 처치catholic church'가 됩니다. 그러나 로마천주교가 'catholic'이라는 단어를 이미 사용하고 있으므로, 개신교에서는 '유니버설 처치universal church'로 고쳐 부릅니다. 그 어느 쪽이든 똑같이 '보편적 교회'라는 의미입니다. 보편적 교회란 국적, 신분, 사상, 지역, 문화, 직업, 직책, 학력을 초월하여, 남녀노소 빈부귀천 지위고하를 막론하고 모든 사람이 그리스도 안에서 한데 어우러질 수 있는 교회라는 말입니다. 그러므로 우리가 매번 사도신경으로 '거룩한 공회'를 믿는다고 고백하는 것은 이 땅의 모든 교회는 보편적 교회여야 한다는 의미요, 나아가 교회를 이루고 있는 나 자신이 먼저 보편적 그리스도인이 되겠다는 결단의 고백입니다.

왜 이 땅의 모든 교회는 보편적 교회여야 하고, 우리 각자는 보편적인 그리스도인이 되어야 하는 것입니까? 이 질문에 대한 해답은 주님께 있습니다. 주님께서 이 땅에 계실 때 주님 곁에는 비천한 어부, 인간 취급조차 받지 못한 창녀, 가난한 과부가 있었는가 하면, 지체 높은 산헤드린 의원과 막대한 재산을 지닌 거부도 있었습니다. 또 동족의 고혈을 짜내 로마제국에 바치는 세리가 있었고, 이스라엘의 독립을 위해 폭력마저 불사하는 열심당원도 있었습니다. 요즈음 용어로 표현하면 수구파에서부터 시작하여 보수파와 진보파를 거쳐 급진파에 이르기까지 모든 계층의 사람이 총망라되어 있었습니다. 그들끼리라면 그들은 한자리에 있을 수도 없는 사람들이었습니다. 주님께서는 그 모든 사람들과 함께하셨지만, 그러나 그들 누구에게도 속하지 않으셨습니다. 주님께서는 언제나 그들 위에 계셨습니다. 그래서 주님께서는 당신의 생명과 사랑으로 각 사람을 배려해 주실 수 있었고, 서로 이질적인 그들은 주님의 절대적인 진리 안에서 상대적일 수밖에 없는 자신들의 생각을 교정해 가면서 모두 한데 어우러지는 보편적 교회, 보편적 그리스도인이 될 수 있었습니다.

그 주님을 주인으로 모신 베드로 역시 주님을 본받아, 그 자신은 유대인이었지만 그러나 유대인에게 속하지 않았습니다. 그렇다고 그가 이방인에게 속한 것도 아니었습니다. 그는 유대인과 이방인을 구별하는 이분법적 사고방식에서 벗어나, 유대인과 이방인의 위에 계신 예수 그리스도에게 속한 그리스도인이었습니다. 그래서 그는 욥바에서 자신을 모시려는 그리스도인들이 많음에도 사람들이 인간으로 취급조차 않는 불쌍한 유대인인 무두장이 시몬을 배려하여 그의 집을 욥바의 유숙지로 정했고, 밤새 걸어온 세 명의 이방인을 배려하여 자신이 유숙하고 있는 무두장이의 집에서 그들도 유숙게 함으로써, 평소 버림받은 집 같았던 무두장이의 집이 그리스도 안에서 진정한 보편적 교회로 승화되게 하였습니다. 우리 교회 창립 3주년을 맞는 오늘, 주님께서 우리에게 주시는 메시지가 이것입니다.

3년 전 우리 교회는 한국 개신교의 시발점인 양화진외국인선교사묘원과, 한국 그리스도인들의 신앙의 종착점인 용인순교자기념관을 관리 보존하면서, 그 두 성지와 관련된 분들의 신앙을 계승하여 선교 200주년을 향한 비전을 함양하기 위한 목적으로 창립되었습니다. 그래서 그동안 양화진묘원을 통해 사익을 추구해 오던 사람들의 터무니없는 거짓 모함과 숱한 도전 속에서도, 우리는 지난 3년 동안 주님께서 맡겨 주신 사명을 이행하기 위해 우리의 최선을 다해 왔습니다. 그 결과 불과 3년 만에 양화진의 외형적 지도가 바뀌었습니다. 그러나 우리가 양화진묘원을 수축修築하고, 교육관과 홍보관을 건립하고, 양화진홀을 개관하는 등의 외형적 결과에 만족해서는 안 될 것입니다. 그런 일은 돈과 뜻만 있으면 누구나 할 수 있기 때문입니다. 우리 교회가 우리에게 주어진 사명을 완수하기 위해서는 무엇보다도 우리 자신이 보편적 교회, 보편적 그리스도인이 되지 않으면 안 됩니다. 그것이 참된 신앙의 시발점이요, 과정인 동시에 종착점이기 때문입니다.

좌파 정권 10년 만에 우파 정권이 들어선 뒤, 지금 우리나라는 그 어느 때보다도 좌파와 우파, 다시 말해 신보주의자와 보수주의자가 격렬하게 대립하고 있습니다. 시계의 추가 좌우로 계속 움직이면서 시계의 바늘이 앞으로 나아가듯이, 진보주의자와 보수주의자의 공생과 상생을 통해 역사가 진전하는 법인데도, 이 땅에서는 좌파와 우파가 철천지원수인 양 사사건건 대립하면서 다투고 있습니다. 미국산 쇠고기 수입으로 촉발된 촛불집회와 사회적 대립 역시 따지고 보면, 쇠고기를 명분으로 내세운 좌파와 우파의 격돌일 뿐입니다. 안타까운 것은 그 대립에 종교계까지 가세하여 서로 반목하는 것입니다. 그리스도인 가운데 진보주의자들은 예수님을 진보파의 선봉장으로 여깁니다. 반면에 보수주의자들의 눈에는 예수님이 보수파로 투영됩니다. 예수님이 강도의 소굴로 전락한 예루살렘성전에서 장사꾼의 기물을 둘러엎으시면서 장사꾼들을 몰아내실 때, 예수님은 진보주의자를 넘어 과격 혁신주의자처럼 보입니다. 반면에 법을 준수하기 위해 이스라엘을 지배하는 로마제국에 세금을 내라고 말씀하실 때의 예수님은 체제 순응적인 수구꼴통 보수주의자처럼 보입니다. 그러나 예수님은 진보주의자도, 보수주의자도 아니셨습니다. 예수님은 그 위에 계셨습니다. 그래서 예수님께서는 하나님의 공의를 다하시면서도, 모든 사람을 한데 아우르시는 진정한 보편적 교회의 머리가 되셨습니다.

사랑하는 교우 여러분!

혹 지금 진보적 관점으로 사회를 바라보며 살아가고 계십니까? 그럴지라도 진보주의자가 되지는 마십시오. 혹 지금 보수적 기조 위에서 판단하며 행동하고 계십니까? 그렇다 해도 보수주의자가 되지는 마십시오. 진보주의자나 보수주의자가 되어서는 절대로 참된 그리스도인이 될 수 없습니다. 진보주의자든 보수주의자든, 어떤 '주의자'가 된다는 것은 상대적일 수밖에 없는 자신의 신념이나 관점을 절대화하는 것이기에 '주의자'가 되는 순간부터 당사자의 생각은 교정될 수 없고, 반대 진영에 대한 배려 역시 있을 수 없고, 오직 상대를 제압하기 위하여 수단과 방법을 가리지 않게 될 따름입니다. 그래서 '주의자'들이 있는 곳에는 언제나 대립과 갈등이 심화되고 격화될 뿐, 참된 통합은 있을 수 없습니다.

이제부터 우리 모두 보수주의자나 진보주의자가 아니라, 그 위에 계신 예수 그리스도에게 속한 그리스도인이 되십시다. 오직 그리스도의 관점으로 세상을 바라보고, 판단하고, 행동하십시다. 그때에 우리는 이분법적 사고방식에서 벗어나 우리와 다른 사람을 배려하면서 모든 사람을 주님 안에서 한

데 아우르는 이 시대의 베드로가 될 것이요, 100주년기념교회는 이 시대를 통합하는 진정한 보편적 교회가 될 것이요, 이 암울한 시대 속에서 우리를 100주년기념교회 교인으로 살게 하신 주님의 뜻이 우리의 삶과 이 민족의 역사 속에 이루어질 것입니다.

서로 알지 못했던 우리를 원근 각처에서 양화진으로 불러내시어 100주년기념교회를 이루게 하시고, 지난 3년 동안 우리를 눈동자처럼 지켜 주시며, 부족한 우리를 통해 영광을 받아 주신 주님! 창립 3주년을 맞아 주님께서 베풀어 주신 은혜에 감사드리면서, 또다시 새로운 1년을 향해 우리의 발을 내딛습니다.

지금 우리나라는 좌파와 우파, 진보주의자와 보수주의자의 대립이 그 어느 때보다도 격렬합니다. 정부든, 정치집단이든, 언론기관이든, 사회단체든, 민간집단이든, 서로 상대에 대한 배려는 아랑곳없이, 오직 상대를 제압하기 위하여 수단과 방법을 가리지 않고 있습니다. 이 암울한 시대에 주님께서 우리에게 한국 개신교의 시발점인 양화진외국인선교사묘원과 종착점인 용인순교자기념관을 맡겨 주셨사오니, 무엇보다도 우리가 먼저 이 시대를 위한 진정한 보편적 교회, 보편적 그리스도인이 되게 하여 주옵소서. 바로 그것이 참된 신앙의 시발점인 동시에 과정이요, 또한 종착점임을 잊지 말게 하옵소서. 사회적 불의와 맞설 때에는 앞장서서 진보적으로 사고하고 행동하되, 진보주의자가 되지는 말게 하옵소서. 지켜야 할 사회적 가치와 덕목을 위해서는 누구보다도 보수적으로 판단하고 행하되, 보수주의자가 되지는 말게 하옵소서. 오직, 이 땅의 보수주의자와 진보주의자 위에 계신 예수 그리스도에게 속한 진정한 그리스도인으로 살게 하옵소서. 그 결과 그리스도 안에서 상대적일 수밖에 없는 우리 각자의 생각이 교정되게 하시고, 그리스도 안에서 나와 생각이 다른 사람을 배려할 줄 알게 하시고, 그리스도 안에서 모든 사람을 한데 아우르는 이 시대의 베드로가 되게 하옵소서.

그리하여 100주년기념교회가 분열된 이 사회를 통합시키는 한 알의 밀알이 되게 하시고, 이 암울한 시대에 우리로 하여금 100주년기념교회 교인으로 살게 하신 주님의 뜻이 우리의 삶과 이 민족의 역사 속에 이루어지게 하옵소서. 아멘.

12. 어떤 형제들도

사도행전 10장 17-23절

베드로가 본바 환상이 무슨 뜻인지 속으로 의아해하더니 마침 고넬료가 보낸 사람들이 시몬의 집을 찾아 문밖에 서서 불러 묻되 베드로라 하는 시몬이 여기 유숙하느냐 하거늘 베드로가 그 환상에 대하여 생각할 때에 성령께서 그에게 말씀하시되 두 사람이 너를 찾으니 일어나 내려가 의심하지 말고 함께 가라 내가 그들을 보내었느니라 하시니 베드로가 내려가 그 사람들을 보고 이르되 내가 곧 너희가 찾는 사람인데 너희가 무슨 일로 왔느냐 그들이 대답하되 백부장 고넬료는 의인이요 하나님을 경외하는 사람이라 유대 온 족속이 칭찬하더니 그가 거룩한 천사의 지시를 받아 당신을 그 집으로 청하여 말을 들으려 하느니라 한대 베드로가 불러들여 유숙하게 하니라 이튿날 일어나 그들과 함께 갈새 욥바에서 온 **어떤 형제들도** 함께 가니라

가이사랴의 이방인 고넬료가 욥바에 체류 중인 베드로를 청하기 위하여 세 사람을 보내었습니다. 그들은 가이사랴에서 50여 킬로미터나 떨어진 욥바까지 밤을 새워 걸어간 끝에, 이튿날 낮 12시가 되어서야 베드로를 만났

습니다. 그리고 베드로에게 가이사랴의 고넬료가 하나님의 레마를 듣기 위해 베드로를 청한다는 사실을 밝혔습니다. 그때는 하나님께서 베드로가 이방인인 고넬료의 요청을 받아들이지 않을 수 없도록 환상을 통해 베드로에게 이미 역사하시고, 또 찾아온 사람들을 의심하지 말고 그들과 함께 갈 것을 명령하신 이후였습니다. 그렇다면 베드로는 성령님의 명령을 좇아, 자신을 찾아온 사람들과 함께 즉각 가이사랴를 향해 출발하는 것이 타당할 것처럼 여겨집니다.

그러나 베드로는 그렇게 하지 않았습니다. 베드로는 고넬료가 보낸 세 사람을 자신이 유숙하던 집으로 불러들였습니다. 그들로 하여금 잠시 목이나 축이게 한 뒤에 길을 나서기 위함이 아니었습니다. 그때의 시간이 낮 12시였으므로 점심 식사를 한 뒤에 길을 떠나려 함도 아니었습니다. 베드로는 밤을 새워 먼 길을 걸어온 그들을 배려하여, 그들이 하루 동안 편안히 쉴 수 있도록 그들을 유숙하게 해주었습니다. 베드로가 그들을 유숙하게 해준 집은 베드로 자신의 집이 아니라 무두장이의 집이었습니다. 그래서 같은 유대인들로부터 부정한 존재로 경원당하는 무두장이와, 유대인들이 짐승처럼 간주하는 세 이방인이 하루 동안 한집에서 함께 떡을 떼고 함께 잠을 자는 초유의 일이 일어났습니다. 그것은 당시의 관습으로나 상식으로는 도저히 있을 수 없는 일이었습니다. 그러나 그곳에 진정한 그리스도인인 사도 베드로가 있음으로 인해 그들은 예수 그리스도 안에서 한데 어우러질 수 있었고, 지난 시간에 살펴본 것처럼, 그것은 더없이 아름다운 보편적 교회였습니다.

그 이후의 일을 23절 하반절이 밝혀 주고 있습니다.

이튿날 일어나 그들과 함께 갈새 욥바에서 온 어떤 형제들도 함께 가니라.

이튿날이 되었습니다. 가이사랴의 고넬료가 베드로에게 세 사람을 보낸 날로부터 따지자면 이튿날의 이튿날, 즉 사흘째 되는 날이었습니다. 하루 동안 푹 쉰 고넬료의 사람들과 함께 베드로는 드디어 가이사랴를 향해 길을 나섰습니다. 그런데 '욥바에서 온 어떤 형제들'이 베드로의 일행에 합류하였습니다. '형제'란 같은 그리스도인에 대한 호칭이었습니다. 따라서 욥바의 그리스도인 가운데 몇 명이 베드로의 일행에 합류한 것이었습니다. 우리 개역한글 성경은 이 부분을 "욥바 두어 형제도 함께 가니라"고 번역하여 그들의 수를 두어 명으로 밝혔는데 이는 적절한 번역이 아닙니다. 헬라어 '티스τις'는 '두어'라는 뜻이 아니라 '어떤'이라는 의미입니다. 그러므로 해당 부분을 "욥바에서 온 어떤 형제들"이라고 번역한 개역개정판의 번역이 적합한 번역입니다. 그런데 그들의 수가 정확하게 몇 명이었는지는 이 이후에 베드로가 직접 밝혔습니다.

욥바를 출발한 베드로가 가이사랴에 있는 고넬료의 집에 도착하여 그곳에 모인 사람들에게 복음을 전하고 세례를 베푼 후에 예루살렘으로 되돌아가자, 예루살렘의 그리스도인들 가운데 베드로를 비난하는 사람들이 있었습니다. 이유인즉, 베드로가 할례받지 않은 이방인 고넬료의 집에 들어가 이방인과 함께 먹고 마시면서 이방인에게 복음을 전했다는 것이었습니다. 이에 베드로는 그들에게, 자신이 이방인인 고넬료의 요청을 수락하지 않을 수 없도록 성령 하나님께서 환상을 통해 역사하셨음을 설명하면서 사도행전 11장 11-12절을 통해 이렇게 증언했습니다.

> 마침 세 사람이 내가 유숙한 집 앞에 서 있으니 가이사랴에서 내게로 보낸 사람이라 성령이 내게 명하사 아무 의심 말고 함께 가라 하시매 이 여섯 형제도 나와 함께 가서 그 사람의 집에 들어가니.

베드로는 자신과 합류한 욥바의 그리스도인들이 '여섯 명'이라고 직접 밝혔습니다. 따라서 오늘 본문에서 욥바를 출발하여 가이사랴를 향하고 있는 베드로 일행의 수는 베드로와 베드로를 청하기 위해 고넬료가 보낸 세 사람, 그리고 욥바의 그리스도인 여섯 명을 합쳐 총 열 명이었음을 알게 됩니다.

그런데 사도행전 11장 12절을 자세히 보면, 베드로는 예루살렘에서 자신에 대한 비판자들에게 자기변호를 하면서, 욥바에서 함께 출발한 그리스도인들을 가리켜 단순히 '여섯 형제'라 말하지 않고 "이 여섯 형제"라고 말했습니다. 그 여섯 명의 그리스도인들이 예루살렘에서 자기변호를 하고 있는 베드로 곁에 함께 있었던 것입니다. 다시 말해 그들은 베드로와 함께 가이사랴에 있는 고넬료의 집까지만 따라간 것이 아니라, 고넬료의 집을 거쳐 베드로와 함께 예루살렘까지 올라간 것입니다. 그렇다면 우리는 이 여섯 명의 그리스도인에게 주목하지 않을 수 없습니다. 그들은 욥바에서 왜 베드로를 따라나섰을까요? 그들의 수는 왜 하필 여섯 명이었을까요? 그들은 가이사랴에서 욥바로 되돌아가지 않고, 왜 베드로를 따라 예루살렘까지 올라갔을까요? 이와 같은 질문들에 대한 해답을 얻기 위해서는, 베드로가 가이사랴의 이방인 고넬료의 집을 찾아간 것이 기독교 역사에서 얼마나 큰 비중을 차지하는지를 먼저 알 필요가 있습니다.

기독교 역사상 최초로 이방인에게 복음을 전한 사람은 사도행전 8장에 등장하는 빌립 집사였습니다. 그가 광야 길에서 만난 에티오피아의 내시에게 복음을 전하고 세례를 베풀었습니다. 하지만 그것은 빌립 집사와 에티오피아 내시 간에 개인적으로 일어난 일이었습니다. 반면에 베드로가 고넬료의 집을 찾아갔을 때 그곳에는 고넬료만 있었던 것이 아닙니다. 고넬료와 그의 집안 식구들뿐 아니라, 고넬료가 부른 그의 친척들과 친구들도 모두 모여 있었습니다. 두말할 것도 없이 그들은 모두 이방인들이었습니다. 그 많은 이방인들이 한날한시 한장소에서 베드로의 설교를 듣고 모두 성령을 받아 그리스도인이 되었습니다. 에티오피아 내시가 빌립 집사로부터 복음을 받아들인 것이 기독교 역사상 이방인에 대한 복음의 최초의 개인적인 역사였다면, 고넬료의 집에서 이방인 무리가 베드로의 설교를 듣고 주님을 영접한 것은 이방인에 대한 복음의 최초의 집단적인 역사였습니다. 다시 말해 빌립이 에티오피아 내시에게 복음을 전한 것이 아무도 없는 광야 길에서 이루어진 복음의 은밀한 사건이었다면, 베드로가 고넬료의 집에서 이방인 무리에게 복음을 전한 것은 복음이 단순히 유대인들만의 전유물이 아니라 온 인류를 위한 하나님의 선물임을 만천하에 공포하는 복음의 공개적 사건이었습니다.

하나님께서는 그 역사적인 복음의 현장으로 욥바의 그리스도인 여섯 명을 불러내셨습니다. 그들로 하여금 이방인 속에서 역사하는 복음의 생명과 능력을 확인케 하심으로써 그들을 복음의 증인으로 삼으시기 위함이었습니다. 그런데 왜 그들의 수가 하필이면 여섯 명이었을까요? 그것은 당시의 사람들이 '일곱'이란 숫자를 중요시했기 때문입니다. 당시 이집트의 법은 어떤 사실을 입증하기 위해서는 일곱 명의 증인이 필요하다고 규정하고 있었고, 이스라엘을 식민 통치하던 로마제국의 법도 서류의 진정성을 증명하기 위해서는 일곱 개의 봉인이 필요하다고 명시하고 있었습니다. 그뿐 아니라 유대인에게도 '일곱'은 완전한 수였습니다. 무엇이든 일곱 개가 있으면 그것은 완전한 의미로 받아들여졌습니다. 이것이 하나님께서 이방인의 무리가 집단적으로 구원받는 역사적인 현장에 욥바의 그리스도인 여섯 명을 보내신 이유요, 또 베드로가 그 이후에 예루살렘에서 자신의 비판자들에게 그 여섯 명이 고넬료의 집에 함께 갔음을 강조한 까닭이었습니다. 그 여섯 명에 베드로 자기 자신을 합치면 일곱 명이 되어, 베드로의 증언은 완전한 증언이 되는 셈이기 때문이었습니다.

　이상과 같은 사실을 알고 나면, 본문 속의 여섯 그리스도인들은 하나님에 의해 특별히 선택된 사람들이었음을 알게 됩니다. 당시 이스라엘 지역 내는 말할 것도 없고, 이스라엘을 넘어 이방 세계의 헬라파 유대인 가운데에도 이미 많은 그리스도인들이 있었습니다. 그 그리스도인들이 모두 예수님의 직계 제자인 사도 베드로를 개인적으로 만나거나, 베드로로부터 직접 복음을 듣는 특권을 누린 것은 아니었습니다. 이방인들이 집단적으로 구원받는 역사적인 현장에 모두 초청받는 영광을 누렸던 것도 아니었습니다. 그러나 본문 속의 여섯 그리스도인들은 달랐습니다. 그들은 가이사랴를 거쳐 예루살렘에 이르기까지 여러 날 동안 베드로와 함께 지내면서 베드로와 개인적인 친분을 쌓았습니다. 가이사랴의 고넬료 집에서는 그곳에 모인 이방인들과 함께 사도 베드로의 설교를 직접 들었습니다. 그리고 성령님께서 임하시어 그곳에 있던 이방인들이 한 사람의 예외도 없이 주님을 영접하고 세례를 받는, 그 놀라운 역사의 현장을 자신들의 두 눈으로 직접 목격하였습니다. 그뿐이 아니었습니다. 그 이후에는 베드로를 좇아 예루살렘으로 올라가, 그때까지 복음을 유대인의 전유물로 간주하고 있던 유대 그리스도인들 앞에서 베드로와 함께 이방인도 구원하시는 주님의 증인이 되었습니다. 그것은 얼마나 놀라운 특권입니까?

　욥바의 그 여섯 그리스도인들은 어떻게 그런 특권을 누리게 되었습니까? 왜 주님께서는 많고 많은 그리스도인들 가운데 특별히 그들 여섯 명을 선택하시어 그와 같은 영광을 누리게 하신 것입니까? 우리는 이 질문에 대하여 그 어떤 합리적인 대답도 할 수 없습니다. 단지 우리가 알 수 있는 것은 오직 하나—바로 그것이 주님의 섭리였고, 또 주님께서 그들에게 일방적으로 베푸신 은총이었다는 것입니다. 그래서 본문은 그 놀라운 특권을 누린 여섯 그리스도인들의 나이나 직업, 이름에 대해서는 철저하게 침묵하고 있습니다. 그들이 선택된 것은 그들이 잘나서가 아니라, 주님께서 그들에게 일방적으로 베푸신 은총의 결과였기 때문입니다.

그러고 보면 이것은 사도행전 10장에 등장하는 사람 모두에게 해당되는 이야기임을 알게 됩니다. 2천 년 전 지중해 세계를 제패한 로마제국에는 동원 가능한 군인의 수가 약 100만 명에 달했고, 그 가운데 약 6천 명이 식민지인 이스라엘에 현역군인으로 주둔하고 있었던 것으로 알려지고 있습니다. 그 많고 많은 군인들 가운데 하나님께서는 왜 고넬료에게 사도 베드로를 친히 보내시기까지 하시면서, 그로 하여금 구원받은 최초의 로마제국 군인이 되게 하셨습니까?

고넬료가 베드로를 청하기 위해 베드로에게 세 사람을 보내었습니다. 그 가운데 한 명은 고넬료 휘하의 군인이었습니다. 고넬료가 백부장이었으므로 그는 고넬료 휘하에 있는 100명의 군인 중 한 명이었던 것입니다. 이스라엘에 로마군이 6천 명 주둔하고 있었다면, 이스라엘에 거주하는 백부장의 숫자만도 60명이나 됩니다. 그린데도 그는 어떻게 고넬료 휘하에 배치되고, 고넬료에게 발탁되어 사도 베드로를 직접 만나고, 욥바의 무두장이 집에서 베드로와 함께 먹고 함께 잠을 잤을 뿐 아니라, 고넬료의 집에서 예수님의 구원을 얻는 그리스도인 가운데 한 명이 될 수 있었겠습니까? 고넬료가 베드로에게 보낸 세 사람 가운데 두 사람은 고넬료 집의 하인들이었습니다. 당시 로마제국의 군인들은 전쟁 포로를 하인으로 삼고 임지가 바뀔 때마다 데리고 다녔다고 했습니다. 어떻게 그 하인들도 로마제국의 많고 많은 군인들 중에서 고넬료 집의 하인이 되었다가 그들 역시 고넬료 집에서 구원받은 그리스도인의 일원이 될 수 있었겠습니까?

그 세 사람이 욥바에서 유숙한 집은, 그때 베드로가 묵고 있던 무두장이 시몬의 집이었습니다. 무두장이 시몬은 당시 이스라엘의 유일한 무두장이가 아니었습니다. 신발, 벨트 등 가죽 제품이 유대인의 생활필수품이었던 만큼 이스라엘 전역에 얼마나 많은 무두장이들이 있었겠습니까? 그런데도 주님께서는 왜 베드로를 무두장이 시몬의 집에서 유숙게 하심으로, 수많은 무두장이 가운데 유독 그의 인생을 새롭게 빚어 주셨습니까?

베드로는 또 어떻습니까? 당시 갈릴리 바다를 둘러싸고 있는 마을의 남정네는 거의 다 어부들이었습니다. 그 많은 어부들 가운데 주님께서는 왜 베드로를 부르시어 룻다의 중풍병자 애니아를 일으키고, 욥바의 죽은 다비다를 살리며, 고넬료의 집에서 이방인 무리를 집단적으로 구원하는 당신의 도구로 사용하셨습니까?

이 모든 질문에 대한 해답 역시 하나뿐입니다. 그 모든 것은 하나님께서 그들 개개인에게 일방적으로 베풀어 주신 은총의 결과였다는 것입니다. 그렇다면 기적은 멀리 있는 것이 아닙니다. 하나님의 일방적인 은총에 의해 구원받은 그리스도인으로, 주님의 도구로 선택된 그들의 삶 자체가 바로 기적 덩어리였습니다. 하나님께서 기적적인 은총을 일방적으로 베풀어 주시지 않았던들 그 모든 일은 불가능하였을 것이기 때문입니다. 그들이 이 사실을 깨달았을 때 그들의 삶이 그리스도 안에서 얼마나 역동적이었을는지, 그들이 어떤 상황 속에서든 얼마나 신실한 그리스도인으로 살았을는지는 능히 짐작할 수 있습니다.

그러나 이것은 본문에 등장하는 사람들에게만 국한된 이야기가 아닙니다. 이것은 바로 우리 자신들의 이야기입니다. 이 세상에는 주님의 부르심 속에서 구원받은 그리스도인보다 구원받지 못한 사람들이 훨씬 많습니다. 우리 나라만 놓고 보더라도 인구 약 5천만 명 가운데 그리스도인은 1천만 명에 불과합니다. 구원받은 그리스도인보다 구원받지 못한 사람이 네 배나 더 많은 것입니다. 그런데도 우리는 구원받지 못한 80퍼센트가 아니라, 구원받은 20퍼센트에 속한 그리스도인으로 이 자리에 앉아 있습니다. 이것이 우리 자신의 능력이나 노력의 결과입니까? 결코 아닙니다. 우리가 주님을 알기도 전에 예수 그리스도로 하여금 우리의 죗값을 치르게 하신 하나님의 일방적인 사랑과, 일방적인 선택과, 일방적인 은총에 의해 우리가 영원한 생명을 누리는 구원받은 그리스도인이 되었습니다. 그러므로 우리 자신이 하나님의 신묘막측한 섭리의 결정체요, 기적덩어리가 아닐 수 없습니다. 공동묘지에서 한 줌의 흙으로 끝나 버릴 수밖에 없는 우리가 하나님의 일방적인 은총 속에서 영원한 생명을 누리는 그리스도인으로 선택되었다는 것보다 더 큰 기적이 어디에 있겠습니까? 이 사실을 믿고 깨닫는다면, 도대체 우리를 절망케 하거나 낙담케 할 상황이 어디에 있겠습니까? 어떤 상황 속에서든, 우리 자신을 하나님의 기적덩어리가 되게 하신 하나님께서 우리를 책임져 주실 것이기 때문입니다.

오십이 넘어서야 주님의 부르심 속에서 그리스도인이 되신 제 아버님께서 생전에 즐겨 부르시던 찬송가는 310장 〈아 하나님의 은혜로〉였습니다. 아버님께서는 그 찬송가를 부르실 때면, 시간과 장소를 가리지 않고 눈물을 주르르 흘리시곤 했습니다. 이제 세월이 흘러 그 찬송은 저 자신의 애송찬송이 되었습니다. 저 역시 그 찬송을 부를 때면 가슴이 찡해지면서, 옛날 아버님께서 그 찬송을 부르시며 왜 눈물을 흘리셨는지 절절히 이해하고 있습니다. 그 찬송가 가사가 이렇습니다.

아 하나님의 은혜로 이 쓸데 없는 자 왜 구속하여 주는지 난 알 수 없
도다.

이 세상에서 저보다 저를 더 잘 아는 사람이 어디에 있겠습니까? 저는 아무짝에도 쓸모없는, 그야말로 허랑방탕한 인간이었습니다. 그런데도 왜 하나님께서 다른 사람보다 저를 먼저 구원해 주시는 은혜를 베푸셨는지, 제 작은 머리로는 도저히 알 수가 없습니다.

왜 내게 굳센 믿음과 또 복음 주셔서 내 맘이 항상 편한지 난 알 수 없
도다.

세상에는 재산을 산더미처럼 쌓아 두고서도 불안과 근심 속에서 잠 못 이루는 사람들이 얼마나 많습니까? 그러나 제게는 땅 한 평 혹은 그 흔한 적금통장 하나 없는데도, 왜 하나님께서 제 마음이 항상 평안하도록 붙들어 주시는지, 제 좁은 소견으로는 그 은혜를 도무지 헤아릴 수가 없습니다.

왜 내게 성령 주셔서 내 마음 감동해 주 예수 믿게 하는지 난 알 수 없
도다.

세상에는 주님을 믿지 않거나 믿지 못하는 사람들이 훨씬 더 많지 않습니까? 그런데도 왜 하나님께서는 허랑방탕했던 저를 부르시고 저로 하여금 하나님의 말씀을 구구절절이 믿게 해주시는지, 제 짧은 상식으로는 도대체 설명할 길이 없습니다. 이처럼 주님께서 제게 베풀어 주신 신묘막측한 은총을 감히 모두 알 수도, 헤아릴 수도, 설명할 수도 없지만, 그러나 제가 한 가지

분명히 아는 것이 있습니다.

> 내가 믿고 또 의지함은 내 모든 형편 아시는 주님 늘 보호해 주실 것을 나는 확실히 아네.

허랑방탕했던 저로 하여금 영원한 생명을 누리는 기적덩어리가 되게 해주신 하나님이시기에, 제가 어떤 상황에 처해 있든 하나님께서 저를 반드시 돌보아 주시고 책임져 주실 것을 저는 확실히 알고, 또 믿고 있습니다.

근래 정치적 리더십의 부재와 사회적 혼란, 유가 폭등과 경기 침체로 인해 세상살이가 날이 갈수록 힘들어지고 있습니다. 그러나 어떤 상황 속에서도 절망하거나 낙담하지 마십시오. 하나님의 일방적인 은총 속에서 하나님의 기적덩어리가 된 사도 바울이 무엇이라고 고백했습니까?

> 자기 아들을 아끼지 아니하시고 우리 모든 사람을 위하여 내주신 이가 어찌 그 아들과 함께 모든 것을 우리에게 주시지 아니하겠느냐(롬 8:32).

그렇지 않습니까? 당신의 독생자를 십자가의 제물 삼으시기까지 우리로 하여금 영원한 생명을 누리는 기적덩어리가 되게 해주신 하나님께서, 우리가 어떤 상황 속에 처해 있든, 반드시 우리의 삶을 돌보시고 책임져 주실 것입니다.

사랑하는 교우 여러분!

우리 모두 오직 하나님만 신뢰하십시다. 우리 자신을 우상으로 섬기던 그릇된 삶을 벗어던지고, 하나님의 말씀 속에서 우리의 삶을 하나님께 온전히 의탁하십시다. 예수 그리스도 안에서 우리 자신을 기적덩어리 되게 해주신 하나님께만, 우리의 참된 미래와 희망이 있습니다.

⟨나 같은 죄인 살리신⟩(찬송가 305장)

나 같은 죄인 살리신 주 은혜 놀라워
잃었던 생명 찾았고 광명을 얻었네

큰 죄악에서 건지신 주 은혜 고마워
나 처음 믿은 그 시간 귀하고 귀하다

이제껏 내가 산 것도 주님의 은혜라
또 나를 장차 본향에 인도해 주시리

거기서 우리 영원히 주님의 은혜로
해처럼 밝게 살면서 주 찬양하리라 아멘.

13. 모아 기다리더니

> 사도행전 10장 24-29절
> 이튿날 가이사랴에 들어가니 고넬료가 그의 친척과 가까운 친구들을 **모아 기다리더니** 마침 베드로가 들어올 때에 고넬료가 맞아 발 앞에 엎드리어 절하니 베드로가 일으켜 이르되 일어서라 나도 사람이라 하고 더불어 말하며 들어가 여러 사람이 모인 것을 보고 이르되 유대인으로서 이방인과 교제하며 가까이하는 것이 위법인 줄은 너희도 알거니와 하나님께서 내게 지시하사 아무도 속되다 하거나 깨끗하지 않다 하지 말라 하시기로 부름을 사양하지 아니하고 왔노라 묻노니 무슨 일로 나를 불렀느냐

생명의 특성은 운동력에 있습니다. 우리의 허파가 숨을 쉬고 위장이 소화 작용을 하며, 인체가 늘 같은 체온을 유지하는 것과 같은 항상성을 지니고, 성장하고 발육하며, 외적 자극에 반응하고, 어떤 환경에든 적응할 뿐 아니라 타인과 관계를 맺으며 살아갈 수 있는 것은, 우리의 생명이 운동력을 지니고 있기 때문입니다. 나이가 어릴수록 생명의 운동력은 왕성합니다. 어린

아이들이 가만히 있지 못하는 것은 주체할 수 없는 생명의 운동력으로 인함입니다. 반면에 나이가 들어 갈수록 생명의 운동력은 점점 쇠퇴합니다. 그리고 죽음은 그 운동력이 완전히 멈추는 것입니다.

믿음은 참생명의 근원이신 삼위일체 하나님으로부터 하나님의 생명, 즉 영적 생명을 얻는 것입니다. 그래서 영적 생명을 얻은 사람의 삶은 반드시 변화되지 않을 수 없습니다. 영적 생명의 특성 역시 운동력이기 때문입니다. 육체의 생명은 그 운동력이 왕성할수록 가만히 있지 못하고, 인간의 육체 속에서 운동하는 생명력은 어떤 형태로든 외적으로 드러나기 마련입니다. 영적 생명도 이와 같아서, 영적 생명을 얻은 사람 역시 영적 생명이 지니고 있는 운동력으로 인해 그 삶이 변화되게 됩니다. 먼저는 내적 변화가 일어나고, 내적 변화가 외적 변화를 수반하게 됩니다.

이처럼 육적 생명과 영적 생명 사이에 공통점이 있다고 해서, 그 양자의 본질마저 동일한 것은 아닙니다. 육적 생명은 나이가 들어 갈수록 쇠퇴하지만, 영적 생명은 어떤 경우에도 쇠퇴하지 않습니다. 육적 생명은 유한한 인간의 육체에 뿌리를 두고 있지만, 영적 생명의 기반은 영원하신 하나님이시기 때문입니다. 육적 생명은 왕성할수록 자기중심적이어서 타인을 해치는 흉기가 되기 쉽지만, 영적 생명은 왕성할수록 타인을 사랑하고 섬기는 더 큰 동력이 됩니다. 그 생명의 근원이신 하나님께서 사람을 사랑하고 또 섬기시는 분이기 때문입니다. 무엇보다도 육적 생명은 언젠가는 반드시 멈추지만, 영적 생명은 우리의 육체가 죽은 뒤에도 멈추지 않습니다. 영원하신 하나님의 생명은 어떤 경우에도 멈춤이 없기 때문입니다.

그래서 하나님의 생명 속에 거하는 사람의 삶은 세월이 지날수록 아름다울 수밖에 없고, 그 아름다운 삶의 여파가 주위에 미치지 않을 수 없습니다. 그 자신이 위대해서가 아니라, 그가 지닌 영적 생명의 운동력으로 인함입니다.

　가이사랴의 이방인 고넬료가 어느 날, 기도하다가 환상 속에 나타난 천사를 통해 하나님의 음성을 들었습니다. 욥바의 무두장이 집에 체류 중인 사도 베드로를 청하라는 명령이었습니다. 하나님의 명령을 좇아 고넬료는 즉시 집안 하인 두 명, 자기 휘하 병사 중 한 명, 도합 세 명을 차출하여 욥바로 보내었습니다. 그들은 가이사랴에서 50여 킬로미터나 떨어진 욥바까지 밤을 새워 걸어간 끝에 이튿날 낮 12시경이 되어서야 베드로를 만났습니다. 그리고 베드로에게, 가이사랴의 백부장 고넬료가 하나님의 레마를 듣기 위해 베드로를 가이사랴로 청한다는 사실을 밝혔습니다. 그때는 성령 하나님께서 유대인 베드로가 이방인 고넬료의 요청을 받아들이지 않을 수 없도록 환상을 통해 역사하시고, 또 누가 찾아오든 의심하지 말고 그와 함께 갈 것을 베드로에게 명령하신 이후였습니다.

　그렇다면 베드로는 하나님의 명령을 좇아, 자신을 찾아온 세 사람과 함께 즉각 가이사랴를 향해 욥바를 출발하는 것이 타당할 것처럼 여겨집니다. 그러나 베드로는 그렇게 하지 않았습니다. 베드로는 그 세 사람을 자신이 묵고 있던 무두장이의 집 안으로 불러들였습니다. 먼 길을 걸어온 그들을 배려하여 그들로 하여금 잠시 목이나 축이게 한 뒤에 길을 나서기 위함이 아니었습니다. 그때의 시간이 낮 12시였으므로 함께 점심 식사를 한 뒤에 길을 떠나기 위함도 아니었습니다. 밤을 새워 길을 걸어온 그들을 배려하여 그들이 하루 동안 푹 쉴 수 있도록 유숙하게 해주기 위함이었습니다. 베드로 자신은 당장 출발할 수 있었지만, 심신이 지쳐있음이 분명한 세 사람을 위해 베드로가 하루를 기다려 준 셈이었습니다. 그리고 이튿날, 그러니까 고넬료가 세 사람을 베드로에게 보낸 날로부터 사흘 째 되는 날, 베드로는 그 세 사람과 함께 욥바를 출발했습니다. 그런데 욥바에 살고 있는 여섯 명의 그리스도인들이 베드로를 따라나섰습니다. 그래서 베드로와 베드로를 데리러 온 세 사람에 욥바의 여섯 그리스도인을 합쳐 총 열 명이 가이사랴를 향해 나아갔습니다.

본문 24절이 그 이후의 일을 전해 주고 있습니다.

> 이튿날 가이사랴에 들어가니 고넬료가 그의 친척과 가까운 친구들을 모아 기다리더니.

베드로가 욥바를 출발한 이튿날, 고넬료가 베드로를 청하기 위해 세 사람을 보낸 날로부터 따지자면 나흘째 되는 날, 마침내 베드로가 가이사랴의 이방인 고넬료의 집에 도착하였습니다. 그곳에는 두말할 것도 없이 고넬료가 베드로를 기다리고 있었습니다. 본문에 우리말 '기다리다'로 번역된 헬라어 동사 '프로스도카오προσδοκάω'는 단순한 기다림이 아니라, 인간이 메시아를 기다리듯 간절히 기다리는 것을 의미하는 단어로서, 베드로를 기다리는 고넬료의 심정이 얼마나 간절했는지를 생생하게 보여 주고 있습니다. 그런데 그곳에는 고넬료 한 사람, 혹은 고넬료와 그의 식구들만 있는 것이 아니었습니다. 고넬료는 그의 친척들과 가까운 친구들까지도 자기 집으로 불러 모아놓고 베드로를 간절히 기다리고 있었습니다. 고넬료가 자기 집에 당도한 베드로를 만난 뒤에 부랴부랴 친척과 친구들을 불러 모은 것이 아니었습니다. 고넬료는 베드로가 도착하기도 전에 친척들과 친구들을 먼저 불러 모은 뒤, 베드로를 간절히 기다리고 있었습니다. 바로 여기에 우리의 놀라움이 있습니다.

2천 년 전 당시는 공중전화나 휴대전화가 있던 시절이 아니었습니다. 당시의 일반인에게 유일한 통신수단은 사람밖에 없었습니다. 이것이 고넬료가 가이사랴에서 50여 킬로미터나 떨어진 욥바의 베드로를 청하기 위해 베드로에게 세 사람을 직접 보내었던 이유였습니다. 그러므로 고넬료는 자신이 보낸 세 사람이 언제 베드로와 함께 되돌아올 것인지는 정확하게 알 수 없었습니다. 그런데도 베드로가 고넬료 집에 도착했을 때 고넬료가 그의 친척들과 친구들을 불러 모아놓고 베드로를 기다리고 있었다는 것은, 고넬료가 예상 가능한 베드로의 가장 빠른 도착 시간에 맞추어 친척들과 친구들을 미리 불러 모았음을 의미합니다.

　고넬료가 기도하다가 환상 속에서 욥바의 베드로를 청하라는 하나님의 명령을 들은 시각은 제9시, 다시 말해 오후 3시였습니다. 그러므로 고넬료는 그날 오후 3시 이후에 세 사람을 욥바의 베드로에게 보내었습니다. 그리고 그들은 이튿날 낮 12시경에 욥바에서 베드로를 만났습니다. 그들이 가이사랴를 출발하여 욥바의 베드로를 만나기까지 만 하루가 걸리지 않았습니다. 만약 그들이 베드로를 만난 뒤 이내 베드로와 함께 가이사랴로 되돌아온다면, 그들은 사흘째 되는 날 오전 중에 가이사랴에 도착할 것이었습니다. 바로 그 시간이 고넬료가 예상 가능한, 베드로의 가장 빠른 도착 시간이었습니다. 고넬료는 자신이 보낸 세 사람을 낮 12시에 만난 베드로가 그들을 하루 동안 푹 쉬게 해주리라는 것은 전혀 예상할 수 없었기 때문입니다. 따라서 고넬료는 예상 가능한 베드로의 가장 빠른 도착 시간에 맞추어, 사흘째 되는 날 오전부터 친척들과 친구들을 불러 모으고 베드로를 기다렸음을 알게 됩니다. 그러나 베드로가 실제로 도착한 날은 그보다 하루가 지난 나흘째 되는 날이었습니다. 그리고 그날 베드로의 도착 시간이 몇 시였는지는 고넬료가 직접 밝혀 주고 있습니다. 고넬료를 만난 베드로가 고넬료에게 왜 자신을 청했는지를 묻자, 고넬료는 자신이 환상 속에서 베드로를 청하라는 하나님의 명령을 듣게 된 경위를 설명하면서 본문 30절을 통하여 이렇게 말했습니다.

내가 나흘 전 이맘때까지 내 집에서 제구 시 기도를 하는데.

그는 베드로에게 나흘 전 제9시, 즉 오후 3시 기도를 "이맘때까지" 하였다고 밝혔습니다. 따라서 베드로가 고넬료의 집에 도착한 '이맘때'는 나흘째 되는 날 오후 3시 이후였습니다.

그렇다면 사흘째 되는 날 오전 중에 친척과 친구를 자기 집으로 불러 모은 고넬료는 실제로 베드로가 도착한 나흘째 되는 날 오후 3시 이후까지, 만 하루 이상을 그들과 함께 지내면서 베드로를 기다렸다는 결론이 나옵니다. 그냥 가만히 앉아서 만 하루 이상을 기다릴 수는 없습니다. 고넬료는 그들에게 몇 끼니의 식사는 말할 것도 없고, 밤에는 잠자리도 제공해 주어야만 했을 것입니다. 베드로가 언제 도착할는지—저녁일는지, 한밤중일는지, 새벽일는지, 전혀 알 수 없었기 때문입니다. 한두 명도 아니고, 여러 명의 친척들과 친구들이라면 그것은 여간 번거로운 일이 아닙니다. 그런데도 고넬료는 그렇게 했습니다.

로마제국의 정예부대인 이탈리아 부대의 백부장인 고넬료는 바보가 아니었습니다. 고넬료가 그의 친척과 친구들이 사도 베드로로부터 직접 복음을 전해 들을 수 있도록 배려해 주고 싶었다 해도, 베드로가 도착한 뒤에 집안 하인들을 풀어 친척들과 친구들을 불러 모을 수도 있었을 것입니다. 그렇더라도 누구 한 명 고넬료를 탓하지 않았을 것입니다. 탓하기는커녕 그 경우에도 친척들과 친구들은 고넬료에게 깊이 감사했을 것입니다. 그런데도 왜 고넬료는 베드로가 도착하기 하루 전부터 그들을 불러 모아놓고 식사와 잠자리까지 제공하며 베드로를 기다렸겠습니까? 고넬료의 심령 속에서 살아 역사하는 생명의 운동력 때문이었습니다.

사도행전 10장 2절은 고넬료를 가리켜, '하나님을 경외하며 백성을 많이 구제하고 하나님께 항상 기도하는 사람'이라고 소개하고 있습니다. 그 소개말의 순서가 중요합니다. 고넬료가 본래부터 사람을 구제하는 성품을 지녔기에 하나님을 절로 경외하게 된 것이 아닙니다. 고넬료가 먼저 기도하는 사람이어서 하나님을 경외하게 된 것도 아닙니다. 그가 먼저 하나님을 경외하는 신앙인이었기에 사람을 구제하게 되었고, 기도하는 사람이 되었습니다. 그가 하나님을 경외함으로 하나님께서 주신 하나님의 생명, 영적 생명의 운동력으로 인함이었습니다. 그의 속에서 살아 역사하는 하나님의 생명의 운동력으로 그는 백성을 구제하되 많이 구제하였고, 하나님께 기도하되 항상 기도할 수 있었습니다. 그 결과, 사도행전 10장 4절의 증언처럼 그의 기도와 구제는 하나님 앞에 기념비로 세워졌습니다. 그것은 사람의 능력이나 노력만으로는 이루어질 수 없는 일이었습니다. 하나님께서 주시는 영적 생명의 운동력 속에서만 가능한 일이었습니다. 이처럼 고넬료에게 하나님을 경외하는 것은 하나님의 생명력 속에 거하는 것이었기에, 베드로가 도착하기 하루 전부터 친척들과 친구들을 불러 모으고 만 하루 이상을 그들에게 봉사하며 베드로를 기다리는 것은 조금도 번거로운 일이 아니었습니다. 오히려 그에게 그것은 지극히 자연스러운 일이었습니다. 그것이 바로 생명의 특성이기 때문입니다. 참된 생명은 헌신과 봉사와 섬김의 형태로 누군가를 향해 끊임없이 흘러가는 법입니다. 생명은, 생명이란 말 그대로 살아 움직이는 운동력인 까닭입니다.

그와 같이 하나님께서 주신 참된 생명의 운동력 속에서 살아가는 고넬료 한 사람으로 인해 고넬료 집안 식구는 말할 것도 없고, 그의 친척들과 친구들까지 모두 구원받는 그리스도인이 되었습니다. 고넬료 한 사람으로 인해 많은 사람들의 삶이 영원히 새로워지게 된 것입니다. 그리고 사도 베드로부터 직접 복음을 듣게 된 고넬료가 이 이후에 더더욱 참된 생명의 통로로 살았을 것임은 의심의 여지도 없습니다. 이런 의미에서 2천 년 전 고넬료는 유대인들이 짐승처럼 간주하던 이방인이었지만, 그러나 그는 유대인들이 감히 넘볼 수 없는 진정한 신앙인이었습니다.

영국 런던에서 약 100킬로미터 떨어진 코번트리 중앙에 자리 잡고 있는 대성당 앞 광장에는 알몸으로 말을 타고 있는 여인의 동상이 세워져 있습니다. 대성당 앞 광장이라면 으레 사도들이나 성인聖人들의 동상이 서 있기 마련인데, 뜻밖에도 마상馬上에 앉은 알몸의 여인이라니 뭔가 잘못된 것같이 여겨집니다. 그러나 그 동상이 그 자리에 세워지게 된 데에는 필연적인 까닭이 있었습니다.

그 동상의 주인공은 11세기경 코번트리에 살았던 고다이바 부인Lady Godiva입니다. 역사의 암흑기라고 불리는 중세 시대에 독실한 그리스도인이었던 고다이바 부인은 코번트리 영주의 아내였습니다. 그녀는 백성들이 힘겹게 살아가는 이유가 그들에게 부과되는 과중한 세금 때문임을 알고, 영주인 남편에게 세금을 대폭 감면해 줄 것을 간곡하게 부탁했습니다. 그러나 욕심 많은 영주는 백성의 고통은 아랑곳하지 않고 아내의 간청을 일언지하에 거절했습니다. 고다이바 부인은 백성들을 위해 자존심을 버리고, 기회가 있을 때마다 남편에게 세금 감면을 간청하고 또 간청했습니다. 거듭되는 아내의 간청을 성가시게 여긴 영주는, 아내가 다시는 그와 같은 요구를 할 수 없게 만들 묘안을 짜냈습니다. 아내가 도저히 받아들일 수 없는 조건을 내세우면 아내가 포기할 것이란 생각이었습니다. 영주는 아내에게, 실오라기 하나 걸치지 않은 알몸으로 말을 타고 마을을 한 바퀴 돌아 오면 백성들의 세금을 감면시켜 주겠다고 말했습니다. 영주는 자신의 말에 당황스러워하는 아내를 보면서 자신이 이겼다는 생각에 득의만만한 표정을 지었습니다. 그러나 고다이바 부인은 물러서지 않았습니다. 백성들의 고통을 덜어 줄 수만 있다면 그보다 더한 모욕이라도 감수할 수 있다고 생각하였습니다. 이튿날 아침, 고다이바 부인은 시녀들의 눈물 어린 배웅을 받으며 실오라기 하나 걸치지 않은 알몸으로 말 위에 앉아 거리로 나섰습니다. 백성들은 자신들을 위해 기꺼이 자기희생을 감수하는 고다이바 부인을 위해 창문을 닫고 커튼을 내린 채, 어느 누구도 창밖을 내다보지 않기로 했습니다. 그리고 그 고다이바 부인으로 인해 백성들의 삶은 비로소 고통에서 벗어날 수 있었습니다.

생각해 보십시오. 고다이바 부인이 아무리 백성을 사랑했다 해도 그 사랑의 원천이 자기 자신이었다면, 체면과 명예를 그 무엇보다 중요시하던 중세시대의 귀부인으로서 그녀가 남편의 그 황당한 제의를 받아들일 수는 없었을 것입니다. 그러나 그녀는 하나님을 경외하는 그리스도인이었습니다. 그녀에게 믿음은 곧 생명이었습니다. 그녀의 심령 속에서 하나님의 생명이 살아 움직일 때, 그녀는 그 생명의 운동력을 힘입어 백성들을 위해 자기 한 몸을 기꺼이 내던질 수 있었습니다. 그래서 고다이바 부인의 삶에 감동받은 영국의 화가들이 알몸으로 말을 타고 있는 고다이바 부인을 화폭에 그렸지만, 그 어느 그림도 야하거나 추하게 느껴지지 않습니다. 화가들이 표현하고자 한 것은 말 위에 앉은 고다이바 부인의 알몸이 아니라, 그녀 속에서 살아 역사한 하나님의 생명이었기 때문입니다.

하나님의 생명 속에 살던 고넬료 한 사람으로 인해 주위 많은 사람들의 삶이 새로워졌고, 아름다운 고넬료의 삶이 사도행전 10장 속에서 2천 년이 지난 오늘날까지 영원히 기려지고 있듯이, 고다이바 부인 역시 그녀 한 사람으로 인해 코번트리 백성들의 삶이 새로워졌고, 그녀의 삶은 그림과 코번트리 대성당 앞 광장의 동상으로 천 년이 지난 지금까지도 아름답게 기려지고 있습니다. 하나님의 생명 속에서 살았던 그 두 사람 모두 참된 신앙의 표상이기 때문임은 두말할 나위가 없습니다.

사랑하는 교우 여러분!

신앙은 하나님의 이름을 빌려 자신의 뜻이나 소원을 성취하는 것이 아닙니다. 그 자체만으로는 미신일 뿐 결코 참된 신앙이 아닙니다. 신앙은 생명입니다. 하나님의 생명 속에 거하는 것입니다. 그 생명의 운동력에 자신을 맡기는 것입니다. 그 생명의 운동력 속에서 자신이 먼저 새로워지고, 주위 사람을 새롭게 하는 생명의 통로가 되는 것입니다.

하나님의 그 생명이 지금 하나님의 말씀과 함께 우리에게 임하셨습니다. 하나님의 말씀 속에서 우리 모두 그 생명을 먹고 마십시다. 그 생명의 운동력 속에서 생각하고, 그 생명의 운동력을 힘입어 행동하십시다. 그때부터 우리의 삶은 전혀 새로운 의미를 지니게 될 것입니다. 우리가 그 생명 속에 거하는 한 우리의 상황이나 처지는 전혀 문제가 되지 않습니다. 그 생명은 천지를 창조하신 하나님의 영원하신 생명이요, 전능하신 능력의 생명이기 때문입니다. 이것이 온갖 역경 속에서도 자신의 삶과 이스라엘의 역사를 동시에 새롭게 했던 다윗이 이렇게 고백한 이유입니다.

"여호와는 나의 빛이요 나의 구원이시니 내가 누구를 두려워하리요? 여호와는 내 생명의 능력이시니 내가 누구를 무서워하리요?"(시 27:1)

3천 년 전 다윗에게 부어 주셨던 하나님의 생명, 2천 년 전 가이사랴의 고넬료와 함께하셨던 하나님의 생명, 1천 년 전 코번트리의 고다이바 부인을 감싸 주셨던 하나님의 생명, 그 생명이 오늘 우리에게 임하심을 감사드립니다.

"나는 생명의 떡"이라고 말씀하신 주님! 주님의 말씀 속에서 하나님의 생명을 먹고 마시게 하옵소서. 날마다 하나님의 생명 속에 거하게 하옵소서. 그 생명의 운동력 속에서 우리 자신이 새로워지게 하옵시고, 우리가 어디에 있든 우리의 삶을 통해 그 생명이 흘러넘치게 하옵소서. 그 넘치는 생명으로 인해 우리 자신이, 우리 주위 사람과 우리 사회를 새롭게 하는, 우리 시대의 고넬료와 고다이바 부인이 되게 하옵소서. 우리는 비록 연약하고 보잘것없을지라도, 천지를 창조하신 하나님의 영원하신 생명, 전능하신 능력의 생명이 우리와 함께하시매, 그 어떤 상황 속에서도 흔들림 없는 신앙인으로 살아가게 하옵소서. 그리하여 3천 년 전 다윗의 고백이, 21세기를 살아가는 우리 자신의 삶의 고백이 되게 하옵소서.

"여호와는 나의 빛이요 나의 구원이시니, 내가 누구를 두려워하리요? 여호와는 내 생명의 능력이시니 내가 누구를 무서워하리요?" 아멘.

14. 나도 사람이라

사도행전 10장 24-29절

이튿날 가이사랴에 들어가니 고넬료가 그의 친척과 가까운 친구들을 모아 기다리더니 마침 베드로가 들어올 때에 고넬료가 맞아 발 앞에 엎드리어 절하니 베드로가 일으켜 이르되 일어서라 **나도 사람이라** 하고 더불어 말하며 들어가 여러 사람이 모인 것을 보고 이르되 유대인으로서 이방인과 교제하며 가까이하는 것이 위법인 줄은 너희도 알거니와 하나님께서 내게 지시하사 아무도 속되다 하거나 깨끗하지 않다 하지 말라 하시기로 부름을 사양하지 아니하고 왔노라 묻노니 무슨 일로 나를 불렀느냐

며칠 전 모 일간지에 개그맨 이경규 씨의 회견 내용이 실렸습니다. 이경규 씨는 1960년생이니까 올해 우리 나이로 49세가 되는 셈입니다. 이삼십 대가 판을 치는 개그계에서 49세라면 이미 오래전에 퇴출되었어야 할 나이입니다. 그런데도 그 나이에 현역 개그맨으로 탄탄한 입지를 구축하고 있는 사람은 이경규 씨가 거의 유일무이합니다. 그것은 우연의 산물이 아니었습니

다. 그가 그 나이에도 현역 개그맨으로 살아남기 위해 자신에 대해 얼마나 냉철하게 생각하고, 또 얼마나 처절한 변신의 과정을 거쳐 왔는지를 그 회견 내용은 생생하게 보여 주었습니다.

회견 내용 중에는 소위 '양심냉장고'와 관련된 대목도 있었습니다. 오래전에 텔레비전을 통해 방영되었던 양심냉장고는, 제작진이 설정한 특수 상황 속에서도 철저하게 법을 지키는 양심적인 시민을 찾아 선물로 대형 냉장고를 증정하는 프로그램이었습니다. 그 프로그램이 공전의 대히트를 기록한 직후, 이경규 씨는 갑자기 일본으로 유학을 떠나 주위 사람들을 놀라게 했습니다. 그때 그 이유가 무엇이었는지, 단순히 재충전을 위함이었는지를 묻는 질문에 대해 이경규 씨는 이렇게 대답했습니다.

> 아이고, 말도 마세요. '양심냉장고'에 출연하면서부터 사람들이 저보고 '이경규 선생님'이라고 불렀어요. 검찰에서 강연 요청을 하기도 하고요. 저더러 '시대의 양심'이라는 거예요. '아이쿠' 싶었죠. 그래서 일본 텔레비전 프로그램도 공부할 겸 일본으로 떠났지요. 그때 '시대의 양심'이라는 말에 제가 도취되었다면 지금의 저는 당연히 없지요. 대중은 연예인의 역할과 실제를 구분하지 않아요. 연예인에게 그건 독배毒杯지요.

저는 그 글을 읽으면서 이경규 씨는 참 지혜로운 사람이라는 생각을 했습니다. 그는 단지 제작진의 의도에 따라 양심냉장고의 진행자로 출연했을 뿐입니다. 그런데도 텔레비전에 나타난 연예인의 역할과 텔레비전 밖 연예인의 실제를 구분하지 못하는 대중들이 '선생님' '선생님' 하면서 '시대의 양심'으로 떠받들고, 검찰까지도 시대의 양심이 하는 말을 듣기 위해 강연을 요청하는 데 그가 도취되어, 스스로 시대의 양심인 것처럼 착각하면서 시대의 양심인 척 행동하려 했다면, 그는 개그맨으로서도 실패했을 것이요 그의 인생 역시 실패하고 말았을 것입니다. 그것은 거짓이요, 거짓된 삶은 반드시 무너지기 때문입니다. 이런 의미에서 대중이 그에게 던진 유혹의 덫에 빠지지 않고, 개그맨으로서 자신이 있어야 할 자리를 바르게 알고 지킨 그는 참으로 지혜로운 사람이었습니다. 그가 그 지혜를 계속 지니고 있는 한 49세가 아니라 59세, 69세가 되어서도 그는 변함없는 현역 개그맨으로 활동할 수 있을 것입니다.

가이사랴의 이방인인 고넬료가 가이사랴에서 50여 킬로미터 떨어진 욥바에 체류 중인 베드로를 청하기 위하여 세 사람을 베드로에게 보낸 이튿날의 이튿날의 이튿날, 그러니까 나흘째 되는 날 마침내 베드로가 고넬료의 집에 도착했습니다. 그때 고넬료는 자기 친척들과 친구들까지 불러 모은 채 베드로를 기다리고 있었습니다. 베드로가 언제 도착할지 전혀 알지 못하는 상황 속에서, 베드로가 도착하기도 전에 고넬료가 이미 친척들과 친구들을 불러 모아놓고 있었다는 것이 무엇을 의미하는지에 대해서는 지난 시간에 깊이 살펴보았습니다.

고넬료가 베드로의 도착 이전에 이미 친척들과 친구들까지 불러 모으고 베드로를 기다렸다면, 베드로에게 세 사람을 보낸 이후 베드로가 도착하기까지, 그 나흘 동안 그가 베드로를 얼마나 간절하게 기다렸을는지, 그리고 베드로를 실제로 만났을 때 그의 기쁨이 얼마나 컸을는지 우리는 능히 짐작할 수 있습니다. 그가 베드로를 만나는 순간 어떤 행동을 취했는지는 본문 25절이 밝혀 주고 있습니다.

마침 베드로가 들어올 때에 고넬료가 맞아 발 앞에 엎드리어 절하니,

고넬료는 베드로를 보자마자 베드로의 발 앞에 엎드려 절했습니다. 헬라어 원문에 사용된 동사 '프로스퀴네오προσκυνέω'는 노예가 땅바닥에 엎드리어 주인의 발에 입 맞추는 행위를 나타내는 동사로서, 당시 사람들에 의해 '하나님을 경배하다'라는 의미로도 사용되던 동사였습니다. 당시 고넬료는 로마제국의 백부장이었습니다. 베드로의 노예가 아니었다는 말입니다. 따라서 고넬료는 당시의 인사법에 따라 베드로와 포옹하거나 입을 맞추면 될 일이었습니다. 그런데도 고넬료가 베드로의 발 앞에 엎드리어 절을 했다는 것은, 그가 베드로를 사람이 아닌 신적 존재로 여겼음을 의미합니다.

당시 로마제국의 국민들은 로마 황제를 신으로 숭배해야만 했습니다. 도시마다 살아 있는 로마 황제를 경배하는 황제의 신전이 있었습니다. 그러므로 로마 사람들에게는 사람을 신으로 섬기는 것이 조금도 생소한 일이 아니었습니다. 더욱이 고넬료가 베드로를 청한 것은 하나님의 명령에 의해서였습니다. 기도하던 고넬료가 환상 속에 나타난 천사를 통해 욥바에 있는 베드로를 청하라는 하나님의 명령을 들은 것입니다. 그때까지 고넬료는 베드로를 전혀 알지 못했습니다. 그런데도 하나님께서는 고넬료에게 베드로가 가이사랴에서 50여 킬로미터 떨어진 욥바의 바닷가에 위치한 무두장이 시몬의 집에 유숙하고 있다는 사실까지도 정확하게 일러 주셨습니다. 그리고 그 베드로가 지금 고넬료 앞에 서 있다는 것은, 하나님의 그 모든 말씀이 사실이었음을 의미했습니다. 그래서 고넬료는 베드로 앞에 엎드리어 베드로에게 절할 수밖에 없었습니다. 그런 베드로라면 하나님과 같은 신적 존재가 분명했기 때문입니다.

이에 대한 베드로의 반응은 26절이 밝혀 주고 있습니다.

베드로가 일으켜 이르되 일어서라 나도 사람이라 하고.

베드로가 어떤 인물이었습니까? 그는 갈릴리의 어부였습니다. 배운 것도 가진 것도 전무한, 비천한 인간이었습니다. 그 보잘것없는 베드로가 위대한 사도가 되었습니다. 그의 설교에 하루에 3천 명이 회개했고, 그가 손을 잡자 선천성 하반신 불구자가 일어났으며, 그의 말 한마디에 중풍병자가 나았을 뿐 아니라, 그의 기도로 죽은 사람이 살아나기도 했습니다. 그 모든 사실을 직접 목격하거나 전해 들은 사람들이 베드로를 하나님처럼 떠받들려 하지 않았겠습니까? 그렇다면 본래 가진 것 없고 무식했던 베드로였던 만큼, 마치 자기 자신이 정말 신적 존재라도 된 것처럼 착각하기가 얼마나 쉬웠겠습니까? 그러나 베드로는 자기 착각에 빠지지 않았습니다. 베드로는 자기 발 앞에 엎드려 절하는 고넬료를 황급히 일으키며, "일어서라, 나도 사람이라"고 말했습니다. 사본에 따라서는 이때 베드로가 한 말이 '이게 무슨 일이냐? 나도 너와 같은 사람이로다'라고 표기되어 있습니다. 베드로는 자신을 신적 존재로 경배하려는 고넬료를 그 정도로 완강하게 만류하면서 자신이 사람임을 강조하였습니다. 그 이유는 간단했습니다. 그것이 사실이었기 때문입니다.

우리는 이와 똑같은 장면을 사도 바울에게서도 발견하게 됩니다. 바울이 바나바와 함께 루스드라에 갔을 때, 바울에 의해 하반신 불구자가 치유되는 역사가 일어났습니다. 그 놀라운 현장을 목격한 루스드라 사람들은 곧 바울과 바나바를 신으로 간주했습니다. 신이 아니고서는 그런 놀라운 역사를 행할 수 없다고 생각한 것이었습니다. 그들은 즉각 소를 몰고 와 바울과 바나바에게 제사를 드리려 했습니다. 그때 사도 바울이 어떤 반응을 보였는지를 사도행전 14장 14-15절 상반절이 전해 주고 있습니다.

두 사도 바나바와 바울이 듣고 옷을 찢고 무리 가운데 뛰어 들어가서 소리 질러 이르되 여러분이여 어찌하여 이러한 일을 하느냐 우리도 여러분과 같은 성정을 가진 사람이라.

바울은 베드로와는 전혀 다른 의미에서 자기 교만에 빠지기 쉬운 배경을 지니고 있었습니다. 그는 이스라엘 역사상 최초의 왕을 배출한 베냐민 지파였고, 종교적으로 가장 큰 우월감을 지닌 바리새파에 속해 있었고, 이스라엘 최고의 율법 선생인 가말리엘의 제자였고, 그 위에 더하여 로마제국의 시민권까지 소유하고 있었습니다. 유대인 가운데 바울만큼 좋은 배경을 지닌 사람도 흔치 않았습니다. 그 정도로 잘난 바울이었기에, 이를테면 그는 루스드라 사람들이 자신을 신으로 떠받드는 것을 은근히 즐길 여건을 갖추고 있는 셈이었습니다. 그러나 사도 바울은 즉각 바나바와 함께 옷을 찢었습니다. 유대인들이 옷을 찢는 것은 비통한 심정이나 참을 수 없는 울분, 혹은 단호한 의지를 표하기 위한 관습이었습니다. 그리고 바울은 루스드라 사람들에게 베드로와 똑같이 외쳤습니다—"어찌하여 이런 일을 하느냐? 우리도 여러분과 같은 성정을 가진 사람이라."

베드로와 바울의 위대함은 그들이 사도였다거나 직접 성경을 기록했다는 데에만 있는 것이 아닙니다. 어떤 경우에도 그들은 그들 자신이 사람이라는 사실을 망각하지 않았다는 데에 그들의 위대함이 있습니다. 사람이 자신의 사람됨을 망각지 않는 것은 조금도 대수롭지 않은 일로 여겨질 수 있습니다. 그러나 우리 삶과 주위에서 일어나는 일들을 보면, 그것이 얼마나 어려운 일인지 알게 됩니다.

16세기 부패한 로마 가톨릭교회에서 떨어져 나온 개신교의 역사는 겨우 500년인 데 비해 로마 가톨릭교회의 역사는 2천 년에 이르고 있습니다. 따라서 개신교는 개신교보다 네 배나 더 긴 역사를 지니고 있는 로마 가톨릭의 장점을 본받고 배우는 데 주저함이 없어야 할 것입니다. 그러나 아무리 세월이 흘러도 개신교도인 우리가 결코 수용할 수도 없고 이해할 수도 없는 것은 곧 '교황 무류성無謬性'과 같은 교리입니다.

로마 가톨릭은 1869년에 개최된 제1차 바티칸공의회에서 교황 무류성을 공식적으로 결의, 채택하였습니다. 무류성infallibility이란 결코 오류를 범할 수 없는 성품을 일컫는 말로서, 로마 가톨릭이 교황의 무류성을 결의한 것은 교황에게 신적 권위를 부여하여 교황을 신적 존재로 떠받들기 위함이었습니다. 즉 하나님께서는 교황을 통해 직접 교회를 통치하시므로 교황의 결정이나 선언에는 그 어떤 오류도 있을 수 없다는 것입니다. 그 논리에 의하면 교황의 결정이나 선언은 언제나 옳고 바를 수밖에 없습니다. 교황의 결정과 선언은 곧 하나님의 결정이요, 하나님의 선언이기 때문입니다.

인간의 완전 타락을 일러 주는 성경의 증언은 차치하고서도, 인간인 우리 자신이 인간인 우리 자신을 너무나도 잘 알고 있지 않습니까? 우리 자신이 얼마나 추하고 흉측한 존재인지 말입니다. 오죽하면 우리 스스로 우리 자신을 싫어할 때가 있겠습니까? 또 우리가 얼마나 불완전하고 미숙한 존재인지도 잘 알고 있지 않습니까? 그땐 그것이 분명 옳다고 확신했었는데도, 세월이 지나고 보니 전혀 그게 아니었던 적이 얼마나 많았습니까? 그런데도 만약 어떤 사람이 한평생 무엇을 결정하든 그의 결정이 시간과 공간을 초월하여 항상 옳을 뿐 아니라 그의 생각이 언제나 하나님의 생각과 일치하고, 더욱이 하나님께서 오직 그 한 사람만을 통해 당신의 뜻을 밝히신다면, 그 사람이 어찌 사람일 수 있겠습니까? 그는 사람이 아니라 신이 아니겠습니까? 어떻게 죄인인 인간에게 그런 일이 가능할 수 있겠습니까? 그럼에도 로마 가톨릭은 교황 무류성의 교리를 갖고 있고, 로마 가톨릭 교인들은 그것을 사실로 믿고 있습니다. 로마 가톨릭 교인에게 교황은 사람이 아니라 하나님을 대리하는 신적 존재인 것입니다. 로마 가톨릭 교인뿐 아니라 교황 자신도 스스로 신적 존재라고 믿고 있음이 분명합니다. 그렇지 않고서야 개명 천지인 21세기에 들어와서까지, 예수 그리스도의 종을 표방하는 교황이 아무 거리낌 없이 밤낮으로 제왕의 옷을 입고 다닐 수는 없을 것입니다.

그러나 교황이 로마 가톨릭에만 있는 것은 아닙니다. 몇 해 전 한국을 대표하는 대형 교회에서 큰 물의가 빚어졌습니다. 그 교회의 일부 장로들이 헌금 사용의 투명성과 교회 개혁을 요구하는 건의서를 담임목사에게 제출하자 담임목사가 그들을 징계, 아예 출교시켜 버렸습니다. 이것이 사회에 알려지면서 여론이 악화되자 그 교회는 교회의 입장을 밝히는 해명서를 발표했는데, 그 해명서의 요지는 세 가지였습니다. 첫째, 교회는 하나님께서 주인이시므로 신성불가침이다. 둘째, 교회는 하나님으로부터 통치권을 위임받은 담임목사의 관장하에 있다. 셋째, 그러므로 담임목사의 뜻에 역행하는 사람은 하나님 나라의 확장을 방해하는 사탄의 세력이다. 이 해명서는 교회의 주인이신 하나님과, 하나님으로부터 소위 교회 통치권을 위임받았다는 담임목사를 동일선상에 올려놓고 있습니다. 하나님과 담임목사가 구별되지 않는 것입니다. 교회는 민주주의가 아니라 신본주의神本主義에 의해 운영되는 신앙 공동체입니다. 교회는 다수 인간의 뜻이 아니라 한 분이신 하나님의 뜻을 구현하는 모임이기 때문입니다. 그러나 하나님의 뜻이 언제나 오직 담임목사 한 사람만을 통하여 드러난다면, 담임목사 아닌 교인을 통해서는 이루어질 수 없다면, 그 담임목사는 또 다른 교황이요 신일 수밖에 없습니다. 그래서 그 교회의 해명서와 로마 가톨릭의 교황 무류성 사이에서 우리는 아무런 차이도 발견할 수 없습니다.

그러나 이것은 비단 로마 가톨릭이나 한국의 대형 교회, 또는 교황이나 대형 교회 목사에게만 국한된 이야기가 아닙니다. 비록 조그마한 개척 교회라 할지라도, 목사와 교인을 막론하고 누구든 자기만을 통해 하나님의 뜻이 구현된다고 믿는 사람이 있다면, 그는 자신이 의식하든 못하든 상관없이 이미 스스로 하나님의 자리에 앉아 있는 사람입니다. 일터에서 하나님은 언제나 자기 편만 든다고 생각하는 사람이 있다면, 그는 하나님 앞에서 자신이 사람임을 망각해 버린 사람입니다. 가정에서 남편이든 아내든, 부모든 자식이든, 언제나 자기 생각만 하나님의 뜻이라고 고집하는 사람이 있다면, 그는 교황 무류성을 주장하거나 담임목사의 뜻에 역행하는 교인을 사탄이라 매도하는 사람들과 전혀 다를 바가 없습니다. 그럼에도 거의 모든 사람들이 그렇게 살아가고 있습니다. 나의 생각이 곧 하나님의 뜻이라는 착각 속에서 말입니다.

그러므로 곰곰이 생각해 볼수록, 사람이 자신의 사람됨을 망각하지 않고 살아간다는 것은 생각만큼 쉬운 일이 아닙니다. 실은 우리 모두가 다 스스로 하나님이 되어 자신의 무류성을 확신하는 이 시대의 교황들이기 때문입니다.

에덴동산의 아담과 하와를 사탄이 무엇이라 유혹했습니까? 하나님께서 금하신 열매를 먹으면 제왕이나 재벌이 된다고 유혹했습니까? 혹은 무병장수와 부귀영화를 누린다고 했던가요? 아닙니다. 그 열매를 먹기만 하면 눈이 밝아 하나님과 같이 될 것이라고 유혹했습니다. 그 말을 듣고 하와는 하나님께서 금하신 열매를 먹고 남편인 아담에게도 주었습니다. 이유는 하나, 스스로 하나님같이 되기 위함이었습니다. 그 이후 인간은 끊임없이 하나님이 되려 하고 있습니다. 아니, 스스로 하나님의 자리에 앉아 있습니다. 인간의 모든 불행은 거기에서부터 시작되었습니다. 인간 세상의 모든 문제도 따지고 보면 원인은 모두 거기에 있습니다. 모든 인간이 예외 없이 다 하나님이 되어 한결같이 자신의 무류성을 확신하고 있으니, 그런 인간이 있는 곳에 대립과 분열, 그리고 시행착오와 무의미한 자기 소모 외에 무엇이 있을 수 있겠습니까?

'양심냉장고'에 출연하여 인기를 얻은 개그맨 이경규 씨가, 연예인의 역할과 실제를 구별하지 못하는 대중들이 '시대의 양심'으로 떠받드는 데 도취되어 스스로 시대의 양심인 척 행동하려 했다면, 그보다 유치한 개그가 어디에 있겠습니까? 진짜 개그는 사람을 즐겁게 하지만, 정도를 벗어난 사람의 삶이 벌이는 유치한 개그는 사람의 눈살을 찌푸리게 할 뿐입니다. 그래서 자기 착각에 빠지지 않은 이경규 씨는 지혜로운 사람이었습니다.

사도의 역할과 실제를 구별하지 못한 고넬료와 루스드라 사람들이 베드로와 바울을 신적 존재로 경배하려 할 때 베드로와 바울이 스스로 도취되어 그것을 즐기려 했다면, 하나님 보시기에 그보다 더 한심한 개그가 어디에 있겠습니까? 그래서 언제나 자신의 사람됨을 잊지 않았던 베드로와 바울은 진정으로 위대한 사도였습니다.

그렇다면 하나님 보시기에 우리 자신은 어떻습니까? 고작 공동묘지에서 한 줌의 흙으로 사라져 버릴 미물에 지나지 않으면서도, 자신의 무류성을 고집하며 스스로 하나님처럼 행동하는 우리의 모습이 하나님 보시기에는 또 얼마나 저속한 개그이겠습니까? 사람이 자신의 사람됨을 망각하지 않고, 사람으로서 지켜야 할 사람의 자리를 지키는 것이 사람의 지혜입니다. 피조물의 자리를 지킬 줄 아는 그 사람만 자신을 창조하신 하나님과 바른 관계를 맺을 수 있기 때문입니다.

신영복 교수의 글에 의하면, 네팔 사람들은 자기 나라에 있는 히말라야 산맥의 정상에 오르지 않는다고 합니다. 네팔 사람들에게 그곳은 정복의 대상이 아니라 경외의 대상이기 때문이라 합니다. 그러나 세계의 알피니스트 alpinist들은 히말라야의 정상인 에베레스트를 정복의 대상으로 삼고, 많은 사람들이 그 정상 정복에 도전합니다. 그러나 그 도전에 성공하든 실패하든 상관없이, 그들은 언제나 우리에게 동일한 메시지를 전해 주고 있습니다. 해발 8,848미터의 히말라야 정상에서는 절대로 사람이 살 수 없다는 것입니다. 설령 그곳에 이르더라도 곧장 내려오지 않으면 반드시 죽는다는 것입니다. 사람이 살아야 할 곳은 히말라야 정상이 아니라, 우리가 두 발 딛고 있는 낮고 낮은 이 땅이라는 것입니다.

사랑하는 교우 여러분!

사람인 우리가 있어야 할 자리가 어디인지 잊지 마십시다. 우리 모두 그동안 그릇 차지하고 있던 하나님의 자리에서 일어나, 겸손하게 사람의 자리로 내려가십시다. 낮고 낮은 피조물의 자리에서 우리를 창조하신 하나님을 우러러 뵈면서 하나님과 바른 관계를 맺어 가십시다. 하나님의 이름을 빙자하여 우리 자신을 높이는 것이 아니라, 우리의 삶으로 하나님만 드높이십시다. 그때부터 우리의 삶은 더 이상 유치하고 한심한 개그가 아니라, 참된 생명과 진리의 영원한 모판이 될 것입니다. 하나님께서는 사람을 만드셨고, 자신이 사람인 줄 아는 사람을 통해서만 역사하시기 때문입니다.

하나님께서 오늘 주신 본문의 말씀을 통하여, 그동안 하나님의 자리에 앉아 있던 우리의 삶이, 하나님 보시기에 유치하고도 한심한 개그에 지나지 않았음을 깨닫게 해주셔서 감사합니다. 언제 어디서나 자신이 하나님의 피조물이요 사람임을 잊지 않는 것이 지혜이며, 그 지혜로부터 창조주이신 하나님과 바른 관계가 시작됨을 잊지 말게 하옵소서. 하나님께서는 우리를 사람으로 만드셨고, 자신이 사람인 줄 아는 사람을 통해서만 역사하신다는 사실을 늘 기억하게 하옵소서.

이제 우리 모두 가정과 일터에서는 말할 것도 없고, 교회와 사회 속에서도, 하나님의 자리에서부터 겸손하게 사람의 자리로 내려오게 하옵소서. 나 홀로 하나님을 소유하고 있다는 착각으로부터 벗어나게 하옵소서. 나의 뜻이 곧 하나님의 뜻이 아니요, 하나님의 뜻 앞에서 나의 뜻은 언제나 부인되어야 함을 깨닫게 하옵소서. 더 이상 하나님의 이름을 빙자하여, 고작 공동묘지에서 한 줌의 흙으로 끝나 버릴 나 자신을 높이려는 어리석음을 범치 않게 하옵소서. 오직 나의 삶으로 영원하신 삼위일체 하나님만 드높이게 하옵소서. 그리하여 어떤 상황 속에서도 자신이 사람임을 잊지 않았던 베드로와 바울이 인류의 역사를 새롭게 하는 하나님의 도구로 쓰임 받았던 것처럼, 언제나 하나님의 피조물인 사람으로 살아가는 우리를 통해 우리의 가정과 일터와 교회 속에, 이 시대의 역사 속에, 하나님의 뜻이 날마다 이루어지게 하옵소서. 아멘.

15. 사양하지 아니하고 I

사도행전 10장 24-29절
이튿날 가이사랴에 들어가니 고넬료가 그의 친척과 가까운 친구들을 모아 기다리더니 마침 베드로가 들어올 때에 고넬료가 맞아 발 앞에 엎드리어 절하니 베드로가 일으켜 이르되 일어서라 나도 사람이라 하고 더불어 말하며 들어가 여러 사람이 모인 것을 보고 이르되 유대인으로서 이방인과 교제하며 가까이하는 것이 위법인 줄은 너희도 알거니와 하나님께서 내게 지시하사 아무도 속되다 하거나 깨끗하지 않다 하지 말라 하시기로 부름을 **사양하지 아니하고** 왔노라 묻노니 무슨 일로 나를 불렀느냐

그리스도인은 예수 그리스도께 자신을 헌신한 사람입니다. 헌신이란 '드릴 헌獻' '몸 신身', 즉 자신의 몸을, 다시 말해 자기 자신을 주님께 드리는 것입니다. 그리스도인이 주님을 좇는 사람, 혹은 주님께 속한 사람을 의미하기에, 그리스도인이 자기 자신을 주님께 헌신하는 것은 너무나도 당연한 일입니다. 자신의 사지백체는 더 이상 자신의 것이 아니라, 자기의 주인이신 예수

그리스도의 것이기 때문입니다. 그래서 사도 바울은 우리에게 이렇게 권면하고 있습니다.

> 그러므로 형제들아 내가 하나님의 모든 자비하심으로 너희를 권하노니 너희 몸을 하나님이 기뻐하시는 거룩한 산 제물로 드리라 이는 너희가 드릴 영적 예배니라(롬 12:1).

옛날 구약시대의 사람들은 짐승을 제물 삼아 하나님께 제사를 드렸습니다. 그러나 신약시대의 그리스도인은 더 이상 그런 제사를 드릴 필요가 없습니다. 예수님께서 친히 우리를 위한 제물이 되시어 십자가에 못박혀 돌아가심으로 우리의 죗값을 모두 치러 주셨기 때문입니다. 따라서 그리스도인에게 남은 것이 있다면 자기 자신을 삼위일체 하나님께 산 제물로 드리는 것, 다시 말해 자기 자신을 하나님께 헌신하는 것입니다. 그것이 그리스도인이 하나님께 드릴 수 있는 최상의 영적 예배입니다.

'영적'이라는 것은 흔히 오해하듯, 현실의 삶을 외면하거나 현실 세계에서 도피하는 것이 아닙니다. 영적 예배가 예배당 안에서만 드려지는 예배 행위인 것도 아닙니다. 그리스도인이 자기 삶의 현장에서 자기 자신을 하나님께 거룩한 산 제물로 드리는 것, 언제 어디서나 자기 자신을 하나님께 헌신하는 삶을 사는 것보다 더 아름다운 영적 예배는 없습니다. 그리고 그리스도인에게 그보다 더 큰 행복도 없습니다. 하나님께 헌신된 그의 삶을 통해 하나님께서 언제나 역사하실 것이기 때문입니다. 그리스도인이 헌신을 중요시하고, 또 헌신이란 말을 즐겨 사용하는 이유가 여기에 있습니다.

그러나 헌신을 이야기하고 또 헌신하기 원하는 그리스도인은 많지만, 헌신이 구체적으로 무엇을 의미하는지를 생각하며 사는 그리스도인은 흔치 않습니다. 내가 주님께 나 자신을 드려 헌신한다는 것은 구체적으로 무엇을 의미하겠습니까? 우리는 그 해답을 예수 그리스도에게서 찾을 수 있습니다. 이 땅에 오신 주님께서 잡히시기 전, 제자들과 최후의 만찬을 가지신 주님께서는 식탁 위에 있는 떡을 제자들에게 나누어 주시면서 이렇게 말씀하셨습니다.

> 이것은 너희를 위하여 주는 내 몸이라 너희가 이를 행하여 나를 기념하라 (눅 22:19하).

제자들이 앞으로 떡을 뗄 때마다 자신들을 위하여 주신 주님 당신의 몸을 기념하라는 의미였습니다. 2천 년 전 주님께서 이 땅에 오신 것은 인간에게 무엇을 받으시기 위함이 아니었습니다. 인간에게 당신의 몸, 당신 자신을 주시기 위함이었습니다. 바꾸어 말해 인간에게 당신 자신을 헌신하시기 위함이었습니다.

그렇다면 인간을 위한 주님의 헌신은 어떤 형태로 드러났습니까? 그것은 하나님의 명예를 버리는 것이었습니다. 주님은 성자 하나님이셨습니다. 성자 하나님께서 비천한 인간의 몸을 입고 오시어 더러운 죄인인 인간을 위해 당신의 몸을 내어 주신다는 것, 인간을 위해 헌신하신다는 것은 성자 하나님으로서의 명예와 자존심을 버리는 일이었습니다. 그러나 주님의 헌신은 그것으로 그치지 않았습니다. 주님께서 더러운 죄인에게 헌신하시기 위해 오셨지만, 죄인들은 도리어 예수님을 욕하고 모독하고 끝내 십자가에 못박아 죽여 버렸습니다. 그러므로 예수님께 헌신이란 당신의 명예를 버리시는 것은 말할 것도 없고, 돌아가시기까지 수욕을 당하시는 것이었습니다. 중요한 것은 주님께서 그와 같은 수욕당하기를 사양하지 아니하심으로, 모든 인간을 죄에서 구원하시는 영원한 부활의 그리스도가 되셨다는 것입니다. 만약 주님께서 성자 하나님으로서 당신의 명예를 더 중시하는 분이셨다면, 거룩한 성자 하나님으로서 더러운 인간들로부터 죽음의 수욕당하기를 사양하는 분이셨다면, 그분이 우리 모두의 구원자가 되실 수는 없었을 것입니다. 그분이 우리 모두의 구원자가 되신 것은, 인간을 위한 대속물이 되라는 성부 하나님의 명령에 순종하여 인간으로부터 수욕당하는 것조차 사양하지 않으셨던 참된 헌신의 결과였습니다.

우리는 여기에서 우리의 헌신과 주님의 헌신의 근본적인 차이를 발견하게 됩니다. 우리 역시 하나님께 헌신하는 삶을 살기 원합니다. 실제로 하나님께 우리의 몸을, 우리의 손과 발을 드립니다. 그러나 그로 인해 나의 명예가 실추되고, 내 이름이 더럽혀지고, 사람으로부터 수욕당하는 것은 단호히 배격합니다. 오히려 우리는 처음부터 우리의 헌신을 통해 우리 자신의 명예가 더 높아지고, 주위 사람들로부터 존경받기를 원합니다. 이것이 우리가 그토록 하나님께 헌신된 삶을 살기 원하면서도 우리를 통해 하나님의 역사가 일어나지 않는 이유입니다. 처음부터 자기 자신을 드높이기 위한 헌신이란 자기 자신을 위한 행위일 뿐, 하나님을 위한 진정한 헌신이 아니기 때문입니다. 이런 관점에서 본문의 베드로는 진정한 헌신자였습니다.

욥바를 출발한 베드로가 그 이튿날 가이사랴의 이방인 고넬료의 집에 도착했을 때, 고넬료는 자기 친척들과 친구들까지 불러 모은 채 베드로를 기다리고 있었습니다. 그때는 고넬료가 욥바에 체류 중이던 베드로를 청하기 위하여 베드로에게 세 사람을 보낸 지 나흘 째 되는 날이었습니다. 베드로가 정확하게 언제 도착할는지 전혀 알 수 없는 상황 속에서 고넬료가 친척과 친구까지 불러 모으고 베드로를 기다리고 있었다면, 그 나흘 동안 고넬료가 베드로를 얼마나 간절히 기다렸을는지, 그리고 베드로를 만나는 순간 고넬료의 기쁨이 얼마나 컸을는지는 능히 짐작할 수 있습니다.

고넬료는 베드로를 보는 순간 베드로의 발 앞에 엎드리어 베드로에게 절을 했고, 베드로는 황급히 고넬료를 일으키며 "일어나라. 나도 사람이라"라고 말했습니다. 그와 같은 고넬료의 행위와 그에 대한 베드로의 반응이 무슨 의미인지에 대해서는 지난 시간에 깊이 생각해 보았습니다. 이제 본문 27절을 보시겠습니다.

> 더불어 말하며 들어가 여러 사람이 모인 것을 보고.

베드로는 본래 고넬료와는 일면식도 없던 사이였습니다. 난생처음으로 고넬료를 만나는 셈이었습니다. 더욱이 베드로는 유대인인 데 반해 고넬료는 이방인이었습니다. 그런데도 베드로는 처음 만난 고넬료와 마치 죽마지우竹馬之友인 것처럼 다정하게 이야기를 나누며 집 안으로 들어갔습니다. 집 안에는 고넬료의 집안 식구들과, 고넬료가 부른 친척과 친구들이 모여 있었습니다. 베드로는 그들을 향해 먼저 이렇게 입을 열었습니다.

> 이르되 유대인으로서 이방인과 교제하며 가까이하는 것이 위법인 줄은 너희도 알거니와(28절 상).

선민의식에 젖어 있던 유대인들은 유대인을 제외한 모든 이방인을, 다시 말해 모든 외국인을 짐승처럼 간주하면서 이방인과 교제하거나, 식탁을 함께하거나, 이방인의 집을 방문하는 것을 철저하게 금기시했습니다. 따라서 유대인을 한 번이라도 만나 본 이방인이라면 유대인들의 그와 같은 배타적이고도 독선적인 관습을 잘 알고 있었습니다. 유대인들이 이방인에 대하여 얼마나 배타적이었는지를 보여 주는 좋은 예가 요한복음 18장에 나타나 있습니다. 유대인들이 신성모독죄로 예수님을 죽이기 위해 예수님을 붙잡아 새벽에 빌라도 총독을 찾아갔을 때입니다. 그때의 상황을 요한복음 18장 28-29절이 밝혀 주고 있습니다.

> 그들이 예수를 가야바에게서 관정으로 끌고 가니 새벽이라 그들은 더럽힘을 받지 아니하고 유월절 잔치를 먹고자 하여 관정에 들어가지 아니하더라 그러므로 빌라도가 밖으로 나가서 그들에게 말하되 너희가 무슨 일로 이 사람을 고발하느냐.

여기에서 우리말 '관정'으로 번역된 헬라어 '프라이토리온 πραιτώριον'은 총독의 사령부나 법정, 혹은 총독의 공관을 의미하는 단어입니다. 유대인들이 예수님을 죽이기 위해 빌라도 총독의 프라이토리온으로 예수님을 끌고 갔다면, 그들이 응당 빌라도 총독의 프라이토리온으로 들어가 빌라도 총독에게 왜 예수님을 사형에 처해야 하는지를 설명하는 것이 타당할 것이었습니다. 그런데도 유대인들 가운데 빌라도 총독의 프라이토리온으로 직접 들어가려는 사람은 아무도 없었습니다. 빌라도 총독이 이스라엘 영내에서 제아무리 로마제국의 황제를 대신하는 최고 권력자라 할지라도, 유대인이 보기에는 그 역시 짐승 같은 이방인에 지나지 않았습니다. 그 이방인의 거처에 들어간다는 것은 유대교 최고 명절인 유월절을 앞두고 유대인 자신들을 더럽히는 것으로 간주하였기에, 그들은 빌라도 총독의 프라이토리온까지 갔으면서도 아무도 그 안으로 들어가려 하지는 않았던 것입니다. 빌라도 총독 역시 그와 같은 유대인들의 배타적인 관습을 잘 알고 있었으므로, 그때가 새벽녘이었음에도 불구하고 자신이 프라이토리온 밖으로 나가서 유대인들에게 왜 예수를 고발하는지를 물었던 것입니다.

유대인들이 빌라도 총독의 프라이토리온에도 자신들을 더럽힌다 하여 들어가지 않을 정도였다면, 고작 로마제국의 하급 장교인 백부장 고넬료의 집이야 두말해 무엇하겠습니까? 이방인과 교제하거나 이방인의 집에 들어가지 않는다는 자신들의 관습법을 무시하면서까지 어느 유대인이 감히 고넬료의 집에 들어가려 하겠습니까? 그런데도 지금 베드로는 이방인인 로마의 백부장 고넬료의 집 안에 들어가 있습니다. 유대인인 그가 유대인의 관습을 모르거나 바보여서가 아니었습니다. 그는 그 이유를 이렇게 밝혔습니다.

> 유대인으로서 이방인과 교제하며 가까이하는 것이 위법인 줄은 너희도 알거니와 하나님께서 내게 지시하사 아무도 속되다 하거나 깨끗하지 않다 하지 말라 하시기로 부름을 사양하지 아니하고 왔노라(28-29절).

베드로가 유대인의 관습을 무시하면서까지 이방인인 고넬료의 집을 찾은 것은, 이미 우리가 알고 있는 것처럼 하나님의 말씀으로 인함이었습니다. 유대인인 베드로 역시 다른 유대인들처럼 이방인을 부정하게 여겼지만, 하나님께서는 베드로에게 하나님께서 유대인을 깨끗게 하시는 것처럼 이방인도 깨끗게 하신다고 말씀하셨습니다. 또 베드로에게 의심하지 말고 고넬료가 보낸 사람과 함께 고넬료를 찾아가라고 명령하셨습니다. 하나님의 말씀이 없었다면 모르지만, 하나님께서 명령하신 이상 베드로는 조금도 주저함이 없이 "부름을 사양하지 아니하고" 고넬료의 집을 찾았습니다. 겉으로는 고넬료의 부름을 사양하지 않은 것처럼 보이지만, 실제로는 고넬료를 통한 하나님의 부르심을 사양하지 않았던 것입니다.

여기에서 우리는 베드로가 사양하지 않았던 것에 대하여 좀더 깊이 생각해 볼 필요가 있습니다. 유대인인 베드로가 유대인의 관습을 버리고 이방인과 교제하며 이방인의 집에 들어간다는 것은, 같은 유대인들로부터 비난과 수욕을 당해야 하는 일이었습니다. 한마디로 유대인으로서 자신의 명예를 내려놓고 동족으로부터 욕을 먹어야 하는 일이었습니다. 이미 말씀드린 바가 있듯이 실제로 베드로는 이방인인 고넬료의 집을 방문한 것과 관련하여 이 이후에, 예수 그리스도의 구원을 유대인의 전유물로 착각하는 예루살렘 교회 교인들로부터 혹독하게 욕을 먹어야만 했습니다. 베드로가 같은 그리스도인들로부터도 욕을 먹을 정도였다면, 예수님을 믿지 않는 유대인들의 베드로에 대한 비난은 또 얼마나 컸겠습니까?

그러므로 베드로가 사양하지 않았다는 것은, 이방인인 고넬료의 부름에 응함으로 인해 자신에게 쏟아질 유대인들의 비난과 수욕을 사양하지 않았다는 의미입니다. 적어도 유대인이라면 그것이 얼마나 욕먹을 일인지 삼척동자라도 아는 일이었기 때문입니다. 만약 베드로가 하나님의 말씀보다 자신의 명예를 더 중시하여 욕먹기를 사양하고 고넬료의 집으로 가지 않았더라면, 2천 년 전 그의 일생은 갈릴리의 무식한 어부로 끝나고 말았을 것입니다. 그러나 하나님의 말씀을 위해 세상 사람들로부터 욕먹는 것을 사양하지 않음으로 그는 세계의 역사를 새롭게 하는 위대한 사도가 되었습니다. 하나님의 명령을 좇기 위해 욕먹는 것마저 사양하지 않을 정도로 하나님께 헌신한 베드로를 하나님께서 당신의 존귀한 도구로 사용하신 결과였습니다.

2006년부터 2007년 봄까지 당시 집권여당이었던 열린우리당은 정운찬 전 서울대 총장을 대통령 후보로 영입하기 위하여 많은 공을 들였습니다. 그러나 당사자인 정운찬 총장은 가타부타 확언을 하지 않다가 마침내 2007년

4월 30일 대통령 선거 불출마 선언을 하였습니다. 그때 저는 마침 자동차를 타고 가면서 라디오를 듣고 있었는데, 라디오 진행자가 정운찬 총장의 불출마 선언 소식을 속보로 전한 뒤, 모 정치평론가를 전화로 불러내어 이런 질문을 던졌습니다.

"선생님은 정 총장이 대통령 선거에 출마하지 않을 것이라고 벌써부터 단정해 왔는데, 어떻게 알았습니까?"

이 질문에 대해 그 정치평론가는 이렇게 답했습니다.

"어떤 사람이 자기 세계를 바꿀 때 옛 세계에서 누리던 명예를 고수하려 하기 때문에 새로운 세계에서 실패하는 경우가 허다합니다. 저는 정 총장이 학자로서의 명예를 버릴 분이 아니라고 믿었기 때문에 대통령 선거에 출마하지 않을 것이라고 단정한 것입니다."

귀담아들을 만한 지적이었습니다. 정치 지도자의 자리는 학자의 명예를 지킬 수 있는 자리가 아닙니다. 학자의 명예는 지극히 개인적인 것이지만, 정치 지도자의 역할은 서로 생각과 이해관계가 상충하는 수없이 많은 사람들과 집단 간의 조화와 균형을 추구하면서 국가와 민족의 미래를 개척하는 것이기 때문입니다. 그러므로 정치 지도자는 자신의 유익만을 위하는 사람들, 당장 눈앞의 것만 요구하는 사람들에게 언제든지 욕을 들을 수 있습니다. 그러나 참된 정치 지도자는 사회정의와 민족의 보다 나은 미래를 위하여 당장의 욕 듣는 것을 사양하거나 두려워하지 않는 사람입니다. 그것이 국가와 민족의 미래를 책임진 정치 지도자들의 국민에 대한 참된 헌신의 자세입니다. 그리고 결과적으로 그런 정치 지도자는 국민 모두로부터 추앙받게 됩니다. 참된 것은 시간이 지나면 반드시 참된 것으로 드러나기 때문입니다. 반면에 국민들로부터 당장의 욕 듣기를 두려워하는 정치인들은 지도자는커녕, 특정 부류의 사람들을 선동하는 포퓰리즘populism에 편승하여 자기 개인의 정치적 야망을 꾀하는 저열한 포퓰리스트가 될 뿐입니다.

그리스도인은 세상 중심의 세계에서 하나님 중심의 세계로 삶의 세계를 옮긴 사람들입니다. 그러므로 세상에서 누리던 명예를 고수하려 해서는 그리스도인으로서 실패할 수밖에 없습니다. 죄와 욕망과 어둠에 눈먼 이 세상 속에서 하나님의 말씀을 좇아 살기 위해서는, 그것을 불편하게 여기는 세상으로부터 욕 듣는 것을 사양하지 말아야 합니다.

생각해 보십시오. 구약의 선지자들은 실은 당시에는 모두 사람들로부터 욕을 듣던 사람들이었습니다. 하나님께 비싼 제물을 바치는 것만으로 마치 자신이 대단한 믿음의 소유자인 것처럼 착각하는 사람들을 향해, 이사야 선지자가 '너희 손에는 더러운 피가 묻어 있어 하나님께서 너희의 제물은 받지 않으신다'고 선포할 때, 미가 선지자가 '너희들에게는 정의와 인자와 겸손이 결여되어 있다'고 질타할 때, 그 이사야와 미가가 사람들로부터 얼마나 욕을 들었겠습니까? 이스라엘이 바빌로니아의 침공을 받아 모든 거짓 선지자들이 결사 항전을 외칠 때, 바빌로니아에 항복하는 것만이 하나님의 뜻임을 외친 예레미야 선지자는 또 매국노로 낙인찍혀 얼마나 수욕을 당했습니까? 신약의 사도들 역시 마찬가지였습니다. 인간에 불과한 로마 황제를 신으로 숭배하고 인간에 의해 만들어진 수많은 우상을 섬기는 세상 사람들을 향해 회개할 것을 촉구하며 오직 여호와 하나님만 유일신이심을 설파함으로 인해, 그들은 모두 순교하기까지 세상으로부터 수욕을 당해야만 했습니다. 그러나 세상으로부터 수욕당하던 그들에 의해 세상은 늘 새로워졌고, 그들은 시간과 공간을 초월하여 21세기를 살고 있는 우리에게까지 존경받고 있습니다. 어떻게 이런 일이 가능할 수 있습니까? 하나님을 위해 욕 듣기를 사양하지 않을 정도로 하나님께 헌신된 그들을 통해 하나님께서 역사하셨고, 또 하나님께서 그들을 영원히 존귀케 해주셨기 때문입니다.

베드로 사도는 이후에 이렇게 말했습니다.

> 부당하게 고난을 받아도 하나님을 생각함으로 슬픔을 참으면 이는 아름다우나 죄가 있어 매를 맞고 참으면 무슨 칭찬이 있으리요 그러나 선을 행함으로 고난을 받고 참으면 이는 하나님 앞에 아름다우니라(벧전 2:19-20).

백번 옳은 말입니다. 그리스도인이 그릇된 삶으로 인해 세상으로부터 욕을 듣는 일은 없어야 합니다. 유한한 인생을 살면서 그릇된 삶을 사느라 세상으로부터 욕을 듣는 것보다 더 어리석은 삶은 없습니다. 그러나 하나님의 말씀대로 살기 위해 불의한 세상으로부터 욕을 듣는 것은 하나님 앞에서 아름다운 일입니다. 하나님의 말씀을 위해 욕 듣기를 사양하지 않는다는 것은 하나님께 헌신된 사람이라는 뜻이요, 하나님께서는 그처럼 헌신된 사람을 통해 역사하시기 때문입니다. 그래서 결국에는 그를 욕하던 세상마저 그를 칭송하게 됩니다. 하나님께서는 하나님께 헌신된 사람을 언제나, 시간과 공간을 초월하여 존귀하게 세워 주시는 까닭입니다.

사랑하는 교우 여러분!

이 어둔 세상 속에서 진리의 빛을 발하기 위해 불의한 세상으로부터 욕 듣는 것을 사양하지 마십시다. 이 민족에게 바른 미래를 제시하고 법질서를 확립하며 사회정의를 구현하기 위해, 같은 정치인들로부터는 말할 것도 없고 국민들로부터 당장 욕 듣기를 사양하거나 두려워하지 않는 진정한 크리스천 정치인이 단 한 사람이라도 있다면, 한심하기 짝이 없는 이 나라의 정치 풍토는 반드시 개선될 것입니다. 신앙 양심을 지키면서 명실상부하게 국민을 섬기기 위해 같은 공직자로부터 욕 듣기를 사양하지 않는 진정한 크리스천 공직자가 있다면, 국민들로부터 불신당하고 있는 공직 사회는 정화될 것입니다. 바른 교육을 위해 동료 교육자로부터 욕 듣기를 사양하지 않는 진정한 크리스천 교육자가 있다면, 무너진 이 나라의 공교육은 반드시 되살아 날 것입니다. 온갖 부정과 무질서와 거짓이 난무하는 이 세상 속에 하나님의 공의를 세우기 위해 불의한 세상으로부터 욕 듣기를 사양하지 않는 진정한 그리스도인들이 사회 곳곳에 포진되어 있는 한, 우리 사회는 반드시 새로워질 것입니다. 세상으로부터 조롱의 대상으로 전락한 이 땅의 교회를 수축하기 위해 기복주의와 물질주의와 이기주의에 빠져 있는 그리스도인들로부터 욕 듣기를 사양하지 않는 헌신자들이 있는 한, 이 땅의 교회는 반드시 회복될 것입니다. 왠지 아십니까? 하나님의 말씀을 위해 욕 듣기를 사양하지 않은 베드로를 통해 이방인을 포함한 세계의 역사를 새롭게 하신 하나님께서 바로 우리의 하나님이시고, 십자가에서 돌아가시기까지 우리를 위해 수욕당하기를 사양하지 아니하심으로 우리를 구원해 주신 예수 그리스도께서 우리 속에 임해 계시기 때문입니다.

그러므로 하나님을 위해 욕먹기를 사양하지 않기까지 하나님께 헌신하는 것보다 자신을 더 존귀하게 하는 길은 없습니다.

인간의 죗값을 대신 치르는 대속물이 되라시는 성부 하나님의 명령에 순종하기 위해, 성자 하나님의 명예와 자존심을 버리고 비천한 인간의 몸으로 이 세상에 오시어, 십자가에 못박혀 죽으시기까지 수욕당하셨던 주님! 주님께서는 그 수욕당하기를 사양하지 아니하심으로, 우리 모두를 구원하는 영원한 부활의 구주가 되셨습니다. 베드로는 그 주님을 좇는 그리스도인이었기에, 유대인으로서 이방인의 집을 찾아가라는 하나님의 명령에 순종하여 같은 유대인들로부터 욕 듣기를 사양하지 아니함으로, 이방인을 포함한 인류의 역사를 새롭게 하는 위대한 사도가 되었습니다.

그리스도인이 죄를 범하고 세상으로부터 욕을 듣는 것은 참으로 어리석기 짝이 없는 일이지만, 하나님의 말씀을 좇아 살기 위해 불의한 세상으로부터 욕 듣기를 사양하지 않는 것은 참된 헌신의 바른 자세요, 주님 안에서 자신을 영원히 존귀케 하는 길임을 깨닫게 해주셔서 감사합니다. 우리 모두 이 어둔 세상에서 진리의 빛을 발하기 위해 불의한 세상으로부터 욕 듣기를 사양하지 않는 진정한 헌신자, 성숙한 그리스도인이 되게 하옵소서. 이 땅에 하나님의 공의를 바로 세우기 위해 욕 듣기를 사양하지 않는 우리로 인해 우리의 가정과 일터, 그리고 우리의 사회와 이 땅의 교회가 새로워지게 하옵소서.

그리하여 우리가 비록 갈릴리의 무식한 어부 베드로처럼 비천한 존재라 할지라도, 그리스도 안에서 위대한 사도가 된 베드로처럼, 이 시대를 위한 주님의 도구로 쓰임 받는 기쁨과 행복을 누리게 하옵소서. 아멘.

16. 사양하지 아니하고 II

> 사도행전 10장 24-29절
> 이튿날 가이사랴에 들어가니 고넬료가 그의 친척과 가까운 친구들을 모아 기다리더니 마침 베드로가 들어올 때에 고넬료가 맞아 발 앞에 엎드리어 절하니 베드로가 일으켜 이르되 일어서라 나도 사람이라 하고 더불어 말하며 들어가 여러 사람이 모인 것을 보고 이르되 유대인으로서 이방인과 교제하며 가까이하는 것이 위법인 줄은 너희도 알거니와 하나님께서 내게 지시하사 아무도 속되다 하거나 깨끗하지 않다 하지 말라 하시기로 부름을 **사양하지 아니하고** 왔노라 묻노니 무슨 일로 나를 불렀느냐

가이사랴의 이방인 고넬료의 영접을 받은 베드로가 고넬료의 집 안으로 들어가자, 그곳에는 고넬료의 집안 식구뿐 아니라 고넬료가 불러 모은 친척들과 친구들이 베드로를 기다리고 있었습니다. 그들은, 단 한 사람의 예외도 없이 모두 이방인들이었습니다. 유대인인 베드로는 그 이방인들을 향하여 다음과 같이 운을 떼었습니다.

유대인으로서 이방인과 교제하며 가까이하는 것이 위법인 줄은 너희도 알거니와 하나님께서 내게 지시하사 아무도 속되다 하거나 깨끗하지 않다 하지 말라 하시기로 부름을 사양하지 아니하고 왔노라(28-29절 상).

베드로의 지적처럼, 선민의식에 젖어 있던 유대인들은 유대인을 제외한 모든 이방인을 짐승처럼 간주하여, 이방인과 교제하거나 식사를 함께 하거나 이방인의 집을 방문하는 것을 절대 금기시했습니다. 하나님의 명령에 의해서가 아니라 그릇된 선민의식의 우월감에 바탕한, 그들의 그릇된 관습법으로 인함이었습니다. 유달리 사회적·종교적 전통과 관습을 절대시하던 유대인들에게 이방인과의 사귐 금지는 난공불락의 구속력을 지니고 있었습니다. 유대인치고 어느 누구도 그 절대적인 관습을 깨뜨린다는 것은 감히 상상조차 불가능한 일이었습니다.

그럼에도 베드로는 이방인인 고넬료의 부름을 사양하지 않기 위해, 그동안 자신이 금과옥조처럼 지켜 오던 관습법을 어기면서까지 고넬료를 찾아갔습니다. 그것은 결코 단순한 일이 아니었습니다. 유대인이 유대인의 전통과 관습을 어기고 이방인의 집을 찾아간다는 것은 같은 유대인들로부터 혹독한 비난과 수욕을 당하는 일이었기 때문입니다. 적어도 유대인이라면, 그것이 얼마나 욕을 들을 일인지는 삼척동자도 다 아는 일이었습니다. 따라서 누구보다도 그 사실을 잘 알고 있는 베드로가 이방인 고넬료의 부름을 사양하지 아니하고 고넬료를 찾아갔다는 것은, 지난 시간에 말씀드린 것처럼, 그로 인해 자신에게 쏟아질 욕 듣기를 사양하지 않았다는 의미입니다. 사람들은 누구든지 욕 듣기를 꺼려합니다. 여기에는 어른이나 아이나 예외가 없습니다. 그런데도 베드로는 이방인 고넬료를 위해 욕 듣기를 사양하지 않았습니다. 그리고 거기에는 보다 깊은 뜻이 내포되어 있었습니다.

본문 29절에서 '사양하지 아니하고'로 번역된 헬라어 부사 '아난티르레토스ἀναντιρρήτως'는 '사양 혹은 반대 없이'라는 뜻과 함께 '모순 없이'라는 의미를 동시에 지니고 있습니다. 그러므로 베드로가 이방인인 고넬료의 부름을 사양하지 않고 고넬료를 찾아갔다는 것은, 그와 같은 자신의 행동과 관련하여 베드로가 그 어떤 모순도 느끼지 않았다는 의미였습니다. 만약 베드로가 유대인의 전통과 관습을 무시하면서까지 이방인 고넬료의 부름을 사양하지 아니함으로 인해 동족으로부터 욕을 듣는 자신의 행위에 대하여 일말의 모순이라도 느꼈던들, 그는 이방인의 부름을 정중하게 사양하였을 것입니다. 그러나 그는 욕 들을 것이 뻔한 일을 하면서도 추호의 모순도 느끼지 않았습니다. 이것은, 베드로가 그 이전의 자기 행위가 모순이었음을 뒤늦게 깨달았음을 의미합니다. 다시 말해 이방인과의 사귐을 절대 금기시하는 유대인의 관습과 전통을 금과옥조로 삼았던 자신의 행위가 모순이었음을 깨달았기에, 비록 사람들에게 욕을 들을망정 그 모순을 제거하는 것은 당연한 일일 뿐 결코 모순일 수가 없었던 것입니다.

그것이 베드로에게 가능할 수 있었던 것은, 이미 우리가 알고 있는 것처럼, 하나님의 말씀으로 인함이었습니다. 하나님께서는 베드로에게 하나님께서 유대인을 깨끗게 하시는 것처럼 이방인도 깨끗게 하시므로, 하나님께서 깨끗게 하신 이방인을 속되다 하지 말라고 말씀하셨습니다. 또 베드로에게 아무것도 의심하지 말고, 이방인 고넬료가 보낸 사람과 함께 고넬료를 찾아가라고 명령하셨습니다. 하나님의 그 말씀 앞에서 베드로는 그동안 이방인을 경원하던 자신의 삶이 모순임을 깨닫고, 그 모순을 제거하기 위해 사람들로부터 욕을 들으면서까지 이방인 고넬료의 집을 찾아가는 자신의 행위에 대해 전혀 모순을 느끼지 않았습니다.

우리는 여기에서 대단히 중요한 교훈을 재차 깨닫게 됩니다. 사도행전 9장

43절에 등장했던 욥바의 무두장이 시몬과 관련하여서도 생각해 보았듯이, 내적 모순과 외적 모순을 포함하여, 인간의 모든 모순은, 오직 하나님의 말씀에 의해서만 극복되고 제거되고 타파된다는 교훈입니다.

주님의 말씀을 자세히 들여다보면 마치 모순투성이인 것처럼 보입니다. 이 각박한 세상에서 남보다 높아지려면 경쟁자를 무자비하게 짓밟아야만 합니다. 그러나 주님께서는, 정말 높아지기 원한다면 남을 섬기는 종이 되라 하십니다. 조금이라도 더 가지기 위해서는 손에 들어온 것을 기를 쓰고 움켜쥐어야 합니다. 그런데도 자신의 것을 나누어 주는 사람에게만 하나님의 것이 차고 넘친다고 하십니다. 목적을 위해서라면 수단과 방법을 가리지 말아야 함에도, 하나님의 나라와 그의 의를 먼저 구해야 하나님께서 모든 것을 책임져 주신다고 합니다. 무슨 수를 쓰든 악착같이 살아야 할 판에, 정말 살고 싶으면 '네가 먼저 죽으라'고 하십니다. 애통할 수밖에 없는 사람이라면 가련한 사람임이 분명하건만, 도리어 애통하는 사람이 누구보다 복된 사람이라고 하십니다. 군자는 대로행大路行이라, 이왕이면 넓은 길을 걷고 넓은 문으로 들어가야 할 터인데, 정녕 주님의 제자가 되기 원한다면 좁은 길을 걷고 좁은 문으로 들어가라 하십니다. 십자가에 못박혀 마치 실패자처럼 비참하게 끝난, 일고의 가치도 없어 보이는 당신의 삶을 본받고 배우라 하십니다. 세상에 이보다 더 모순된 말들이 어디에 있겠습니까? 적어도 정상적인 사고를 지닌 사람이라면, 이와 같은 모순의 말들을 입에 올릴 수도 없고 믿을 수는 더더욱 없지 않겠습니까?

그러나 2천 년이 지난 오늘날 그 결과는 어떠합니까? 주님의 말씀 가운데 단 한마디라도 틀린 말씀이 없었습니다. 당신의 목숨을 버리시기까지 사람을 섬기셨던 주님께서는 사람의 종이 아니라, 모든 사람으로부터 추앙받는 만왕의 왕이 되셨습니다. "아버지여, 어찌하여 나를 버리시나이까?"— 십자가 위에서 이렇듯 절규하며 돌아가셨던 주님께서는 역사의 무대에서 사라지시기는커녕, 온 인류를 구원하시는 영원한 부활의 구주가 되셨습니다. 마치 실패자처럼 보였던 그분의 삶은, 우리 모두가 반드시 본받아야 할 진리의 이정표로 우리 앞에 우뚝 서 있습니다. 그분의 말씀 중 틀린 말씀이 한마디도 없었고, 그분의 삶 중에 그릇된 모순 또한 단 한 가지도 없었습니다.

이것이 사실임에도, 왜 주님의 말씀이 우리에게 모순인 것처럼 투영되고 있습니까? 그 이유는 간단합니다. 바로 우리 자신이 모순에 빠져 있기 때문입니다. 모순에 빠져 그 모순을 정상적인 것으로 착각하고 있는 우리에게는, 진리의 실체로 오신 주님이 오히려 모순으로 보이는 것입니다. 이것은 소인국이나 거인국에서 걸리버가 그곳 사람들에게 비정상적인 인간, 즉 모순의 존재로 간주된 것과 같은 이치입니다. 타락한 인간들은 욕망으로 진리를 뒤집어 놓았습니다. 주님께서는 인간이 뒤집어 놓은 진리를 다시 뒤집어 바르게 세우기 위해 이 땅에 오신 로고스이십니다. 따라서 뒤집어져 있는 인간에게 바로 서 계신 로고스가 모순으로 보이는 것은 당연한 귀결일 수밖에 없습니다.

중요한 것은, 그러므로 인간은 오직 하나님의 말씀이신 로고스 앞에서만 자신이 뒤집어져 있다는 자기모순을 깨달을 수 있고, 또 로고스에 의해서만 자신의 모순을 극복하고 제거하고 타파할 수 있다는 것입니다. 베드로가 하나님의 말씀 앞에서 아무 모순 없이 자기모순을 극복할 수 있었던 이유가 여기에 있습니다.

서부 유럽은 정치, 사회, 경제, 역사, 교육, 복지, 인권 등 모든 면에 걸쳐 최고의 선진국들로 이루어져 있습니다. 그래서 그곳은 아프리카, 아시아, 남아메리카 등 비선진국가의 세계인들이 동경하는 곳이기도 합니다. 그러나 저는 1998년부터 2001년까지 만 3년 동안 스위스에서 살면서, 온 세계인이 동경하는 서부 유럽이 실은 얼마나 큰 모순에 빠져 있는지 생생하게 확인할 수 있었습니다.

 2000년 4월, 파키스탄의 소년 이크발 마시Iqbal Masih가 '어린이 노벨상'으로 불리는 '세계어린이상' 첫 수상자가 되었습니다. 세계어린이상은 스웨덴의 적십자가 주축이 되어 결성한 비영리 인권단체 '어린이세상'이 그해 처음으로 제정한 상이었습니다. 그러나 시상식장에서 미화 8만 달러의 상금을 받은 사람은 수상자인 이크발 어린이가 아니라 그의 가족이었습니다. 이크발은 이 세상에 더 이상 살아 있지 않기 때문이었습니다.

 이크발은 네 살 때인 1987년부터 파키스탄의 카펫 공장에 감금되어 하루에 1루피, 즉 미화로 2센트를 받으며 매일 10시간 이상씩 강제 노동을 당했습니다. 그러다가 아홉 살이 되던 1992년, 극적으로 카펫 공장을 탈출한 이크발은 파키스탄 노예노동해방전선의 일원이 되었습니다. 그 이후 곳곳을 다니면서 어린이 노예노동의 실상을 폭로하였습니다. "지금 이 순간에도 파키스탄에서는 600만 명의 아동 노동자들이 피눈물마저 착취당하며 카펫을 짜고 있다"는 이크발의 절규는 많은 사람들의 심금을 울렸고, 그 여파로 파키스탄의 몇몇 카펫 공장들이 문을 닫기도 했습니다. 그러나 이크발 어린이는 1995년 파키스탄 라호르에서 괴한의 총격을 받고, 안타깝게도 열두 살의 어린 나이로 숨지고 말았습니다. 그 어린이를 무참하게 죽여 버린 범인의 배후가 카펫 공장 주인들이었음은 두말할 나위도 없습니다. 따라서 스웨덴이 2000년, 새 밀레니엄 계획의 하나로 마련한 어린이 노벨상의 첫 수상자로 카펫 공장의 희생자인 이크발을 선정한 것은 아주 적절해 보이기도 합니다. 그리고 시상식장에서 이크발의 가족에게 상을 수여한 사람은 스웨덴의 실비아Silvia 왕비였습니다.

　이제 곰곰이 생각해 보십시다. 유럽의 왕실들을 포함하여 서부 유럽의 중산층 이상은 모두 세계 최고의 카펫 고객들입니다. 서부 유럽의 그 고객들을 위해, 파키스탄을 비롯한 중근동의 카펫 공장에서 이크발 같은 수많은 어린이 노동자들이 강제 노동과 착취를 당하는 것입니다. 그런데도 서부유럽의 세계 최고 카펫 고객들이 카펫 때문에 목숨마저 잃은 이크발을 위해 상을 제정하고, 시상하고, 뜨거운 축하 박수를 쳤습니다. 그러나 아무도 그것을 이상하게 여기지 않았습니다. 엄청난 모순이 아닐 수 없습니다.

　2000년 9월 13일에는 네델란드 의회가 동성同性 간의 결혼을 허용하는 법안을 107대 33이라는 압도적인 표차로 가결하였습니다. 법안 통과가 선포되는 순간 찬성표를 던진 의원들은 책상을 두드리며 환영했고, 지켜보던 방청객들은 서로 부둥켜안고 눈물을 흘리며 감격을 나누기도 했습니다. 놀라운 사실은 네델란드의 대부분의 기독교 세력마저 그 법안 통과에 가세했다는 것입니다. 찬성자들의 주장인즉, 인간의 자유와 인권은 어떤 경우에도 제한되거나 침해되어서는 안 되기 때문이라고 했습니다. 한 인간이 자신과 같은 동성과 결혼하여 부부가 되고픈 자유와 권리는 반드시 법적으로 보장되어야 한다는 것입니다. 그 이후 네델란드의 동성애자들은 합법적으로 부부가 되고, 또 법에 따라 이혼하기도 합니다. 뿐만 아니라 법적으로 남의 아이를 자기 자식으로 입양할 수도 있게 되었습니다. 남성끼리의 부부이든, 여성 간의 부부이든, 남의 아이를 입양하여 그 아이의 부모가 될 수 있는 자유와 권리도 법적으로 보장받은 것입니다.

　그렇다면 동성 부부에게 입양되는 어린아이의 입장에서 한번 생각해 보십시다. 동성 부부는 자신들의 자유와 인권을 위하여 동성 간에 결혼하고, 또 동성 부부이지만 부모가 되고 싶은 자신들의 자유와 권리를 위해 남의 아이를 입양하지만, 그들에게 입양되는 어린아이는 정상적인 부모 슬하에서 자랄 자유와 인권을 자기 의사와 무관하게 박탈당하는 것 아니겠습니까? 어떤 아이는 남자를 엄마라 부르면서 살고, 또 어떤 아이는 여자를 아빠라고 부르면서 산다는 것은 결코 정상적이라 말할 수 없지 않습니까? 그런 환경에서 자라는 어린아이의 인격이나 정서, 사고나 심성이 바르게 성장하지 못할 것은 불을 보듯 뻔하지 않습니까? 그것이야말로 인간이 인간의 자유와 권리의 미명하에 행하는 짓이란 실은, 또 다른 인간에 대한 무서운 폭력일 수 있음을 보여 주는 좋은 예가 아닐 수 없습니다. 참으로 가공스러운 모순입니다.

서부 유럽 사회에서 자연 보호와 동물 보호는 벌써부터 생활화되어 있습니다. 일반 가정에서 애완동물들이 사람보다 더 귀한 대접을 받는 것은 어제오늘의 일이 아닙니다. 도축장에서 가축을 도살할 때에는 동물이 고통을 느끼지 않도록 순식간에 도축해야만 합니다. 자동차에 부딪힌 야생동물이 회복 불능의 중상을 입었을 때에는 경찰이 안락사를 시켜 줍니다. 물론 고통을 덜어 주기 위함입니다. 그러나 스페인에서는 사람들이 보는 앞에서 투우사가 직접 소를 죽이는 투우가 성행하고 있습니다. 가능한 한 시간을 오래 끌면서 잔인하게 소를 죽일수록 영웅으로 추앙받습니다. 투우가 있는 날이면 투우장은 투우를 보려는 사람들로 인산인해를 이루고, 투우사가 투우를 잔인하게 죽이는 장면은 텔레비전으로 전 유럽에 중계됩니다. 최근 조사에서 스페인 국민의 62퍼센트가 투우는 반드시 계승되어야 할 역사적 전통이라고 응답했습니다. 그 역시 무서운 모순입니다.

온 세계인이 선진국으로 부러워하고, 소위 어느 곳보다 지성인들이 모여 산다는 서부 유럽이 이처럼 온통 모순투성이의 사회라면, 비선진화된 여타

나라는 오죽하겠습니까? 실은 인간이 있는 곳이라면 어디든 모순이 있기 마련입니다. 인간 자체가 모순덩어리이기 때문입니다.

한 우물에서 어찌 단물과 쓴물이 함께 솟아날 수 있겠습니까? 포도나무가 어찌 포도와 사과를 동시에 낼 수 있겠습니까? 금광석에서 어찌 금과 은이 모두 추출될 수 있겠습니까? 한 우물에서는 단물이든 쓴물이든 한 종류의 물이 솟을 뿐이요, 포도나무는 단지 포도 열매를, 금광석은 오직 금을 낼 뿐입니다. 그러나 사람만은 그렇지 않습니다.

하나님을 찬송하는 바로 그 입술로 태연하게 거짓을 말합니다. 사람을 칭찬하는 혀로 사람을 저주합니다. 목구멍은 환호성의 통로인 동시에 한숨의 통로이기도 합니다. 손과 발은 선한 이기利器가 되기도 하지만 악의 연장이 되기도 합니다. 마음은 사랑과 증오의 열매를 함께 맺는 이중 텃밭입니다. 기를 쓰고 태어난 인간의 출생은 죽음을 향한 제1보일 뿐입니다. 이처럼 인간은 거대한 모순덩어리에 지나지 않습니다.

그 이유는 오직 하나, 에덴동산에서부터 하나님의 말씀을 버렸기 때문입니다. 하나님의 말씀을 버림과 동시에 인간은 그 자체로 모순덩어리가 되고 말았습니다. 마치 비행사가 모든 계기판을 뜯어내고 이륙시킨 비행기처럼 말입니다. 그리고 그 모순으로부터 인간의 모든 문제와 불행과 불안이 파생하였습니다. 가장 심각한 모순은, 인간이 모든 문제의 진원지인 모순 속에 빠져 있으면서도 자기 자신이 모순덩어리라는 사실 자체를 모르는 모순입니다.

그러나 자기 자신이 모순에 빠져 있는지 아닌지를 확인하는 아주 간단한 진단법이 있습니다. 지금 하나님의 말씀이 자신에게 어떻게 받아들여지고 있습니까? 창세기부터 요한계시록에 이르기까지 성경 말씀 속에서 계속 사리에 닿지 않아 보이는 모순이 발견됩니까? 만약 그렇다면, 그것은 자기 자신이 모순 속에 빠져 있으면서도 마치 정상인인 것처럼 착각하고 있기 때문입니다. 반대로 하나님의 말씀이 진정 생명의 양식이요, 자기 발의 등불이며, 자기 길의 빛으로 믿어지고 있습니까? 그렇다면 그 사람은 하나님의 말씀 앞에서 자신의 모순을 직시한 사람입니다. 그는 이제부터 베드로처럼, 하나님께서 무엇을 말씀하시든 그 말씀을 좇아 나아가기만 하면 됩니다.

사랑하는 교우 여러분!

우리 앞에는 언제나 두 인생길이 있습니다. 이 모순투성이의 세상 속에서 모순덩어리로 살면서도 마치 정상적인 사람인 것처럼 착각하며 사는 모순의 길이 그 하나요, 언뜻 모순처럼 보이지만 실은 영원한 생명으로 인도하는 진리의 길이 그 나머지입니다. 이 두 길 가운데 어느 길을 선택하든 그것은 개인의 자유지만, 그러나 생각해 보십시다. 한평생 모순에 빠져 있으면서도 그 사실을 자각지도 못한 채 모순덩어리로 살아간다는 것은, 한 번밖에 없는 인생임을 감안할 때, 그 얼마나 허무하고도 어리석은 삶이겠습니까? 모순은 아무리 세월이 흘러도 더 큰 모순을 잉태할 뿐, 어떤 경우에도 모순은 모순 스스로는 제거되지 않습니다.

하나님께서 지금 당신의 말씀으로 우리와 함께하고 계십니다. 우리가 베드로처럼, 하나님의 말씀을 힘입어 우리의 모순을 모순 없이 타파할 수 있도록 우리를 친히 도와주시기 위함입니다. 오직 하나님의 말씀만 모든 모순의 족쇄로부터 우리를 자유케 하십니다.

이 시간 하나님의 말씀 앞에서 모순덩어리인 나의 실상을 직시하게 해주셔서 감사합니다. 이제부터 베드로처럼 하나님의 말씀을 의지하여 나의 모순을, 전혀 모순을 느끼지 않고 극복해 가게 하옵소서. 그리하여 이 모순투성이의 세상 속에서, 모순처럼 보이는 진리의 순리로, 나의 모순과 세상의 모순을 동시에 타파하기를 사양하지 않는, 진정한 말씀의 증인이 되게 하옵소서.

"심령이 가난한 자는 복이 있나니 천국이 그들의 것임이요, 애통하는 자는 복이 있나니 그들이 위로를 받을 것임이요, 온유한 자는 복이 있나니 그들이 땅을 기업으로 받을 것임이요, 의에 주리고 목마른 자는 복이 있나니 그들이 배부를 것임이요, 긍휼히 여기는 자는 복이 있나니 그들이 긍휼히 여김을 받을 것임이요, 마음이 청결한 자는 복이 있나니 그들이 하나님을 볼 것임이요, 화평하게 하는 자는 복이 있나니 그들이 하나님의 아들이라 일컬음을 받을 것임이요, 의를 위하여 박해를 받은 자는 복이 있나니 천국이 그들의 것임이라"(마 5:3-10).

"너희는 먼저 그의 나라와 그의 의를 구하라. 그리하면 이 모든 것을 너희에게 더하시리라. 그러므로 내일 일을 위하여 염려하지 말라. 내일 일은 내일이 염려할 것이요, 한 날의 괴로움은 그날로 족하니라"(마 6:33-34).

"너희 중에 누구든지 크고자 하는 자는 너희를 섬기는 자가 되고, 너희 중에 누구든지 으뜸이 되고자 하는 자는 너희의 종이 되어야 하리라. 인자가 온 것은 섬김을 받으려 함이 아니라 도리어 섬기려 하고, 자기 목숨을 많은 사람의 대속물로 주려 함이니라"(마 20:26하-28).

이와 같이 모순처럼 보이는 주님의 말씀들이, 주님 안에서 모순을 극복한 우리의 삶 속에서 육화되게 하시고, 그로 인해 우리의 삶이 이 세상을 밝히는 진리의 빛이 되게 하옵소서. 아멘.

17. 무슨 일로

사도행전 10장 24-29절
이튿날 가이사랴에 들어가니 고넬료가 그의 친척과 가까운 친구들을 모아 기다리더니 마침 베드로가 들어올 때에 고넬료가 맞아 발 앞에 엎드리어 절하니 베드로가 일으켜 이르되 일어서라 나도 사람이라 하고 더불어 말하며 들어가 여러 사람이 모인 것을 보고 이르되 유대인으로서 이방인과 교제하며 가까이하는 것이 위법인 줄은 너희도 알거니와 하나님께서 내게 지시하사 아무도 속되다 하거나 깨끗하지 않다 하지 말라 하시기로 부름을 사양하지 아니하고 왔노라 묻노니 **무슨 일로** 나를 불렀느냐

프로야구 SK 와이번스 팀의 김성근 감독은 '야신野神', 즉 '야구의 신'으로 불리고 있습니다. 지난 9월 3일 프로 통산 1,000승의 대기록을 수립했기 때문이 아닙니다. 프로야구 감독이 스타 선수들이 즐비한 강팀을 맡아 다승을 거두는 것은 당연한 일일 뿐, 조금도 놀랄 일이 아닙니다. 김성근 감독이 '야구의 신'으로 불리는 것은 언제나 약체 팀을 맡아 어느 팀보다도 내

성 강한, 명실상부한 프로팀으로 조련해 내는 데 그 까닭이 있습니다. 김성근 감독의 훈련은 소위 '지옥 훈련'으로 유명합니다. 선수들에게 그만큼 혹독한 훈련을 시키기 때문입니다. 김성근 감독의 지론은 간단합니다. 프로 선수는 혹독한 훈련을 통해서만 살아남는다는 것입니다. 그래서 김 감독의 지옥 훈련은 시즌이 시작되기 전, 동계 훈련 기간에만 국한되지 않습니다. 얼마 전 장마로 인해 사흘간 경기가 중단되자, 김 감독은 시즌 중임에도 타자들에게 매일 하루 천 번씩의 스윙 훈련을 시켰습니다. 어떤 이들은 김 감독의 이와 같은 방식의 훈련에 무용론無用論을 제기하기도 합니다. 많은 스윙이 반드시 기술의 진보로 이어지는 것은 아니라는 이유에서입니다. 일정 수준에 올라 있는 프로 선수들에게는 저마다의 노하우가 있으므로, 단순히 스윙을 많이 한다는 것만으로 무언가 한순간에 달라지는 것은 아니라는 것입니다. 그러나 정작 김 감독의 지휘하에 있는 SK 선수들은 그와 같은 비판론에 동의하지 않습니다.

SK 선수 가운데 한때 '야구 천재'로 불리던 박재홍 선수가 있습니다. 1996년에 신인 선수로 데뷔한 그는 그해에 최우수 신인상, 홈런 1위상, 타점 1위상, 골든 글러브상, 매직 글러브 올해의 선수상을 휩쓸어 그가 지니고 있는 야구의 천재성을 유감없이 발휘하였습니다. 그다음 해에도 승승장구하던 박재홍 선수는 몇 해 지나지 않아 기량이 급격히 떨어지면서 주위 사람들로부터 '한물간 선수'로 간주되기도 했습니다. 그러나 박재홍 선수는 2006년 SK 감독으로 부임한 김성근 감독을 만나면서 옛 기량이 되살아났고, 그의 야구 천재성도 회복되었습니다. 얼마 전 모 언론과의 인터뷰에서 기자가 박재홍 선수에게 '김성근 감독이 하루에 천 번씩 스윙하게 하는 지옥 훈련이 과연 효과가 있는지' 묻자, 그는 주저 없이 이렇게 대답했습니다.

기술이 뒷받침되면 좋은 성적을 낼 수는 있습니다. 그러나 기술 못지않게 중요한 것이 마음가짐입니다. 어떤 마음가짐을 지니느냐에 따라 평소에는 할 수 없는 것도 할 수 있고, 반대로 할 수 있는 것도 할 수 없게 됩니다. 계속 스윙을 하다 보면 기술적으로 느는 부분이 분명히 있을 것입니다. 그러나 더 중요한 것은 비 오듯 땀을 흘리면서 계속 생각을 하게 된다는 것입니다. 처음에는 쉬지 않고 방망이를 휘두르다 보니 화도 나고 짜증도 났습니다. 그러나 그렇게 하면서 나 자신에게 스스로 질문하게 되었습니다. '나는 지금 왜 방망이를 휘두르고 있는가?' '나는 하필이면 왜 이렇게 스윙하고 있는가?' '어떤 스윙이 가장 좋은 스윙일까?' 이렇게 스스로 질문하다 보니 그 질문에 대한 대답도 스스로 얻으면서 조금씩 달라지는 나 자신을 느끼기 시작했습니다. 그래서 죽어라고 방망이를 휘두르며 더 많은 질문을 던지게 되었습니다. '어제 첫 타석 카운트 원 스트라이크 원 볼에서 좀더 공격적으로 휘두르며 쳤어야 하지 않았을까? 그랬더라면 좋은 타구를 만들면서 게임 상황이 훨씬 유리하게 전개되었을 텐데……' 이처럼 스스로 질문하고 스스로 대답을 얻으면서, 한 타석 한 타석이 소중한 만큼 절대 후회를 남겨서는 안 된다는 독기를 품게 됩니다. 그냥 무의미하게 반복되는 훈련을 통해서는 절대로 얻을 수 없는 마음가짐입니다. 타순이 돌아올 때마다 그 마음가짐에 대하여 스스로 질문하면서 타석에 들어서면 언제나 좋은 결과를 얻게 됩니다.

김성근 감독이 선수들에게 지옥 훈련을 시키는 것은 그 자체가 목적이어서가 아니었습니다. 그 혹독한 과정을 통해 선수 개개인으로 하여금 '왜 내가 야구를 하는지?' '어떻게 야구를 해야 하는지?' 스스로 자문自問할 수 있도록 해주기 위함이었습니다. 아무리 기량이 좋아도 단순히 자신의 타순이 되었기에 그냥 방망이를 들고 타석에 들어가는 선수와, 24명의 선수 가운데 '왜 내가 지금 이 타석에 서야 하는지'를 자문하는 선수 중, 후자의 선수가 한 시즌을 결산하면서 더 좋은 결과를 얻게 됨은 물론이지 않겠습니까? 이런 관점에서 선수들에게 왜 자신이 야구 선수로 야구장에 서야 하는지를 끊임없이 자문케 함으로 자신이 맡은 약체 팀을 항상 강인한 팀으로 조련해 온 김성근 감독은 '야신'이라 불릴 만큼 위대한 감독이요, 그 감독의 진의를 파악하고 야구 선수인 자기 정체성을 자문을 통해 계속 재확인함으로 잃었던 옛 기량을 회복한 박재홍 선수는 가히 야구의 천재라 할 만합니다.

유대인들은 전통적으로 이방인과의 사귐을 절대 금기시하여 이방인과의 접촉 자체를 아예 꺼렸습니다. 선민의식의 우월감에 사로잡혀 있던 그들의 그릇된 관습과 전통으로 인함이었습니다. 베드로 역시 그 그릇된 전통과 관습에 투철하던 유대인이었습니다. 그런데도 베드로는 이방인 고넬료의 청함을 사양하지 않았습니다. 그것은 유대인으로서 같은 유대인으로부터 쏟아질 혹독한 비난과 수욕을 감수해야 하는 일이었습니다. 그러나 베드로는 그동안 자신이 금과옥조로 지켜 오던 유대인의 전통과 관습을 스스로 파기하고 또 그로 인해 욕을 듣는 것을 감수하면서도, 유대인으로서 이방인의 부름을 사양하지 않는 자기 자신에 대하여 그 어떤 모순도 느끼지 않았습니다. 그것이 곧 하나님의 명령이었기 때문입니다.

만약 하나님의 명령이 없었던들 베드로가 이방인과의 사귐을 금하는 유대인의 전통과 관습을 스스로 파기할 리도 없었겠지만, 설령 자의로 그렇게 했다 하더라도 그는 유대인으로서 자신에 대하여 곤혹스러운 모순을 느끼지 않을 수 없었을 것입니다. 그러나 베드로는 고넬료의 집에 모여 있는 이방인들에게 유대인인 자신이 이방인의 집에 찾아오게 된 경위를 다음과 같이 당당하게 밝혔습니다.

> 유대인으로서 이방인과 교제하며 가까이하는 것이 위법인 줄은 너희도 알거니와 하나님께서 내게 지시하사 아무도 속되다 하거나 깨끗하지 않다 하지 말라 하시기로 부름을 사양하지 아니하고 왔노라 묻노니 무슨 일로 나를 불렀느냐(28-29절).

베드로는 감히 파기할 상상조차 할 수 없었던 유대인의 그릇된 전통과 관습을 오직 하나님의 말씀으로 인해 아무 모순 없이 타파할 수 있었음을 밝힌 뒤, 곧이어 고넬료에게 "무슨 일로 나를 불렀느냐"고 물었습니다. 우리말 '무슨 일로'라고 번역된 헬라어 원문 '티니 로고τίνι λόγω'는 '무슨 이유 때문에'라는 의미입니다. 한마디로 베드로는 고넬료에게 '왜 나를 불렀느냐'고 물은 것입니다. 여기에서 절대로 간과해서는 안 될 중요한 사실이 있습니다. 베드로가 고넬료에게 '왜 나를 불렀느냐?'고 질문할 때, 베드로는 이방인인 고넬료가 왜 자신을 청했는지 그 이유를 이미 정확하게 알고 있었다는 사실입니다.

바로 이틀 전, 베드로는 욥바의 무두장이 시몬의 집에 체류하고 있었습니다. 그날 낮 12시경 옥상에서 기도하다가 환상을 본 베드로에게 성령님께서 말씀하셨습니다.

> 베드로가 그 환상에 대하여 생각할 때에 성령께서 그에게 말씀하시되 두 사람이 너를 찾으니 일어나 내려가 의심하지 말고 함께 가라 내가 그들을 보내었느니라(19-20절).

성령님의 이 말씀에 베드로가 기도하던 옥상에서 내려가니 가이사랴에서 고넬료가 보낸 사람들이 기다리고 있었습니다. 그때 베드로가 그들에게 한 말을 21절 하반절이 전해 주고 있습니다.

내가 곧 너희가 찾는 사람인데 너희가 무슨 일로 왔느냐.

그때도 베드로는 자신을 찾아온 사람들에게 동일한 질문을 던졌습니다. 우리말 '무슨 일로'라고 번역된 헬라어 원문 '티스 헤 아이티아τίς ἡ αἰτία' 역시 '무슨 이유 때문이냐'는 의미입니다. 베드로의 이 질문에 대하여 고넬료가 보낸 사람들은 다음과 같이 대답했습니다.

백부장 고넬료는 의인이요 하나님을 경외하는 사람이라 유대 온 족속이 칭찬하더니 그가 거룩한 천사의 지시를 받아 당신을 그 집으로 청하여 말을 들으려 하느니라(22절).

우리가 이미 알고 있는 것처럼 고넬료가 보낸 사람들은 베드로에게, 고넬료가 베드로로부터 하나님의 레마, 즉 복음을 듣기 위해 베드로를 청한다는 사실을 분명히 밝혔습니다. 그 말을 듣고 베드로는 욥바를 출발하여 가이사랴에 있는 고넬료의 집을 향했습니다. 두말할 것도 없이 이방인인 고넬료에게 하나님의 레마를 전하기 위함이었습니다. 이처럼 베드로는 이방인인 고넬료가 왜 자신을 청하는지를 분명히 알았고 또 거기에 응하기 위하여 고넬료를 찾아갔으면서도, 마치 고넬료가 자신을 청한 이유를 전혀 알지 못한다는 듯, 왜 자신을 불렀느냐고 고넬료에게 새삼스럽게 물었습니다. 그렇다면 우리는 여기에서 베드로의 그 질문은 고넬료에게 던진 질문인 동시에, 자기 자신에 대한 자문이었음을 알게 됩니다.

지금 베드로는 유대인을 찾아간 것이 아닙니다. 이방인 고넬료를 찾아갔습니다. 예루살렘 교회가 선출한 일곱 명의 헬라파 유대인 집사들 가운데 빌립 집사가 이방인인 에티오피아의 내시에게 복음을 전한 적은 있지만, 히브리파 유대인 가운데 이방인에게 복음을 전하기 위해 이방인을 찾아간 사람은 베드로가 처음이었습니다. 빌립 집사가 에티오피아 내시에게 복음을 전하기는 했지만 그 이방인의 집을 직접 방문하거나, 혹은 공개적인 장소에서 복음을 전한 것은 아니었습니다. 그는 아무도 없는 광야 길에서 만난 에티오피아 내시에게 복음을 전했습니다. 아무 목격자도 없었기에 빌립 집사는 이방인에게 복음을 전하면서도 유대인 가운데 그 누구의 눈치를 살필 필요도 없었습니다. 그러나 베드로의 경우는 전혀 달랐습니다.

베드로는 백주의 대낮에 이방인의 집을 직접 찾아가, 한 명의 이방인도 아닌 다수의 이방인들에게 복음을 전해야 했습니다. 그것은 유대인들 앞에서 공개적으로 유대인의 전통과 관습을 파기하는 일이었습니다. 그러므로 그것은 유대인으로서 큰 용기와 고도의 집중력을 필요로 하는 일이었습니다. 이방인들 앞에서, 그동안 자신이 이방인에 대해 품고 있던 그릇된 편견 때문에 조금이라도 머뭇거리거나 주저해서는 하나님의 레마를 제대로 전할 수 없었습니다. 그래서 베드로는 '왜 나를 불렀느냐'고 고넬료에게 물으면서, 실은 자기 자신에게 자문하였습니다. '나는 그리스도인으로서 왜 이곳에 있는가?' '나는 유대인이면서도 왜 유대인의 전통과 관습을 파기하면서까지 이방인을 찾아왔는가?' '나는 왜 동족으로부터 욕먹기를 감수하면서까지 이방인의 집에 들어와 이방인들 앞에 서 있는가?' 베드로는 이와 같은 자문을 통하여 그 어떤 값비싼 대가를 치르더라도 이방인 고넬료 일행에게 복음을 전해야 한다는 자신의 소명을 재확인할 수 있었고, 또 그 소명을 담대히 실행에 옮길 수 있었습니다.

　이와 같은 베드로의 행동은 우리에게 참으로 소중한 깨달음을 던져 줍니다. 언제 어디에서든, 왜 하필이면 자신이 그 시간에 그리스도인으로 그곳에 있어야 하는지를 스스로 묻는 사람만, 그리스도인인 자기 정체성을 잊지 않고 하나님의 말씀을 바르게 실천하는 참된 그리스도인이 될 수 있다는 것입니다. 이런 의미에서 갈릴리의 무식하고 하찮은 어부에 지나지 않았던 베드로가 히브리파 유대인 가운데에서 이방인에게도 복음을 전하라는 주님의 명령을 실천한 최초의 사도가 된 것은 결코 우연한 일이 아니었습니다.

　아담과 하와는 왜 하나님의 말씀을 어기고 금단의 열매를 먹는 범죄의 자리에 서려 하는지 진지하게 자문했어야만 했습니다. 가인은 사랑하는 동생 아벨을 시기하고 증오하는 것도 모자라, 왜 동생을 살해하는 자리에 서려 하는지 자문했어야만 했습니다. 롯은 넓고 넓은 세상에서 왜 하필이면 타락과 방종의 도시 소돔으로 가족을 데리고 가, 그곳에서 자기 가정을 자기 손으로 허물려 하는지 자문했어야만 했습니다. 삼손은 왜 창기 들릴라에게 빠져 자신의 인생을 망치는 정욕의 자리에 서려 하는지 자문했어야만 했습니다. 사울 왕은 하나님께서 주신 권력을 왜 하나님보다 더 신봉하다가 비참하게 패가망신하는 파멸의 자리를 고수하려 하는지 자문했어야만 했습니다. 가롯 유다는 왜 은 30냥에 눈이 멀어 스승을 팔아먹는 배신의 자리에 집착하려 하는지 스스로 자문했어야만 했습니다. 그들은 반드시, 반드시, 자문해야만 했습니다. 그러나 자기 욕망에 사로잡힌 그들은 반드시 자문해야 할 것을 스스로 자문하지도, 자문하려 하지도 않았습니다. 그 결과 그들의 삶은 아무 의미도 없이, 모두 허망하게 끝나 버렸을 따름입니다.

　1993년 입적入寂하신 성철 스님은 20세기 한국 불교가 낳은 최고의 선사

禪師였습니다. 그래서 그분이 입적하신 지 15년이 지난 지금까지도 불교도들은 말할 것도 없고, 불교를 믿지 않는 사람 가운데에도 한평생 종교인으로서 고결한 삶을 살았던 그분을 존경하는 사람들이 적지 않습니다. 저 역시 그중의 한 사람입니다. 생전의 성철 스님이 해인사에 칩거하시면서, 당신을 개인적으로 면담하기 위해 찾아오는 사람에게 부처님 불상을 향해 3천 배를 하게 하신 것은 유명한 일화입니다. 사람이 온몸을 엎드려 3천 번 절을 한다는 것은 웬만한 스님도 엄두조차 내지 못할 고역입니다. 그런데도 성철 스님께서 당신을 만나기 원하는 사람에게 그렇게 하신 것은, 당신이 위대하셔서 당신을 만나려면 그 정도의 관문은 거쳐야 한다는 의미가 아니었습니다. 불상을 향해 3천 배 하는 과정 속에서 당사자가 자문을 통해 스스로 자답을 얻게 해주기 위함이었습니다. 3천 배를 하면서도 굳이 성철 스님을 만나겠다는 사람이라면, 그에게 성철 스님을 만나지 않으면 안 될 얼마나 절박한 사연이나 문제가 있겠습니까? 그런데 그 사람이 불상을 향해 3천 배를 하는 동안에 스스로 자문하게 되는 것입니다. '나는 왜 지금 이러고 있는가?' '내가 당면한 문제의 근본 원인이 무엇인가?' '그 해결책은 무엇인가?' 이처럼 자문하는 가운데 당사자는 자연히 스스로 답을 얻게 되는 것입니다. 그래서 1천 배를 하다가 답을 얻은 사람은 남은 2천 배를 계속하지 않고 그냥 하산하였습니다. 더 이상 성철 스님을 만나지 않아도 되기 때문이었습니다. 혹 3천 배를 마친 사람이 있으면, 성철 스님께서는 그 사람에게 그저 미소만 지어 주셨다고 합니다. '네가 얻은 답대로 행하라'는 의미였습니다.

자기 타순이 돌아왔을 때 '내가 왜 이곳에 있는가?' '내가 왜 방망이를 들고 있는가?' '우리 팀 선수 가운데 왜 지금 내가 타석에 들어가야 하는가?' 이렇게 스스로 자문할 줄 아는 선수가 자신의 타석에서 최선을 다할 수 있습니다. 왜 불교 신자로 이곳에 있어야 하는지 자문할 줄 아는 불교 신자만 매사에 참된 불자로 살아갈 수 있습니다. 그리스도인 역시 마찬가지입니다. 언제 어디서나 자신이 왜 그리스도인으로 그곳에 있어야 하는지 자문하는 사람만 세상의 유혹에 빠지지 않고, 불의와 타협하지 않으며, 거짓과 벗하지 않으면서, 이 어둔 세상 속에서 진정한 그리스도인으로 살아갈 수 있습니다.

김성근 감독은 혹독한 지옥 훈련을 통해 박재홍 선수로 하여금 스스로 자문함으로 옛 기량을 회복하게 해준 위대한 감독이지만, 그러나 박재홍 선수의 자문에 해답까지 준 것은 아니었습니다. 박재홍 선수가 자신의 자문에 대해 해답을 찾는 것은 철저하게 박재홍 선수 개인의 몫이었습니다. 앞으로도 그는 계속 홀로 답을 찾아가야 할 것입니다. 불교는 자력으로, 다시 말해 자기 힘으로, 스스로 깨달아 득도해야 하는 자력自力 종교입니다. 불교도가 불교도답게 살기 위해 자문하지만 그 해답 역시 자력으로, 혼자 고독하게, 스스로 찾아야 합니다. 불교가 자력 종교이기 때문입니다.

그러나 기독교는 자기 힘이 아니라, 다른 힘으로 살아가는 타력他力 종교입니다. 우리가 주님을 믿을 때 주님께서 당신의 힘으로 우리를 도와주시는 것입니다. 우리가 참된 그리스도인으로 살기 위해 '내가 왜 이곳에 그리스도인으로 있어야 하는가?' 자문할 때, 우리 속에 임해 계시는 주님께서 친히 답해 주시는 것입니다. 그래서 그리스도인이 그리스도인답게 살기 위해 자문을 통해 주님의 답을 얻는다는 것은 결국 주님을 더 알아가는 것을 의미하기에, 결과적으로 주님에 의해 그의 삶이 바로 세워지게 됩니다.

사랑하는 교우 여러분!

아침에 눈을 뜨면 왜 나는 이 가정에서 크리스천 남편과 크리스천 아내, 혹은 크리스천 부모와 크리스천 자식으로 있는지, 주님 안에서 자문하십시다. 일터에 들어서면서 왜 나는 이 일터에서 크리스천 상사 혹은 크리스천 직원으로 있어야 하는지, 주님 안에서 자문하십시다. 학교에서 내가 왜 크리스천 스승 혹은 크리스천 제자로 있어야 하는지, 주님 안에서 자문하십시다. 이 지구상 많고 많은 나라들 가운데 나는 왜 하필이면 주님을 믿는 대한민국 국민으로 대한민국 땅에 살고 있는지, 주님 안에서 자문하십시다.

그때부터 우리는 이 세상을 밝히는 진리의 빛이 될 것입니다. 우리 속에 임해 계시는 주님께서 반드시 말씀을 통해 그 질문에 답해 주시고, 우리가 바른 그리스도인으로 살아갈 수 있도록 천지를 지으신 당신의 힘으로 도우실 것이기 때문입니다. 그래서 주님께서는 언제나, 우리의 영원한 복음이십니다.

주님! 오늘도 우리 속에 임해 계심을 감사드립니다. 우리가 언제 어디에 있든, 우리가 왜 그 시간에 그리스도인으로 그곳에 있어야 하는지를 주님 안에서 자문하게 하옵소서. 우리 속에 임해 계신 주님으로부터 그 질문에 대한 답을 얻음으로, 결과적으로 날이 갈수록 우리가 주님을 더 잘 알게 하시고, 주님의 도우심을 힘입어 주님께서 주신 답을 우리의 삶으로 실천하게 하옵소서.

주님 안에서 날마다 자문하는 가운데 그리스도인으로서 지켜야 할 자리라면 어떤 값비싼 대가를 치르더라도 지키게 하시고, 그리스도인으로서 떠나야 할 자리라면 미련 없이 떠나게 하옵소서. 그리스도인으로서 행하여야 할 일이라면 어떤 도전 속에서도 행하게 하시고, 하지 말아야 할 것은 칼로 무를 자르듯 도려내게 하옵소서. 그리스도인으로서 일어설 때와 앉을 때를, 그리고 나아갈 때와 멈출 때를 분별하게 하옵소서.

그리하여 주님 안에서 자문할 줄 알던 베드로가 히브리파 유대인 중에서 이방인에게 복음의 빛을 전하는 최초의 사도가 되었듯이, 주님 안에서 자문하며 살아가는 우리 역시, 이 시대의 어둠을 밝히는 진리의 빛으로 쓰임 받게 하옵소서. 아멘.

18. 명하신 모든 것을

> **사도행전 10장 30-33절**
> 고넬료가 이르되 내가 나흘 전 이맘때까지 내 집에서 제구 시 기도를 하는데 갑자기 한 사람이 빛난 옷을 입고 내 앞에 서서 말하되 고넬료야 하나님이 네 기도를 들으시고 네 구제를 기억하셨으니 사람을 욥바에 보내어 베드로라 하는 시몬을 청하라 그가 바닷가 무두장이 시몬의 집에 유숙하느니라 하시기로 내가 곧 당신에게 사람을 보내었는데 오셨으니 잘하였나이다 이제 우리는 주께서 당신에게 **명하신 모든 것을** 듣고자 하여 다 하나님 앞에 있나이다

사전은 군인을, "전쟁에 종사하는 것을 직무로 하는 사람"이라고 정의하고 있습니다. 인류 역사상 지금까지 지구상에서 단 한 번의 전쟁도 없었다면, 군인이란 직업은 아예 생겨나지도 않았을 것입니다. 그러나 동서고금을 막론하고 크든 작든 지구상에 존재했거나 하고 있는 모든 나라가 예외 없이 군인을 양성했고 또 하고 있다는 것은, 인류의 역사가 곧 전쟁의 역사였음을 스스로 입증해 주고 있습니다. 그러므로 지구상에서 전쟁이 영원히 종식되지

않는 한, 군인은 나라의 안보를 위해 반드시 필요한 필수적 존재입니다.

이처럼 군인은 전쟁에 종사하는 것을 직무로 삼는 사람이기에, 군인의 제1덕목은 명령에 절대복종하는 것입니다. 전쟁은 동네 아이들의 장난이거나 놀이가 아닙니다. 군인이 전쟁에 참전한다는 것은 자기 목숨을 내어놓는 행위입니다. 세상에 자기 목숨을 귀하게 여기지 않고 아까워하지 않는 사람이 어디에 있겠습니까? 군인이라고 해서 예외일 수는 없지 않겠습니까? 그런데도 참된 군인은 자기 목숨보다 명령에 대한 절대복종을 더 중히 여깁니다. 자기 목숨보다 주어진 명령을 더 우선시할 때에만 전쟁에서 승리할 수 있고, 나라와 민족을 지킬 수 있기 때문입니다. 사람들이 참된 군인에 대해 외경심을 갖는 이유가 여기에 있습니다.

그러나 군인의 제1덕목이 명령에 대한 절대복종이라고 해서, 군인이 아무의 말이나 명령으로 받아들이고 절대복종하는 것은 아닙니다. 군인은 친구의 말을 명령으로 여기지 않습니다. 가족의 말도 명령으로 간주하지 않습니다. 친구와 가족 간에 주고받는 말은 대화이지 명령이 아니기 때문입니다. 그래서 군인은 친구나 가족의 말에 절대복종할 이유나 필요가 없습니다. 군인은 오직 상사의 말만 명령으로 받아들여 절대복종합니다. 군인이 일단 상사의 명령을 명령으로 받아들이면, 그다음에는 목숨을 건 절대복종 이외의 것은 어떤 경우에도 있을 수 없습니다. 만약 군인이 상사의 명령에 대해 절대복종 아닌 다른 대안을 모색한다면, 그는 결코 참된 군인일 수 없습니다.

이방인과의 사귐을 절대 금기시하는 유대인의 전통과 관습을 스스로 파기하고, 그로 인해 같은 유대인으로부터 욕 듣기를 감수하면서까지 이방인 고넬료의 부름을 사양하지 아니하고 고넬료의 집을 찾아간 베드로가 고넬료에게 물었습니다. 대체 '무슨 일로 나를 불렀느냐'고 말입니다. 이에 대한 고넬료의 답변은 다음과 같았습니다.

> 고넬료가 이르되 내가 나흘 전 이맘때까지 내 집에서 제구 시 기도를 하는데 갑자기 한 사람이 빛난 옷을 입고 내 앞에 서서 말하되 고넬료야 하나님이 네 기도를 들으시고 네 구제를 기억하셨으니 사람을 욥바에 보내어 베드로라 하는 시몬을 청하라 그가 바닷가 무두장이 시몬의 집에 유숙하느니라 하시기로 내가 곧 당신에게 사람을 보내었는데(30-33절 상).

고넬료는 자신이 왜 일면식도 없는 베드로를 청하게 되었는지 그 연유를 베드로에게 소상하게 밝혔습니다. 그 내용은 우리가 사도행전 10장 1-6절을 통해 이미 알고 있는 바와 같습니다. 그런데 사도행전 10장 1-6절에는 고넬료가 어디에서 기도하다가 환상을 통해 하나님의 말씀을 듣게 되었는지 기도의 장소가 나타나 있지 않은 데 반해, 본문 30절은 고넬료가 "내 집에서 제구 시 기도"를 했다고 말했음을 밝혀 주고 있습니다. 유대인의 제9시는 지금 우리 시간으로 오후 3시입니다. 한낮인 오후 3시에 고넬료가 자기 집에서 기도했다는 것입니다. 그러나 고넬료는 직업이 없거나 자유업에 종사하는 사람이 아니었습니다. 그는 군기와 규율이 엄격하기로 유명한 로마제국의 군대, 그것도 로마인으로만 구성된 최정예부대인 이탈리아 부대의 백부장이었습니다. 그 백부장이 낮 3시에 자기 근무지인 부대를 이탈하여 집에서 기도드렸다는 것은 선뜻 납득하기 어렵습니다.

우리말 '집'으로 번역된 헬라어 명사 '오이코스οἶκος'는 구체적으로 집을 가리키는 단어가 아닙니다. 그것은 포괄적으로, 혹은 상징적으로 '거처dwelling'를 뜻하는 단어입니다. 이를테면 누군가가 집에 있으면 집이 그의 '오이코스'가 되고, 성전에 있으면 성전이 '오이코스'요, 일터에 있으면 일터가 '오이코스'가 되는 것입니다. 그래서 우리는 사도행전 10장 3절을 살펴볼 때 고넬료가 기도한 장소를 그의 집이 아니라, 그가 소속되어 있는 이탈리아 부대 내로 간주했었습니다. 그때의 시간이 오후 3시였으므로 백부장 고넬료는 그때 분명히 자신의 근무지인 부대 내에 있었을 것이고, 그의 부대 역시 그의 '오이코스'였기 때문입니다.

오늘 우리가 주목하고자 하는 것은 본문 33절의 내용입니다.

> 내가 곧 당신에게 사람을 보내었는데 오셨으니 잘하였나이다 이제 우리는 주께서 당신에게 명하신 모든 것을 듣고자 하여 다 하나님 앞에 있나이다.

하나님께서 고넬료로 하여금 베드로를 청하여 듣게 하려 하셨던 내용이 궁극적으로 무엇이었는지는 앞으로 자세히 살펴보겠지만, 한마디로 말하면 십자가에서 돌아가신 예수님을 통해 하나님께서 죄인을 위하여 친히 이루신 구원의 복음이었습니다. 지금 고넬료는 그 복음을 듣기 위해 집안 식구는 말할 것도 없고 친척과 친구까지도 불러 모았습니다. 그런데 고넬료는 복음을 단순히 한 번쯤 들을 만한 가치가 있는 이야기 정도로 여기지 않았습니다. 고넬료는 베드로에게 복음을 가리켜 "주께서 당신에게 명하신 모든 것"이라 표현하였습니다. 이것은 고넬료가 복음, 즉 하나님의 말씀을 단순한 말씀이 아니라 하나님의 명령으로 이해하고 있음을 의미합니다.

고넬료는 직업군인이었습니다. 더구나 그는 일반 사병이 아니라, 당시 천하무적을 자랑하던 로마 군대의 장교인 백부장이었습니다. 이미 말씀드린 바와 같이 군인은 명령에 절대복종하는 것을 제1덕목으로 삼는 사람입니다. 만약 고넬료가 명령을 소홀히 여기는 사람이었다면 군인은 말할 것도 없고, 백부장이 될 리는 더더욱 만무하였을 것입니다. 그가 로마 군대의 백부장이 되었다는 것 자체가, 그가 평소에 명령 수행에 관한 한 철저한 군인이었음을 증명해 주고 있습니다. 그 고넬료가 지금 하나님의 말씀을, 그저 단순한 말씀이 아닌 하나님의 명령으로 받아들이고 있습니다. 군인인 그에게 명령이란, 그 내용이 무엇이든 간에, 목숨을 걸고 절대복종해야 할 대상이었습니다. 그러므로 고넬료는 하나님의 말씀을, 자기 생명을 내건 절대복종 이외의 다른 대안이 있을 수 없는 하나님의 절대 명령으로 받아들이고 있는 것입니다.

그뿐 아닙니다. 고넬료의 답변 마지막 부분을 다시 보시겠습니다.

> 이제 우리는 주께서 당신에게 명하신 모든 것을 듣고자 하여 다 하나님 앞에 있나이다(33절 하).

지금 고넬료 앞에는, 고넬료 자신과 똑같은 인간인 베드로밖에 없었습니다. 차이가 있다면 베드로는 유대인인 데 반해 고넬료는 이방인인 로마 시민이라는 것뿐, 베드로와 고넬료 모두 본질적으로 동일한 인간이라는 의미에서는 아무런 차이가 없었습니다. 그런데도 고넬료는, 자신이 지금 하나님 앞에 있다고 고백하였습니다. 고넬료는 하나님께서 하늘에 계시거나 산 너머 혹은 바다 건너 계신 분이 아니라, 당신의 말씀 속에 거하는 분이심을 알고 있었습니다.

군인은 명령을 내린 상관이 보기 때문에 그의 명령에 복종하여 적진으로 돌진하는 것이 아닙니다. 설령 명령을 내린 상관이 눈앞에 보이지 않더라도, 군인은 그 명령을 수행하기 위해 자기 목숨을 겁니다. 군인은 상관과 상관의 명령을 동일시하기 때문입니다. 고넬료 당시는 신약성경이 기록되기 전이었습니다. 따라서 고넬료는 베드로의 입을 통해 지금부터 전해질 하나님의 말씀과 하나님을 동일시하고 있는 것입니다. 바로 이것이 그가 지금 하나님 앞에 있노라 고백한 이유였습니다. 고넬료가 이처럼 하나님과 하나님의 말씀을 동일시하여, 하나님의 말씀을 절대 순종해야 할 하나님의 명령으로 이해한 것이야말로 그의 위대한 통찰이었고, 또 하나님께서 그를 사랑하실 수밖에 없는 당위성이었습니다.

그렇다면 고넬료에게 절대 순종해야 할 하나님의 명령의 의미는 무엇이었겠습니까? 다시 말해 고넬료는 왜 하나님의 말씀을 절대 순종하지 않으면 안 될 명령으로 받아들였겠습니까? 군인이기에 누구보다도 명령의 무게를 잘 알고 있는 그가, 왜 하나님의 말씀을 아무 거리낌 없이 절대적인 명령으로 받아들였겠습니까?

고넬료가 하나님의 말씀을 가리켜 '주께서 당신에게 명하신 모든 것'이라 표현할 때 '명하다'라는 의미로 사용된 헬라어 동사 '프로스탓소προστάσσω'는 두 단어가 합쳐진 합성어입니다. '……로부터from' 혹은 '……를 향하여toward'를 의미하는 전치사 '프로스πρός'와 순서에 따라 배열하다to draw up in order'라는 의미의 '탓소τάσσω'가 합쳐진 '프로스닷소'를 직역하면, '바르게 정리하고 세우다'라는 의미입니다. 따라서 고넬료가 하나님의 말씀을 절대 순종해야 할 하나님의 명령으로 받아들인 것은, 하나님의 말씀 속에서만 자기 인생이 바르게 정리되고 세워짐을 알았기 때문입니다. 다시 말해 고넬료는 하나님의 말씀만이 자기 인생을 바르게 정리하고 세워 주는 절대 기준임을 정확하게 알고 있었습니다.

한평생 욕망을 좇느라 자기 인생을 바르게 정리하지도 세우지도 못한 채, 단 한 번뿐인 인생을 아무 의미도 없이 허비해 버린 뒤에야 가슴을 치며 후회하는 사람들이 얼마나 많은지 모릅니다. 오직 하나님의 말씀 속에서만 인생이 바르게 정리되고 세워짐은, 하나님께서 인생을 창조하신 창조주시기 때문입니다. 그러므로 하나님의 말씀을 자신의 목숨을 걸고 순종해야 할 절대명령으로 받아들이는 것은 자신의 인생을 영원히 바로 세우는, 바로 자기 자신을 위하는 유일한 길입니다. 이 사실을 정확하게 알고 있었던 고넬료는 얼마나 위대한 신앙인입니까? 그처럼 성숙한 신앙을 소유한 고넬료의 삶이 하나님의 말씀 속에서 바르게 정리되고 세워져 갔을 것임은 두말할 나위가 없습니다. 그렇지 않고서야 사도행전 10장이 온통 그의 이야기로 채워졌을 리가 만무합니다.

이 점에서는 베드로 또한 마찬가지였습니다. 베드로가 욥바의 무두장이 집에서 체류할 때, 그 집 옥상에서 기도하다가 환상 속에서 하나님의 말씀을 듣지 않았습니까? 그때의 상황과 관련하여 19-20절이 이렇게 증언하고 있습니다.

> 베드로가 그 환상에 대하여 생각할 때에 성령께서 그에게 말씀하시되 두 사람이 너를 찾으니 일어나 내려가 의심하지 말고 함께 가라 내가 그들을 보내었느니라 하시니.

본문은 분명히, 성령 하나님께서 고넬료가 보낸 사람을 가리켜 당신께서 보낸 사람들이니 의심하지 말고 함께 가라고 베드로에게 말씀하셨다고 증언하고 있습니다. 우리말 '말씀하다'로 번역된 헬라어 동사 '레오$ρέω$'는 틀림없이 '말씀하다'라는 의미이지 '명령하다'라는 뜻이 절대로 아닙니다. 그런데도 베드로는 그 말씀을, 들어도 좋고 듣지 않아도 무방한 단순한 말씀으로 간주하지 않았습니다. 베드로는 그 말씀을 이행하기 위하여 그동안 자신이 금과옥조처럼 지켜 오던 유대인의 전통과 관습을 스스로 파기하고, 그로 인해 같은 유대인으로부터 욕 듣는 것을 감수하면서까지 이방인 고넬료를 찾아 갔습니다. 베드로 역시 하나님의 말씀을 목숨을 걸고 절대 순종해야 할 하나님의 명령으로 받아들였기 때문입니다.

그래서 고넬료의 답변을 들은 베드로는 다음과 같이 감탄하였습니다.

> 베드로가 입을 열어 말하되 내가 참으로 하나님은 사람의 외모를 보지 아니하시고 각 나라 중 하나님을 경외하며 의를 행하는 사람은 다 받으시는 줄 깨달았도다(34-35절).

베드로는 모든 유대인들이 착각하고 있는 것처럼 하나님께서는 유대인이냐 이방인이냐를 따지시는 분이 아니라, 그 중심에 하나님을 모신 사람이라면 누구든 받으신다는 사실을 깨달았음을 고백하였습니다. 그러나 실은 베드로는, 하나님께서 고넬료가 보낸 사람을 의심하지 말고 함께 가라고 말씀하실 때부터 그 사실을 이미 깨닫고 있었습니다. 그러므로 본문 35절에서 '깨달았다'로 번역된 헬라어 동사 '카탈람바노καταλαμβάνω'는 베드로가 '그제야 깨달았다'는 의미가 아니라, 자신의 깨달음을 자신의 행동으로 확인했다는 의미입니다. 고넬료가 보낸 사람을 따라가라는 하나님의 말씀을 하나님의 절대적인 명령으로 받아들여 그 명령을 수행함으로써, 베드로는 하나님께서 실제로 이방인과 유대인을 구별하시지 않는다는 사실을 자신의 눈으로 생생하게 확인할 수 있었습니다.

그와 동시에 '카탈람바노'는 '붙잡다'라는 의미도 지니고 있습니다. 대체 베드로가 하나님의 말씀을 하나님의 절대적인 명령으로 수행하면서 무엇을 붙잡았겠습니까? 두말할 것도 없이 하나님의 말씀 속에서 바르게 정리되고 바르게 세워진 바른 삶입니다. 하나님의 말씀을 하나님의 명령으로 받아들여 유대인의 전통과 관습을 스스로 파기하면서까지 이방인 고넬료의 집을 직접 찾아감으로써, 베드로는 이방인을 자신과 동일한 사람으로 존중하는 바른 삶을 붙잡을 수 있었습니다. 만약 베드로가 하나님의 말씀을 듣고서도 수행하지는 않았던들 그는 일평생 하나님을 믿는다면서도 하나님의 뜻과는 위배되는 그릇된 삶을 그릇된 줄도 모르고 살았을 것이요, 그 결과 이스라엘 변방 갈릴리의 비천한 어부에 지나지 않았던 베드로의 삶은 2천 년 전 한 줌의 흙으로 허무하게 흔적도 없이 사라져 버리고 말았을 것입니다.

그러므로 베드로가 하나님의 말씀을 하나님의 명령으로 받아들여, 유대인의 전통과 관습을 스스로 파기하고 그로 인해 동족으로부터 욕 듣는 것을 감수하면서까지 이방인 고넬료를 찾아간 것은 결과적으로 자기 자신을 위한 일이었습니다. 하나님의 모든 말씀을 하나님의 명령으로 받아들여 순종해 가는 가운데, 그는 인류의 역사를 새롭게 하는 사도가 될 정도로 그의 삶이 바르게 정리되고 또 영원히 세워졌기 때문입니다.

지난 8월 24일 폐막된 제29회 베이징올림픽에서 한국 대표팀은 여러 종목에서 극적인 장면을 연출하며, 올림픽 역사상 최초로 13개의 금메달을 획득하며 국민들에게 큰 감동을 안겨 주었습니다. 비록 심판의 편파 판정으로 인해 동메달에 그쳤지만 여자 핸드볼 팀 역시 가슴이 뭉클할 정도로 감동적이었습니다. 국내 비인기 종목의 한계를 극복하고, 평균연령 34.7세의 아줌마 선수들이 보여 준 투혼은 그야말로 눈물겨웠습니다. 그 나이에 그렇게 뛸 수 있음을 스스로 입증한 선수들도 위대했고, 그 나이의 아줌마들이 그렇게 뛸 수 있게끔 이끈 임영철 감독 역시 위대한 감독이었습니다. 8월 23일 헝가리와의 대전에서 동메달이 확정된 후 열린 기자회견에서 한 기자가 임영철 감독에게 올림픽을 마친 소감을 묻자, 그는 이렇게 답변했습니다.

> 모든 대회가 끝나면 언제나 허무합니다. 이것 하나 때문에 선수들에게 그렇게 혹독한 훈련을 시키고, 심한 언어를 사용했습니다. 대회가 끝날 때마다 내가 왜 그랬을까 하는 생각이 들면서 허무에 빠집니다. 이제 더 이상 하고 싶지 않은 심정입니다.

단 한 번이라도 큰일을 추진하고 실행하고 성사시켜 본 적이 있는 사람이라면, 임영철 감독이 허무하다고 말한 것이 무슨 의미인지 뼈저리게 공감할 수 있을 것입니다. 아무리 큰일을 이루어도 그로 인한 감격의 순간이 가시고 나면, '내가 지금 왜 이러고 있는가?' '이것이 대체 내게 무슨 의미인가?' '내가 왜 이것을 위해 내 생명을 소진시켰는가?' 하는 회의와 허무가 엄습하기 마련입니다. 잊지 마십시오. 우리가 이 세상에서 그 누구도 감히 넘보지 못할 위대한 업적을 이룬다 해도 그 자체를 목적으로 살면, 우리는 우리의 코끝에서 호흡이 멈추는 순간 후회와 허무 속에서 치를 떨어야만 할 것입니다. 세상의 업적은 아무리 거창해도 유한할 수밖에 없고, 유한한 것은 유한한 우리의 생명을 책임져 줄 수 없기 때문입니다. 오직 영원하신 하나님의 말씀에 의해서만 우리의 삶은 바르게 정리되고, 또 영원히 세워질 수 있습니다. 그래서 하나님의 명령에 순종하는 사람만 자신의 코끝에서 호흡이 멈추는 순간, 허망한 허무와 후회로부터 자유로울 수 있습니다.

오늘은 흩어진 가족이 한데 모이는 우리 민족의 고유 명절인 추석입니다. 그러나 우리는 벌써 알고 있지 않습니까? 가족 한 사람 한 사람이 하나님의 명령을 좇아 살지 않으면, 가족 간에 행복을 누리기는커녕 도리어 가족이 남만도 못하다는 사실을 말입니다.

주님께서 말씀하셨습니다.

> 자기 목숨을 얻는 자는 잃을 것이요 나를 위하여 자기 목숨을 잃는 자는 얻으리라(마 10:39).

평소에는 다소 난해해 보이던 이 말씀의 의미를 이제 우리는 바르게 이해할 수 있습니다. 자기 욕망을 섬기며 사는 사람은 이 세상에서 많은 것을 얻고 누릴 수 있지만, 그러나 그것은 자기 목숨을 스스로 해치는 자해 행위입니다. 그 인생은 물거품처럼 순식간에, 허무하게, 흔적도 없이 사라져 버리기 때문입니다. 반대로 주님을 위하여 자기 목숨을 잃는 사람, 다시 말해 주님의 말씀을 주님의 절대적인 명령으로 여겨 그 명령에 자기 목숨을 거는 사람이 오히려 목숨을 얻는 것은, 주님의 말씀 속에서 그의 인생이 바르게 정리되고 또 영원히 세워지기 때문입니다.

사랑하는 교우 여러분!

우리의 코끝에서 호흡이 멎는 순간, 허망한 허무 속에서 후회하지 않기를 원하십니까? 그렇다면 고넬료처럼, 베드로처럼, 이제부터 우리 모두 주님의 모든 말씀을 절대 순종해야 할 주님의 명령으로 받아들이십시다. 그 명령을 수행하기 위하여 우리의 목숨을 거십시다. 그때부터 우리의 인생은 주님의 말씀 속에서 주님의 말씀에 의해 바르게 정리되고, 또 영원히 세워지기 시작할 것입니다. 이것이 주님께서 말씀으로 우리에게 임하신 까닭이요, 이것을 아는 것이 곧 믿음이자 지혜입니다.

본문의 고넬료와 베드로뿐 아니라 노아, 아브라함, 모세, 여호수아, 다윗,

그리고 사도 바울을 위시한 모든 신앙 위인들은 하나님의 말씀을 단순한 말씀이 아니라, 절대 순종해야 할 하나님의 절대적인 명령으로 받아들였습니다. 그래서 그들은 하나님의 명령을 수행하기 위해 자신들의 목숨을 걸었습니다. 그 결과 그들의 삶은 하나님의 말씀 위에서 바르게 정리되고 또 영원히 세워져, 수천 년이 지난 오늘날까지 진리의 빛으로 우리 가운데 살아 있습니다.

하나님 아버지!

이제부터 우리 역시, 우리를 창조하신 하나님의 말씀을 하나님의 절대적인 명령으로 받아들이겠습니다. 하나님의 말씀에 우리의 삶을 걸겠습니다. 언제 어디서나 "자기 목숨을 얻는 자는 잃을 것이요, 나를 위하여 자기 목숨을 잃는 자는 얻으리라"는 주님의 말씀을 마음속에 새기고 살겠습니다. 주님의 말씀 속에서 죄로 이지러지고 욕망으로 헝클어졌던 우리의 삶이 바르게 정리되고, 또 영원히 세워지게 도와주십시오. 하나님의 명령대로 살아가는 우리가, 이 시대의 불의와 맞서는 진리의 군병들이 되게 해주십시오. 그래서 우리의 코끝에서 호흡이 멈추는 순간, 우리 가운데 그 누구도 허망한 허무 속에서 후회하는 사람이 없게 해주십시오. 오히려 그 순간에, 사도 바울의 고백이 우리 모두의 고백이 되게 해주십시오.

"나는 선한 싸움을 싸우고 나의 달려갈 길을 마치고 믿음을 지켰으니, 이제 후로는 나를 위하여 의의 면류관이 예비되었으므로, 주 곧 의로우신 재판장이 그날에 내게 주실 것이며, 내게만 아니라 주의 나타나심을 사모하는 모든 자에게도니라"(딤후 4:7-8). 아멘.

19. 다 하나님 앞에

사도행전 10장 30-33절
고넬료가 이르되 내가 나흘 전 이맘때까지 내 집에서 제구 시 기도를 하는데 갑자기 한 사람이 빛난 옷을 입고 내 앞에 서서 말하되 고넬료야 하나님이 네 기도를 들으시고 네 구제를 기억하셨으니 사람을 욥바에 보내어 베드로라 하는 시몬을 청하라 그가 바닷가 무두장이 시몬의 집에 유숙하느니라 하시기로 내가 곧 당신에게 사람을 보내었는데 오셨으니 잘하였나이다 이제 우리는 주께서 당신에게 명하신 모든 것을 듣고자 하여 **다 하나님 앞에** 있나이다

태양을 중심으로 공전하는 지구와 지구 주위를 공전하는 달이 태양과 일직선상에 위치하여, 지구에서 볼 때 달에 의해 태양이 가려지는 현상을 '일식日蝕'이라고 합니다. 이때 태양 전체가 가려지는 것을 '개기일식', 태양의 일부분이 가려지는 것을 '부분일식'이라 합니다.

제가 어릴 때 밤을 새워 가며 즐겨 읽던 탐험소설들 중에 일식과 관련된 이야기가 있었습니다. 아프리카를 탐험하던 주인공 일행이 식인종들에게 붙

잡혔습니다. 식인종들은 주인공 일행을 밧줄에 묶고, 그들이 믿는 신에게 제사를 드리느라 북을 치고 괴성을 지르며 춤을 춥니다. 그 예식이 끝나면 주인공 일행은 죽어야 합니다. 그런데 마침 주인공의 뇌리를 스치는 생각이 있었습니다. 얼마 있지 않아, 곧 일식이 시작된다는 생각이었습니다. 주인공이 식인종 추장에게 자신이 하늘에 있는 태양을 곧 없앨 것이라고 말했습니다. 물론 식인종 추장은 믿지 않았습니다. 그러나 주인공은 그럴듯하게 주문을 외우기 시작했고, 얼마 지나지 않아 태양이 점점 사라지기 시작하더니 마침내 사방이 캄캄해졌습니다. 하늘에서 일어나는 그 희한한 광경을 자신들의 눈으로 목격한 식인종들이 혼비백산하였고, 그로 인해 주인공 일행은 우여곡절 끝에 구사일생으로 죽음의 위기에서 벗어났습니다. 어릴 적에 그 이야기가 제게 얼마나 강렬한 인상을 주었던지, 일식을 제 눈으로 한 번도 목격해 본 적이 없던 저는 성인이 된 이후에도 개기일식이든 부분일식이든 태양이 달에 의해 가려지는 일식이 일단 일어나면, 소설 속의 식인종들처럼 그 모든 광경을 당연히 육안으로 볼 수 있는 것으로 생각하였습니다.

그러다가 제 눈으로 직접 일식을 관찰하는 기회를 갖게 되었습니다. 제가 제네바에서 기거하던 1999년 8월 11일, 20세기 최후 최대의 일식이 유럽 대륙에서 있었습니다. 제가 살던 제네바 일원에서는 당일 오전 11시 7분에 일식이 시작되어, 낮 12시 29분에는 태양의 91.8퍼센트가 가려져 일식이 최고조에 달할 것이란 예고가 매스컴을 통해 수차례 보도되었습니다. 마침 그 날 저는, 여름방학을 맞아 한국에서 저를 찾아온 가족들과 함께 고속도로를 달리고 있었습니다. 일식이 시작될 즈음이 되자 고속도로를 달리던 차량들은 마치 약속이라도 한듯 도로변에 멈추었고, 차에서 내린 사람들은 모두 일렬로 늘어서서 하늘을 쳐다보았습니다. 물론 일식을 관찰하기 위함이었습니다. 우리 식구들도 차에서 내려 큰 기대를 갖고 하늘을 쳐다보았습니다.

그리고 그제야 저는 아무리 태양이 가려지는 일식이라지만, 맨눈이나 선글라스만으로는 일식이 일어나는 태양을 볼 수 없다는 사실을 비로소 확인하였습니다. 고속도로변에 줄지어 선 그 많은 사람들 중에 태양관찰안경을 착용하지 않고 일식을 보려는 사람은 우리 가족 6명밖에 없었습니다. 어릴 때 읽었던 소설 속의 식인종들처럼 일식이 일어나는 태양을 맨눈으로 볼 수 있으리란 생각은 한마디로 무식의 소치였습니다.

일식이 계속 진행되면서, 마치 하늘에 온통 먹구름이 뒤덮인 것처럼 사방이 어두워지기 시작했습니다. 그러나 달에 가려진 태양이 쌍꺼풀처럼 얇아졌어도 태양은 역시 태양, 맨눈 혹은 선글라스로는 여전히 눈이 부셔 쳐다볼 수 없었습니다. 그때 갑자기 차 속에 있는 콜라병이 떠올랐습니다. 검은 액체의 콜라가 들어 있는 콜라병을 안경으로 사용하면 혹 태양을 볼 수 있지 않을까 생각한 것입니다. 그러나 콜라가 가득 들어 있는 콜라병을 눈앞에 대고 이리저리 돌려 보았지만, 이번엔 아예 아무것도 보이지 않았습니다. 그와 같은 우리 가족의 모습이 얼마나 딱하게 보였던지, 옆에 있던 스위스인이 자기가 쓰고 있던 태양관찰안경을 벗어 제게 주었습니다. 그리고 그분은 자기 아내의 태양관찰안경을 아내와 번갈아 착용하면서 계속 일식을 관찰했습니다. 그분 덕분에 우리 가족은 그 태양관찰안경 하나를 차례로 돌려 가며 일식의 신비로움과 황홀함과 장엄함을 직접 목격할 수 있었습니다. 만약 그분이 호의를 베풀어 주지 않았더라면, 우리 가족은 20세기 최후 최대의 일식의 현장에 있으면서도 끝내 그 신비한 장면을 목격하지는 못했을 것입니다.

태양이 비록 우리 머리 위에 있어도, 태양관찰안경 없이는 태양의 실체를 볼 수 없습니다. 하나님도 마찬가지이십니다. 하나님께서 아무리 우리 앞에 임해 계셔도 하나님을 뵐 수 있는 안경을 쓰지 않으면 하나님을 바르게 볼 수 없습니다. 그 안경을 착용할 때에만 하나님의 실체를 바르게 볼 수 있습니다.

베드로는 이방인과의 사귐을 절대 금기시하는 유대인의 관습과 전통을 스스로 파기하고, 그로 인해 같은 동족으로부터 욕 듣는 것을 감수하면서까지 이방인 고넬료의 부름을 사양하지 않고 고넬료를 찾아갔습니다. 그리고 고넬료에게 왜 자신을 불렀는지를 물었습니다. 이에 자기 가족은 말할 것도 없고 자기 친구와 친척까지 불러 모으고 베드로를 기다리고 있던 고넬료는, 자신이 어떻게 일면식도 없는 베드로를 청하게 되었는지 그 경위를 설명하면서 본문 33절 하반절을 통해 이렇게 끝을 맺었습니다.

이제 우리는 주께서 당신에게 명하신 모든 것을 듣고자 하여 다 하나님 앞에 있나이다.

단 한 줄의 짧은 문장에 불과하지만, 곱씹어 볼수록 참으로 위대한 신앙고백임을 알게 됩니다. 지난 시간에 깊이 생각해 본 것처럼, 고넬료는 하나님의 말씀을 단순한 말씀이 아니라 하나님의 명령으로 받아들이고 있었습니다. 고넬료는 로마제국의 직업군인이었습니다. 예나 지금이나 군인의 제1덕목은 주어진 명령에 자기 목숨을 걸고 절대복종하는 것입니다. 따라서 고넬료가 하나님의 말씀을 하나님의 명령으로 받아들였다는 것은, 그 말씀을 자기 생명을 걸고 절대 순종해야 할 하나님의 절대적인 명령으로 이해하였음을 의미한다고 했습니다. 그것이야말로 오직 하나님의 말씀에 의해서만 우리의 인생이 바르게 정리되고 또 영원히 세워질 수 있음을 감안할 때, 우리 모두가 하나님의 말씀에 대해 지녀야 할 바른 믿음의 자세가 아닐 수 없습니다.

오늘 이 시간에 우리가 주시하고자 하는 것은 고넬료의 그다음 고백입니다. 33절 하반절을 다시 보시겠습니다.

> 이제 우리는 주께서 당신에게 명하신 모든 것을 듣고자 하여 다 하나님 앞에 있나이다.

고넬료 앞에는 고넬료 자신과 똑같은 인간인 베드로밖에 없었습니다. 굳이 차이가 있다면 베드로는 유대인인 데 반해 고넬료는 이방인인 로마 시민이었다는 것뿐, 그 두 사람이 하나님 앞에서 본질적으로 동일한 인간이라는 의미에서는 아무런 차이가 없었습니다. 그런데도 고넬료는, 자신과 자신의 일행이 "다 하나님 앞에 있나이다" 하고 고백하였습니다. 고넬료는 하나님께서 이 땅과는 무관하게 하늘 높이 계시거나 멀리 산 너머 혹은 바다 건너 계시는 분이 아니라, 당신의 말씀 속에 거하고 계심을 믿고 있었습니다. 고넬료 당시는 신약성경이 기록되기 전이었습니다. 따라서 고넬료는 베드로의 입을 통해 지금부터 전해질 하나님의 말씀과 하나님을 동일시하면서, 자신이 지금 하나님 앞에 있노라고 고백한 것입니다.

다음은 요한복음 1장 1절의 증언입니다.

> 태초에 말씀이 계시니라 이 말씀이 하나님과 함께 계셨으니 이 말씀은 곧 하나님이시니라.

하나님은 말씀이십니다. 그래서 하나님께서는 천지 만물을 말씀으로 지으셨습니다. 말씀이 곧 하나님이시기 때문입니다. 그러므로 고넬료가 하나님의 말씀과 하나님을 동일시한 것은 위대한 영적 통찰이었습니다.

여기에서 우리는 중요한 사실을 깨닫게 됩니다. 하나님의 말씀이 곧 하나님이시라면, 우리는 하나님의 말씀을 통해서만 하나님을 바르게 뵐 수 있습니다. 하나님께서 아무리 우리 앞에 계셔도 하나님의 말씀을 통하지 않고서는 하나님을 바르게 알 수 없습니다. 바꾸어 말하면 오직 하나님의 말씀만 하나님의 실체를 바르게 보게 해주는 안경입니다.

신이 당신 자신에 관해 인간에게 직접 가르쳐 보여 주는 것을 '계시啓示'라고 하는데, 이 계시의 관점에서 종교는 '자연종교'와 '계시종교'로 구별됩니다. 자연종교는, 인간이 지니고 있는 본성 혹은 인간의 자연적인 능력으로 신을 이해하고 파악할 수 있다는 입장으로서, 일명 '이성理性종교'라고도 합니다. 신을 알아가는 데 신의 도움이 전혀 필요 없으며, 인간 스스로 신을 온전히 알 수 있다는 것입니다. 이에 반해 계시종교는, 인간의 힘으로 도저히 알 수 없는 하나님의 진리 혹은 신비를 하나님께서 스스로 밝혀 주신다는 입장입니다. 이런 의미에서 기독교는 계시의 종교입니다. 하나님께서 우리에게 당신 자신을 밝혀 주시고 가르쳐 주시기에 우리가 하나님을 알 수 있기 때문입니다.

계시는 또 '일반계시'와 '특별계시'로 분류됩니다. 하나님께서 자연현상을 통해 당신을 보여 주시는 것을 일반계시라고 합니다. 우리는 끝도 없이 펼쳐져 있는 우주의 무한함, 폭풍의 위력, 계절의 변화 등과 같은 자연현상을 통하여 그 모든 것을 창조하신 하나님의 위대하심을 알 수 있습니다. 그러나 일반계시를 통해서는 하나님의 외적 능력밖에 알 수 없습니다. 하나님의 권능이나 위력과 같은 외적인 면 이외에는 알 수 없다는 말입니다.

반면에 특별계시는 하나님께서 특별히 우리에게 주신 당신의 말씀, 즉 성경 말씀입니다. 성경 말씀을 통해 우리는 하나님의 내적 계시를 알게 됩니다다. 겉으로 드러나 보이지 않는 하나님의 속성과 의도, 하나님의 뜻과 섭리, 하나님의 사랑과 공의 등을 성경 말씀을 통해 비로소 알게 되는 것입니다. 예컨대 야구를 좋아하는 야구팬이 이승엽 선수의 활약에 아무리 열광해도, 텔레비전을 통해 그의 경기를 시청하기만 해서는 그의 외적 능력 이외에는 알기 어렵습니다. 이를테면 그의 스윙이 얼마나 산뜻하고 파워가 있는지, 안타나 홈런은 몇 개나 치는지 등과 같은 외적 능력만 알 수 있을 뿐, 그의 인간됨이나 인격 그리고 속내나 생각은 전혀 알 수 없습니다. 그와 같은 것들을 알기 위해서는 그를 취재한 기사나 그의 인터뷰 내용, 혹은 그가 직접 쓴 글을 특별히 읽어 보아야만 합니다. 이처럼 외적으로 드러나 보이지 않는 하나님의 내적 계시를 특별히 알게 해주는 것이 성경 말씀이기에, 성경 말씀을 가리켜 특별계시라 하는 것입니다.

태양이 달에 의해 가려지는 일식이 일어나도 태양관찰안경 없이는 태양을 제대로 볼 수 없습니다. 태양관찰안경만이 태양 빛을 차단하고 태양의 실체를 바르게 볼 수 있게 해줍니다. 특별계시인 성경 말씀은 하나님을 바르게 뵙게 해주는 특별 안경입니다. 그 안경 없이는 인간의 죄와 욕망의 유해한 빛으로 인해 하나님을 바르게 볼 수가 없습니다. 오직 그 말씀의 안경만이 죄와 욕망의 모든 유해한 빛을 차단하고 영원하고 무궁하신 하나님의 실체를 바르게 보고, 알게 해줍니다.

그 말씀이 육신을 입고 이 땅에 오신 분이 예수님이십니다. 볼 수 없는 하나님을 인간이 두 눈으로 똑똑히 볼 수 있게끔 하나님께서 예수님을 통해 당신을 친히 보여 주신 것입니다. 그래서 어느 날 하나님을 직접 보게 해달라는 제자 빌립의 요청에 대하여 예수님께서는 다음과 같이 말씀하셨습니다.

빌립아 내가 이렇게 오래 너희와 함께 있으되 네가 나를 알지 못하느냐

> 나를 본 자는 아버지를 보았거늘 어찌하여 아버지를 보이라 하느냐 내가 아버지 안에 거하고 아버지는 내 안에 계신 것을 네가 믿지 아니하느냐 내가 너희에게 이르는 말은 스스로 하는 것이 아니라 아버지께서 내 안에 계셔서 그의 일을 하시는 것이라 내가 아버지 안에 거하고 아버지께서 내 안에 계심을 믿으라(요 14:9-11상).

결국 빌립은 자신의 눈앞에 계신 예수님을 봄으로, 보이지 않는 하나님을 뵐 수 있었습니다. 그러나 우리는 예수님과 동시대의 사람들이 아닙니다. 예수님께서는 2천 년 전 이 땅을 거쳐 가셨을 뿐, 우리는 이 세상 어디에서도 육신을 지닌 예수님을 만날 수 없습니다. 그렇다면 우리에게는 예수님을 볼 수 있는 길이 영영 사라졌고, 예수님을 만날 수 없으므로 하나님을 볼 수도 없게 되었습니까? 아닙니다. 우리는 성경 말씀 속에서 언제든 예수님을 만날 수 있고, 그 예수님을 통해 여전히 하나님을 뵐 수 있습니다. 우리는 성경 말씀 속에서 인간을 섬기시고 인간을 죄에서 구원하시기 위해 당신 자신을 십자가의 제물로 내어놓으신 예수님을 만남으로 인간을 향한 하나님의 깊은 사랑을 볼 수 있고, 불의와 거짓과는 일절 타협하시지 않고 예루살렘성전을 더럽히는 사악한 무리를 쫓아내시는 예수님을 통해 하나님의 공의를 확인하게 됩니다.

그뿐이 아닙니다. 예수님께서 요한복음 14장 26절을 통해 말씀하셨습니다.

> 보혜사 곧 아버지께서 내 이름으로 보내실 성령 그가 너희에게 모든 것을 가르치고 내가 너희에게 말한 모든 것을 생각나게 하리라.

주님께서는 성령님의 역할이 우리에게 모든 것을 가르쳐 주시고 주님의 말씀을 기억나게 해주시는 것이라 말씀하셨습니다. 따라서 우리는 주님의 말씀이 기록되어 있는 성경 말씀을 통해서만 우리를 향한 성령님의 역사도 바르게 알 수 있습니다.

이처럼 우리는 오직 성경 말씀을 통해서만 성부·성자·성령 삼위일체 하나님을 바르게 뵙고 알 수 있고, 또 하나님의 뜻을 바르게 분별할 수 있습니다. 그러므로 오직 하나님의 말씀 속에서만 우리의 삶이 바르게 정리되고 영원히 세워짐은 두말할 나위가 없습니다. 그래서 잠언 1장 7절이 이렇게 증언하고 있습니다.

> 여호와를 경외하는 것이 지식의 근본이거늘 미련한 자는 지혜와 훈계를 멸시하느니라.

여기에서 "지혜와 훈계"는 물론 하나님의 말씀입니다. 하나님의 말씀을 멸시하는 사람이 미련할 수밖에 없는 것은, 하나님의 말씀을 멸시한다는 것은 자기 욕망에 눈먼 인간이 자기 인생의 주관자가 됨을 의미하는 것이요, 그것은 맨눈이나 선글라스 심지어는 콜라병으로 태양을 보려는 것만큼이나 어이없는 짓이기 때문입니다. 태양관찰안경 이외에는 태양을 볼 수 있는 방법이 없듯이, 말씀의 안경 없이는 삼위일체 하나님을 바르게 알 수도 없고 자신의 인생을 진리 위에 바르게 세울 수도 없습니다. 그래서 하나님의 말씀을 하나님의 절대적인 명령으로 아는 것이야말로 지식의 근본입니다. 오직 그것만이 자신을 위한 최고 최선의 길이기 때문입니다.

그렇다면 새신자반을 통해 제기했던 질문을 다시 여러분에게 던지겠습니다. 여러분은 그동안 성경 말씀을 단 한 번이라도 완독한 적이 있으십니까? 아침에 일어나서 단 한 구절이라도 하나님의 말씀을 묵상하고 하루의 일과를 시작하십니까? 이 두 질문에 '그렇다'고 답변할 수 없는 분들이 있으시다면, 그분들에게 다시 묻겠습니다. 하나님을 믿는다면서도 그동안 성경 말씀을 완독해 본 적도 없고, 아침에 일어나 하나님의 말씀을 단 한 구절도 읽지 않고 하루를 시작한다면 여러분은 지금 과연 무엇을, 누구를 믿고 계십니까?

남자와 여자가 만나 서로 사랑하고 결혼하기를 원한다면 먼저 대화를 통해 상대가 어떤 사람인지 알아야 되지 않겠습니까? 상대의 말을 들으면서 상대의 사람됨과 인격, 속내를 파악하는 과정이 반드시 있어야 합니다. 그런데도 누군가가 상대의 말 한마디도 들어 보지 않고 상대와 결혼하겠다고 나선다면, 그것은 순간적인 자기감정에 자기 스스로 속는 미련한 짓 아니겠습니까? 하나님을 믿는다면서도 말씀의 안경으로 하나님을 알려 하지도 않고 하나님의 말씀으로 하루를 시작하지도 않는다면, 그 사람은 하나님을 믿는 것이 아니라 실은 자기 자신의 생각과 욕망을 섬기는 자기 숭배자가 아니겠습니까? 고작 공동묘지에서 한 줌의 흙으로 끝나 버릴 인간이 자기 자신을 절대시하는 자기 숭배자가 되는 것보다 더 미련한 짓이 어디에 있겠습니까? 그 위에 더하여, 그런 사람에게는 더 큰 위험이 도사리고 있습니다.

하나님을 믿는다면서도 스스로 하나님의 말씀을 읽으려 하지는 않고, 단지 일주일에 한 번 주일예배에 참석하여 목사의 설교를 듣는 것만을 신앙의 모든 것으로 생각한다면, 그 사람은 하나님께 속한 것이 아니라 실은 예배 시간에 설교하는 목사 개인에게 예속된 사람이기가 쉽습니다. 생각해 보십시오. 눈에 보이지 않는 하나님을 눈으로 읽을 수 있는 성경 말씀을 통해 알려 하지 않고, 단지 눈에 보이는 목사의 설교만 듣고 만족하려 한다면 그 사람이 어떻게 목사 개인에게 예속되지 않겠습니까? 그러나 목사에게 예속되는 것보다 더 큰 불행이 없는 것은, 저를 포함하여 이 땅의 모든 목사 역시 거룩하신 하나님 앞에서는 추악한 죄인에 지나지 않기 때문입니다. 그러므로 목사에게 예속되는 사람은 그 인생이 공동묘지에서 허망하게 끝날 뿐입니다. 목사는 단지 여러분이 매일 여러분의 삶 속에서 하나님과 동행할 수 있도록, 다시 말해 여러분이 하나님을 뵐 수 있는 말씀의 안경을 항상 쓰고 살 수 있도록 여러분을 돕기 위한 하나님의 도구에 불과할 따름입니다.

사랑하는 교우 여러분!

여러분은 한국 개신교의 출발점이자 최고 성지인 이곳 양화진 동산에서 신앙생활하는 것을 진정 여러분의 긍지로 여기고 계십니까? 그렇다면 우리 모두 이제부터 말씀의 안경을 착용하십시다. 매일 하나님의 말씀을 읽고 하나님의 말씀으로 하루의 일과를 시작하십시다. 그 말씀의 안경으로 언제나 우리 앞에 계시는 삼위일체 하나님을 뵙고, 그 말씀의 안경으로 우리 자신을 성찰하고, 그 말씀의 안경으로 우리의 이웃을 보고, 그 말씀의 안경으로 이 세상을 보면서, 그 말씀 위에 우리 자신을 바르게 세우십시다. 그때부터 우리의 가정과 일터, 그리고 우리의 사회에는 우리로 인해 하나님의 사랑과 정의가 꽃피게 될 것입니다. 말씀의 안경을 쓰고 살아가는 우리를 통해 삼위일체 하나님께서 이 시대 속에 친히 역사하실 것이기 때문입니다.

이것이 주님께서 이렇게 말씀하신 이유입니다.

"사람이 떡으로만 살 것이 아니요, 하나님의 입으로부터 나오는 모든 말씀으로 살 것이라"(마 4:4).

주님! 아무리 태양이 떠 있어도 태양관찰안경이 없이는 태양의 실체를 볼 수 없듯이, 말씀의 안경 없이는 하나님을 볼 수 없음을 일깨워 주셔서 감사합니다. 무엇보다도 그 말씀의 안경을 우리 손에 그저 쥐어 주신 것을 감사합니다. 그렇지만 하나님을 믿는다면서도 정작 그 말씀의 안경을 착용하지는 않아, 그동안 나 자신의 욕망과 생각을 섬기는 자기 우상숭배자로 살아온 나의 허물과 어리석음을 용서해 주십시오.

이제부터 우리 모두 말씀의 사람이 되어, 매일 아침 말씀의 안경을 쓰고 하루의 일과를 시작하게 해주십시오. 그 말씀의 안경으로 언제나 내 앞에 계신 삼위일체 하나님을 뵙게 해주십시오. 그 말씀의 안경으로 천지를 창조하신 성부 하나님을 더 깊이 알게 하시고, 십자가의 보혈로 나를 구원하신 성자 하나님을 더 세밀히 뵙게 하시고, 성령 하나님께서 내게 하시는 은밀한 말씀까지도 듣게 해주십시오. 그 말씀의 안경으로 내 앞에 계신 하나님을 거울삼아 나 자신을 성찰하게 해주시고, 그 말씀의 안경으로 보듬어야 할 내 이웃을 보게 해주십시오. 그 말씀의 안경으로 세상의 불의를 보게 해주시고, 그 말씀의 안경으로 이 세상에 구현해야 할 하나님의 공의를 알게 해주십시오. 그 말씀의 안경으로 극복해야 할 현실을 보게 해주시고, 그 말씀의 안경으로 지향해야 할 미래를 내다보게 해주십시오. 그 말씀의 안경으로 육신의 눈에 보이는 것을 뛰어넘어, 육안으로는 보이시 않는 영원올 보게 해주십시오.

그리하여 우리가 어디에 있든 우리가 두 발 딛고 있는 곳에 하나님의 생명과 사랑 그리고 공의가 꽃피게 하시고, 그와 같은 우리의 삶을 통해 인간이 왜 하나님의 입으로부터 나오는 모든 말씀으로 살아야 하는지를 이 세상의 많은 사람들이 깨닫게 해주십시오. 아멘.

20. 다 받으시는 줄

사도행전 10장 34-43절

베드로가 입을 열어 말하되 내가 참으로 하나님은 사람의 외모를 보지 아니하시고 각 나라 중 하나님을 경외하며 의를 행하는 사람은 **다 받으시는 줄** 깨달았도다 만유의 주 되신 예수 그리스도로 말미암아 화평의 복음을 전하사 이스라엘 자손들에게 보내신 말씀 곧 요한이 그 세례를 반포한 후에 갈릴리에서 시작하여 온 유대에 두루 전파된 그것을 너희도 알거니와 하나님이 나사렛 예수에게 성령과 능력을 기름 붓듯 하셨으매 그가 두루 다니시며 선한 일을 행하시고 마귀에게 눌린 모든 사람을 고치셨으니 이는 하나님이 함께하셨음이라 우리는 유대인의 땅과 예루살렘에서 그가 행하신 모든 일에 증인이라 그를 그들이 나무에 달아 죽였으나 하나님이 사흘 만에 다시 살리사 나타내시되 모든 백성에게 하신 것이 아니요 오직 미리 택하신 증인 곧 죽은 자 가운데서 부활하신 후 그를 모시고 음식을 먹은 우리에게 하신 것이라 우리에게 명하사 백성에게 전도하되 하나님이 살아 있는 자와 죽은 자의 재판장으로 정하신 자가 곧 이 사람인 것을 증언하게 하셨고 그에 대하여 모든 선지자도 증언하되 그를 믿는 사람들이 다 그의 이름을 힘입어 죄사함을 받는다 하였느니라 제가 《참으로 신실하게》라는 책에서 언급했듯이, 8년 전 남아프리카공화국의 마자까넹Majakaneng에 있는 흑인 빈민촌을 방문한 적이 있었습니다. 그때 6천여 명의 흑인들이 집단부락을 이루고 있는 그 빈민촌에서 사역하는 고명수 선교사님의 댁에서 사흘을 지냈습니다. 선교사님은 당신의 집에서 흑인 빈민 중학생 세 명과 함께 살고 있었습니다. 따라서 낮에 교회가 있는 빈민촌으로 나가도 흑인 빈민 천지요, 밤에 숙소로 돌아와도 흑인 빈민들이 기다리고 있었습니다. 말하자면 사흘 밤낮을 흑인 빈민들과 함께 숙식을 한 셈이었습니다.

사흘째가 되던 날은 주일이었습니다. 어린이들을 합쳐 300명 이상의 흑인 빈민들이 교회로 몰려왔습니다. 어린이들을 위한 교육관이나 어른들이 예배드리는 예배당이나 협소하기는 매한가지여서, 보조 의자까지 놓고서도 서로 몸을 밀착하여 앉아야만 했습니다. 그곳이 무더운 아프리카임을 감안한다면, 열악한 예배당의 환기 상태가 어떠했을는지는 쉽게 짐작할 수 있을 것입니다. 예배를 마친 뒤에 교인들은 교회에서 마련한 점심을 함께 먹었습니다. 점심 식사가 끝난 뒤에도 대부분의 교인들은 돌아가지 않았습니다. 닭장 혹은 움막 같은 집으로 가보아야 무더운 한낮에 달리 할 일이 없기 때문이었습니다. 무려 6천여 명이나 살고 있는 그 흑인 빈민촌에 텔레비전을 가진 집은 단 한 집도 없었습니다. 교인들은 교회 마당 나무 그늘 아래 삼삼오오 모여 이야기를 나누거나, 교육관에 설치되어 있는 텔레비전을 시청하거나 했습니다. 그러다가 오후 찬양 예배가 끝나자 모두 서둘러 해가 지기 전에 일제히 귀가하였습니다. 해가 지고 나면, 교회를 제외하곤 전기가 일절 들어오지 않는 그 흑인 빈민촌의 치안이 불안한 까닭이었습니다. 그때는 마침 고 선교사님의 사모님이 서울 체류 중이어서, 그 넓은 흑인 빈민촌에서 흑인 빈민 아닌 사람은 고 선교사님과 저, 두 사람밖에 없었습니다.

해 질 녘 텅 빈 교회를 등지고 숙소로 돌아갈 즈음, 저는 현기증을 느꼈습니다. 사흘 밤낮을 흑인 빈민들 속에서 지내다 보니, 우리와는 전혀 다른 흑인 빈민들의 체취에 대한 제 인내력이 한계에 달한 까닭이었습니다. 그래서 고 선교사님에게, 흑인 빈민들과 함께 살면서 그들의 체취로 인한 고통은 없는지 물었습니다. 고 선교사님은 초기에는 어려움이 없지 않았으나, 얼마 지나서부터 이상하게도 흑인 빈민들에게서 아무 냄새도 나지 않는다고 대답했습니다. 자신의 후각에 문제가 생겨서가 아니라, 다른 냄새는 모두 정상적으로 맡을 수 있는데 유독 흑인 빈민들에 대해서만은 아무 냄새도 나지 않게 되었다는 것입니다. 그 말을 듣자 언뜻 생각나는 것이 있었습니다.

제 아이들이 어릴 때 아이들의 요청으로 개를 기른 적이 있었습니다. 실내용 애완견 한 마리와 마당에서 키우는 개 한 마리, 도합 두 마리였습니다. 처음에는 개의 냄새가 여간 역겨운 것이 아니었습니다. 개가 뛰어와 제게 한 번 안긴 날이면 제 몸에서 하루 종일 개 냄새가 나는 것 같았습니다. 자연히 저는 집에서나 마당에서나 개를 피해 다니곤 했습니다. 그런데 어느 날부터 개가 제게 아무리 몸을 비벼도 개 냄새가 전혀 나지 않았습니다. 그토록 절 괴롭히던 개의 노린내가 나지 않는 것이었습니다. 그제야 저는 깨달았습니다. 어느덧 제가 개를 사랑하고 있다는 사실을 말입니다.

누군가를 사랑한다는 것은 그 사람의 전 존재를, 다시 말해 모든 것을 받아들이는 것을 의미합니다. 누군가를 사랑한다면서도, 그 사람의 어느 부분은 제외한 채 나머지 부분만을 받아들이겠다는 것은 이기심일 뿐 참된 사랑이 아닙니다. 그러므로 개를 사랑하는 사람에게는 개 냄새가 역겨울 수 없습니다. 개를 사랑한다는 것은 개 냄새까지도 받아들이는 것이기 때문입니다. 이런 의미에서 흑인 빈민들에게서 아무 냄새도 맡을 수 없다는 고 선교사님의 말에, 흑인 빈민 사랑에 관한 한 저는 멀어도 아직 한참 멀었음을 절감하지 않을 수 없었습니다. 흑인 빈민 속에서 고작 사흘을 지내고서 현기증을 느낀다는 것 자체가, 제가 흑인 빈민을 온전히 받아들이지 못하고 있다는 반증이었습니다.

현재 오스트리아, 벨기에, 독일, 프랑스 등 유럽 각국에서는 외국인을 혐오하면서 외국인 이민자를 추방해야 한다는 정당이나 단체들이 날로 기승을 부리고 있습니다. 북아일랜드에서는 신교도와 구교도 사이의 해묵은 분쟁이 여전히 진행 중입니다. 스페인에서는 바스크 분리주의자들의 폭탄 테러가 거의 매달 터지고 있습니다. 중동에서는 이스라엘과 팔레스타인 간의 유혈 충돌이 도무지 해결될 기미가 보이지 않습니다. 9·11테러의 피해국인 미국이 전쟁을 일으킨 아프가니스탄과 이라크는 아직도 전쟁 상태입니다. 스리랑카와 인도네시아에서도 피비린내 나는 인종 분규가 계속되고 있습니다. 인도 오릿사 지역에서는 현재 힌두교 극단주의자들에 의한 사상 최대의 기독교 박해가 자행되고 있습니다. 전 세계적으로 일어나고 있는 이 모든 분쟁과 분규, 대립과 갈등의 원인은 결국 자신과 다른 사람을 받아들이지 않으려는 데 있습니다.

굳이 다른 나라의 예를 들 것도 없이 우리의 경우는 어떻습니까? 우리는 단일민족임을 자랑하고 있습니다. 단일민족이란 모두가 한 핏줄이라는 말입니다. 그런데도 우리는 서로를 받아들이지 못해 동족상잔의 비극을 겪었던 민족입니다. 북한의 남침으로 3년간 계속되었던 한국전쟁 동안 남한 측 사상자는 약 230만 명, 북한 측 사상자는 292만 명이었습니다. 남북한 합하여 무려 522만 명의 사상자가 난 것입니다. 당시 남북한을 통틀어 총인구가 3천만 명에 불과하였으니, 노인과 여자 그리고 어린이를 제외하고 나면 성인 남자 두세 명당 한 명은 죽거나 다친 셈입니다. 그러나 그게 다가 아니었습니다. 중공군 사상자 약 90만 명, 유엔군 사상자 15만 명까지 합치면 한국전쟁의 총 사상자는 물경 627만 명에 달합니다. 참으로 끔찍한 희생이 아닐 수 없습니다. 한국전쟁이 세계 전쟁사에서, 같은 동족 간에 치러진 전쟁 중에 가장 참혹한 전쟁으로 기록되고 있는 것은 이 가공스러운 희생자의 숫자에 연유하고 있습니다. 한국전쟁은, 한쪽이 무력을 동원하여 일방적으로 다른 쪽을 쓸어버리려 할 때 피차 얼마나 혹독한 대가를 치러야 하는지를 여실히 보여 주었습니다.

우리가 우리끼리만 서로 받아들이는 데 인색했던 것은 아닙니다. 우리는 우리와 다른 외국인에 대해서도 배타적이었습니다. 세계에서 현실 적응력이 가장 강한 민족으론 단연 중국인이 꼽힙니다. 세계 어디를 가도 중국인이 뿌리내리지 않은 곳은 없습니다. 그처럼 현지 적응력이 강한 중국인이 뿌리내리기를 실패한 유일한 나라가 있습니다. 바로 한국입니다. 한때 소공동 일대와 명동 입구, 그리고 인천에 자리 잡고 있던 화교華僑사회는 그들에 대한 한국정부의 차별정책과 한국인의 배타성을 견디지 못해 와해되었고, 대부분의 화교들은 한국을 떠나 다른 나라로 이주해 버렸습니다. 게다가 오늘날 한국에서 일하고 있는 제3세계 근로자들 중에서 얼마나 많은 사람들이 인권의 사각지대에 버려져 있는지, 악덕 기업주들에 의해 얼마나 비인간적인 대우를 받고 있는지는 이미 널리 알려진 사실입니다. 그뿐이 아닙니다. 우리에겐 다른 나라에서는 찾아보기 힘든 용어가 있습니다. '국제결혼'이란 말입니다. 한국인이 외국인과 결혼하면 이를 두고 우리는 국제결혼이라고 합니다. 소위 지식인임을 자처하는 사람들까지도 이 용어를 사용하는 데 아무 거리낌이 없습니다. 외국인과의 결혼이 국제결혼이라면, 한국인끼리의 결혼은 국내결혼이라는 말입니까? 결혼은 인간과 인간의 결합을 의미합니다. 국적이 다르다고 해서 결혼의 내용이나 질이 달라지는 것은 아닙니다. 그래서 서로 국적이 다른 영국인과 프랑스인이 결혼할 경우에 그곳 사람들은 영어나 프랑스어로 그 결혼을 국제결혼이라 부르지 않습니다. 그들에게는 국제결혼이라는 말이 아예 없습니다. 그 결혼 역시 다른 결혼과 동일한 결혼일 뿐이기 때문입니다. 그러므로 우리가 외국인과의 결혼을 국제결혼이라 부르는 것은 전혀 사리에 닿지 않음을 알게 됩니다. 그런데도 세계화를 부르짖는 오늘날까지도 우리가 국제결혼이라는 말을 당연한 듯 사용하고 있다는 것은, 우리가 우리와 다른 사람에 대해 우리도 모르게 얼마나 배타적인지를 스스로 입증해 주고 있습니다.

물론 불의와 악을 자행하는 사람들과는 끝까지 맞서 싸워야 합니다. 불의와 악은 어떤 대가를 치르더라도 제거하고 극복해야 할 대상이지, 결코 타협이나 야합의 대상이 아닙니다. 그러나 지금까지 말씀드린 것처럼, 불의와 악의 문제가 아닌데도 단지 자신과 다르다는 이유만으로 사람을 거부하는 것은 전 세계적으로 나타나고 있는 인간의 공통점입니다.

모든 인간은 두 눈과 두 귀, 한 코와 한 입을 지니고 있습니다. 머리는 하나요, 팔다리는 둘씩이며, 손가락과 발가락은 각각 열 개씩입니다. 오장육부의 구조와 기능 또한 똑같습니다. 이것은 이느 나라 어느 민족 어느 인종이라 해도 다 동일합니다. 차이가 있다면 단지 국적과 언어, 역사와 사상, 피부 색깔과 체취 등입니다. 그러나 인간의 공통점에 비하면 그 차이는 대수로운 것이 아닙니다. 그런데도 인간은 수없이 많은 공통점은 제쳐 놓고, 그 작은 차이로 인해 같은 인간을 받아들이는 데 인색하기 짝이 없습니다. 심지어는 폭력과 전쟁마저 서슴지 않습니다. 그렇다면 우리는 여기에서 중요한 사실을 깨닫게 됩니다. 인간이 같은 인간을 받아들이는 것이 이렇듯 어려운 일이라면, 하나님께서 인간을 받아들이신다는 것은 아예 불가능하지 않겠느냐는 것입니다. 하나님께서는 인간과는 전혀 다른 분이시기 때문입니다.

하나님께서는 창조주이신 데 반해 인간은 피조물에 지나지 않습니다. 하나님께서는 영원하시나 인간은 유한한 존재에 불과합니다. 하나님께서는 거룩하시나 인간은 죄와 사망의 악취를 풍기는 추악한 죄인일 따름입니다. 하나님과 인간은 이렇듯 본질적으로 다릅니다. 그러므로 하나님께서 당신과 본질적으로 다른 인간을 받아들이신다는 것은 상상할 수조차 없는 일처럼 보입니다. 하지만 오늘의 본문이 그와는 정반대의 사실을 전해 주고 있다는 데에 우리의 놀라움이 있습니다.

가이사랴의 이방인 고넬료가 자신이 어떻게 일면식도 없는 베드로를 청하게 되었는지를 베드로에게 소상하게 밝혔을 때, 베드로는 다음과 같이 감탄하였습니다.

> 내가 참으로 하나님은 사람의 외모를 보지 아니하시고 각 나라 중 하나님을 경외하며 의를 행하는 사람은 다 받으시는 줄 깨달았도다(34-35절).

베드로가 감탄할 수밖에 없었던 것은, 하나님께서 유대인이든 이방인이든 구별 없이 인간을 다 받아 주신다는 놀라운 사실을 자신의 두 눈으로 확인했기 때문입니다. 이방인 고넬료는 자기 집안 식구와 친척 그리고 친구들을 모아 놓고 '우리가 다 하나님 앞에 있다'고 고백하였고, 베드로는 '하나님께서 다 받으시는 줄 깨달았다'고 감탄했습니다. 헬라어 원문을 보면 베드로의 감탄 속에 '다'라는 단어가 빠져 있습니다. 그러나 우리 개역개정판 성경이 '다'를 넣어 '하나님께서 다 받으시는 줄 깨달았다'고 옮긴 것은 매우 적절한 번역입니다. 그것이 원문의 본뜻입니다. 하나님께서 고넬료 한 사람이 아니라, 그곳에 고넬료와 함께 있는 사람을 다 받아 주셨음을 베드로가 직접 확인했기 때문입니다.

본문을 자칫 잘못 이해하면 고넬료가 먼저 하나님을 경외하고 의를 행하였기에 하나님께서 그를 받아 주신 것으로 오해하기 쉽습니다. 그러나 우리는 본문의 참의미를 잘 알고 있습니다. 하나님께서 이방인 고넬료를 먼저 받아 주셨기에, 하나님의 그 은총 속에서 고넬료가 비로소 하나님을 경외하며 의를 행할 수 있었습니다. 더욱이 십자가에서 돌아가신 예수 그리스도를 통한 하나님의 구원의 복음을 아직 알지 못하는 고넬료와 그의 주위 사람들에게 하나님께서 그 복음을 친히 전해 주시기 위해, 욥바에 있는 베드로를 고넬료의 집으로 보내시기까지 하나님께서 그들을 위해 얼마나 치밀하게 역사하셨는지에 대해 우리는 지난 19주 동안 상세하게 살펴보았습니다. 하나님께서 먼저 그들을 다 받아 주시지 않았던들 불가능했을 신비로운 구원의 손길이었습니다.

특히 본문에서 '받으시다'라는 의미로 사용된 헬라어 '덱토스δεκτός'의 원형은 '데코마이δέχομαι'로 '영접하다'라는 의미입니다. 하나님께서 더러운 죄인인 인간을 받아 주시되 죄인이기 때문에 그냥 아무렇게나가 아니라, 지성을 다해 받아 주신다는 의미입니다. 고넬료가 하나님을 알기도 전에 하나님께서 먼저 고넬료를 영접해 주신 것입니다. 그러므로 고넬료가 하나님을 영접할 수 있었던 것은 그보다 선행되었던, 하나님의 고넬료 영접이 수반한 당연한 결과였습니다.

거룩하신 하나님께서 더러운 죄인을 죄인의 모습 그대로, 역겹게 풍기는 죄의 냄새 그대로, 형편없는 수준 그대로 다 영접해 주신다는 것은 아무리 생각해도 믿기 어려운 일입니다. 같은 인간끼리 서로 받아들이지 못해 서로 다투고 죽이는 인간에 비추어 볼 때, 인간과 본질적으로 다른 하나님께서 보잘것없는 인간을 온 정성을 다해 다 받아 주신다는 것은 하나님의 기적이 아닐 수 없습니다. 하나님께서 그런 분이시기에, 형편없는 우리를 다 받아 주시기 위해 당신의 독생자마저 기꺼이 내어놓으셨습니다.

영국 런던에서 만난 여성도님의 이야기입니다. 그분은 본래 주님을 믿지 않던, 아니 믿을 의사가 추호도 없던 분이었습니다. 그러나 끈질기게 전도하는 친구의 성화에 못 이겨, 그 친구의 체면을 살려 주기 위해 단 한 번만이라는 조건하에 친구를 따라 교회도 아닌, 동네 구역 공부에 참석하였습니다. 구역장이 순서지에 따라 성경 말씀을 읽었습니다.

수고하고 무거운 짐 진 자들아 다 내게로 오라 내가 너희를 쉬게 하리라 (마 11:28).

그분으로서는 물론 평생 처음 들어 보는 주님의 말씀이었고, 구역장은 그저 책을 읽듯이 담담히 그 구절을 읽었을 뿐입니다. 그런데도 "다 내게로 오라"는 말씀 중 '다'라는 부사가 그분의 마음을 쳤습니다. '다 오라시면 나까지도 말이야? 나까지도? 한 번도 주님을 찾은 적도, 알려 해본 적도 없는 나까지?' 그와 동시에 그분의 눈에서 뜨거운 눈물이 쏟아지기 시작했습니다. '다 내게로 오라'고 초청하시는 주님의 말씀을 통해, 그동안 주님과는 전혀 무관하게 살던 자신마저 다 받아 주시는 하나님의 사랑을 온몸으로 체험했기 때문입니다. 우리 역시 마찬가지지 않습니까?

만약 하나님께서 이 세상에서 최고의 지성인만 부르셨다면, 저는 분명히 하나님의 구원에서 제외되었을 것입니다. 하나님께서 도덕군자나 완전한 인격자만 부르셨더라도 저는 제외되었을 것입니다. 하나님께서 돈 많은 갑부나 지체 높은 사람만 부르셨더라도, 역시 저는 제외되었을 것입니다. 하나님께서 인간을 부르시되 '다 내게로 오라'고 부르시고, 인간을 받으시되 '다 받으시는 분'이시기에 저처럼 허랑방탕했던 인간도 예수 그리스도 안에서 하나님의 자녀로 구원 얻을 수 있었고, 우리 모두 이 자리에 앉아 있을 수 있게 되지 않았습니까? 하나님께서 우리를 다 받아 주시기 위해 당신의 독생자를 제물 삼으시기까지 하셨다면, 그 하나님께서 어떤 상황 속에서든 우리의 삶을 또 반드시 책임져 주시지 않겠습니까? 이 사실을 정녕 믿는다면, 우리는 정녕 하나님의 영접을 받은 사람답게 살아야 하지 않겠습니까?

하나님께서 명령하십니다.

> 일어나라 빛을 발하라 이는 네 빛이 이르렀고 여호와의 영광이 네 위에 임하였음이니라(사 60:1).

하나님께서 인간의 외모를 보시지 않고 인간을 다 받아 주는 분이시기에 자신과 같은 이방인도 구원받을 수 있었음을 깨달은 고넬료 일행이, 본문 이후에 하나님을 더욱 경외하면서 진리의 빛을 발하는 삶을 살았을 것임은 당연하지 않겠습니까? '다 내게로 오라'는 주님의 초청 앞에서 '나까지도?'라고 감격하며 주님 앞에 무릎 꿇었던 런던의 그 성도님 역시, 진리의 빛을 발하는 삶으로 많은 사람을 감동시키고 있습니다. 진리의 빛을 발하는 삶이란 두말할 것도 없이 진리이신 주님의 말씀을 좇는 삶입니다.

사랑하는 교우 여러분!

하나님께서 인간을 구별하시지 않고 다 받아 주는 분이시기에 지금 우리가 이 자리에 있을 수 있음을 믿으십니까? 하나님께서 우리 같은 죄인을 다 받아 주시기 위해 당신의 독생자를 십자가의 제물로 삼으셨음을 믿으십니까? 하나님께서 그렇게 하시기까지 우리를 다 받아 주셨기에, 하나님께서 어떤 상황 속에서든 우리의 삶을 반드시 책임져 주실 것도 믿으십니까? 그렇다면 하나님의 명령을 좇아, 이제부터 우리 모두 일어나 빛을 발하는 삶을 사십시다. 오직 그것만이, 하나님께서 먼저 우리를 다 받아 주셨음을 우리가 믿는 유일한 증거입니다. 그리고 그때부터 이 세상은 하나님을 믿는 우리로 인해 맑아지고 밝아질 것입니다.

잊지 마십시오. 조국의 미래는 결코 다른 사람에게 달려 있지 않습니다. 하나님의 영접을 받은 우리가 얼마나 하나님의 말씀을 좇아 진리의 빛을 발하며 사느냐에 따라 이 나라의 미래가 달라질 것입니다. 왠지 아십니까? 하나님께서는 어느 시대에나, 당신께서 먼저 자신을 영접해 주셨음을 믿는 사람들을 통해 역사하시기 때문입니다.

만약 하나님께서 인간처럼 당신과 다른 존재는 받아 주시지 않는 분이셨다면, 하나님께서 최고의 지성인만 사랑하는 분이셨다면, 하나님께서 도덕군자나 완성된 인격자만 원하셨다면, 하나님께서 돈 많고 지체 높은 사람만 구원하는 분이셨다면, 우리 가운데 감히 누가 이 자리에 앉아 있을 수 있겠습니까? 그러나 하나님께서 인간의 외모를 보지 않고 다 받아 주시는 하나님이시요, 수고하고 무거운 짐 진 자들을 '다 내게로 오라'고 품어 주시는 하나님이시기에, 독생자를 십자가의 제물로 삼으시기까지 나 같은 하찮은 죄인도 다 받아 주시고 또 책임져 주심을 진심으로 감사드립니다.

우리 모두 하나님의 이 사랑을 마음속에 새기고, 이제 다 같이 일어나 진리의 빛을 발하는 삶을 살기를 결단합니다. 영원한 진리이신 주님의 말씀을 좇아 살아갈 우리를 통해, 진리의 빛이 드러나도록 도와주십시오. 주님 안에서 진정한 그리스도인으로 살아갈 우리로 인해, 이 혼탁한 세상이 맑아지고 밝아지게 도와주십시오. 역사의 주관자이신 하나님의 영접을 받은 우리가 오늘 어떤 삶을 사느냐에 따라 우리의 가정과 일터는 물론이요, 이 나라의 미래가 달라짐을 잊지 말게 도와주십시오. 그리하여 하나님의 영접을 받은 그리스도인답게 살아가는 우리의 삶이 우리 개인의 보람일 뿐 아니라, 우리를 다 받아 주신 하나님의 큰 기쁨이 되게 해 주십시오. 아멘.

21. 화평의 복음

사도행전 10장 34-43절

베드로가 입을 열어 말하되 내가 참으로 하나님은 사람의 외모를 보지 아니하시고 각 나라 중 하나님을 경외하며 의를 행하는 사람은 다 받으시는 줄 깨달았도다 만유의 주 되신 예수 그리스도로 말미암아 **화평의 복음**을 전하사 이스라엘 자손들에게 보내신 말씀 곧 요한이 그 세례를 반포한 후에 갈릴리에서 시작하여 온 유대에 두루 전파된 그것을 너희도 알거니와 하나님이 나사렛 예수에게 성령과 능력을 기름 붓듯 하셨으매 그가 두루 다니시며 선한 일을 행하시고 마귀에게 눌린 모든 사람을 고치셨으니 이는 하나님이 함께하셨음이라 우리는 유대인의 땅과 예루살렘에서 그가 행하신 모든 일에 증인이라 그를 그들이 나무에 달아 죽였으나 하나님이 사흘 만에 다시 살리사 나타내시되 모든 백성에게 하신 것이 아니요 오직 미리 택하신 증인 곧 죽은 자 가운데서 부활하신 후 그를 모시고 음식을 먹은 우리에게 하신 것이라 우리에게 명하사 백성에게 전도하되 하나님이 살아 있는 자와 죽은 자의 재판장으로 정하신 자가 곧 이 사람인 것을 증언하게 하셨고 그에 대하여 모든 선지자도 증언하되 그를 믿는 사람들이 다 그의 이름을 힘입어 죄사함을 받는다 하였느니라 지난 사흘간 국내 톱뉴스는 단연 톱스타 최진실 씨의 자살 사건이었습니다. 그는 지난 20년 동안 한국 연예계에서 별 중의 별로 뭇사람들의 사랑을 받으며 부와 명예를 동시에 얻었습니다. 연예계에서 자신이 원하는 것은 무엇이든 할 수 있었다는 의미에서, 그는 연예 권력도 갖고 있었다고 말할 수 있습니다. 이를테면 그는 일반 대중이 갖기 원하는 모든 것을 소유한 행운아였습니다. 그러나 불행하게도 그는, 그가 지닌 모든 것 속에서 평안을 누리지는 못했습니다. 도리어 심한 우울증에 시달리다가, 40세의 젊은 나이에 비극적인 자살로 생을 마감함으로써 그를 사랑하던 많은 사람들에게 충격을 주었습니다. 그가 탤런트 안재환 씨의 자살과 관련된 거짓루머에 시달리면서 끝내 자살을 결행하기까지 겪었을 절대 고독과 절망 그리고 초조함과 불안감을 생각하면, 같은 그리스도인으로서 안타까운 심정을 금할 수 없습니다.

성경과 찬송가에는 평안, 평강, 평화, 화평이라는 단어들이 자주 등장합니다. 그것은 모두 히브리어 '샬롬 שׁלוֹם'과 헬라어 '에이레네 εἰρήνη'를 우리말로 각각 다르게 표현한 것이므로, 성경과 찬송가 속에서 그 단어들의 의미는 모두 동일합니다. 따라서 이 시간에 제가 평안, 평강, 화평, 평화, 샬롬 중 어떤 단어를 사용하든 모두 동일한 의미로 이해하시면 되겠습니다. 이 세상 사람치고 평안, 평강, 화평, 평화를 원치 않는 사람은 없습니다. 개인이든 단체든 모든 사람들은 평안의 삶, 화평의 날들을 소망하며 살아가고 있습니다. 그러나 찬송가 작사자인 코넬 W. D. Cornell은 자신이 작사한 찬송가 412장 4절을 통해 이렇게 반문하고 있습니다.

이 땅 위의 험한 길 가는 동안 참된 평화가 어디 있나.

이 험한 세상에 과연 참된 평화, 참된 평안이 있느냐는 그의 질문 앞에서 우리 함께 세상을 돌아보십시다.

미국의 투자은행 리먼 브라더스의 파산으로 촉발된 미국발 금융 위기로 인해 전 세계의 경제가 매일 요동치고 있습니다. 플라스틱과 비료를 만드는 데 사용되는 산업 화학물질 멜라민을 첨가한 중국제 유제품으로 인해 중국 어린이 5만여 명이 피해를 입었을 뿐 아니라, 그 유제품을 수입한 전 세계인의 건강이 위협받고 있습니다. 소말리아 해협에서는 해적들이 러시아제 탱크와 중화기가 적재된 우크라이나 화물선까지 납치하였습니다. 지난 한 달 동안에만 소말리아 해적에 납치된 사람의 수가 무려 374명에 달합니다. 시리아의 수도 다마스쿠스 국제공항과 레바논의 북부 트리폴리에서 각각 폭탄 테러가 일어나 60여 명의 사상자가 발생했습니다. 유엔안전보장이사회가 이란에 대해 핵무기를 만들 수 있는 우라늄농축활동 금지를 촉구하는 결의안을 만장일치로 채택한 데 대해, 이란은 그 결의안의 요구를 전면 거부했습니다. 터키 남동부에서는 터키군과 쿠르드 반군 간에 교전이 일어나 38명이 사망했습니다. 티베트에서는 페스트가 발생하여 사망자가 나오고 있습니다. 인도에서는 힌두교 축제 중 힌두교 사원에서 압사 사고가 일어나 600여 명이 죽거나 다쳤습니다. 태국과 캄보디아 국경에서도 총격전이 발생하여 양측 모두 피해를 입었습니다. 제15호 태풍 '장미'가 강타한 대만 북부에서는 77만 채 가옥이 정전 사태를 맞았고 36명이 목숨을 잃었습니다. 뉴질랜드에서는 진도 7.3의 강력한 지진이 케르마데크 제도를 덮쳤습니다. 이 모든 사건들은 모두, 불과 지난 일주일 사이에 일어난 일들입니다. 우리나라라고 예외인 것은 아닙니다.

국제금융 위기의 직격탄을 맞아 환율은 연일 급등하고 있고, 그렇지 않아도 침체된 경기는 악화일로를 걷고 있습니다. 오죽하면 모 칼럼니스트가 "그 많은 경제학자들은 다 어디로 갔느냐"고 공개적으로 질문했겠습니까? 현재 우리의 상황은, 어느 경제학자도 딱 부러지게 내일을 예측할 수 없는 '불확실성의 시대'인 것입니다. 서민들은 얇아지는 지갑으로 인해 힘겨워하고, 부동산을 소유한 사람들은 세금 폭탄으로 시달리고 있습니다. 서해에서는 불법 조업하는 중국 어선을 단속하던 우리나라 해경이 중국 선원에게 살해되는 참극이 일어났습니다. 북한은 김정일 국방위원장의 건강 이상설 속에 또다시 영변 핵시설을 재가동할 것을 밝힘으로써, 앞으로 한반도에서 무슨 일이 언제 어떻게 전개될 것인지 또한 그 누구도 예측할 수 없는 상황입니다.

이처럼 국내외, 동서남북, 어느 곳을 둘러보아도 평안과 화평을 찾아보기 어렵습니다. 도처에 널린 것이 불안거리요, 산적한 걱정거리들뿐입니다. 이런 관점에서 '이 땅 위의 험한 길 가는 동안 참된 평화가 어디 있나?'라는 코넬의 반문은 참으로 의미심장하기만 합니다.

그러나 코넬의 반문은, 반문 그 자체로만 그치지 않았습니다. 찬송가 412장 4절은 이렇게 끝나고 있습니다.

> 평화 평화보다 하늘 위에서 내려오네
> 그 사랑의 물결이 영원토록 내 영혼을 덮으소서.

놀랍게도 그는, 이 세상 그 어디에도 없는 참된 평안, 참된 평화가 위에서 내려온다고 노래하였습니다. 참된 샬롬, 진정한 평강은 세상으로부터가 아니라 오직 위로부터, 하나님으로부터만 내려온다는 진리를 그는 터득하고 있었습니다.

조지 부시 미국 대통령의 전임자였던 빌 클린턴 전 대통령은 2001년 초

8년간의 임기를 끝내고 퇴임하면서, "지금처럼 사상 유례없는 번영과 평화의 시기에 정권 교체를 이룬 적은 없었다"고 자신의 소감을 피력했습니다. 그는 당시의 미국을 '번영과 평화'로 표현한 것입니다. 그러나 그가 언급한 평화가 성경이 말하고 있는 샬롬일 수 없는 것은, 그가 자랑하던 평화는 바로 그해 일어난 9·11테러로 산산조각 나버렸기 때문입니다.

상황의 변화에 따라 깨어지는 평화라면 참된 평화일 수 없습니다. 참평화, 참평안은 언제나 절대적입니다. 그러므로 포화가 작렬하는 전쟁도, 비극적인 사건도, 살인적인 자연재해도, 치명적인 질병도 참평안을 앗아갈 수는 없습니다. 참평안은 어떤 상황 속에서도 깨어지거나 이지러지지 않기 때문입니다. 이것이 참평안이 세상으로부터, 아래나 옆으로부터 오지 못하는 이유입니다. 세상의 것은 모두 상대적이요, 가변적이요, 유한하기 때문입니다. 생각해 보십시오. 언젠가는 무너지고 사라질 이 세상의 것으로부터 어찌 영원하고 절대적인 평안이 생성될 수 있겠습니까? 참평안은 어떤 경우에도 상대적일 수 없기에 평안은 언제나 위로부터, 영원불변자이신 하나님으로부터만 주어집니다. 이 사실을 코넬은 정확하게 알고 있었습니다.

그렇다면 위로부터, 하나님으로부터 주어지는 절대적인 평안과 화평을 어떻게 나의 것으로 삼을 수 있겠습니까? 코넬 작사의 찬송가 412장 4절 가사가 그 정확한 해답을 제시해 주고 있습니다.

> 이 땅 위의 험한 길 가는 동안 참된 평화가 어디 있나
> 우리 모두 다 예수를 친구 삼아 참평화를 누리겠네
> 평화 평화로다 하늘 위에서 내려오네
> 그 사랑의 물결이 영원토록 내 영혼을 덮으소서.

이 땅 위의 험한 길 가는 동안 참된 평화가 어디 있냐는 반문으로 시작되어, 하늘 위에서 내려오는 참평화에 대한 확신으로 끝나는 코넬의 가사는, 그 시작과 끝이 예수 그리스도를 다리로 하여 연결되어 있습니다. 즉 참된 평화가 없는 이 험한 세상에서 위로부터, 하나님으로부터 주어지는 참평화는 예수 그리스도를 통하여 얻을 수 있다는 것입니다. 이것은 찬송가 작사자인 코넬의 단순한 문학적 수사이거나, 그의 개인적인 견해가 아닙니다. 코넬이 그렇게 작사한 것은, 그것이 바로 성경이 증언하는 진리이기 때문입니다.

베드로가 이방인 고넬료를 통해 하나님께서 사람을 구별하지 않고 다 받아 주는 분이심을, 그것도 온 지성을 다해 영접해 주는 분이심을 확인하고 감탄한 사실에 대해서는 지난 시간에 살펴보았습니다. 베드로는 이방인 고넬료 일행에게 즉각 복음을 전하면서 다음과 같이 말문을 열었습니다.

> 만유의 주 되신 예수 그리스도로 말미암아 화평의 복음을 전하사
> (36절 상).

베드로는 하나님께서 예수 그리스도를 통해 성취하신 구원의 복음을 "화평의 복음"이라 정의하였습니다. 즉 예수 그리스도께서는 참된 평안이 없는 이 땅에 위로부터, 하나님으로부터 주어지는 절대적인 평안을 주기 위해 오셨다는 것입니다.

인간의 죄는 거룩하신 하나님과 인간 사이를 가로막는 장벽입니다. 그 죄의 장벽으로 인해 인간은 하나님으로부터 비롯되는 절대적인 평안을 상실하고 말았습니다. 오늘 동서남북을 아무리 둘러보아도 이 땅에 참평안이 없는

것은 비단 우리 시대만의 현상이 아닙니다. 아담과 하와가 범죄하여 실낙원 失樂園 하던 그 순간부터 인간은 참평안을 상실하고 말았습니다. 이유는 오직 하나, 죄의 장벽 때문이었습니다.

예수 그리스도는 바로 그 죄의 장벽을 허물어 주신 구원자이십니다. 인간이 지은 죄의 형벌을 대신 받으시기 위해 당신의 머리부터 발끝까지 온 전신을 십자가의 제물로 내어놓으심으로 하나님과 인간 사이를 가로막고 있던 죄의 장벽을 허물어 주셨을 뿐 아니라, 거룩하신 하나님과 죄인인 인간을 연결하는 다리가 되어 주셨습니다. 그 다리를 통해 하나님의 생명이 우리에게 전해지게 되었습니다. 그 다리를 통해 하나님의 사랑이 우리에게 임하게 되었습니다. 그 다리를 통해 우리가 하나님의 진리 위에 서게 되었습니다. 그 다리를 통해 우리가 하나님의 절대적인 평안에 접붙여지게 되었습니다. 더욱이 우리의 죄를 지시고 십자가에서 돌아가셨던 주님께서 사흘째 되는 날 죽음을 깨뜨리고 영원히 부활하심으로, 당신이 이 세상의 그 무엇에도 흔들리지 않는 임마누엘 하나님이심을 친히 보여 주셨습니다. 그러므로 그분이 우리를 위해 지셨던 십자가는, 하나님의 절대적인 평안에 우리를 접붙여 주시기 위한 '더하기 표'(+)입니다.

따라서 베드로가 이방인인 고넬료 일행에게 복음을 전하는 설교 첫머리에서부터 예수 그리스도의 복음을 '화평의 복음'이라 설명한 것은 참으로 적절하였습니다. 그 시대에도 세상 속에 참평강이 없기는 매한가지였기 때문입니다. 그 시대의 인간들 역시 참평안에 목말라하고 있었음은 오늘날의 우리와 똑같았기 때문입니다.

독일의 전권을 장악한 히틀러가 1938년 3월 13일 오스트리아를 무력으로 병합한 뒤 인근 체코슬로바키아까지 넘보자, 유럽 전역에는 새로운 전쟁에 대한 불안이 팽배해졌습니다. 이에 당시 영국 수상 체임벌린A. N. Chamberlain은 1938년 9월 29일, 프랑스와 이탈리아 대표와 함께 뮌헨에서 히틀러를 만나 '뮌헨회담'을 성사시켰습니다. 히틀러가 요구하는 체코슬로바키아의 수데텐 지방을 독일에 편입시키는 것을 묵인해 주는 조건으로, 히틀러는 전쟁을 일으키지 않는다는 합의였습니다. 회담을 끝내고 런던으로 돌아온 체임벌린은 기자들 앞에서 히틀러가 서명한 합의서를 흔들며 자신이 이룬 소위 '우리 시대의 평화'를 역설하였고, 그의 지지자들은 열광적으로 그를 환영하였습니다. 그러나 그로부터 여섯 달이 채 지나지 않은 1939년 3월, 히틀러는 자신이 서명한 평화협정을 깨뜨리고 체코슬로바키아를 침공하였을 뿐 아니라 그해 9월에는 폴란드마저 침공함으로써, 마침내 온 세계를 전쟁의 소용돌이로 몰아넣었던 2차 세계대전을 일으키고 말았습니다.

1973년 미국의 국무장관 헨리 키신저H. A. Kissinger는 프랑스 파리에서 북베트남 정부대표 레둑토Le Duc Tho와 여러 차례 회담을 가졌습니다. 그리고 베트남에서의 미군 철수와 남북베트남 정부 간의 평화 정착을 위한 기구 설립을 내용으로 하는 휴전협정을 성사시켰습니다. 그 공로를 인정받아 키신저와 레둑토는 그해 노벨평화상을 공동으로 수상하였습니다. 그러나 불과 2년 뒤인 1975년 4월 30일에 시작된 북베트남의 대공세로, 평화의 또 다른 축이었던 남베트남은 지구상에서 영원히 사라지고 말았습니다.

1994년에는 팔레스타인 지역 평화를 위해 기여한 공로로 이스라엘 이츠하크 라빈Yitzhak Rabin 총리, 이스라엘 시몬 페레스Shimon Perske 외무장관, 그리고 팔레스타인해방기구 의장 야세르 아라파트Yasser Arafat―이렇게 세 사람이 노벨평화상을 공동 수상하였습니다. 그러나 이듬해 이스라엘 라빈 총리는 극우 청년의 총을 맞아 피살되었고, 그로부터 9년 후 아라파트는 지병으로 사망했습니다. 그리고 이스라엘과 팔레스타인 간의 평화는 여전히 요원하기만 합니다.

　2000년 노벨평화상 수상자는 민주화와 남북한 간 평화 정착을 위해 애써 온 우리나라 김대중 대통령이셨습니다. 그때 저는 스위스에 살고 있었습니다. 2000년 10월 13일 노르웨이 노벨위원회가 김대중 대통령이 수상자로 선정되었음을 발표하자, 그날 유럽의 각 언론 매체는 뉴스 시간마다 그 사실을 보도하였습니다. 저녁이 되자 영국의 BBC 텔레비전은 사실 보도와 함께 논평을 덧붙였는데, 그 논평이 이렇게 끝났습니다.

　　남한의 김대중 대통령은 노벨평화상을 수상하게 되었지만 역설적이게도 한반도의 평화는, 한반도의 또 다른 김 씨인 북한의 김정일 국방위원장의 손에 달려 있다.

　얼마나 날카로운 논평입니까? 특정 개인에 의해 좌지우지되는 평화라면, 특정 인간에 의해 언제든 파기될 수 있는 평화라면 그것은 참된 평화일 수 없습니다.
　지금까지 지난 역사를 통해 확인해 본 것처럼, 인간 간의 협정이나 노벨평화상이 평화를 보장해 주는 것은 아닙니다. 참된 평화는 아래나 옆으로부터 오는 것이 아니기 때문입니다. 물론 평화를 위한 인간의 노력은 계속되어야 합니다. 그러나 그와 동시에, 인간에 의해 이루어지는 외형적이고 상대적인 평화는 인간에게 어떤 경우에도 흔들리지 않는 참평안을 가져다주지 못한다는 사실을 잊어서는 안 됩니다. 인간에 의해 이루어지는 외형적이고 상대적인 평화는, 인간의 이해관계가 엇갈리는 즉시 갈가리 찢어지기 마련인 까닭입니다.

참된 평화는 오직 예수 그리스도의 십자가를 통하여 위로부터, 하나님으로부터 내려옵니다. 그러나 위로부터 내려온다고 해서 우리의 머리카락을 타고 흘러내리는 것은 아닙니다. 코넬의 찬송가 412장 1절은 이렇게 시작되고 있습니다.

> 내 영혼의 그윽이 깊은 데서 맑은 가락이 울려 나네
> 하늘 곡조가 언제나 흘러나와 내 영혼을 고이 싸네.

예수 그리스도를 통해 위로부터 내려오는 하나님의 절대적인 평강은 우리의 심령 속, "그윽이 깊은 데서"부터 솟아오릅니다. 아무리 폭풍에 바다가 출렁여도, 바닷속 깊은 곳의 물은 그 영향을 전혀 받지 않습니다. 이처럼 하나님께서 위로부터 내려 주시는 평안은 우리 심령 속 깊은 데서부터 솟아오르기에, 이 세상의 그 무엇에 의해서도 흔들리거나 깨어지지 않습니다. 그래서 이방인 고넬료 일행에게 화평의 복음을 설파했던 베드로는 십자가에 거꾸로 못박혀 죽으면서도 그 화평을 잃지 않았습니다. 사도 바울은 지중해 한가운데에서 맞닥뜨린 유라굴로 광풍 속에서도 그 평안을 유지할 수 있었습니다. 심지어 로마 지하 감옥의 고통도 사도 바울의 심령 속 그윽이 깊은 곳에서 솟아나는 평안을 앗아갈 수는 없었습니다. 그래서 그는 그 고통의 감옥 속에서 도리어 빌립보 교인들에게 이렇게 편지를 썼습니다.

> 아무것도 염려하지 말고 다만 모든 일에 기도와 간구로, 너희 구할 것을 감사함으로 하나님께 아뢰라 그리하면 모든 지각에 뛰어난 하나님의 평강이 그리스도 예수 안에서 너희 마음과 생각을 지키시리라(빌 4:6-7).

그의 심령 그윽이 깊은 데서부터 참평강이 샘솟지 않았던들, 고통의 지하 감옥에서 이런 편지를 쓸 수는 없었을 것입니다. 이처럼 전혀 흔들림 없는 절대적인 평강을 누렸기에, 바울은 진리를 위해 참수형마저 두려워하지 않을 수 있었습니다.

사랑하는 교우 여러분!

이 땅 위의 험한 길 가는 동안 참된 평화가 어디에 있습니까? 없습니다. 이 험한 세상에는 절대로 없습니다. 그러나 있습니다. 예수 그리스도의 십자가에는, 십자가의 예수 그리스도에게는 하나님께서 위로부터 내려 주시는 절대적인 평강이 있습니다. 그 평강은, 십자가의 예수 그리스도를 구주로 모신 우리의 심령 속 그윽이 깊은 곳에 자리 잡고 있습니다. 우리의 심령 속 그윽이 깊은 데서 그 평강이 솟아나는 한, 우리는 이 험한 세상의 그 어떤 역경도 능히 이기고 극복할 수 있습니다. 우리의 심령 속 그윽이 깊은 곳에서 솟아나는 그 평안의 원천은, 만물을 새롭게 하시는 주님의 생명이기 때문입니다. 이것이 죽음을 깨뜨리고 부활하신 주님께서 우리에게 이렇게 말씀하시는 이유입니다.

"평안을 너희에게 끼치노니 곧 나의 평안을 너희에게 주노라. 내가 너희에게 주는 것은 세상이 주는 것과 같지 아니하니라. 너희는 마음에 근심하지도 말고 두려워하지도 말라"(요 14:27).

우리를 둘러싸고 있는 온갖 위기와 소용돌이 속에서 세상살이가 점점 고달파지고 있습니다. 그럴지라도 자기 절망에 빠져 자포자기하거나, 이 험한 세상에서 평안을 구하려는 어리석음을 범치 않도록 도와주옵소서. 참된 평안은 세상으로부터, 아래나 옆으로부터 오지 않음을 잊지 말게 하옵소서. 오직 예수 그리스도 안에서, 하나님께서 위로부터 내려 주시는 절대적인 평강을 누리게 하옵소서. 그 평강이 우리의 심령 속, 그윽이 깊은 데서 날마다 샘솟게 하옵소서. 죽음을 깨뜨리고 부활하신 주님의 그 절대적인 평강이 내 속에서 살아 역사하시기에, 그 어떤 역경 속에서도 근심하거나 두려워하지 말게 하옵소서. 당신 자신을 십자가의 제물로 내어놓으심으로 하나님과 우리 사이에 가로막혀 있던 죄의 장벽을 허무시고, 우리로 하여금 위로부터 내려 주시는 하나님의 절대적인 평강을 누리게 하신 주님께서, 그 어떤 상황 속에서도 우리의 삶을 책임져 주실 것임을 굳게 믿게 하옵소서. 그리하여 앞으로도 이 세상은 여전히 험할지라도, 오직 주님을 좇아 살아가는 우리의 삶을 통해 주님의 평안이 많은 사람들의 심령 속에 스며들게 하시어, 주님을 믿는 우리로 인해 이 시대의 의미가 새로워지게 하옵소서. 아멘.

22. 갈릴리에서

사도행전 10장 34-43절

베드로가 입을 열어 말하되 내가 참으로 하나님은 사람의 외모를 보지 아니하시고 각 나라 중 하나님을 경외하며 의를 행하는 사람은 다 받으시는 줄 깨달았도다 만유의 주 되신 예수 그리스도로 말미암아 화평의 복음을 전하사 이스라엘 자손들에게 보내신 말씀 곧 요한이 그 세례를 반포한 후에 **갈릴리에서** 시작하여 온 유대에 두루 전파된 그것을 너희도 알거니와 하나님이 나사렛 예수에게 성령과 능력을 기름 붓듯 하셨으매 그가 두루 다니시며 선한 일을 행하시고 마귀에게 눌린 모든 사람을 고치셨으니 이는 하나님이 함께하셨음이라 우리는 유대인의 땅과 예루살렘에서 그가 행하신 모든 일에 증인이라 그를 그들이 나무에 달아 죽였으나 하나님이 사흘 만에 다시 살리사 나타내시되 모든 백성에게 하신 것이 아니요 오직 미리 택하신 증인 곧 죽은 자 가운데서 부활하신 후 그를 모시고 음식을 먹은 우리에게 하신 것이라 우리에게 명하사 백성에게 전도하되 하나님이 살아 있는 자와 죽은 자의 재판장으로 정하신 자가 곧 이 사람인 것을 증언하게 하셨고 그에 대하여 모든 선지자도 증언하되 그를 믿는 사람들이 다 그의 이름을 힘입어 죄사함을 받는다 하였느니라 우리는 지난 시간에 참된 샬롬과 죄의 함수관계에 대해 생각해 보았습니다. 인간의 죄는 거룩하신 하나님과 인간 사이를 가로막는 장벽입니다. 그 죄의 장벽으로 인해 인간은 하나님으로부터 비롯되는 절대적인 평강, 즉 참된 샬롬을 상실하고 말았습니다. 오늘날 동서남북 어디를 둘러보아도 참된 샬롬이 없는 것은 비단 이 시대만의 현상이 아닙니다. 아담과 하와가 범죄하여 실낙원하던 그 순간부터 인간은 참된 샬롬을 상실하고 말았습니다. 이유는 오직 하나, 인간의 죄로 인한 장벽 때문이었습니다.

만유의 주 되신 예수 그리스도는 그 죄의 장벽을 허물어 주신 구원자셨습니다. 인간이 지은 죄의 형벌을 대신 받으시기 위해 당신의 머리부터 발끝까지 온 전신을 십자가의 제물로 내어놓으심으로 하나님과 인간 사이를 가로막고 있던 죄의 장벽을 허물어 주셨을 뿐 아니라, 거룩하신 하나님과 죄인인 인간을 연결하는 다리가 되어 주셨습니다. 그 다리를 통해 하나님의 생명이 우리에게 전해지게 되었습니다. 그 다리를 통해 하나님의 사랑이 우리에게 임하게 되었습니다. 그 다리를 통해 우리가 하나님의 진리 위에 서게 되었습니다. 그 다리를 통해 우리가 하나님의 절대적인 샬롬에 접붙여지게 되었습니다. 더욱이 우리의 죄를 지고 십자가에서 돌아가셨던 주님께서는 사흘째 되는 날 죽음을 깨뜨리고 영원히 부활하심으로, 당신이 이 세상의 그 무엇에도 흔들리지 않는 임마누엘 하나님이심을 친히 보여 주셨습니다. 그래서 주님께서 우리를 위해 지셨던 십자가는, 하나님의 절대적인 샬롬에 우리를 더해 주는 '더하기 표'(+)였습니다.

이런 관점에서 베드로가 이방인 고넬료 일행에게, 하나님께서 예수 그리스도의 십자가를 통해 성취하신 구원의 복음을 화평의 복음이라 설명한 것은 참으로 적절한 표현이었습니다. 그 시대에도 세상 속에 평강이 없기는 매한가지였고, 그 시대의 인간들 역시 영원한 샬롬에 목말라하였음은 오늘날 우리와 똑같았기 때문입니다.

고넬료 일행에게 화평의 복음을 전하는 베드로의 설교는 이렇게 이어지고 있습니다.

> 만유의 주 되신 예수 그리스도로 말미암아 화평의 복음을 전하사 이스라엘 자손들에게 보내신 말씀, 곧 요한이 그 세례를 반포한 후에 갈릴리에서 시작하여 온 유대에 두루 전파된 그것을 너희도 알거니와(36-37절).

이 구절을 새번역 성경은 더욱 이해하기 쉽게 번역하였습니다.

> 하나님께서는 이스라엘 자손에게 말씀을 보내셨는데, 곧 예수 그리스도를 통하여 평화를 전하셨습니다. 예수 그리스도는 만민의 주님이십니다. 여러분이 아시는 대로, 이 일은 요한의 세례 사역이 끝난 뒤에, 갈릴리에서 시작하여서, 온 유대 지방에서 이루어졌습니다.

본문은 말씀이 육신을 입고 이 땅에 오신 예수 그리스도의 사역이 시작된 시점과 지점을 밝혀 주고 있습니다. 예수님의 사역이 시작된 시점은 세례 요한이 요단강에서 사람들에게 세례 베풀기를 마친 이후였습니다. 그리고 예수님의 사역이 시작된 지점은 갈릴리였습니다. 우리는 여기에서 이상한 점을 발견하게 됩니다.

세례 요한의 역할은, 마태복음 3장 3절에 밝혀져 있는 것처럼 예수 그리스도의 길을 예비하는 것이었습니다. 이를테면 죄의 노예가 된 사람들로 하여금 메시아이신 예수 그리스도를 만날 수 있게끔 심령의 길을 닦아 주는 것이었습니다. 그가 그 역할을 감당했던 곳은 요단강 하류, 즉 예루살렘 근처였습니다. 그러나 예수 그리스도의 사역이 시작된 곳은 그와는 정반대 쪽인 요단강 상류, 갈릴리 지방이었습니다. 세례 요한이 예루살렘 근처에서 예수님의 길을 예비했다고 그곳에서부터 예수 그리스도의 사역이 시작된 것은 아니었습니다.

일반적으로 한 시대를 이끌어 가는 힘은 대도시에서 나옵니다. 정치, 경제, 교육, 문화적인 힘이 주로 대도시에 집중되어 있기 때문입니다. 이런 의미에서 세례 요한이 이스라엘의 중심 도시인 예루살렘 부근, 요단강 하류에서 사람들에게 세례를 베풀며 예수 그리스도의 길을 예비한 것은 매우 적절했다고 말할 수 있습니다. 그렇다면 예수님의 사역 역시 예루살렘을 중심으로 시작되는 것이 타당하지 않겠습니까? 그러나 예수님의 사역은 예루살렘과는 정반대 쪽인 갈릴리에서 시작되었습니다. 갈릴리는 예루살렘과는 달리 이스라엘에서 가장 낙후되고, 가장 가난한 빈민들이 모여 사는 곳이었습니다. 예루살렘이 이스라엘의 정점이라면, 갈릴리는 이스라엘의 밑바닥이었습니다. 왜 예수님의 사역은 그곳에서부터 시작되었을까요? 왜 예수님께서는 하필이면 그 갈릴리를 당신 사역의 출발점으로 삼으셨을까요?

예수님께서 마태복음 5장 3절을 통해 이렇게 말씀하셨습니다.

심령이 가난한 자는 복이 있나니 천국이 그들의 것임이요.

심령이 가난한 사람이 복된 것은 천국이 그런 사람들의 것이기 때문이라는 겁니다. 그러나 예수님의 동일한 말씀이 누가복음 6장 20절에는 다소 다르게 기록되어 있습니다.

너희 가난한 자는 복이 있나니 하나님의 나라가 너희 것임이요.

마태복음에는 '심령이 가난한 자가 복이 있다'고 기록되어 있는 반면, 누가복음에는 '심령'이란 단어가 빠진 채 그냥 '가난한 자가 복이 있다'고 되어 있습니다. 왜 이런 차이가 있을까요? '성숙자반'에서 배운 것처럼 마태복음과 누가복음의 수신자가 다르기 때문입니다.

누가복음 1장 3절에 의하면 누가복음의 수신자는 '데오빌로 각하'로 불리는 유력한 사람이었습니다. 그는 당시 사람들에게 각하로 불릴 정도로 지닌 것이 많고 지체 높은 상류층 사람이었습니다. 따라서 누가는 지체 높은 데오빌로에게 단순히 '가난한 자'라고만 말함으로써 예수님의 진의를 더 정확하게 전달할 수 있었습니다. 누가가 데오빌로에게 전하고자 한 메시지는 이런 의미였습니다. '데오빌로 각하여, 당신은 지식도 많고 직책도 높고 소유도 많지요? 그러므로 당신은 당신이 지닌 것들에 대해 믿는 구석이 많습니다. 하지만 당신에게 믿을 것이 많은 만큼 하나님을 의지하려는 마음은 상대적으로 적을 수밖에 없습니다. 그러나 가난한 사람은 자기에게 믿을 구석이 없기에 하나님만 의지합니다. 그래서 그들은 하나님 나라를 얻는 복된 사람이 됩니다.'

교우님들 가운데 지하에 세 들어 사는 분들의 기도 제목은 창문이 있는 반지하나 1층으로 이사 가는 것입니다. 그리고 지하에서 반지하나 1층으로 거처를 옮긴 뒤, 하나님께서 햇빛이 들어오는 집을 주셨다며 감사의 눈물을 흘리는 분들을 저는 여러 분 보았습니다. 서울 근교 농촌 마을의 창문 하나 없는 토방에서 세 식구가 함께 살던 교우님의 기도 제목도 창문 달린 단칸방으로 이사 가는 것이었습니다. 그리고 창문 달린 단칸방으로 숙소를 옮겼을 때, 그 세 식구 역시 제가 보는 앞에서 하나님께 감사하며 울었습니다. 여러분은 창문이 하나님께서 주신 것이라고 감사의 눈물을 흘려 본 적이 있습니까? 방 안으로 들어오는 햇빛을 보고 하나님께 감사하며 울어 본 적이 있습니까? 만약 없다면, 그것은 여러분이 가진 것이 많기 때문입니다. 이처럼 가진 것이 많을수록, 하나님께 감사할 일은 줄어들기 마련입니다.

반면에 마태복음의 수신자는 가난한 유대인들이었습니다. 그래서 마태는 그들에게 '심령이 가난한 자가 복이 있다'고 증언했습니다. 단지 가난하다고 해서 물질을 저절로 초월할 수 있는 것은 아닙니다. 가난하기 때문에 물질의 노예가 되어 누구보다도 물질에 더 집착할 수 있습니다. 가난하기 때문에 물질에 관한 한 마음이 더 완악해질 수도 있습니다. 그러므로 누가는 데오빌로에게 '당신은 창문 같은 것을 감사해 본 적이 없을 것입니다. 그러나 창문이 감사해서 눈물 흘리는 가난한 사람은 복됩니다. 하나님의 나라는 그런 사람의 것이기 때문입니다'라는 의미로 주님의 메시지를 증언할 수 있었지만, 마태의 경우는 그렇게 할 수 없었습니다. 따라서 '심령이 가난한 자가 복되다'는 마태의 증언은 다음과 같은 의미였습니다. '당신들이 단지 가난하다고 해서 복된 것은 아니다. 당신들의 심령, 즉 마음이 가난해져야만 한다. 당신들의 마음이 가난해지지 않으면, 경제적인 빈곤함이 당신들을 얼마든지 완악하게 만들 수 있기 때문이다.'

가난한 심령, 즉 가난한 마음은 자기 자신을 의지하지 않는 마음입니다. 다시 말해 경제적 빈부에 상관없이 더 이상 자기 자신이나 자신의 것을 의지하지 않는 마음입니다. 그 가난한 마음은 자기 절망으로부터 비롯됩니다. 자기 자신과 자신의 것에 대해 철저하게 절망한 사람의 마음만 더 이상 자신을 의지하지 않고 하나님만 온전히 신뢰하게 됩니다. 이것이 예수 그리스도의 사역이 예루살렘 정반대 쪽인 갈릴리에서부터 시작된 이유였습니다.

세례 요한이 예수 그리스도의 길을 예비하며 사람들에게 세례를 베풀었던 요단강 하류 근처에 위치한 예루살렘은 다윗 왕조의 본거지로서, 근 1천 년 동안 이스라엘 지배층의 거주지였습니다. 지배층이란 학력과 경력, 그리고 신분과 재력이 출중한 상류층을 의미합니다. 따라서 그들은 예수 그리스도의 복음을 절박하게 받아들일 필요가 없었습니다. 그들은 자신들의 학력과 재력, 경력과 신분, 종교적 관습으로 자기 자신을 지킬 수 있다고 여긴 까닭입니다. 그러나 예루살렘의 반대쪽에 위치한 갈릴리의 사정은 전혀 달랐습니다.

지리적으로 이스라엘 북쪽 끝자락에 위치한 갈릴리는 이미 말씀드린 것처럼 이스라엘에서 가장 낙후된 변방이었습니다. 갈릴리 호수 주위에 띄엄띄엄 자리 잡고 있는 마을치고 빈민촌 아닌 곳이 없었습니다. 갈릴리 사람들에게 있는 것이 있다면 학력이나 경력, 재력이나 신분과는 전혀 무관한 가난과 질병, 그리고 무지밖에 없었습니다. 다시 말해 그들에게는 스스로 자기 자신을 지킬 수 있는 힘이나 능력이 전무하였습니다. 따라서 그들은 자신들의 곤고함으로부터 자신들을 건져 줄 메시아를 대망하고 또 믿지 않을 수 없었습니다. 그 이외의 다른 방도가 그들에게는 없었기 때문입니다. 그러므로 예수 그리스도께서 스스로 믿을 구석이 많은 예루살렘 사람을 제쳐 놓으시고, 오직 메시아를 대망하는 사람들이 모여 사는 갈릴리를 당신 사역의 시발점으로 삼으신 것은 지극히 당연한 일이었습니다.

이사야서 9장 1절이 다음과 같이 증언하고 있습니다.

> 전에 고통받던 자들에게는 흑암이 없으리로다…….

'전에 고통받던 사람'이라면 그 삶의 결과는 칠흑 같은 흑암으로 끝나는 것이 이치에 맞을 것 같습니다. 그런데도 어떻게 전에 고통받던 사람들에게 더 이상 흑암이 없을 수 있겠습니까? 이사야서 9장 1절은 이렇게 계속됩니다.

> 전에 고통받던 자들에게는 흑암이 없으리로다 옛적에는 여호와께서 스불론 땅과 납달리 땅이 멸시를 당하게 하셨더니 후에는 해변 길과 요단 저쪽 이방의 갈릴리를 영화롭게 하셨느니라 흑암에 행하던 백성이 큰 빛을 보고 사망의 그늘진 땅에 거주하던 자에게 빛이 비치도다(사 9:1-2).

스불론 땅과 납달리 땅은 갈릴리 지역을 일컫는 말입니다. 그러므로 '전에 고통받던 자들'이란 곧 갈릴리 사람들을 의미합니다. 그들이 얼마나 가난하고 무지하고 비천했으면, 같은 동족으로부터도 멸시당하는 고통을 겪어야만 했습니다. 한마디로 그들은 자기 자신에 대해 철저하게 절망한 사람들이었습니다. 자기 자신들로부터는 그 어떤 소망도 생성될 수 없음을, 멸시의 땅인 삶의 현장에서 매일 처절하게 확인하는 사람들이었습니다. 그래서 그들에게는 더 이상 흑암이 있을 수 없었습니다. 자기 자신에게 기대거나 소망할 것이 없는 그들은 하나님만 신뢰할 수밖에 없었고, 그들의 중심을 아시는 주님께서 갈릴리를 당신 사역의 시발점으로 삼으시고 생명과 소망과 사랑의 빛으로 그들에게 임하셨기 때문입니다. 그러므로 결과적으로 그들이 동족으로부터 멸시를 받을 정도로 고통스런 삶을 살았던 것은 크나큰 복이었습니다. 그로 인해 하나님의 나라를 얻는 가난한 심령의 소유자들이 될 수 있었기 때문입니다.

예수님의 열두 제자들 역시 잘나고 가진 것 많은 예루살렘 사람들이 아니라, 무식하고 비천한 갈릴리 사람들이었던 이유가 여기에 있습니다. 만약 그들이 예루살렘 사람들처럼 스스로 지켜야 할 것이 많았던들, 그들은 자신을 온전히 버리고 주님만 좇는 주님의 제자가 되려 하지도, 될 수도 없었을 것입니다. 본문 속 베드로를 위시하여 그들 모두 가진 것 없는 갈릴리 사람들이었기에 주님을 온전히 좇는 제자가 될 수 있었습니다.

이처럼 주님께서 가난과 무지와 질병과 멸시의 땅인 갈릴리에 임하시어, 갈릴리에서 당신의 사역을 시작하시고, 갈릴리 사람을 당신의 제자로 삼으셨다고 해서, 반드시 가난하고 무식하고 비천해야만 주님을 온전히 좇는 그리스도인이 될 수 있는 것은 아닙니다. 히브리어로 갈릴리는 '고리'라는 의미입니다. 그러므로 어떤 상황 속에서든 자신을 의지하지 않고 오직 주님을 신뢰하면서, 스스로 자신을 주님께 매다는 고리가 되는 사람은 누구든 갈릴리 사람이 될 수 있습니다.

위대한 사도 바울은 멸시의 땅인 갈릴리에서 태어나거나 그곳에서 성장한 사람이 아니었습니다. 길리기아의 중심 도시 다소에서 태어나 예루살렘에서 교육받은 그는 예루살렘의 엘리트였습니다. 그는 누구보다도 전도유망하고 유능한 청년으로서, 자신의 능력을 전폭적으로 신뢰하는 자기 신념의 소유자였습니다. 그러나 다메섹 도상에서 예수님을 만난 그가 깨달은 것은, 그동안 자신이 그토록 의지해 오던 자신의 모든 것은 하나님 앞에서는 한낱 배설물에 지나지 않는다는 것이었습니다. 그때부터 그는 자신을 의지하던 자기를 버리고 스스로 예수 그리스도께 자신을 매다는 고리, 즉 갈릴리 사람이 되었습니다. 주님께서 갈릴리 사람이 된 그 바울을 통해 세계의 역사를 새롭게 하신 것은 당연한 결과였습니다.

반면에 가룟 유다는 태어나기는 가룟 지방에서 태어났지만 갈릴리에서 잔뼈가 굵은 갈릴리 사람으로서, 갈릴리에서 주님을 만나 주님과 3년이나 동행했지만, 은 30냥에 눈이 멀어 자기 앞에 계신 예수 그리스도께 자신을 매다는 고리가 되지는 않았습니다. 그 결과 그는 진리를 못박는 가장 치욕스러운 인간으로 전락하고 말았습니다. 그는 갈릴리 사람이면서도, 실제로는 갈릴리 사람이 아니었던 것입니다.

시인은 이렇게 노래하고 있습니다.

> 하나님께 가까이함이 내게 복이라 내가 주 여호와를 나의 피난처로 삼아 주의 모든 행적을 전파하리이다(시 73:28).

세상에서 시인의 삶이 얼마나 고통스러웠으면 이 세상 그 무엇도 피난처로 삼지 않고, 오직 하나님을 자신의 피난처로 삼았겠습니까? 시인이 하나님을 피난처로 삼았다는 것만으로도, 우리는 현실 속에서 그의 삶이 얼마나 곤고했는지 충분히 짐작할 수 있습니다. 그러나 시인은 그와 같은 자신의 삶을 한탄하지 않았습니다. 도리어 그것이 자기에게 주어진 복이었음을 자랑하고 있습니다. 그 곤고한 삶으로 인해 도리어 하나님과 더욱 가까워졌기 때문입니다. 다시 말해 스스로 해결할 수 없는 삶의 고통 때문에 하나님께 자신을 매다는 고리, 갈릴리 사람이 될 수 있었기 때문입니다. 그 결과 하나님에 의해 그의 생명의 의미가 새로워지게 되었습니다. 공동묘지에서 한 줌의 흙으로 끝나 버릴 그의 인생이, 삶의 고통으로 인해 도리어 영원한 생명에 접붙임을 받게 된 것입니다. 그래서 그는 하나님의 그 은혜를 많은 사람에게 전파하리라 굳게 다짐하였습니다. 오직 갈릴리 사람에게만 가능한 일이었습니다.

화평의 복음은 화려하고 웅장한 예루살렘이나 로마 황제의 궁궐에서 시작되지 않았습니다. 화평의 복음은 가난과 무지와 질병과 멸시의 땅인 갈릴리에서부터 시작되었습니다.

사랑하는 교우 여러분!

세계적인 경제 위기 속에서 세상살이가 날로 힘들어지고 있습니다. 혹 경제적으로나 육체적으로나 인간적으로, 아니면 어떤 면에서든 무엇인가 부족함으로 인해 삶의 고통을 겪고 계십니까? 그렇다면 예수 그리스도 안에서 우리 모두 함께 기뻐하십시다. 지금이야말로 그 고통으로 인해, 더 이상 자신을 신뢰하지 않는 가난한 심령을 지닐 때입니다. 그 부족함으로 인해, 부족함이 없는 하나님께 우리 자신을 고리로 거는 갈릴리 사람이 될 때입니다. 그 부족함의 고통으로 인해, 주님 안에서 우리 생명의 가치를 새롭게 할 때입니다.

이 은혜를 우리에게 주시기 위해, 하나님께서는 우리를 예루살렘 사람으로 방치해 두시지 않고 우리를 갈릴리로 이끌어 내셨습니다. 이 은혜를 깨닫고 우리가 가난한 심령을 지닌 갈릴리 사람으로 살아가는 순간부터, 우리의 삶을 통해 화평의 복음이 살아 역사할 것입니다. 화평의 복음이신 주님께서는 언제나 갈릴리에서부터 당신의 역사를 시작하시기 때문입니다.

이 세상 사는 동안에 어떤 의미에서든 우리의 삶에 늘 부족함이 있고, 또 그 부족함이 수반하는 고통이 있게 하심을 감사드립니다. 눈에 보이는 세상의 부족함으로 인해 한탄하고 자포자기하는 것이 아니라, 그 부족함 너머에 계시는, 부족함이 없는 하나님을 뵙는 가난한 심령의 소유자가 되게 하옵소서. 세상의 부족함 때문에, 도리어 우리 스스로 우리 자신을 하나님께 매다는 고리가 되게 하옵소서. 그 부족함으로 인해, 더 이상 자신을 의지하지 않고, 오직 길이요 진리요 생명이신 주님만을 따르는 진정한 갈릴리 사람이 되게 하옵소서. 그 부족함의 고통으로 인해, 내 방에 뚫린 창문도 하나님의 은혜요, 그 창문을 통해 쏟아져 들어오는 햇빛도 하나님의 은총임을 깨달아, 하나님 앞에서 감사와 감격의 눈물을 흘릴 줄 아는 겸손한 그리스도인이 되게 하옵소서. 이 넓고 넓은 세상에서 유독 갈릴리를 당신 사역의 시발점으로 삼으신 주님 안에서, 그 어떤 역경도, 우리 생명의 의미를 새롭게 하는 은혜의 기회로 승화시키는 주님의 성숙한 제자가 되게 하옵소서.

그리하여 시편 119편 시인의 노래가 우리 모두의 고백이 되게 하옵소서. "고난당한 것이 내게 유익이라. 이로 말미암아 내가 주의 율례들을 배우게 되었나이다. 주의 입의 법이 내게는 천천 금은보다 좋으니이다"(시 119:71-72). 아멘.

23. 마귀에게 눌린 모든 사람을

사도행전 10장 34-43절

베드로가 입을 열어 말하되 내가 참으로 하나님은 사람의 외모를 보지 아니하시고 각 나라 중 하나님을 경외하며 의를 행하는 사람은 다 받으시는 줄 깨달았도다 만유의 주 되신 예수 그리스도로 말미암아 화평의 복음을 전하사 이스라엘 자손들에게 보내신 말씀 곧 요한이 그 세례를 반포한 후에 갈릴리에서 시작하여 온 유대에 두루 전파된 그것을 너희도 알거니와 하나님이 나사렛 예수에게 성령과 능력을 기름 붓듯 하셨으매 그가 두루 다니시며 선한 일을 행하시고 **마귀에게 눌린 모든 사람을** 고치셨으니 이는 하나님이 함께하셨음이라 우리는 유대인의 땅과 예루살렘에서 그가 행하신 모든 일에 증인이라 그를 그들이 나무에 달아 죽였으나 하나님이 사흘 만에 다시 살리사 나타내시되 모든 백성에게 하신 것이 아니요 오직 미리 택하신 증인 곧 죽은 자 가운데서 부활하신 후 그를 모시고 음식을 먹은 우리에게 하신 것이라 우리에게 명하사 백성에게 전도하되 하나님이 살아 있는 자와 죽은 자의 재판장으로 정하신 자가 곧 이 사람인 것을 증언하게 하셨고 그에 대하여 모든 선지자도 증언하되 그를 믿는 사람들이 다 그의 이름을 힘입어 죄사함을 받는다 하였느니라 이방인 고넬료 일행에게 복음은 화평의 복음이요, 화평의 복음은 가난과 무지와 질병과 멸시의 땅인 갈릴리에서부터 시작되었음을 밝힌 베드로는, 이제 그들에게 복음의 주체이신 예수 그리스도에 대해 설명합니다.

> 하나님이 나사렛 예수에게 성령과 능력을 기름 붓듯 하셨으매 그가 두루 다니시며 선한 일을 행하시고 마귀에게 눌린 모든 사람을 고치셨으니 이는 하나님이 함께하셨음이라(38절).

베드로는 주님을 가리켜 "나사렛 예수"라 불렀습니다. 본래 유대인의 이름엔 성姓이 별도로 없었습니다. 그들이 모두 하나님께서 창조하신 아담의 혈통이었기에, 혈통을 구별하기 위한 성이 달리 필요하지 않았기 때문입니다. 그러나 모든 유대인이 성이 없는 짧은 이름만 지니다 보니 동명이인이 수없이 생기게 되었습니다. 그래서 그들은 사람 이름 앞에 출신지명이나 부모의 이름을 붙여 사람을 구별하였습니다. 이를테면 예수님을 배신한 유다가 가룟 지방 출신이기에 가룟 유다라 부르고, 후에 왕이 된 다윗을 이새의 아들 다윗이라 칭하여 동일한 이름을 지닌 다른 사람들과 구별하는 식이었습니다.

베드로가 고넬료 일행에게 주님을 나사렛 예수라 소개한 것 역시 이와 무관하지 않았습니다. 예수란 이름은 '구원자'란 의미입니다. 그런데 주님께서 이 땅에 오시기 전부터 자칭 예수—즉 자칭 구원자들이 있었고, 예수 그리스도의 강림·부활·승천 이후에는 자칭 예수가 더 많아졌습니다. 그 많은 자칭 예수들과 구별하기 위하여 베드로는 주님을 나사렛 예수라 불렀습니다. 다른 예수가 아니라, 갈릴리 나사렛의 목수였던 바로 그 예수란 의미였습니다. 그러나 베드로가 주님을 나사렛 예수라 부른 데는 그와 더불어, 정작 더 깊은 뜻이 담겨 있었습니다.

예수님의 부활과 승천을 직접 목격한 베드로는 예수님께서 하나님의 아들, 즉 성자 하나님이심을 누구보다 잘 알고 있었습니다. 그럼에도 그는 이방인 고넬료 일행에게 처음부터 예수님을 하나님의 아들 예수라거나, 성자 하나님 예수라고 소개하지 않았습니다. 단지 나사렛 예수임을 강조했습니다. 먼저 주님의 인성人性, 즉 사람이신 주님을 강조하기 위함이었습니다. 예수님께서는 인간을 구원하시기 위해 이 땅에 오신 임마누엘 하나님이 분명했지만, 그렇다고 해서 인간과 다른 모습으로 오신 것은 아니었습니다. 나사렛 예수님은 아침이면 일어나 낮 동안 일하다가 밤이 되면 잠자리에 눕고, 하루 세 끼 끼니를 거르지 않으며, 기쁠 때 웃고 슬플 때는 눈물을 흘리며, 두 눈으로 세상을 보고 두 발로 걷는, 우리와 똑같은 인간이셨습니다. 이 사실을 강조하기 위하여 베드로는, 당시 사람을 소개하는 방식과 똑같은 방식으로 주님을 나사렛 예수라 칭했습니다.

그리스도인은 예수 그리스도를 좇는 사람입니다. 즉 예수님을 본받고 닮아 가는 사람입니다. 만약 예수님께 인성 없이 신성만 있었다면, 다시 말해 그분이 인간과는 전혀 상관없는 하나님이시기만 했다면, 이 세상에 그리스도인은 존재할 수 없을 것입니다. 하찮은 인간이 하나님을 본받아 살아간다는 것은 뱁새가 황새를 따라가려는 것보다 더 어려운, 아예 불가능한 일입니다. 그러나 하나님이신 그분이 우리와 똑같은 인간으로 이 땅에 오시어 인간으로 이 세상을 사셨기에, 비로소 우리는 그분을 본받고 닮고 좇아갈 소망과 용기와 힘을 지니게 됩니다. 인간이 하나님을 닮는다는 것은 가당찮지만, 인간이 인간을 본받는 것은 얼마든지 가능하기 때문입니다. 이런 의미에서 베드로가 이방인 고넬료 일행에게 주님을 하나님의 아들 혹은 성자 하나님이라 칭하지 않고 나사렛 예수라고 먼저 소개한 것은, 아직 예수님을 알지 못하는 그들을 위한 적절한 배려였습니다.

38절을 다시 보시겠습니다.

> 하나님이 나사렛 예수에게 성령과 능력을 기름 붓듯 하셨으매 그가 두루 다니시며 선한 일을 행하시고 마귀에게 눌린 모든 사람을 고치셨으니 이는 하나님이 함께하셨음이라.

베드로는 인간으로 이 땅에 오신 나사렛 예수님께서 이 땅에 계시는 동안, "두루 다니시며 선한 일을 행하시고 마귀에게 눌린 모든 사람을 고치셨다"고 증언했습니다. 주님께서 공생애 3년 동안 행하셨던 수많은 일들을 베드로가 이렇게 두 가지로 요약하여 설명한 것입니다. 우리말 '선한 일을 행하다'로 번역된 헬라어 동사 '유에르게테오εὐεργετέω'는 본래 '은혜를 베푸다'라는 의미입니다. 언제 어디서나 사람들에게 은혜를 베푸는 시혜자가 되고, 또 마귀에게 억눌린 모든 사람을 고쳐 주는 치유자가 된다는 것은, 인간으로서는 가능한 일이 아닙니다. 인간에게는 그런 능력이 없기 때문입니다. 그런데도 인간이셨던 나사렛 예수님께서는 그 두 가지 일을 모두 하셨습니다. 그분 역시 인간이셨는데도 어떻게 그것이 가능할 수 있었겠습니까?

이에 대한 베드로의 답변은 아주 간단합니다. 하나님께서 인간이셨던 나사렛 예수님께 성령과 능력을 기름 붓듯 해주셨기 때문입니다. 옛날 유대인들은 왕이나 제사장을 세울 때 머리 위에 기름을 붓는 의식을 행했는데, 이때 기름이 머리에서 얼굴을 타고 옷으로 흘러내리기까지 많은 양의 기름을 부었습니다. 그러므로 하나님께서 나사렛 예수님께 성령과 능력을 기름 붓듯 하셨다는 것은 성령과 능력으로 충만케 하셨다는 의미입니다.

하나님께서 대체 어디에 계셨기에 나사렛 예수님께 성령과 능력을 기름 붓듯 하신 것입니까? 38절을 또다시 보십시다.

> 하나님이 나사렛 예수에게 성령과 능력을 기름 붓듯 하셨으매 그가 두루 다니시며 선한 일을 행하시고 마귀에게 눌린 모든 사람을 고치셨으니 이는 하나님이 함께하셨음이라.

하나님께서는 나사렛 예수님과 함께하고 계셨습니다. 그리고 예수님께 성령과 능력을 기름 붓듯 해주셨습니다. 그렇다면 하나님께서 예수님과 함께하신 것과, 하나님께서 예수님께 성령과 능력을 기름 붓듯 하신 그 사이에 무엇이 있었겠습니까? 두말할 것도 없이 하나님에 대한 예수님의 자기 의탁입니다. 나사렛 예수님께서 당신과 함께하고 계시는 하나님께 당신 자신을 온전히 의탁하심으로 하나님께서 예수님께 성령과 능력을 기름 붓듯 하셨고, 나사렛 예수님께서는 하나님의 그 은혜 속에서 시혜자와 치유자의 삶을 사실 수 있었습니다. 여기에서 우리는 두 가지의 귀한 깨달음을 얻게 됩니다.

먼저, 우리 자신은 하찮은 인간에 지나지 않지만 우리 역시 주님을 본받아 시혜자와 치유자로 살아갈 수 있다는 깨달음입니다. 2천 년 전 나사렛 예수님과 함께하셨던 하나님께서 지금은 어디에 계십니까? 하나님께서는 무소부재하신 분입니다. 다시 말해 우리가 어디에 있든 그분은 우리와 함께하십니다. 그러므로 우리 또한 우리 자신을 하나님께 온전히 맡기기만 하면, 성령과 능력을 기름 붓듯 하시는 하나님의 은혜를 힘입어 우리도 나사렛 예수님처럼 시혜와 치유의 삶을 살 수 있습니다. 그 좋은 예가 본문 속 베드로입니다. 베드로도 우리와 똑같은 인간이었습니다. 그러나 베드로 역시 자신과 함께하고 계시는 하나님께 자신을 온전히 의탁함으로, 성령과 능력을 기름 붓듯 하시는 하나님의 은혜 속에서 나사렛 예수님을 본받아, 그가 만나는 모든 사람을 위한 시혜자와 치유자의 삶을 살았습니다. 이것은 우리가 너무나도 잘 알고 있는 사실이기에 더 이상 재론할 필요도 없습니다.

우리가 본문을 통해 얻을 수 있는 또 하나의 깨달음은, 사람들에게 은혜를 베푸는 것과 마귀에게 눌린 사람을 고쳐 주는 것은 불가분의 관계에 있다는 것입니다. 하나님께서 인간이셨던 나사렛 예수님과 함께하시면서 성령과 능력을 기름 붓듯 하셨을 때 그분의 삶 속에는, 사람들에게 은혜를 베푸시는 시혜와 마귀에게 눌린 모든 사람을 고치시는 치유가 동시에 일어났습니다. 그 두 역사 가운데 어느 것 하나만 일어난 것이 아니라 둘 다 동시에 일어났다는 것은, 그 양자가 불가분의 관계에 있음을 의미합니다. 그러므로 사람에게 은혜를 베푼다는 것은 마귀의 억압으로부터 사람을 해방시켜 주는 것이요, 마귀에게 억눌린 사람을 해방시켜 주는 것이 사람에게 베풀 수 있는 가장 큰 은혜임을 깨닫게 됩니다. 그렇다면 우리도 나사렛 예수님을 본받아 마귀에게 눌린 사람들을 해방시켜 주는 그리스도인이 되기 위해서는, 마귀에게 눌린 사람이 구체적으로 어떤 사람을 의미하는지를 먼저 알아야만 합니다.

나사렛 예수님께서 마귀에게 눌린 사람들을 고쳐 주시기 전에, 당신 자신이 먼저 마귀의 유혹을 받으신 적이 있었습니다. 마귀의 첫 번째 유혹은 40일을 금식하신 예수님께, '네가 정말 하나님의 아들이라면 돌들로 떡덩이를 만들어 보라'는 것이었습니다. 돌로 떡을 만들 수 있다면 황금인들 만들지 못할 리가 없습니다. 그것은 바로 '물질'에 대한 유혹이었습니다. 두 번째는 높은 곳에서 뛰어내려 하나님의 아들임을 스스로 입증하라는 '명예'의 유혹이었고, 마지막으로는 천하만국 권세를 다 줄 것인즉 마귀 자신을 경배하라는 '권력'의 유혹이었습니다. 이를테면 인간 속에 내재하고 있는 물질욕과 명예욕 그리고 권력욕을 섬기라는 유혹이었습니다. 한마디로 자기 욕망에 갇힌 자기 자신을 숭배하라는 유혹이었습니다. 이것은 창세기 3장에서부터 시작된, 인간에 대한 마귀의 일관된 유혹이었습니다. 마귀는 에덴동산의 하와에게 금단의 열매인 선악과를 먹기만 하면 눈이 밝아져 하나님과 같이 될 것이라고 유혹하였고, 이에 하와는 선악과를 먹지 말라는 하나님의 말씀을 어기고 그 열매를 먹었습니다. 그 이유는, 스스로 하나님이 되어 자기 자신을 하나님으로 섬기기 위함이었습니다.

그 이후부터 인간은 자기 욕망과 자기 자신을 하나님으로 숭배하는 자기 억압에 빠지고 말았습니다. 고작 몇십 년 살다가 공동묘지에서 한 줌의 흙으로 끝나 버릴 인생이 자기 욕망과 자기 자신을 숭배한다는 것은 그 결과가 허망한 죽음으로 끝날 수밖에 없기에, 인간이 자신을 스스로 자기 속에 가두는 자기 억압이야말로 자기 파멸의 첩경입니다. 이것이 바로 마귀가 노리는 바입니다. 마귀는 사람을 살리거나 바로 세우려는 선한 존재가 아니라, 언제나 사람을 파멸시키려는 악의 실체이기 때문입니다. 그러므로 마귀에게 억눌린 사람이란, 흔히 생각하듯 더러운 귀신 들린 사람만을 의미하지 않습니다. 마귀에게 억눌린 사람은, 자기 욕망과 자기 자신을 숭배하는 자기 억압에 빠진 모든 사람을 일컫습니다. 인간이 생명의 근원이신 하나님보다도 자기 욕망과 자기 자신을 더 숭배하는 자기 억압에 빠져 죽음으로 치닫는다는 것 자체가, 자신이 의식하든 않든 상관없이 마귀의 덫에 이미 걸려 있음을 뜻하기 때문입니다.

따라서 마귀가 예수님께 물질욕과 명예욕 그리고 권력욕의 덫을 던졌다는 것 역시, 예수님을 자기 욕망과 자기 자신을 숭배하는 자기 억압 속에 가두기 위함이었습니다. 그러나 예수님께서는 마귀의 집요한 유혹을 모두 하나님의 말씀으로 물리치셨습니다.

> 기록되었으되 사람이 떡으로만 살 것이 아니요 하나님의 입으로부터 나오는 모든 말씀으로 살 것이라(마 4:4).
> 기록되었으되 주 너의 하나님을 시험하지 말라 하였느니라(마 4:7).
> 사탄아 물러가라 기록되었으되 주 너의 하나님께 경배하고 다만 그를 섬기라 하였느니라(마 4:10).

이처럼 나사렛 예수님께서는 당신을 자기 억압의 덫에 빠뜨리려는 마귀의 유혹을 하나님의 말씀으로 물리치셨습니다. 아담과 하와는 마귀가 던진 자기 억압의 덫에 빠져 하나님의 말씀을 버린 반면, 나사렛 예수님께서는 아담과 하와가 버렸던 하나님의 말씀으로 마귀가 던진 자기 억압의 덫을 격파하신 것입니다. 나사렛 예수님께서는 그것으로 그치시지 않고 그 이후부터 마귀에게 눌린 모든 사람, 다시 말해 마귀가 던진 자기 억압의 덫에 빠진 모든 사람들을 자기 억압에서 벗어나 하나님과 바른 관계를 맺을 수 있도록 고쳐 주셨습니다.

이것이 주님께서 인간에게 베풀어 주신 은혜였고 치유였습니다. 그 치유는 인간의 육체에 국한되지 않았습니다. 그 치유는 영육 간의 전인적인 치유였고, 공동묘지에서 한 줌의 흙으로 끝나 버릴 인생을 하나님 앞에서 영원히 살리시는 영원한 치유였습니다. 중요한 사실은 인간이셨던 나사렛 예수님께서 그 놀라운 일을, 성령과 능력을 기름 붓듯 하신 하나님의 은총 속에서 말씀으로 행하셨다는 것입니다.

여기에서 우리는 하나님께 자신을 의탁한다는 것은, 하나님의 말씀에 대한 자기 의탁을 의미함을 확인하게 됩니다. 38절 말씀을 한 번 더 보시겠습니다.

> 하나님이 나사렛 예수에게 성령과 능력을 기름 붓듯 하셨으매 그가 두루 다니시며 선한 일을 행하시고 마귀에게 눌린 모든 사람을 고치셨으니 이는 하나님이 함께하셨음이라.

하나님께서는 예수님과 함께하셨고, 또 예수님께 성령과 능력을 기름 붓듯 하셨습니다. 바로 그 사이에 하나님에 대한 예수님의 자기 의탁이 있었음은 앞에서 언급하였습니다. 그런데 하나님에 대한 예수님의 자기 의탁은 추상적인 선언이거나 감정적인 표현이 아니었습니다. 그것은 구체적으로 하나님의 말씀에 대한 자기 의탁이었습니다.

이미 말씀드린 것처럼, 나사렛 예수님께서는 당신을 자기 억압의 덫에 빠뜨리려는 마귀의 유혹을 모두 말씀으로 물리치셨습니다. 그러나 그 말씀은 나사렛 예수님 당신의 말씀이 아니라 하나님의 말씀이었습니다. "사람이 떡으로만 살 것이 아니요, 하나님의 입으로부터 나오는 모든 말씀으로 살 것이라"—이것은 신명기 8장 3절 말씀입니다. "주 너의 하나님을 시험하지 말라"—이것은 신명기 6장 16절 말씀입니다. "주 너의 하나님께 경배하고 다만 그를 섬기라"—이것은 신명기 6장 13절 말씀입니다. 이처럼 나사렛 예수님께서는 오직 하나님의 말씀에 당신 삶의 뿌리를 내리고 계셨고, 그 말씀을 당신의 삶으로 지키심으로 당신을 자기 억압의 덫에 빠뜨리려는 마귀의 유혹을 분쇄하셨습니다.

왜 마귀의 유혹은 오직 하나님의 말씀으로만 분쇄되겠습니까? 오직 하나님의 말씀 속에서만 마귀가 던지는 모든 유혹의 본질과 실체를 바르게 분별할 수 있기 때문입니다. 오직 말씀 속에서만, 이 세상의 모든 물질은 그것이 아무리 태산처럼 많다 해도, 인간의 코끝에 호흡이 있는 동안에만 이 세상에서 필요한 삶의 수단일 뿐이요, 우리의 죽음 이후를 책임져 줄 수 있는 인생의 목적이 아님을 알게 됩니다. 수단에 불과한 물질을 삶의 목적으로 삼는 것은, 죽음 이후를 책임져 주지 못할 물질을 위해 자기 생명을 욕망으로 갉아먹는 어이없는 짓임을, 오직 말씀 속에서만 확인할 수 있습니다. 오직 말씀 속에서만, 우리의 죽음 이후에도 우리를 영원히 책임져 주는 것은 영원하신 하나님의 영원한 말씀뿐임을 알게 됩니다. 오직 하나님의 말씀 속에 있는 사람만, 명예는 집착이나 추구의 대상이 아니라 하나님의 말씀을 좇는 신실한 삶의 결과로 수반되는 것임을 깨닫게 됩니다. 오직 하나님의 말씀 속에 있는 사람만, 천하만국의 권세를 주겠다는 마귀의 유혹은 새빨간 거짓말임을 알게 됩니다. 주님께서 '나라와 권세와 영광이 아버지께 영원히 있사옵나이다'라고 기도하게 하신 것처럼, 오직 말씀 속에 있는 사람만, 모든 권세는 하나님의 것이요 또 하나님으로부터 주어짐을 알게 됩니다. 그래서 오직 하나님의 말씀 속에 있는 사람만, 어떤 권세이든 권세 그 자체를 목적으로 삼다가 파멸하지 않고, 주어진 권세의 선한 청지기로 바른 삶을 살 수 있습니다.

  이처럼 오직 하나님의 말씀 속에 거하는 사람만, 모든 유혹의 본질과 실체를 바르게 분별할 수 있기에 마귀가 던지는 자기 억압의 유혹을 깨뜨릴 수 있습니다. 아담과 하와가 마귀의 덫에 빠진 것은, 하나님의 말씀을 외면함으로 유혹의 본질을 볼 수 없었기 때문입니다. 하나님께서는 분명히 '선악과를 먹으면 정녕 죽으리라'고 말씀하셨습니다. 선악과가 아무리 보암직하고 먹음직하고 탐스럽게 보여도 그 본질은 죽음이었습니다. 그러나 스스로 하나님이 되라는 마귀의 유혹에 빠진 아담과 하와는 하나님의 말씀을 버림으로 그 본질을 보지 못했습니다. 그래서 자기 욕망에 자신을 가두는 자기 억압의 덫에 빠져 죽음의 열매를 먹음으로, 결과적으로 자기 생명을 스스로 갉아먹는 파멸을 맞고 말았습니다.

오직 하나님의 말씀 속에 거하는 사람만 마귀가 던지는 모든 유혹의 본질과 실체를 분별할 수 있는 것은, 하나님께서 그것이 가능할 수 있게끔 당신의 말씀을 통해 성령과 능력을 기름 붓듯 해주시기 때문임은 두말할 나위도 없습니다.

사랑하는 교우 여러분!

지난 일주일을 어떻게 사셨습니까? 혹 수단이어야 할 물질과 명예와 권세를 삶의 목적으로 삼느라, 자기 욕망과 자기 자신에게 자신을 가두는 자기 억압의 삶을 사신 것은 아닙니까! 만약 그렇다면 우리가 아무리 성경책을 들고 다녀도 우리는 아직 마귀에게 눌린 사람이요, 지난 일주일 동안의 우리 생명을 허망하게 갉아먹은 어리석은 인간일 수밖에 없습니다. 우리가 진정 하나님을 믿고 또 인생의 참되고 영원한 가치가 어디에 있는지 아는 그리스도인이라면, 앞으로도 계속 그렇게 살 수는 없지 않겠습니까? 아니, 그렇게 살아서는 절대로 안 되지 않겠습니까?

우리 모두 영혼의 눈을 크게 뜨고 우리에게 임해 계시는 하나님을 바라보십시다. 우리를 예수 그리스도 안에서 죽음으로부터 생명의 자리로 옮겨주신 하나님을 바라보십시다. 그리고 하나님의 말씀에 우리의 삶을 의탁하십시다. 하나님의 말씀에 우리 삶의 뿌리를 내리십시다. 하나님의 말씀을 우리의 삶으로 지키십시다. 그때 하나님께서는 당신의 말씀을 통해 우리에게 성령과 능력을 기름 붓듯 해주실 것입니다. 하나님의 그 은혜 속에서 우리는 자기 욕망과 자기 자신 속에 갇혀 있던 자기 억압에서 벗어나, 더 이상 수단과 목적을 혼동하지 않는 영원한 생명의 삶을 살게 될 것이요, 나아가 마귀에게 억눌린 이 세상 사람들을 해방시켜 주는 진정한 그리스도인이 될 것입니다.

잊지 마십시오. 그것만이 우리의 코끝에서 호흡이 멈추는 순간에 후회하지 않는 길입니다. 자기 욕망과 자기 자신을 섬기는 자기 억압에서 벗어난 삶만, 죽음이 아니라 영원한 생명으로 이어지기 때문입니다.

하나님! 아담과 하와가 마귀의 유혹에 빠져 하나님의 말씀을 외면하고 금단의 열매를 범한 이후, 마귀에게 억눌린 인간은 늘 자기 욕망과 자기 자신을 숭배하는 자기 억압의 덫에 갇혀 있습니다. 그래서 삶의 수단이어야 할 물질 그 자체를 목적으로 섬기다가, 지금 온 세계가 경제 위기의 곤욕을 치르고 있습니다.

하나님을 믿는 우리 역시 예외는 아니었습니다. 지난 일주일 동안에도 하나님의 자녀라기보다는 마귀에게 억눌린 삶을 사느라, 인생의 수단과 목적을 혼동하였습니다. 그래서 자기 억압의 덫에 갇혀, 일주일이라는 우리의 귀중한 생명을 또다시 허망한 욕망으로 덧없이 갉아먹고 말았습니다. 그럼에도 우리를 포기하시지 않고, 오늘도 우리를 불러 주신 하나님 아버지! 우리의 영안을 열어 주시어, 항상 우리의 삶에 임해 계시는 하나님 아버지를 볼 수 있게 하옵소서. 오직 영원하신 아버지의 말씀에 우리 삶의 뿌리를 내리고, 아버지의 말씀 속에 거하게 하옵소서. 그와 같은 우리에게 성령과 능력을 기름 붓듯 부어 주시어, 마귀가 던지는 모든 유혹의 본질과 실체를 아버지의 말씀 속에서 바르게 분별하게 하옵소서. 더 이상 죽음의 행진이 아니라, 참생명의 삶을 살게 하옵소서. 하나님 아버지의 말씀 속에서, 우리 모두 나사렛 예수님을 본받아 자기 억압의 덫으로부터 자유하게 하시고, 마귀에게 눌린 모든 사람을 자유하게 하는 진정한 그리스도인이 되게 하옵소서.

그리하여 우리의 코끝에 호흡이 있는 동안에는, 예수를 닮아 가는 우리의 삶을 통해 세상 사람들이 나사렛 예수님을 보게 하옵소서. 그리고 우리의 코끝에서 호흡이 멎는 순간에는, 하나님 아버지 앞에서 추호의 후회도 없게 하옵소서. 아멘.

24. 죽였으나 다시 살리사 종교개혁 주일

사도행전 10장 34-43절

베드로가 입을 열어 말하되 내가 참으로 하나님은 사람의 외모를 보지 아니하시고 각 나라 중 하나님을 경외하며 의를 행하는 사람은 다 받으시는 줄 깨달았도다 만유의 주 되신 예수 그리스도로 말미암아 화평의 복음을 전하사 이스라엘 자손들에게 보내신 말씀 곧 요한이 그 세례를 반포한 후에 갈릴리에서 시작하여 온 유대에 두루 전파된 그것을 너희도 알거니와 하나님이 나사렛 예수에게 성령과 능력을 기름 붓듯 하셨으매 그가 두루 다니시며 선한 일을 행하시고 마귀에게 눌린 모든 사람을 고치셨으니 이는 하나님이 함께하셨음이라 우리는 유대인의 땅과 예루살렘에서 그가 행하신 모든 일에 증인이라 그를 그들이 나무에 달아 **죽였으나** 하나님이 사흘 만에 **다시 살리사** 나타내시되 모든 백성에게 하신 것이 아니요 오직 미리 택하신 증인 곧 죽은 자 가운데서 부활하신 후 그를 모시고 음식을 먹은 우리에게 하신 것이라 우리에게 명하사 백성에게 전도하되 하나님이 살아 있는 자와 죽은 자의 재판장으로 정하신 자가 곧 이 사람인 것을 증언하게 하셨고 그에 대하여 모든 선지자도 증언하되 그를 믿는 사람들이 다 그의 이름을 힘입어 죄사함을 받는다 하였느니라

7주 전에, 야구의 신으로 불리는 SK 와이번스 팀의 김성근 감독에 대해 말씀드린 적이 있었습니다. 그는 지난 9월 3일 한국 프로야구에서 두 번째로 1,000승의 대기록을 수립하였습니다. 한국 프로야구에서 가장 많은 승리를 기록한 감독은 2004년을 끝으로 현역에서 물러난 김응용 감독으로서, 통산 1,476승의 위업을 이루었습니다. 김응용 감독은 한국 프로야구 원년인 1982년부터 그가 은퇴하던 2004년까지 23년 동안, 당시 최강 팀이었던 해태와 삼성 팀의 감독직을 맡으면서 그 대기록을 수립하였습니다. 그러나 김응용 감독보다 2년 늦게 감독으로 데뷔하고서도 수년 동안 감독직을 떠나 야인 생활을 해야만 했던 김성근 감독은, 17년간 약체 팀을 번갈아 맡아 가며 1,000승을 이루어 내었습니다. 그러므로 김성근 감독의 1,000승 역시 김응용 감독의 1,476승에 조금도 뒤지지 않는 대기록임을 알 수 있습니다. 그런데 그 1,000승이 '생명과 바꾼 1,000승'이었음이 최근에 김성근 감독 자신에 의해 밝혀졌습니다. '생명과 바꾼 1,000승'이란 1,000승을 얻기 위해 최선을 다했다는 수사학적 표현이 아니라, 정말 자기 육체의 생명과 맞바꾼 1,000승이란 의미였습니다.

1942년 일본 교토에서 재일 교포로 태어난 김 감독은 스무 살이 되던 1962년, 조국에서 야구를 하겠다는 일념으로 단신 귀국하였습니다. 일본에서 태어나 한국말이 서툴렀던 그에게 한국에서 살아남을 수 있는 유일한 길은 야구였습니다. 사람들이 '반쪽발이'라고 놀릴 때마다 그는 마음속으로 '내가 야구로 너희를 이겨 주마' 다짐하며 이를 악물곤 했습니다. 그러나 뛰어난 왼손 투수로 활약하던 그는 어깨 부상으로 1964년에 선수생활을 포기해야만 했습니다. 그때까지 한국말이 통하지 않아 야구 이외에는 달리 할 것이 없던 그는 야구 지도자로 인생의 승부를 걸었습니다. 기업은행, 충암고, 신일고의 감독을 거쳐 1984년 드디어 프로야구 감독이 되었습니다. 매번 약체 팀을 맡아 괄목할 만한 전과를 세웠지만, 그는 여섯 번이나 소속 구단으로부터 쫓겨나는 수모를 당했습니다. 구단과 의견이 맞설 때 물러서지 않는 성미인 데다, 재일 교포 출신인 그에 대한 주위 사람들의 끊임없는 시기와 질투 때문이었습니다.

그러던 중 1998년, 당시 쌍방울 팀의 지휘봉을 잡고 있을 때였습니다. 소변볼 때마다 통증이 있어 쌍방울 팀의 본거지였던 전주의 한 병원에서 검사를 했더니 요도염 진단이 나왔습니다. 의사의 처방을 따랐는데도 증세가 호전되지 않아, 마침 부산 원정 때 부산에 있는 병원에 갔더니 이번에는 방광염이라고 했지만 역시 증세는 나아지지 않았습니다. 마지막으로 서울에서 정밀 검사를 받은 결과 신장암이었습니다. 그는 어쩔 수 없이 암이 발생한 신장 한쪽을 떼어 내는 수술을 받았습니다. 수술 당일 병실로 그를 문병 온 야구인들은 병상에 누워 있는 그의 모습을 보고는 말없이 발걸음을 돌려 버렸습니다. 신장 하나를 떼어 내고 누워 있는 그에게 더 이상 이용 가치가 없다고 생각함이 분명해 보였습니다. 자신의 몸을 생각한다면 당장 감독직을 포기해야만 했습니다. 그러나 아무리 생각해도 야구장을 떠나서는 자신이 더 이상 살아야 할 의미가 없었습니다. 그는 자신이 암 수술을 받았다는 사실을 철저하게 숨기기로 했습니다. 그는 수술받은 다음 날부터 '야구장으로의 컴백'을 계속 마음속으로 절규하듯 되뇌며 병원 복도를 쉬지 않고 걸었습니다. 그리고 퇴원 후에는 예전보다 더 열심히 야구에만 매달렸습니다. 야구장에서 퇴출당하지 않고, 야구장에서 살아남기 위해서였습니다. 결국 그는 그가 고수하려 했던 야구장에서 신장암을 극복하였을 뿐 아니라 1,000승의 위업을 달성하였습니다. 문자 그대로 자기 생명과 맞바꾼 1,000승이었습니다.

김성근 감독은 그동안은 자신만 보고 살아왔으므로 이제 다른 사람에게 도움이 되기를 바라는 심정으로, 지난해에는 암 환자들을 위해 특강을 했다고 합니다. 그 특강을 통해 김 감독은 암 환자들에게 "의지를 지니고, 포기하지 말고, 다른 사람 앞에서 고개를 숙이지 말라"고 당부했습니다. 올해 초에는 일본 오키나와에서 암에 걸린 여교사가 한국까지 김 감독을 찾아왔다가 그만 울음을 터뜨리며 돌아갔다고 합니다. 김 감독이 암에 걸린 일본 여교사에게 자신이 수술받은 다음 날부터 '야구장으로의 컴백'을 마음속으로 절규하듯 되뇌며 병원 복도를 걸었던 체험담을 들려주며, "당신도 반드시 교단으로 컴백한다는 의지를 지녀야 한다"고 말해 주었기 때문입니다. 김 감독의 그 말에 감동의 울음을 터뜨리며 일본으로 돌아간 그 여교사가 '교단으로의 컴백'을 절규하며 암과 싸우는 모습은 보지 않아도 눈앞에 선합니다.

스무 살의 나이에 오직 조국에서 야구를 하겠다는 일념으로 혈혈단신 귀국하여 한국 야구를 위해 자신의 전 인생을 바치고, 암 수술을 받았다는 사실을 숨긴 채 야구로 암을 극복하고, 자기 생명과 맞바꾼 1,000승의 대기록을 수립하고, 이제는 암과 투병하는 사람들에게 의지를 잃지 말라 격려하면서 올해 우리 나이로 67세를 맞은 김성근 감독은 명실공히 의지의 화신이요, 그의 인생은 그 어떤 드라마보다 더 감동적이라 해도 결코 과언이 아닐 것입니다.

그러나 여기에서 반드시 짚고 넘어가야 할 사실이 있습니다. 아무리 김성근 감독이 의지의 화신이요 그의 일생이 한 편의 감동적인 드라마라 해도, 그분 역시 언젠가는 반드시 죽는다는 것입니다. 언젠가 그분의 마지막 날이 그분을 찾아오면 그때는 신장암을 이겨 낸 그분의 의지도, 프로야구 통산 1,000승을 기록한 그분의 위업도 아무 소용이 없을 것입니다. 김성근 감독의 격려에 감동의 울음을 터뜨리고 일본으로 돌아간 일본 여교사가 김성근 감독을 본받아, '교단으로의 컴백'을 외치면서 암과 싸워 이길 수도 있을 것입니다. 그러나 그분 역시 언젠가 그날이 불현듯 그분을 덮치면 속수무책으로 이 세상을 떠나갈 수밖에 없습니다.

시인 박제영 씨의 시 가운데 〈늙은 거미〉란 산문시가 있습니다.

> 늙은 거미를 본 적이 있나 당신, 늙은 거문개똥거미가 마른 항문으로 거미줄을 뽑아내는 것을 본 적이 있나 당신, 늙은 암컷 거문개똥거미가 제 마지막 거미줄 위에 맺힌 이슬을 물끄러미 바라보고 있는 것을 본 적이 있나 당신, 죽은 할머니가 그러셨지. 아가, 거미는 제 뱃속의 내장을 뽑아서 거미줄을 만드는 거란다. 그 거미줄로 새끼들 집도 짓고 새끼들 먹이도 잡는 거란다. 그렇게 새끼들 다 키우면 내장이란 내장은 다 빠져나가고 거죽만 남는 것이지. 새끼들 다 떠나보낸 늙은 거미가 마지막 남은 한 올 내장을 꺼내 거미줄을 치고 있다면 아가, 그건 늙은 거미가 제 수의를 짓고 있는 거란다. 그건 늙은 거미가 제 자신을 위해 만드는 처음이자 마지막 거미줄이란다. 거미는 그렇게 살다 가는 거야. 할머니가 검은 똥을 쌌던 그해 여름, 할머니는 늙은 거미처럼 제 거미줄을 치고 있었지. 늙은 거미를 본 적이 있나 당신.

여러분은 늙은 거미를 본 적이 있으십니까? 제 마지막 거미줄 위에 맺힌 이슬을 물끄러미 바라보고 있는 늙은 거미를 본 적이 있으십니까? 마지막 남은 한 올 내장을 꺼내어 제 수의를 짓고 있는 늙은 거미를 본 적이 있으십니까? 그러고는 끝내 영영 사라져 버리는 늙은 거미를 본 적이 있으십니까? 본 적이 없다고 해도 그것은 실은 그리 중요하지 않습니다. 중요한 것은 그 늙은 거미의 모습이 바로 우리 자신의 현재, 혹은 미래의 모습이라는 사실입니다. 오늘 밤이라도 우리의 코끝에서 호흡이 멈추어 버리면, 살아 있는 사람들은 시신이 된 우리를 위해 엄숙하게 장례식을 치른 뒤에 우리의 시신을 무덤 속에 안장할 것입니다. 죽은 사람의 생전의 의지와, 그의 형편과 처지에 따라 무덤의 크기와 모양은 달라질 것입니다. 그러나 무덤의 크기와 모양이 어떠하든 무덤 속의 본질이 시체, 즉 죽음이란 의미에서는 아무 차이도 없습니다.

그렇다면 그것으로 모든 것이 끝나 버리는 것입니까? 죽음에 관한 한, 인간은 정말 늙은 거미와 아무 차이가 없는 것입니까? 그렇습니다. 하나님을 떠나서는 인간의 죽음은 그 자체로 끝이요, 인간과 늙은 거미 사이에는 그 어떤 차이도 있을 수 없습니다. 그러나 그렇지 않습니다. 하나님 안에서는 죽음이 결코 끝이 아니요, 인간과 늙은 거미는 절대로 동일할 수 없습니다.

이방인 고넬료 일행에게 복음은 화평의 복음이요, 화평의 복음은 갈릴리에서부터 시작되었으며, 복음의 주체이신 나사렛 예수님께서 성령과 능력을 기름 붓듯 하신 하나님의 은총 속에서 마귀에게 눌린 모든 사람을 고쳐 주셨음을 설파한 베드로의 설교는, 본문 39-40절에 이르러 이렇게 이어지고 있습니다.

> 우리는 유대인의 땅과 예루살렘에서 그가 행하신 모든 일에 증인이라 그를 그들이 나무에 달아 죽였으나 하나님이 사흘 만에 다시 살리사 나타내시되.

3년 동안이나 나사렛 예수님과 밤낮 함께 지냈기에 예수님께 일어난 모든 일의 증인이었던 베드로는, 오늘의 본문에서 대칭되는 중요한 두 동사를 언급하고 있습니다. '죽였다'는 동사와 '다시 살리셨다'는 동사입니다.

유대인들은 분명히 예수님을 죽였습니다. 그것도 인간이 인간을 죽일 수 있는 가장 잔인한 방법인, 십자가에 못박아 죽였습니다. 유대인들에 의해 십자가에 못박히신 나사렛 예수님께서 십자가 위에서 운명하신 것이었습니다. 사람들은 나사렛 예수님의 시신을 수습하여, 아리마대 지방의 갑부 요셉이 자신을 위해 마련해 두었던 새 무덤에 장사 지냈습니다. 빈민 출신이었던 나사렛 예수님의 시신이 비록 부자의 새 무덤에 안치되었다 한들, 죽음의 본질상 나사렛 예수님의 죽음 역시 다른 사람의 죽음과 아무 차이가 있을 수 없었습니다. 그러나 하나님께서 유대인들이 죽였던 나사렛 예수님을 사흘째 되는 날 다시 살리셨습니다. 죽음의 한가운데에 시신으로 누워 있는 나사렛 예수님을 하나님께서 다시 일으켜 세우신 것입니다. 그저 한 번 일시적으로가 아니라, 영원히 다시 살리신 것입니다. 그래서 나사렛 예수님은 영원한 생명의 통로, 영원한 생명의 관문이 되셨습니다.

여기에서 우리는 외형상 동일해 보이는 모든 죽음이 실제로는 그렇지 않다는 사실을 확인하게 됩니다. 모든 것이 끝나 버리는 종국으로서의 죽음이 있는가 하면, 새로운 생명이 새롭게 시작되는 관문으로서의 죽음이 있습니다. 전자가 영원한 끝을 의미한다면, 후자는 영원한 시작을 뜻합니다. 그 차이는, 유대인들이 못박아 죽인 나사렛 예수님을 다시 살리시어 영원한 생명의 통로로 삼으신 하나님을 믿느냐, 혹은 믿지 않느냐에 달려 있습니다.

과학기술의 발달과 물질의 풍요로움 속에서 구미인들이 더 이상 하나님을 필요로 하지 않는 것은 어제오늘의 일이 아닙니다. 그들이 살고 있는 동네마다 예배당이 없는 곳이 없지만, 매 주일 하나님께 예배드리기 위해 예배당을 찾는 사람은 많지 않습니다. 그런데도 구미 각국의 공동묘지를 찾아가 보면 희한한 사실을 발견하게 됩니다. 십자가 그리고 부활 영생과 관련된 성경 구절이 새겨져 있지 않은 비석이 거의 없다는 것입니다. 살아생전에는 하나님을 필요로 하지 않고 멋대로 살고서도, 죽은 뒤에는 영원한 생명을 얻고 싶은 인간의 얄팍한 마음이 그런 식으로 나타나 있습니다. 그렇게 해서라도 영원한 생명을 얻을 수만 있다면 얼마나 좋겠습니까? 그러나 하나님에 의해 영원한 생명의 통로가 되신 나사렛 예수님께서는 이렇게 말씀하고 계십니다.

나는 부활이요 생명이니 나를 믿는 자는 죽어도 살겠고 무릇 살아서 나를 믿는 자는 영원히 죽지 아니하리니 이것을 네가 믿느냐(요 11:25-26).

유대인들이 죽였으나 하나님께서 다시 살리신 예수 그리스도를 믿는 사람만 영원한 생명을 얻고 누릴 수 있다는 말씀입니다. 그렇다면 주님을 믿는다는 것이 대체 무슨 의미이겠습니까? 살아생전 하나님과 무관하게 살다가 코끝에서 호흡이 멎은 뒤에야 산 사람의 손을 빌려, 이미 시신이 되어 누워 있는 자기 무덤의 비석에 십자가와 성구를 새겨 넣는 것을 의미하겠습니까? 결코 아닙니다. 믿음은 코끝에 호흡이 있는 동안, 유대인들이 못박아 죽인 나사렛 예수님을 다시 살리신 하나님의 말씀을 믿어 하나님의 말씀을 좇아 사는 것을 의미합니다. 그 믿음을 지닌 사람은 어느 날 불현듯 코끝에서 호흡이 멎어도 결코 죽지 않습니다. 유대인들이 죽인 나사렛 예수님을 다시 살리신 하나님께서 그 사람도 예수 그리스도 안에서 영원토록 다시 살리시기 때문입니다.

20세기 독일이 낳은 가장 위대한 신학자 중의 한 명인 헬무트 틸리케 Helmut Thielicke 목사는 2차 세계대전이 막바지에 이르렀을 때 독일 슈투트가르트에서 목회하였습니다. 미군의 공습으로 온 도시가 날로 폐허화되고 있었지만, 틸리케 목사는 주일마다 예배드릴 수 있는 장소를 옮겨 가며 교인들에게 '주님의기도'에 대해 설교했습니다. 그 설교문이 스위스로 반출되어 《세계를 부둥켜안은 기도 Das Gebet, das die Welt umspannt》라는 책으로 출간되었고, 그 책이 전선에 배치된 독일군과 연합군에게 붙잡힌 독일군 포로들에게 전해지면서 많은 독일인들의 영혼을 사로잡았습니다. 그 책에 이런 내용이 있습니다. 틸리케 목사가 교인들과 함께 어느 건물 지하실에서 예배를 드리는데, 투하된 폭탄 하나가 그 지하실을 뚫고 들어오는 바람에 순식간에 50명이 넘는 교인들이 즉사하였습니다. 삽시간에 예배 처소가 아수라장으로 변한 것이었습니다. 망연자실하게 서 있는 틸리케 목사에게 한 부인이 다가오더니, 당신이 틸리케 목사냐고 물었습니다. 폭격으로 흙먼지를 뒤집어쓴 탓에 부인이 틸리케 목사를 곧바로 알아보지 못한 것이었습니다. 틸리케 목사를 확인한 부인이 그에게 이렇게 말했습니다.

제 남편도 이 아래에서 죽었습니다. 그이는 저 구멍 바로 아래에 있었죠. 시신을 수습하던 대원들이 그의 자취를 찾지 못했어요. 단 하나 남은 건 그이가 썼던 이 모자뿐이랍니다. 그이와 제가 마지막 시간을 보낼 때, 당신의 강연을 들으려고 교회에 갔었습니다. 이제 이 폭탄 구멍 앞에 서서 당신께 감사를 드리고 싶군요. 당신은 그이를 영원한 곳으로 인도해 주셨어요.

자신의 남편이 폭사당해 형체도 없이 사라져 버렸다면, 그 참혹하고 암

담한 비극의 현장에서 그의 부인은 땅을 치고 통곡함이 마땅하지 않겠습니까? 그러나 그녀는 통곡하지 않았습니다. 도리어 틸리케 목사에게, 아니 그 끔찍한 전쟁 속에서도 틸리케 목사를 당신의 도구로 사용하신 하나님께 감사를 드렸습니다. 히틀러가 일으킨 전쟁은 남편을 죽였지만, 하나님께서는 예수 그리스도 안에서 남편을 반드시 영원토록 다시 살려 주실 것을 확신했기 때문입니다. 그 부인이야말로 그리스도인이 죽음을 어떻게 받아들이고, 또 죽음 앞에서 어떻게 처신해야 하는지를 보여 준 진정한 그리스도인이었습니다.

오늘은 1517년 10월 31일, 독일의 마르틴 루터가 종교개혁의 기치를 내건 지 491주년을 맞는 종교개혁 기념 주일입니다. 당시 부패한 로마 가톨릭교회에 맞선 개혁가들의 사상을 한마디로 압축하면, 인간을 영원토록 살리는 것은 세상의 물질이나 인간에 의해 만들어진 제도 혹은 관습이 아니라 오직 하나님이시요, 하나님의 말씀뿐이라는 것이었습니다. 그래서 그들의 구호는 "오직 말씀Sola Scriptura", "오직 믿음Sola Fides"이었습니다. 말씀이신 하나님을 믿지 않고서는 그 누구도 영원한 생명의 구원을 받을 수 없다는 의미였습니다. 그러나 그것은 비단 종교개혁 당시에만 국한된 이야기가 아닙니다. 그리스도인들이 언제 어디서나 하나님의 말씀만이 인간을 영원히 살리심을 믿고 좇을 때 교회는 언제나 수정같이 청정했지만, 교회가 하나님 이외의 것으로 살 수 있다고 믿을 때 교회는 어김없이 타락의 길을 걸었습니다. 교회는 건물이나 제도가 아니라, 그리스도인이 곧 교회이기 때문입니다.

사랑하는 교우 여러분!

물질을 하나님보다 더 신뢰하던 온 세계가 지금 경제 위기로 몸살을 앓고 있는 것을 보십시오. 물질을 포함하여 세상의 것은 섬기면 섬길수록 인간의 죽음을 재촉하고 인간을 더욱 고통스럽게 할 뿐, 절대로 인간을 영원히 살려 주지 못합니다. 오직 하나님만, 오직 하나님의 말씀만 인간을 영원히 살리십니다. 유대인들은 나사렛 예수님을 십자가에 못박아 죽였습니다. 그러나 하나님께서는 나사렛 예수님을 영원히 다시 살리셨습니다. 로마제국은 베드로를 죽였습니다. 그러나 하나님께서는 예수 그리스도 안에서 베드로를 다시 살리셨습니다. 그래서 베드로는 2천 년이 지난 오늘날에도 영원한 믿음의 이정표로 우리 가운데 우뚝 서 있습니다. 독일의 히틀러는 슈투트가르트에 사는 부인의 남편을 죽였습니다. 그러나 하나님께서는 예수 그리스도 안에서 그 남편도 다시 살리셨습니다.

그러므로 우리 역시 우리의 코끝에서 호흡이 멎는 순간, 하나님께서 우리를 영원토록 다시 살려 주실 것입니다. 그러나 하나님께서는 우리의 육체가 죽은 뒤에만 우리를 다시 살리시는 분이 아닙니다. 갈릴리의 무식한 어부 베드로를 그의 생전에 위대한 베드로로 다시 살리신 것처럼, 하나님께서는 우리가 이 땅에 살아 있는 동안에도 반드시 우리를 다시 살리십니다. 영적으로만 살리시는 것이 아니라, 우리를 죽음과도 같은 고통 속으로 몰아넣는 모든 삶의 어려움으로부터도 반드시 우리를 다시 살리십니다. 우리가 믿는 하나님께서는 유대인들이 죽인 나사렛 예수님을 다시 살리신 바로 그 하나님이신 까닭입니다.

이 사실을 믿고 우리가 하나님의 말씀을 좇아 살 때, 우리는 우리도 모르게 이 시대를 새롭게 하는 개혁가들이 될 것입니다. 하나님께서는, 오직 당신만이 인간을 영원히 살리심을 믿는 사람들을 통해 언제나 세상을 새롭게 하시기 때문입니다.

우리가 이 세상에서 우리의 의지로 인생의 모든 난관을 극복하고, 그 누구도 감히 넘볼 수 없는 위대한 업적을 쌓는다 한들, 우리가 하나님과 무관하다면 대체 우리의 삶이, 자기 내장을 뽑아 새끼들을 위해 집을 지어 주고, 또 먹이를 잡아 주다가 늙어 죽는 거미와 무슨 차이가 있을 수 있겠습니까? 그래서야 불현듯 찾아오는 죽음 앞에서 과연 우리가 무엇을 이루었다 말할 수 있겠으며, 어느 누구인들 후회하지 않을 수 있겠습니까?

유대인들은 나사렛 예수님을 십자가에 못박아 죽였으나, 그 예수님을 죽음으로부터 다시 살리신 하나님! 로마제국은 베드로를 죽였으나, 예수 그리스도 안에서 그 베드로를 다시 살리신 하나님! 히틀러는 슈투트가르트에 사는 부인의 남편을 죽였으나, 예수 그리스도 안에서 그 남편을 다시 살리신 하나님! 그 하나님께서 오늘도 우리를 불러 주시고, 우리의 아버지 되어 주심을 감사드립니다. 하나님 아버지로 인해 비로소 우리의 죽음이 늙은 거미의 죽음과 구별되게 하시고, 이 땅에서 우리가 행하는 모든 일이 영원한 가치와 의미로 승화되게 해주심을 감사드립니다.

이 시간 이후로 오직 하나님만, 오직 하나님의 말씀만 우리를 영원히 살리심을 잊지 말게 하옵소서. 우리가 죽은 뒤에만 우리를 다시 살리시는 것이 아니라, 갈릴리의 무식한 베드로를 살아생전에 위대한 사도 베드로 다시 살리신 하나님께서, 우리를 이 땅에서부터 다시 살리심을 믿게 하옵소서. 경제적인 곤궁함이 우리를 죽이려 해도, 하나님께서 다시 살리심을 믿습니다. 질병이 우리를 죽이려 해도, 하나님께서 다시 살리심을 믿습니다. 이 세상의 온갖 위협과 고통이 우리를 죽이려 해도, 하나님께서 다시 살리심을 믿습니다. 그렇기에 하나님만 우리의 참된 미래와 희망이 되심을 믿습니다. 이 믿음으로 오직 하나님의 말씀을 좇아 살아가는 우리를 도구 삼아, 하나님께서 이 어둔 세상과 혼탁한 시대를 친히 개혁해 주실 것을 믿습니다. 아멘.

25. 미리 택하신 증인

사도행전 10장 34-43절

베드로가 입을 열어 말하되 내가 참으로 하나님은 사람의 외모를 보지 아니하시고 각 나라 중 하나님을 경외하며 의를 행하는 사람은 다 받으시는 줄 깨달았도다 만유의 주 되신 예수 그리스도로 말미암아 화평의 복음을 전하사 이스라엘 자손들에게 보내신 말씀 곧 요한이 그 세례를 반포한 후에 갈릴리에서 시작하여 온 유대에 두루 전파된 그것을 너희도 알거니와 하나님이 나사렛 예수에게 성령과 능력을 기름 붓듯 하셨으매 그가 두루 다니시며 선한 일을 행하시고 마귀에게 눌린 모든 사람을 고치셨으니 이는 하나님이 함께하셨음이라 우리는 유대인의 땅과 예루살렘에서 그가 행하신 모든 일에 증인이라 그를 그들이 나무에 달아 죽였으나 하나님이 사흘 만에 다시 살리사 나타내시되 모든 백성에게 하신 것이 아니요 오직 **미리 택하신 증인** 곧 죽은 자 가운데서 부활하신 후 그를 모시고 음식을 먹은 우리에게 하신 것이라 우리에게 명하사 백성에게 전도하되 하나님이 살아 있는 자와 죽은 자의 재판장으로 정하신 자가 곧 이 사람인 것을 증언하게 하셨고 그에 대하여 모든 선지자도 증언하되 그를 믿는 사람들이 다 그의 이름을 힘입어 죄사함을 받는다 하였느니라 자동차를 타고 가다가 갑자기 비가 내릴 경우에 대비하여 차 안에 우산을 비치한다는 것을 오래전부터 생각은 하면서도, 막상 자동차를 탈 때는 매번 잊어버리곤 했습니다. 그러다가 열흘 전에 자동차를 타고 부산에 잠시 다녀올 일이 있었습니다. 부산시내 주차장에 차를 세워 놓고 남포동을 걸어가는데 마침 비가 내렸습니다. 근처 편의점으로 들어갔더니, 진열대에 접는 우산과 긴 우산이 흑색·녹색·자색별로 진열되어 있었습니다. 저는 그중에서 검은색 긴 우산을 선택하였습니다. 그 우산을 쓰고 볼일을 끝낸 다음, 자동차를 타면서 우산을 트렁크에 넣는 순간 신비로운 생각이 저를 사로잡았습니다. 제 거주지는 부산이 아닙니다. 저는 서울에 살고 있습니다. 그런데도 서울에 사는 제가 제 자동차에 비치하기 위하여 선택한 우산은, 서울에서 수백 킬로미터 떨어져 있는 부산 남포동의 한 편의점에 진열되어 있던 우산이었습니다.

　제가 자동차 안에 우산을 비치해 두려고 생각했던 것은 오래전부터였습니다. 만약 제가 자동차를 탈 때마다 그 생각을 매번 잊지 않았더라면, 저는 분명히 제가 사는 합정동이나 혹은 서울시내 어디에선가 우산을 구입했을 것입니다. 제가 열흘 전에 부산에 갔더라도 만약 그날 비가 오지 않았더라면 부산에서 우산을 구입할 이유는 없었을 것입니다. 그날 부산에 비가 왔더라도 제가 광복동을 걸어갈 때 비가 왔더라면, 저는 광복동에 있는 편의점에서 다른 우산을 구입했을 것입니다. 그러나 그날 남포동 그 편의점 앞을 지날 때 비가 쏟아졌기에 바로 그 편의점에서, 바로 그 우산을 선택하여, 그 우산과 함께 서울에 왔습니다. 그리고 그 우산은 수명이 다할 때까지 저와 함께 서울에서 살아갈 것입니다. 대한민국의 전역의 가게마다 얼마나 많은 우산이 진열되어 있습니까? 그런데 서울에 사는 제가 서울에서 타는 제 자동차에 비치하기 위해 선택한 우산은, 엉뚱하게도 부산 남포동의 편의점에 진열되어 있던 우산입니다. 그렇다면 그것은 얼마나 신비스러운 선택입니까? 우리의 일상생활 속에서 일어나는 하찮은 선택도 생각하면 할수록 이렇듯 신비스럽다면, 하물며 인간에 대한 하나님의 선택의 신비로움은 두말해 무엇하겠습니까?

이방인 고넬료 일행에게 복음은 화평의 복음이요, 화평의 복음은 갈릴리에서 시작되었으며, 복음의 주체이신 나사렛 예수님은 성령과 능력을 기름 붓듯 하시는 하나님의 은혜 속에서 시혜자와 치유자의 삶을 사셨고, 유대인들은 나사렛 예수님을 십자가에 못박아 죽였으니 하나님께서 다시 살리셨음을 증언한 베드로의 설교는 다음과 같이 이어지고 있습니다.

> 우리는 유대인의 땅과 예루살렘에서 그가 행하신 모든 일에 증인이라 그를 그들이 나무에 달아 죽였으나 하나님이 사흘 만에 다시 살리사 나타내시되 모든 백성에게 하신 것이 아니요 오직 미리 택하신 증인 곧 죽은 자 가운데서 부활하신 후 그를 모시고 음식을 먹은 우리에게 하신 것이라 (39-41절).

유대인은 죽였으나 하나님께서 다시 살리신 나사렛 예수님께서 이 세상 모든 사람들에게 부활하신 당신을 나타내 보이신 것이 아니었습니다. 베드로의 표현대로 '오직 미리 택하신 우리', 즉 당신의 제자들에게 부활하신 당신을 먼저 보여 주셨습니다. 그 제자의 수는, 예수님을 배신하고 목매어 자살한 가룟 유다를 제외하면 고작 열한 명에 지나지 않았습니다. 후에 사도 바울은 고린도전서 15장에서, 부활하신 주님을 직접 뵌 사람은 자신을 포함하여 500여 명이라고 밝혔습니다. 그 숫자 역시 이스라엘 백성 전체를 놓고 본다면 지극히 미미한 수에 불과합니다. 더욱이 그 500여 명 가운데 베드로가 본문 속에서 증언한 것처럼, 부활하신 주님을 모시고 식사까지 한 사람은 열한 명의 제자밖에 없었습니다. 그렇다면 그들이야말로 특별히 선택받은 사람들이 아닐 수 없습니다. 이것이 베드로가 본문을 통해 이렇게 고백한 이유였습니다.

> 모든 백성에게 하신 것이 아니요 오직 미리 택하신 증인 곧 죽은 자 가운데서 부활하신 후 그를 모시고 음식을 먹은 우리에게 하신 것이라(41절).

베드로는 주님께서 자신을 포함한 제자들을 선택하셨음을 강조하였습니다. 우리말 '택하다'로 번역된 헬라어 동사 '케이로토네오 $\chi\epsilon\iota\rho\sigma\tau\sigma\nu\epsilon\omega$'는 '손을 내밀어 지정하여 택하다'라는 의미입니다. 어쩌다가 손에 걸린 것을 택하는 것이 아니라, 많은 것 가운데 특별히 손으로 지정하여 선택해 낸다는 말입니다. 제가 부산 남포동 편의점에 진열된 우산 중에서 검은색 긴 우산을 손을 내밀어 선택했듯이, 주님께서 당신의 손을 내밀어 베드로를 지목하여 선택하신 것입니다. 그런데 헬라어 원문에는 '케이로토네오' 앞에 '미리'를 의미하는 접두사 '프로 $\pi\rho\acute{o}$'가 붙어 있습니다. 주님께서 선택하시되, 미리 선택하셨다는 의미입니다. 저는 열흘 전 부산 남포동의 편의점에서 손을 내밀어 검은색 긴 우산을 선택하기 직전까지도, 제가 그곳에서 그 우산을 선택하리라고는 상상치도 못했습니다. 그러나 주님께서는 베드로가 주님을 알기도 전에, 당신의 손을 미리 내밀어 베드로를 지목하여 이미 선택해 두고 계셨습니다.

마태복음은 주님께서 베드로를 선택하시는 장면을 다음과 같이 전하고 있습니다.

> 갈릴리 해변에 다니시다가 두 형제 곧 베드로라 하는 시몬과 그의 형제
> 안드레가 바다에 그물 던지는 것을 보시니 그들은 어부라 말씀하시되 나
> 를 따라오라 내가 너희를 사람을 낚는 어부가 되게 하리라(마 4:18-19).

그때 베드로 형제만 갈릴리의 어부였던 것은 아닙니다. 남북의 길이 21킬로미터에 동서의 길이 12킬로미터가량인, 넓고 넓은 갈릴리 호수 주위에 살고 있는 남정네는 거의 모두 어부였습니다. 말하자면 갈릴리는 온통 어부 천지였습니다. 그런데도 주님께서는 그날 그 많은 갈릴리의 어부들 가운데에서 유독 베드로 형제를 미리 지명하여 택하시고 그들을 부르셨습니다. 이에 대한 누가복음의 증언은 훨씬 더 상세합니다.

> 무리가 몰려와서 하나님의 말씀을 들을새 예수는 게네사렛 호숫가에 서
> 서 호숫가에 배 두 척이 있는 것을 보시니 어부들은 배에서 나와서 그물
> 을 씻는지라 예수께서 한 배에 오르시니 그 배는 시몬의 배라 육지에서
> 조금 떼기를 청하시고 앉으사 배에서 무리를 가르치시더니 말씀을 마치
> 시고 시몬에게 이르시되 깊은 데로 가서 그물을 내려 고기를 잡으라 시몬
> 이 대답하여 이르되 선생님 우리들이 밤이 새도록 수고하였으되 잡은 것
> 이 없지마는 말씀에 의지하여 내가 그물을 내리리이다 하고 그렇게 하니
> 고기를 잡은 것이 심히 많아 그물이 찢어지는지라(눅 5:1-6).

그날 거대한 무리가 주님께 몰려왔습니다. 그 무리 중에서 시몬 즉 베드로는 결코 돋보이는 존재가 아니었습니다. 베드로는 밤이 새도록 고기잡이에서 완전히 실패한, 가장 초라하고 볼품없는 몰골이었습니다. 그런데도 주님께서는 그날 그곳에 모인 거대한 무리 가운데에서 가장 초라한 실패자 베

드로에게 당신의 능력을 보여 주기까지 하시면서 그를 지목하여 선택하셨습니다. 그리고 그와 더불어 3년 동안 함께하시며 그를 당신의 제자로 키우셨습니다. 그러나 베드로는 매사에 제자답지 못했습니다. 주님께서 십자가에 못박혀 돌아가시는 그 결정적인 순간에는 도리어 주님을 외면하고 도망쳐 버린, 믿을 수 없는 인간이었습니다. 이 세상 그 누구도 믿을 수 없는 인간을 자기 제자로 삼는 사람은 없습니다. 그것은 자기 자신을 욕보이는 일이기 때문입니다. 그런데도 주님께서는 믿을 수 없는 베드로를 포기하시지 않았습니다. 부활하신 주님께서는 당신을 외면하고 도망쳤던 베드로를 다시 찾아가셔서 부활하신 당신을 보여 주시고, 함께 식사를 나누시기까지 하면서 그를 확고한 제자로 세우셨습니다. 그 까닭은 한 가지였습니다. 베드로는 주님께서 이미 오래전부터 손을 내밀어 당신의 제자로 지목하여 미리 선택해 두신 사람이었기 때문입니다.

그러므로 수많은 갈릴리 사람들 가운데 가장 초라하고 볼품없던 베드로가 주님의 제자로 특별히 선택된 동기나 이유는 전혀 베드로에게 있지 않았습니다. 그것은 오직 주님에 의한, 주님의 절대적인 선택이었습니다. 다시 말해 그것은 인간의 상식이나 논리로는 결코 설명할 수 없는, 주님의 신비스러운 일방적 선택이었습니다. 특히 저는 부산 남포동의 편의점에서 제일 좋은 우산을 선택한 반면에 주님께서는 인간 중에 가장 볼품없는 베드로를 선택하셨음을 감안한다면, 그 선택의 신비로움은 도저히 그 깊이를 측량할 수 없습니다.

주님께서 자신을 미리 지목하여 선택해 주신 것이 얼마나 신비스러운 은총인지 누구보다 잘 아는 베드로였기에, 베드로는 이렇게 증언할 수밖에 없었습니다.

모든 백성에게 하신 것이 아니요 오직 미리 택하신 증인 곧 죽은 자 가운데서 부활하신 후 그를 모시고 음식을 먹은 우리에게 하신 것이라(41절).

한 단어 한 단어마다 주님의 신비스러운 선택을 받은 베드로의 주체하기 힘든 감격이 흘러넘치고 있습니다. 간과치 말아야 할 것은, 이것은 베드로의 독백이 아니라는 사실입니다. 베드로는 이방인 고넬료 일행에게 복음을 설교하면서 그와 같은 증언을 곁들였습니다. 그 이유가 무엇이겠습니까? 주님께서 자기 자신을 미리 선택해 주셨음을 과시함으로써 고넬료 일행 앞에서 자신의 권위를 드높이기 위함이었겠습니까? 결코 아니었습니다. 자신의 설교를 듣고 있는 이방인 고넬료 일행에게도 자신에게 임했던 것과 똑같은 은총, 즉 주님의 신비로운 선택의 손길이 이미 임했음을 그들에게 일깨워 주기 위함이었습니다.

더 정확하게 말하면, 부활하신 주님께서 베드로를 도구 삼아 고넬료 일행에게 그들이 구원받은 그리스도인으로 선택되었음을 직접 계시해 주시기 위함이었습니다. 주님께서 욥바에 있던 베드로 하여금, 일면식도 없던 가이사랴의 이방인 고넬료를 찾아가도록 신묘막측하게 역사하신 이유가 바로 거기에 있었습니다. 이스라엘에 얼마나 사람들이 많습니까? 그런데 왜 하필이면 그들입니까? 다른 사람들은 다 제쳐 놓고 왜 유대인도 아닌 이방인인 그들이 주님의 선택을 받았습니까? 거기엔 '왜'가 있을 수 없습니다. 그것은 주님의 절대적이고도 신비스러운 일방적 선택이기 때문입니다. 이 사실을 이방인 고넬료 일행에게 분명히 일깨워 주기 위해, 베드로는 그들 앞에서 '오직 미리 택하신 우리'를 강조하였습니다.

한 걸음 더 나아가 그것은 2천 년의 시간과 공간을 뛰어넘어, 오늘 이 시간에 이 본문을 접하고 있는 우리로 하여금 주님의 그 신비스러운 선택의 은혜를 깨닫게 해주기 위함이기도 합니다. 오늘 우리가 어떻게 구원받은 그리스도인으로 이 자리에 나와 있을 수 있었습니까? 주님께서 갈릴리의 베드로를 미리 선택하신 것처럼, 주님께서 가이사랴의 이방인 고넬료 일행을 미리 선택하신 것처럼, 당신의 손을 내밀어 우리 각자를 미리 지목하여 선택해 주셨기 때문입니다. 이 땅 위에 대체 얼마나 많은 사람들이 있습니까? 그들 가운데 주님을 믿지 않는 사람들이 훨씬 더 많지 않습니까? 그런데도 주님께서는 왜 보잘것없는 우리에게 먼저 선택의 손을 내미시어 부활의 주님을 믿게 하셨습니까? 그 해답은 우리에게는 없습니다. 그 해답은 우리에게 신비스러운 선택의 손길을 내밀어 주신 주님께만 있습니다. 그렇기에 주님께서 우리에게 내미신 선택의 손길은, 생각하면 생각할수록 신비롭기 그지없습니다.

이런 관점에서 본문을 다시 보면, 본문은 단순히 베드로만의 고백이 아니라 가이사랴의 이방인 고넬료 일행의 고백인 동시에 우리 자신의 고백임을 고백하지 않을 수 없습니다. 다시 말해 베드로가 '오직 미리 택하신 우리'라고 고백한 '우리' 속에는, 2천 년 전 베드로와 고넬료 일행, 그리고 21세기를 살고 있는 우리 자신이 모두 포함되어 있는 것입니다.

주님께서는 요한복음 15장 16절을 통해 '너희가 나를 택한 것이 아니요 내가 너희를 택하여 세웠다'고 말씀하셨습니다. 믿음의 출발점은 우리 자신이 아니라, 우리를 먼저 선택해 주신 주님이심을 명확하게 밝히신 것입니다. 우리가 주님을 믿는 그리스도인의 삶을 선택했다면, 그것은 그 이전에 주님께서 우리에게 내미신 신비스러운 선택의 손길이 있었기 때문입니다. 이 사실을 분명하게 깨달았던 베드로는, 주님의 신비스러운 선택에 감격하는 것으로 그치지 않았습니다. 베드로는 본문 속에서 자신을 가리켜 '오직 미리 선택하신 증인'이라고 밝혔습니다. 주님께서 자신을 선택하신 것은, 자신은 비록 갈릴리에서 가장 초라하고 볼품없는 인간이지만, 그럼에도 불구하고 주님께서 자신을 믿으시고 당신의 증인으로 삼으시기 위함임을 정확하게 알고 있었습니다. 그래서 그는 본문 속에서 이방인 고넬료 일행 앞에서뿐 아니라, 이 이후에 세상을 떠나는 순간까지 어느 곳에서든 주님의 증인 된 삶으로 일관하였습니다.

여기에서 우리 자신을, 주님으로부터 선택받을 당시의 베드로와 한번 비교해 보십시다. 베드로는 한 번도 정규교육을 받아 본 적이 없는 일자무식꾼이었지만, 우리는 베드로에 비하면 꽤 배운 사람들입니다. 따라서 무식한 베드로보다 우리 자신이 훨씬 더 지능적으로 교묘하게 죄를 지었을 것임은 너무나도 자명합니다. 베드로는 지닌 것이 없는 사람이었습니다. 하루 벌어 하루 먹고사는 가난한 어부였습니다. 그러나 우리 가운데 대부분은 베드로보다는 많은 것을 지니고 있습니다. 그러므로 지금 소유한 것들을 지니게 되기까지 우리가 가난하고 순박한 베드로에 비하여 훨씬 더 자주 비양심적이었을 것임도 부인할 수 없습니다. 베드로가 주님의 신비스러운 부르심을 받을 당시 그는 20대 초반에 지나지 않았습니다. 그렇다면 우리 가운데 베드로보다 더 오랜 기간을 산 사람은 베드로에 비하여 훨씬 더 많은 죄를 지었을 것임 또한 의문의 여지가 없습니다.

이처럼 주님께서 베드로를 선택하실 당시의 베드로는 주님 보시기에 모든 면에 걸쳐 우리보다 나으면 나았지 못할 것이 전혀 없었습니다. 그런데도 베드로는 주님의 신비스러운 선택을 받고 '오직 미리 택하신 증인'이라는 자기 정체성을 지니고, 초지일관 주님의 증인으로 일평생을 살았습니다. 그렇다면 베드로보다 훨씬 흉측한 삶을 살아온 우리는 주님의 신비스러운 선택에 더 감격하며, 더더욱 주님의 증인 된 삶을 살아야 하지 않겠습니까? 우리가 주님의 선택을 받았다는 것은 죄의 형벌로부터 구원을, 영원한 죽음으로부터 영원한 생명을 얻었음을 의미하기 때문입니다.

제가 사랑하고 자랑스럽게 여기는 그리스도인이 있습니다. 그분은 젊은 나이에 대기업의 중역을 지냈습니다. 그러나 그분은 당시 사회 풍조상, 대기업의 중역에게는 어울리지 않아 보이는 아파트에서 살았습니다. 오래전 제가 그분 집에 갔을 때 그분은 이런 말을 했습니다.

> 목사님! 제가 마음만 먹으면 이보다 훨씬 큰 집에서 살 수 있습니다. 제 결재만으로 거래처에 지급되는 대금이 1년에 수백억 원입니다. 그 금액에서 관례를 따라 리베이트를 챙기면 돈 버는 것은 간단합니다. 그러나 저는 제 가족과 함께 신앙을 지키며, 주님과 더불어 이 작은 집에서 사는 것이 정말 행복합니다.

그 이후 그분은 스스로 뜻한 바가 있어 가족과 함께 삶의 터전을 미국으로 옮겼습니다. 몇 해 전 미국에서 오랜만에 그분을 다시 만났습니다. 변함없이 새벽부터 하나님의 말씀을 묵상하고 기도하는 것으로 하루의 일과를 시작하는 그분이 이렇게 말했습니다.

> 예전에는 제가 다 쓰고 남은 자투리 시간을 적선하듯 주님께 드렸습니다. 그러나 지금은 제 시간 중 가장 귀한 시간을 먼저 주님께 드리려고 노력하고 있습니다. 그리고 지금의 삶이 훨씬 더 보람됩니다.

얼마나 자랑스러운 그리스도인입니까? 얼마나 신실한 그리스도의 증인입니까? 그런 삶을 사는 분이기에 한국에서나 미국에서나 그분으로 인해 주위 사람들의 인생관이 새로워지고, 또 주위 사람들로부터 그분이 진심 어린 존경과 사랑을 받는 것은 조금도 이상한 일이 아닙니다. 주님께서 주님의 증인으로 살아가는 그분을 통해 친히 역사하시기 때문입니다. 결국 그분은 주님의 증인 된 삶을 삶으로써, 예수 그리스도 안에서 자기 삶의 가치와 의미를 드높이고 있습니다.

제가 부산 남포동의 편의점에 진열되어 있던 검은색 긴 우산을 선택한 것은 자동차에 고이 모셔만 두거나, 혹은 집 안 장식품으로 진열하기 위함이 아닙니다. 비가 오는 날 우산으로 사용하기 위함입니다. 만약 비가 오는데도 그 우산이 우산으로서의 기능을 다하지 못한다면, 저는 조금도 주저하지 않고 그 우산을 버려 버리고 말 것입니다. 그러므로 제가 선택한 우산이 우산다움을 잃지 않는 것은 저를 위해서가 아니라, 우산 그 자체를 위함입니다.

이처럼 우리가 주님을 알기도 전에 주님께서 우리에게 손을 내밀어 우리를 당신의 증인으로 미리 선택해 주신 것은 주님 당신을 위함이 아니라, 우리 자신을 위해서임을 잊어서는 안 됩니다. 우리가 영원하신 주님의 증인으로 산다는 것은, 한 줌의 흙으로 끝나 버릴 우리의 인생을 영원에 접붙이는 것을 의미하기에 그보다 더 자신의 의미와 가치를 극대화하는 길은 없습니다. 본문 속 베드로를 보십시오. 그가 주님의 신비로운 선택을 받고서도 감격만 할 뿐 주님의 증인으로 살지는 않았다면, 그는 2천 년 전 갈릴리에서 이미 한 줌의 흙으로 형체도 없이 사라져 버렸을 것이요. 우리가 그를 기억하거나 흠모할 이유가 전혀 없을 것입니다. 그러나 자신을 지목하여 선택해 주신 주님의 신비로운 은총에 주님의 증인 된 삶으로 응답했기에, 그는 예수 그리스도 안에서 인류의 역사를 새롭게 하는 위대한 사도 베드로가 되었습니다. 갈릴리의 무식하고 초라하기만 했던 어부 베드로에게 그보다 더 자신의 가치를 극대화하는 길이 어디에 또 있을 수 있겠습니까?

 이 사실을 믿고 주님의 증인 된 삶을 살기만 하면, 우리 역시 예수 그리스도 안에서 반드시 이 세상을 새롭게 하는 이 시대의 베드로가 될 것입니다. 우리는 보잘것없는 인간이지만, 우리에게 손을 내밀어 우리를 당신의 증인으로 지목하고 선택하신 주님께서 위대하시기 때문입니다.

 우리가 시장에서 고르는 물건 하나도, 따지고 보면 예사롭지 않음을 알게 됩니다. 하필이면 바로 그날, 바로 그 시간에, 바로 그곳에서, 많고 많은 물건 중에서 바로 그 물건을 택했다는 것 자체가 신비스러운 선택이 아닐 수 없습니다. 이처럼 우리가 하찮은 물건 하나 고르는 것도 신비스러운 선택이라면, 우리가 주님을 알기도 전에 주님께서 먼저 손을 내밀어 우리를 당신의 증인으로 지목하여 선택해 주신 그 신비로운 은총을 우리가 어찌 인간의 말로 다 표현할 수 있겠습니까?

 갈릴리의 무식하고 볼품없던 베드로보다 하나도 나을 것이 없는 우리를 주님께서 당신의 증인으로 선택해 주신 것은 주님을 위함이 아니라, 우리 자신을 위함임을 깨닫게 해주셔서 감사합니다. 영원한 길이요 진리요 생명이신 주님의 증인으로 살아가는 것은, 공동묘지에서 한 줌의 흙으로 끝나 버릴 우리의 인생을 영원에 접붙이는 것이기에, 그것이야말로 우리 자신의 가치와 의미를 영원 속에서 극대화하는 것임을 잊지 말게 도와주옵소서.

 이제부터 주님의 증인으로 살아가는 우리로 인해, 우리가 만나는 사람들의 인생관이 새로워지게 하옵소서. 주님의 증인으로 살아가는 우리로 인해, 삶에 지치고 절망에 빠진 사람들이 소망을 얻게 하옵소서. 주님의 증인으로 살아가는 우리로 인해, 거짓과 불의가 진리 앞에 굴복하게 하옵소서. 주님의 증인으로 살아가는 우리로 인해, 이 어둔 세상에 생명의 빛이 임하게 하옵소서. 그리하여 우리 모두 주님 안에서 이 세상을 새롭게 하는, 이 시대의 베드로로 살아가는 기쁨을 누리게 하옵소서. 아멘.

26. 재판장과 죄사함

사도행전 10장 34-43절

베드로가 입을 열어 말하되 내가 참으로 하나님은 사람의 외모를 보지 아니하시고 각 나라 중 하나님을 경외하며 의를 행하는 사람은 다 받으시는 줄 깨달았도다 만유의 주 되신 예수 그리스도로 말미암아 화평의 복음을 전하사 이스라엘 자손들에게 보내신 말씀 곧 요한이 그 세례를 반포한 후에 갈릴리에서 시작하여 온 유대에 두루 전파된 그것을 너희도 알거니와 하나님이 나사렛 예수에게 성령과 능력을 기름 붓듯 하셨으매 그가 두루 다니시며 선한 일을 행하시고 마귀에게 눌린 모든 사람을 고치셨으니 이는 하나님이 함께하셨음이라 우리는 유대인의 땅과 예루살렘에서 그가 행하신 모든 일에 증인이라 그를 그들이 나무에 달아 죽였으나 하나님이 사흘 만에 다시 살리사 나타내시되 모든 백성에게 하신 것이 아니요 오직 미리 택하신 증인 곧 죽은 자 가운데서 부활하신 후 그를 모시고 음식을 먹은 우리에게 하신 것이라 우리에게 명하사 백성에게 전도하되 하나님이 살아 있는 자와 죽은 자의 **재판장**으로 정하신 자가 곧 이 사람인 것을 증언하게 하셨고 그에 대하여 모든 선지자도 증언하되 그를 믿는 사람들이 다 그의 이름을 힘입어 **죄사함**을 받는다 하였느니라 한 나라가 얼마나 정의로운지는 그 나라의 사법부에 의해 입증됩니다. 정의로운 나라일수록 사법부의 재판이 바르게 이루어짐은 두말할 나위가 없습니다. 인간 사회 속에서도 정의의 척도가 사법부의 바른 재판에 달려 있다면, 하물며 공의로우신 하나님의 심판 즉 재판이 굴절되거나 왜곡된다는 것은 상상조차 불가능한 일입니다. 인간의 죄에 대한 하나님의 재판에는 호리毫釐의 그릇됨이나 어긋남이 있을 수 없다는 말입니다.

사람들은 '죄'라 하면 흔히 살인, 강도, 도둑질과 같은 범죄행위를 먼저 연상합니다. 그러나 그와 같은 범죄행위trespass는 죄sin의 결과일 뿐, 그것 자체가 성경이 말하는 죄는 아닙니다. 잘 아시다시피 성경이 말하는 죄, '하마르티아ἁμαρτία'는 '과녁에서 벗어난 것'을 의미합니다. 궁수의 시위를 떠난 화살이 과녁을 맞히지 못하고 빗나가 버렸다면, 그 잘못은 빗나간 화살이나 과녁판에 있지 않습니다. 잘못은 잘못된 조준에 있습니다. 조준이 잘못되었기에 화살이 과녁을 빗나갈 수밖에 없습니다. 그러므로 과녁을 빗나간 화살은 잘못된 조준이 수반한 결과에 지나지 않습니다.

이처럼 인간이 범하는 모든 죄의 원인은 잘못된 우리의 행동에 있는 것이라, 잘못 조준된 우리의 마음—다시 말해 진리를 향해 조준되어 있지 않은 우리의 마음에 있습니다. 따라서 죄는 잘못 조준되어 있는 우리의 마음 그 자체요, 살인 강도 짓과 같은 범죄행위는 잘못 조준된 죄의 마음이 빚어낸 결과일 뿐입니다. 그러므로 하나님께서 인간의 죄를 심판하신다는 것은 죄의 결과인 범죄행위를 심판하는 것을 의미하지 않습니다. 그것은 세상의 법정이 담당할 몫입니다. 하나님의 재판은 언제나 잘못 조준된 우리의 마음을 겨냥하십니다. 잘못 조준된 마음 그 자체가 죄요, 하나님께서는 항상 우리의 외모가 아니라 중심을 보시는 분이기 때문입니다. 이것이 주님께서 다음과 같이 말씀하신 까닭입니다.

간음하지 말라 하였다는 것을 너희가 들었으나 나는 너희에게 이르노니 음욕을 품고 여자를 보는 자마다 마음에 이미 간음하였느니라(마 5:27-28).

간음은 잘못 조준된 마음에서 일어나는 음욕의 결과이기에, 하나님께서는 간음이라는 범죄행위 이전의 음욕을 죄로 간주하시는 것입니다. 이처럼 하나님께서 우리의 마음을 재판하는 분이시라면, 이 세상에서 하나님의 심판을 피할 인간이 어디에 있겠습니까? 잘못 조준되어 있는 우리 마음의 죄가 용케도 아직 범죄행위로 드러나지는 않았을지라도, 우리의 마음은 온통 흉측한 죄악으로 가득 차 있음을 우리 자신이 더 잘 알고 있지 않습니까? 하나님의 법은, 죄의 결과는 죽음이라고 분명하게 명시하고 있습니다. 그러므로 잘못 조준된 마음으로 살아가는 우리는 모두 하나님의 법정에서 사형선고 이외엔 달리 받을 것이 없는 사형수에 지나지 않습니다.

하나님께서는 공의의 하나님이십니다. 하나님의 법은 공의의 법입니다. 하나님의 공의는 하나님의 공의의 법에 의한 공의로운 재판으로 입증됩니다. 하나님의 공의로운 재판은 어떤 경우에도 왜곡되거나 굴절되지 않습니다. 그렇다면 하나님의 재판정에서 사형을 언도받게 될 우리 인생은 모두 한 줌의 흙으로 허망하게 끝나 버릴 수밖에 없습니다. 이것이 공의로우신 하나님의 공의로운 재판입니다. 그러나 오늘의 본문은 하나님의 공의로운 재판과는 상충되는 내용을 전해 주고 있습니다.

지금 베드로는 가이사랴의 이방인 고넬료 일행에게 복음에 관해 설교하고 있습니다. 복음은 화평의 복음이요, 화평의 복음은 갈릴리에서 시작되었으며, 복음의 주체이신 나사렛 예수님은 성령과 능력을 기름 붓듯 하시는 하나님의 은혜 속에서 시혜자와 치유자의 삶을 사셨고, 유대인들은 나사렛 예수님을 십자가에 못박아 죽였으나 하나님께서 사흘째 되는 날 죽음의 한가운데에서 나사렛 예수님을 다시 살리셨으며, 베드로 자신이 주님을 알기도 전에 자신을 주님의 증인으로 미리 지목하여 선택하신 하나님의 신비로운 은총에 대해 증언한 베드로의 설교는 다음과 같이 결론을 맺고 있습니다.

> 우리에게 명하사 백성에게 전도하되 하나님이 살아 있는 자와 죽은 자의 재판장으로 정하신 자가 곧 이 사람인 것을 증언하게 하셨고 그에 대하여 모든 선지자도 증언하되 그를 믿는 사람들이 다 그의 이름을 힘입어 죄사함을 받는다 하였느니라(42-43절).

하나님께서 베드로를 당신의 증인으로 미리 지목하여 선택하신 이유는, 하나님께서 이 땅에 보내신 나사렛 예수님이 누구신지를 사람들에게 증언하게 하시기 위함이었습니다. 그 증언의 내용은 두 가지였습니다. 첫째는, 하나님께서 인간을 심판할 재판장으로 삼으신 이가 나사렛 예수님이시라는 것이었습니다. 하나님께서 인간을 직접 재판하시는 것이 아니라, 나사렛 예수님으로 하여금 인간을 심판하게 하신다는 것입니다. 둘째는, 나사렛 예수님을 믿는 사람은 누구든지 죄사함을 받는다는 것이었습니다. 이것이 이방인 고넬료 일행을 위한 베드로 설교의 결론이었습니다. 아니, 이것은 바로 복음서의 핵심입니다. 복음서는 예수 그리스도께서 인간에 대한 최후의 재판을 담당하실 재판장이신 동시에, 인간에게 죄사함을 주시는 구원자이심을 한결같이 증언하고 있습니다.

그렇다면 이것은 얼마나 큰 모순입니까? 하나님께서 인간을 심판하기 위해 세우신 재판장이 나사렛 예수님이시라면, 그리고 하나님의 재판은 언제든지 굴절되지 않는 공의로운 재판이라면, 나사렛 예수님께서 재판장인 동시에 죄사함을 주는 구원자가 되실 수는 없습니다. 나사렛 예수님께서는 단지 지엄하신 하나님의 법에 의거하여, 그 마음이 잘못 조준되어 있는 인간의 죄를 심판하시기만 해야 타당할 것입니다. 만약 인간의 법정이 분명한 범법자에게 법에 의한 형벌을 내리지 않고 도리어 무죄를 선고한다면, 그 재판은 결코 올바른 재판일 수 없습니다. 재판관은 범법자를 법으로 단죄하라는 사회적 합의에 의해 재판석에 앉아 있는 사람이지, 범법자를 자기 마음대로 용서해 주기 위해 국록國祿을 먹는 사람이 아닙니다. 그런데도 나사렛 예수님께서는 어떻게 재판장이신 동시에 죄사함을 주는 구원자이실 수 있는 것입니까?

이미 우리가 알고 있고 또 믿고 있는 것처럼, 재판장이신 예수님께서 인간이 받아야 할 죄의 형벌을 대신 받으셨기 때문입니다. 하나님의 법은 죄의 결과를 사망으로 규정하고 있기에, 예수님께서 인간이 받아야 할 사망의 형벌을 십자가 위에서 인간을 대신하여 받으셨습니다. 그래서 그분을 믿기만 하면 누구든지 그분 안에서 죄사함의 구원을 받게 됩니다. 본문에 사용된 '사함'이란 단어 '압헤시스ἄφεσις'는 '해방'이란 의미입니다. 우리를 대신하여 사망의 죗값을 치러 주신 주님을 믿을 때, 주님에 의해 우리가 사망의 형벌로부터 해방된다는 뜻입니다. 이처럼 당신 자신이 치히 인간을 위한 속죄물이 되어 주셨기에, 주님께서는 인간을 위한 재판장이신 동시에 죄사함을 주는 구원자이실 수 있습니다. 그분을 믿지 않는 사람에 대해서는 지엄한 재판장으로 존재하시지만, 주님을 믿는 사람을 위해서는 죄사함의 구원자로 존재하시는 것입니다. 그래서 주님께서 다음과 같이 말씀하셨습니다.

하나님이 그 아들을 세상에 보내신 것은 세상을 심판하려 하심이 아니요 그로 말미암아 세상이 구원을 받게 하려 하심이라 그를 믿는 자는 심판을 받지 아니하는 것이요 믿지 아니하는 자는 하나님의 독생자의 이름을 믿지 아니하므로 벌써 심판을 받은 것이니라(요 3:17-18).

하나님께서 이 땅에 보내신 당신의 독생자, 즉 성자 하나님이신 나사렛 예수님께서 재판장인 동시에 구원자시라는 것입니다. 오늘 본문의 말씀과 정확하게 일치하는 내용입니다.

그렇다면 우리가 예수 그리스도를 믿음으로 주님 안에서 죄사함의 구원을 얻게 되었다는 것은 구체적으로 무슨 의미이겠습니까? 그것은 하나님의 심판의 대상이었던 우리가, 우리의 죄를 사해 주신 예수 그리스도 안에서 하나님의 자녀가 되는 것을 의미합니다. 죄의 삯은 사망이라고 규정하신 지엄하신 공의의 하나님을, 죽을 수밖에 없는 죄인인 우리가 감히 우리의 아버지로 모시게 되는 것입니다.

길을 가다가 아무에게나 아버지라고 부른다고 해서 그 사람과 아버지와 자식의 관계가 성립되는 것은 아닙니다. 그렇게 했다간 도리어 미친 사람으로 취급받게 됩니다. 부자지간의 관계가 성립되기 위해서는 먼저 혈연관계가 맺어지지 않으면 안 됩니다. 아버지의 피를 타고나야 하는 것입니다. 핏줄은 부자지간의 출발점입니다. 그러나 혈연관계만으로는 부족합니다. 분명히 아버지의 핏줄을 타고났는데도 아버지를 아버지라 부르지 못하는 사람들이 의외로 많습니다. 아버지가 자식을 부정하거나 고의로 외면하는 경우입니다. 유명 인사를 상대로 친자 확인 소송을 벌이는 사람들이 그 좋은 예입니다.

그러므로 정상적인 부자지간이 성립되기 위해서는 혈연관계와 더불어 반드시 법적 관계가 확립되지 않으면 안 됩니다. 아버지의 호적에 법적으로 입적되어야 한다는 말입니다. 이 세상에 아버지 없이 태어난 사람은 아무도 없습니다. 세상에 태어났다는 사실 자체가 아버지가 있음의 증거입니다. 그렇지만 아버지의 호적에 입적되지 못하면, 그는 사생아가 되고 맙니다. 그 경우, 자기 아버지가 아무리 지닌 것이 많아도 그 아버지는 자신과는 아무 관계가 없습니다. 법적으로 자식임을 인정받지 못한 사생아는 아버지의 상속자가 될 수 없기 때문입니다. 따라서 혈연관계와 더불어 법적 관계가 확립될 때에만 정상적인 부자지간이 성립되고, 또 지속될 수 있습니다.

우리가 예수 그리스도 안에서 죄사함을 얻고 하나님의 자녀가 되었다는 것은, 하나님과 우리 사이에 혈연관계와 법적 관계가 모두 확립되었음을 의미합니다.

요한복음 1장 12절이 다음과 같이 증언하고 있습니다.

> 영접하는 자 곧 그 이름을 믿는 자들에게는 하나님의 자녀가 되는 권세를 주셨으니.

누구든지 예수 그리스도를 믿는 사람은 하나님의 자녀가 되는 권세, 즉 특권을 부여받았다는 말씀입니다. 여기에서 하나님의 '자녀'로 번역된 헬라어 '테크논τέκνον'은 혈연관계를 강조하는 단어입니다. 우리가 하나님의 자녀가 되었다는 것은 단지 상징적인 구호가 아니라, 하나님과 혈연관계가 확립되었다는 의미입니다. 하나님께서는 창조주이신 데 반해 우리는 피조물이요, 더욱이 하나님께서는 거룩하신 분인 데 비해 우리는 추악한 죄인에 지나지 않습니다. 따라서 하나님과 우리는 본질적으로 혈연관계가 맺어질 수 없는 사이입니다. 그런데도 우리가 어떻게 하나님과 혈연관계를 맺는 하나님의 자녀가 될 수 있습니까? 예수 그리스도께서 우리를 위해 십자가에서 흘려 주신 주님의 보혈로 인해 가능합니다. 아담의 더러운 피를 이어받은 우리 자신으로서는 하나님과 결코 혈연관계를 맺을 수 없지만, 성자 하나님이신 나사렛 예수님께서 우리의 죄를 씻으시고 우리를 살리시기 위해 흘리신 보혈 속에서 성부 하나님과 우리 사이에 혈연관계가 맺어지게 된 것입니다.

또 갈라디아서 3장 26절은 이렇게 증언하고 있습니다.

> 너희가 다 믿음으로 말미암아 그리스도 예수 안에서 하나님의 아들이 되었으니.

이 구절에서 하나님의 '아들'로 번역된 헬라어 '휘오스υἱός'는 법적인 관계를 강조하는 단어입니다. 우리가 예수 그리스도를 믿을 때 예수 그리스도 안에서 하나님과의 혈연적인 관계뿐 아니라 법적인 관계 역시 확립됨을 의미합니다. 하나님께서 우리의 죗값을 대신 치르신 예수 그리스도 안에서 우리를 하나님 당신의 호적에 입적시켜 주시는 것입니다.

이것은 참으로 중요합니다. 만약 우리가 하나님과 법적인 관계만 맺고 있다면, 그 관계는 상황의 변화에 따라 얼마든지 파기될 수 있습니다. 가끔 병원에서 아기가 뒤바뀌는 경우가 있습니다. 같은 날 여러 명의 아기가 태어나 병원 관계자의 실수로 아기가 뒤바뀔 경우, 해당 부모는 남의 아기를 자기 호적에 자기 자식으로 올리게 됩니다. 남의 아기와 법적 관계가 맺어진 것입니다. 그러나 언젠가 그 아기가 병원에서 뒤바뀐 남의 자식임이 밝혀지면, 그동안 그 아기를 자기 호적에 입적시키고 있던 부모는 그 아기와의 법적 관계를 파기해 버릴 것입니다. 그 아기와는 혈연관계가 맺어져 있지 않기 때문입니다. 이처럼 우리가 하나님과 법적 관계를 맺는 것만으로는 충분치 않습니다. 그렇다고 하나님과 혈연적인 관계만을 갖는 것도 충분할 수는 없습니다. 법적 관계가 맺어지지 않는 한, 마치 사생아와 같아, 하나님의 상속자가 될 수 없기 때문입니다. 하나님께서 우리의 죄를 대속해 주신 예수 그리스도 안에서 혈연적으로나 법적으로나 우리의 친아버지가 되어 주셨기에, 우리는 하나님의 영원한 나라를, 그 나라의 영원한 생명을, 그 나라의 영원한 의를, 그 나라의 모든 권세를 영원히 상속받는 하나님의 친자녀가 되었습니다.

우리는 여기에서 우리가 그리스도인으로 산다는 것, 주님의 증인으로 산다는 것이 무엇을 의미하는지를 보다 구체적으로 깨닫게 됩니다. 그것은 예수 그리스도 안에서 죄사함을 받아 혈연적으로나 법적으로나 하나님을 친아버지로 모신 하나님의 친자녀답게 사는 것입니다. 영원한 하나님의 나라와 영원한 생명과 영원한 하나님의 의를 상속받은 하나님의 상속자다운 사고방식과 삶으로 살아가는 것입니다.

다음은 잠언 26장 11절을 통한 하나님의 말씀입니다.

> 개가 그 토한 것을 도로 먹는 것같이 미련한 자는 그 미련한 것을 거듭 행하느니라.

개는 아무리 영리해도 개이기 때문에, 자신이 토한 것을 조금도 거리끼지 않고 당연한 듯 다시 먹을 수 있습니다. 그런데 개가 아닌 인간이면서도, 스스로 토한 것을 다시 먹는 개처럼 미련한 인간은 대체 어떤 인간이겠습니까? 태어나자마자 부모와 헤어져 혈혈단신 거지로 연명한 사람이 있다고 가정하십시다. 그 사람이 우여곡절 끝에 친부모를 찾아 친부모의 호적에 친자식으로 당당히 입적되고서도 계속 빌어먹는 거지처럼 생각하고 행동한다면, 그 사람은 스스로 토한 것을 다시 먹는 개처럼 미련한 인간이 아니겠습니까? 예수 그리스도 안에서 죄사함을 받아 혈연적으로나 법적으로나 하나님의 친자녀가 되어 영원하신 하나님의 나라를 상속받은 우리가 여전히 세속적인 사고방식에 사로잡혀 이 세상을 목적으로 삼고 산다면, 우리 역시 스스로 토한 것을 다시 먹는 미련한 개와 무슨 차이가 있겠습니까? 그것이야말로 아버지를 등지고 나가 허랑방탕하다가 굶어 죽게 되자 아버지 집으로 되돌아온 누가복음 15장의 탕자가, 고작 저녁 한 끼 배불리 먹고 다시 방탕의 길로 나서는 것처럼 미련한 짓 아니겠습니까?

하나님께서 이 땅에 보내신 예수 그리스도께서는 재판장이신 동시에 죄사함을 주시는 구원자이십니다. 우리의 코끝에서 호흡이 멈추는 순간 우리가 그분을 지엄하신 재판장으로 맞을 것인가, 아니면 죄사함의 구원자로 맞을 것인가는 전적으로 우리 자신에게 달려 있습니다. 우리가 하나님을 믿는다면서도 계속 세속적인 사고방식에 빠져 이 세상을 섬기면서 이 세상의 것을 목적으로 살아간다면, 우리의 호흡이 멎는 순간 우리는 주님을 지엄하신 재판장으로 맞을 수밖에 없습니다. 그 경우의 우리는, 주님께서 우리의 죄를 사해 주신 구원자이심을 믿지 않는 불신자와 다를 바가 없기 때문입니다. 그러나 우리가 하나님의 나라를 상속받은 하나님의 자녀다운 사고방식과 삶으로 살아간다면, 우리의 코끝에서 호흡이 멎는 순간 주님께서는 우리를 영원한 하나님의 나라로 인도하는 영원한 길잡이가 되어 주실 것입니다.

지금 세계가 직면하고 있는 경제 위기는 우리에게 중요한 교훈을 던져 주고 있습니다. 욕망에 눈먼 인간이 경제 그 자체를 삶의 목적으로 삼는다면, 그때의 경제는 언젠가는 반드시 파국을 맞고 만다는 것입니다. 이 세상의 제한된 재화는 결코 인간이 욕망하는 대로 무진장 확대재생산되지 않기 때문입니다. 그런데도 인간들은 세상의 재화가 마치 무진장 확대재생산될 수 있는 것처럼 착각하면서 경제 그 자체를 삶의 목적으로 삼기에, 그 착각으로 유발된 경제 거품은 때가 되면 반드시 터지고 맙니다. 1930년대 세계 대공황 때 그랬고, 1970년대 영국의 경제 파국 때 그랬고, 1990년대 일본의 거품경제와 한국의 IMF 사태 때도 그랬으며, 전 세계적인 경제 위기에 직면한 지금도 마찬가지 아닙니까? 그것은 모두 경제 그 자체를 목적으로 삼은 인간의 욕망이 빚어낸 결과가 아닙니까? 하나님 나라의 상속자이면서도 이 세상과 이 세상의 것을 더 신뢰하고 섬기는 우리 역시 오늘의 위기를 초래한 공범들이지 않습니까? 하나님을 믿는다면서도 이처럼 자신이 토한 것을 도로 먹는 미련한 개처럼 살다가는, 이 세상에서 파국을 맞는 것은 두말할 것도 없고, 우리의 호흡이 멎는 날 주님을 지엄하신 재판장으로 맞을 수밖에 없지 않겠습니까?

사랑하는 교우 여러분!

우리 모두 예수 그리스도 안에서 죄사함 받은 그리스도인답게 살아가십시다. 예수 그리스도 안에서 혈연적으로나 법적으로나 하나님을 친아버지로 모신 하나님의 친자녀답게 살아가십시다. 영원한 하나님의 나라를 상속받은 하나님의 상속자다운 사고방식과 삶으로 살아가십시다. 그때에만 우리 인생은, 이 세상의 온갖 위기 속에서도 파국을 맞기는커녕 도리어 견고한 진리의 산성으로 구축될 것입니다. 그때에만 우리는, 이 세상이 결코 줄 수 없는 참된 행복을 누리게 될 것입니다. 그때에만 우리는, 여전히 자기 욕망에 빠져 허망하게 자기 생명을 갉아먹고 있는 미련한 인간들을 살리는 주님의 증인이 될 것입니다.

잊지 마십시오. 우리는 스스로 토한 것을 도로 먹는 미련한 개가 아니라, 예수 그리스도 안에서 죄사함을 받은 하나님의 상속자들입니다.

하나님께서 이 땅에 보내신 예수 그리스도께서 우리를 심판하실 재판장이신 동시에, 우리 죄를 사해 주시는 구원자이심을 깨닫게 해주신 하나님 아버지! 우리의 호흡이 멎는 날 우리가 예수 그리스도를 지엄하신 재판장으로 맞을 것인가, 혹은 우리를 영원한 하나님의 나라로 인도해 주시는 구원자로 맞을 것인가는, 전적으로 우리 각자의 삶에 달려 있음을 잊지 말게 하옵소서.

하나님을 믿는다면서도 스스로 토한 것을 도로 먹는 개처럼, 이 세상을 목적으로 사느라 자신의 생명을 무의미하게 탕진하는 미련한 인간이 되지 않도록 도와주옵소서. 십자가의 죽음으로 우리의 죄를 대속해 주신 예수 그리스도 안에서, 혈연적으로나 법적으로나 하나님을 우리의 친아버지로 모신 하나님의 친자녀답게, 하나님 아버지의 공의와 사랑을 드러내며 살게 하옵소서. 영원한 하나님의 나라와 영원한 생명을 상속받은 하나님의 상속자다운 사고방식과 삶으로 살아가게 하옵소서. 하나님의 자녀답게 살아가는 우리의 인생이, 이 세상의 온갖 위기에도 흔들리지 않는 견고한 진리의 산성이 되게 하옵소서. 우리가 하나님의 상속자다운 사고방식으로 살아갈 때에만, 이 세상이 줄 수 없는 참된 행복을 누릴 수 있고 또 이 세상을 살릴 수 있음을, 하나님의 상속자답게 살아가는 우리의 삶으로 확인하게 하옵소서.

그와 같은 우리의 삶을 통해 하나님 아버지의 뜻이 하늘에서 이루어진 것처럼, 이 어둔 땅에서도 이루어지게 하옵소서. 우리의 호흡이 멎는 날, 우리의 죄를 대속해 주신 예수 그리스도 안에서 영원한 본향인 하나님 아버지의 나라에 우리 모두 입성하게 하옵소서. 아멘.

27. 성령이 말씀 듣는 사람에게 _{감사 주일}

사도행전 10장 44-48절

베드로가 이 말을 할 때에 **성령이 말씀 듣는** 모든 **사람에게** 내려오시니 베드로와 함께 온 할례받은 신자들이 이방인들에게도 성령 부어 주심으로 말미암아 놀라니 이는 방언을 말하며 하나님 높임을 들음이러라 이에 베드로가 이르되 이 사람들이 우리와 같이 성령을 받았으니 누가 능히 물로 세례 베풂을 금하리요 하고 명하여 예수 그리스도의 이름으로 세례를 베풀라 하니라 그들이 베드로에게 며칠 더 머물기를 청하니라

중국 역사에서 기원전 약 770년부터 기원전 403년까지 전란 시대였던 춘추시대 때 오吳나라가 월越나라에 의해 멸망당하고 말았는데, 그 이야기를 들은 전국시대 위魏나라의 문후文侯가 신하들에게 물었습니다.

"그토록 강대하던 오나라가 어찌 망해 버리고 말았는가?"

이에 이극李克이란 신하가 대답하였습니다.

"싸울 때마다 계속 이겼기 때문입니다."

"싸울 때마다 계속 이겼다면 그 나라가 더욱 강해짐이 마땅하겠거늘, 대체 무슨 연유로 멸망당할 수 있다는 말인가?"

문후의 연이은 질문에 이극이 다시 대답했습니다.

"여러 차례 계속 이기게 되면 그 나라의 임금은 반드시 교만해집니다. 그래서 걸핏하면 전쟁을 일으켜 백성들의 삶이 피폐해지기 마련입니다. 이러고서도 망하지 않는 나라는 어디에도 없습니다."

천하무적을 자랑하던 오나라가 멸망당한 까닭은, 한마디로 말해 왕의 교만 때문이었습니다. 교만의 특징은 남의 말을 듣지 않는 것입니다. 세상에 자기보다 더 나은 사람이나 생각이 있을 수 없다는 착각으로 인함입니다. 그러므로 옳은 소리에 대해 스스로 귀를 막은 사람이 넘어지지 않는다면, 도리어 그것이 이상한 일일 것입니다. 오나라 왕 주위에 불필요한 전쟁을 삼갈 것을 진언하는 충신이 왜 없었겠습니까? 그러나 연전연승한 오나라 왕의 교만은 충신들의 바른 소리로부터 자신을 스스로 격리시키고 말았습니다. 들어야 할 바른말을 듣지 않는 그와 그의 나라가 함께 망한 것은 너무나도 당연한 결과였습니다.

이처럼 사람 앞에서 교만한 사람, 즉 들어야 할 사람의 바른말을 듣지 않는 사람도 넘어지지 않을 수 없다면, 하물며 하나님 앞에서 교만하고서야 어찌 그 삶이 온전할 수 있겠습니까? 하나님을 향해 교만하다는 것은 하나님의 말씀을 필요로 하지 않음을 의미할진대, 피조물인 인간이 창조주의 말씀을 등지고서야 어찌 한 순간인들 바로 설 수 있겠습니까? 여기에서 우리는 하나님께서 왜 겸손한 사람을 사랑하시는지 그 까닭을 알게 됩니다. 겸손한 사람만 들어야 할 것을 들을 줄 아는 귀를 지니고 있기 때문입니다. 아무 말에나 귀를 기울이는 것, 이를테면 거짓이나 불의한 소리에까지 귀를 기울이는 것은 무지에 지나지 않습니다. 들어야 할 말과 듣지 말아야 할 말을 분별하는 것이 지혜라면, 들어야 할 말을 귀 기울여 듣는 것은 겸손입니다.

그래서 하나님께서 이렇게 말씀하십니다.

> 사람의 마음의 교만은 멸망의 선봉이요 겸손은 존귀의 길잡이니라
> (잠 18:12).
> 사람이 교만하면 낮아지게 되겠고 마음이 겸손하면 영예를 얻으리라
> (잠 29:23).

또 야고보 사도는 야고보서 4장 6절을 통해서 이렇게 증언합니다.

> 일렀으되 하나님이 교만한 자를 물리치시고 겸손한 자에게 은혜를 주신다 하였느니라.

이것은 너무나도 지당한 말씀이 아니겠습니까? 오직 겸손한 사람만 하나님의 말씀에 귀 기울일 것인즉, 그 사람이 하나님의 은혜를 입고 하나님에 의해 그 삶이 존귀하고 영예롭게 됨은 사필귀정이지 않겠습니까?

우리는 지난 7주 동안 베드로가 가이사랴의 이방인 고넬료 일행에게 행한 설교 내용을 살펴보았습니다. 오늘의 본문 44-46절은 그 이후의 일을 밝혀 주고 있습니다.

베드로가 이 말을 할 때에 성령이 말씀 듣는 모든 사람에게 내려오시니

베드로와 함께 온 할례받은 신자들이 이방인들에게도 성령 부어 주심으로 말미암아 놀라니 이는 방언을 말하며 하나님 높임을 들음이러라.

베드로의 설교가 채 끝나기도 전에 성령님께서 고넬료 일행에게 강림하셨습니다. 그러자 욥바에서부터 베드로를 따라온 그리스도인들이 깜짝 놀랐습니다. 유대인의 종교 전통에 따라 할례받은 유대인들이었던 그들은, 할례받지 않은 이방인에게도 성령님께서 임하신다는 것을 그때까지 상상해 본 적도 없었기 때문입니다. 이방인인 고넬료 일행에게 성령님께서 임하셨음을 그들이 확인할 수 있었던 것은, 고넬료 일행이 방언을 말하며 하나님을 찬양했기 때문입니다. 방언의 참된 의미에 대해서는, 오순절 성령강림에 대해 증언하고 있는 사도행전 2장 1–13절을 살펴볼 때 깊이 생각해 보았습니다. 따라서 오늘 우리가 유의하고자 하는 것은, 어떤 상황 속에서 고넬료 일행에게 성령님께서 임하셨는가 하는 것입니다.

본문 44절을 다시 보시겠습니다.

베드로가 이 말을 할 때에 성령이 말씀 듣는 모든 사람에게 내려오시니.

고넬료 일행이 한 것이라고는, 말씀 듣는 것 이외에는 아무것도 없었습니다. 그들은 단지 베드로의 입을 통해 나오는 하나님의 말씀을 들었을 뿐입니다. 본문에 사용된 '듣다'라는 의미의 동사 '아쿠오ἀκούω'는 그냥 스쳐 듣는 것이 아니라, 귀를 기울여 경청하여 마음에 담는 것을 의미하는 단어입니다. 그리고 한 걸음 더 나아가 반드시 행동으로 이행하는 들음을 의미합니다.

우리말 역시 마찬가지입니다. 선생님이 한 학생을 가리켜 "저 학생은 참 말을 잘 듣는다"고 칭찬한다면, 그 속엔 언제나 두 가지 의미가 동시에 내포되어 있습니다. 첫째는 선생님의 말을 한마디도 흘려버림이 없이 귀 기울여 경청하여 마음에 담는다는 의미요, 둘째는 선생님이 말한 대로 행한다는 의미입니다. 아무리 말을 해도 말한 대로 행하지 않는 사람을 가리켜, "저 사람은 말을 듣지 않는다"고 표현하는 것 역시 같은 이유에서입니다.

고넬료 일행은 온 마음을 집중하여 하나님의 말씀을 경청하고 마음에 담았습니다. 단순한 호기심으로 인함이거나, 그저 듣기 위해 듣는 것이 아니었습니다. 하나님의 말씀을 들음으로 그동안 자신들이 무엇을 모르고 있었는지, 어떻게 살아야 할 것인지를 알고 행하기 위해 귀 기울여 경청하였습니다. 한마디로 그들은, 하나님 앞에서 전혀 교만한 사람들이 아니었습니다. 그들은 하나님 앞에서 더없이 겸손한 사람들이었습니다. 하나님의 말씀을 한마디도 놓침이 없이 다 듣고 마음에 다 담으려는, 낮고 낮은 마음의 소유자들이었습니다. 바로 그들에게 성령님께서 임하셨음은 조금도 이상한 일이 아니었습니다. 하나님의 영이신 성령님께서는 언제나 하나님의 말씀에 겸손하게 귀 기울이는, 인간의 낮고 낮은 마음속에 거하시기 때문입니다.

베드로가 고넬료 일행에게 행한 설교의 요지에 대해서는 우리가 이미 알고 있습니다. 복음은 화평의 복음이요, 화평의 복음은 갈릴리에서 시작되었으며, 복음의 주체이신 나사렛 예수님이 시혜자이자 치유자의 삶을 살 수 있었던 것은 하나님께서 성령과 능력을 기름 붓듯 해주셨기 때문이요, 유대인들은 나사렛 예수님을 십자가에 못박아 죽였지만 하나님께서 사흘째 되는 날 죽음의 한가운데서 예수님을 다시 살리셨으며, 베드로 자신이 예수님을 알기도 전에 하나님께서 자신을 예수님의 증인으로 미리 지목하여 선택하셨으며, 예수님은 하나님께서 인간을 심판하기 위해 세우신 재판장인 동시에, 인간에게 죄사함을 주는 구원자시라는 것이었습니다.

베드로의 이 설교 내용 가운데에서 우리는 오늘 본문과 관련하여 세 번째 내용, 즉 나사렛 예수님이 시혜자와 치유자의 삶을 살 수 있었던 것은 하나님께서 성령과 능력을 기름 붓듯 해주셨기 때문이라는 내용에 주목하게 됩니다. 4주 전에 말씀드린 것처럼, 베드로가 이방인인 고넬료 일행에게 주님을 '나사렛 예수'라 소개한 것은 주님의 '인성', 즉 '사람되심'을 강조하기 위함이었습니다. 주님께서는 사람의 모습으로 이 땅에 오시어 갈릴리의 나사렛에서 사람으로 사셨습니다. 그분은 다른 사람과 똑같이 하루 세 끼를 드시고, 밤이 되면 주무셨습니다. 기쁠 때는 웃으시고 슬플 때는 눈물마저 흘리신, 여느 인간과 다를 바 없는 사람이셨습니다. 그런데도 그분이 사람들에게 은혜를 베푸는 시혜자의 삶과, 마귀에게 억눌린 모든 사람을 고쳐 주는 치유자의 삶을 사실 수 있었던 것은, 하나님께서 그분에게 성령과 능력을 기름 붓듯 해주셨기 때문입니다.

그리스도인은 예수 그리스도를 좇는 사람을 일컫습니다. 다시 말해 예수 그리스도를 본받아 살아가는 사람입니다. 하지만 실제로는 많은 그리스도인들이 주님을 좇아 살아가는 것을 힘겹게 여기고 있습니다. 아예 불가능하다고 단정하는 사람도 적지 않습니다. 만약 그것이 정녕 불가능하기만 하다면, 주님께서 우리에게 당신을 좇아 살라고 말씀하실 리가 없습니다. 주님께서는 우리에게 해로운 것을 요구하는 분도 아니요, 불가능한 것을 강요하는 분도 아닌, 우리가 할 수 있고 또 해야 할 것을 행할 수 있게끔 우리를 이끄시는 구원자시기 때문입니다.

이와 관련하여 오늘의 본문은 우리에게 중요한 사실을 일깨워 주고 있습니다. 나사렛 사람이었던 예수님께서 성경이 증언하는 바대로의 삶을 사셨던 것이 하나님께서 성령을 기름 붓듯 해주신 결과라면, 우리 역시 성령님의 도우심 속에서 얼마든지 주님을 좇고 닮아 갈 수 있다는 것입니다. 우리 자신의 능력으로는 절대로 주님을 좇아갈 수 없습니다. 그러나 나사렛 예수님을 주님 되게 하신 성령님의 인도하심 속에서는, 우리도 얼마든지 주님을 좇는 참된 그리스도인이 될 수 있습니다. 오늘 본문이 말씀을 경청하고 마음에 담는 고넬료 일행에게 성령님께서 임하셨음을 증언하는 것은, 이 이후에 그들이 성령님의 인도하심 속에서 참된 그리스도인으로 살았기 때문임은 두말할 나위도 없습니다. 따라서 우리 역시 겸손하게 하나님의 말씀을 듣고 마음속에 담으면, 고넬료 일행에게 임하셨던 성령님께서는 하나님의 말씀이 담긴 우리의 심령 속에 거주하시면서, 우리가 주님을 좇아 살 수 있도록 우리를 친히 인도해 주실 것입니다.

지난 시간에 성경이 말하는 죄, '하마르티아'는 '과녁에서 벗어난 것'을 의미한다고 말씀드렸습니다. 궁수의 시위를 떠난 화살이 과녁을 벗어난다면, 잘못은 빗나간 화살이나 과녁판에 있는 것이 아니라 애당초 그릇 겨냥한 잘못된 조준에 있다고 했습니다. 죄도 이와 같아서 하나님을 겨냥하지 않은 잘못 조준된 마음 자체가 죄요, 살인 강도 짓과 같은 범죄행위는 잘못 조준된 죄의 마음이 수반한 결과에 지나지 않습니다. 그러므로 살인 강도와 같은 범죄행위에 대한 심판은 세상의 법정이 담당할 몫이요, 하나님의 심판은 잘못 조준된 인간의 마음에 대한 심판입니다. 하나님께서는 언제나 인간의 외모가 아니라, 인간의 중심을 보시는 분이기 때문입니다.

따라서 성령님께서 낮고 겸손한 마음으로 하나님의 말씀을 귀 기울여 듣고 그 말씀을 마음속에 담고 살아가는 사람과 함께하시면서 그를 바로 세워 주시는 것은, 성령의 논리상 필연적일 수밖에 없습니다. 그 이유 역시 하나님께서는 인간의 중심, 즉 인간의 마음을 보시는 분이기 때문입니다. 그래서 주님께서는 외적 삶에만 관심을 지닌 바리새인과 서기관들을 다음과 같이 꾸짖으셨습니다.

화 있을진저 외식하는 서기관들과 바리새인들이여 잔과 대접의 겉은 깨끗이 하되 그 안에는 탐욕과 방탕으로 가득하게 하는도다 눈먼 바리새인이여 너는 먼저 안을 깨끗이 하라 그리하면 겉도 깨끗하리라 화 있을진저 외식하는 서기관들과 바리새인들이여 회칠한 무덤 같으니 겉으로는 아름답게 보이나 그 안에는 죽은 사람의 뼈와 모든 더러운 것이 가득하도다 이와 같이 너희도 겉으로는 사람에게 옳게 보이되 안으로는 외식과 불법이 가득하도다(마 23:25-28).

잘못 조준된 더러운 마음은 아랑곳하지 않고 단지 겉만 번지르르하게 가꾸는 바리새인들과 서기관들을 주님께서 이렇듯 질타하신 것은, 그 마음이 교만하여 하나님의 말씀을 도무지 들으려 하지 않는 그들에겐 하나님의 영이신 성령님께서 임하실 수가 없었기 때문입니다. 성령님께서 임하시지 않는 그들은, 겉으로는 아무리 그럴듯해 보여도 실은 움직이는 공동묘지에 지나지 않았습니다.

오래전에 한 성도님이 의미 있는 사진을 보내 주었습니다. 대학교 강의실 안에서 유리창 밖의 나무숲을 찍은 그 사진 속에는, 모두 닫혀 있는 유리창 중에서 유독 한가운데의 유리창만 바깥쪽으로 열려 있었습니다. 그리고 그 사진 뒷면에는 '열려진 창—그 너머에서 들려오는 소리'라는 제목과 부제가 붙어 있었습니다. 그것은 곱씹어 볼수록 의미 깊은 메시지였습니다.

닫힌 창은 단절의 상징입니다. 창 안쪽과 바깥쪽은 닫힌 창으로 인해 완전 별개의 세계로 분리됩니다. 그러나 창문을 열면, 열려진 그 작은 창을 통해 창 안쪽은 그 즉각 바깥세상과 연결되고, 바깥쪽의 모든 것을 얻게 됩니다. 바깥쪽의 신선한 공기를 얻습니다. 새들의 청아한 노랫소리를 얻습니다.

향기로운 꽃내음을 얻습니다. 창밖에 있는 사람들과 대화를 나눌 수도 있습니다. 그뿐이 아닙니다. 그 작은 창은, 실은 창 안쪽을 온 우주와 연결시켜 주는 통로이기도 합니다. 그렇기에 사면이 벽으로 둘러싸인 방 안에서 열린 창 하나의 중요성은 아무리 강조해도 지나침이 없습니다.

내가 낮고 겸손한 마음으로 하나님의 말씀에 귀 기울이고 그 말씀을 내 마음속에 담는 것은, 마치 하나님을 향해 '내 심령의 창'을 여는 것과 같습니다. 나는 그 창을 통해 하나님을 만나고, 하나님의 영이신 성령님께서는 그 창을 통해 내 속에 들어오시어 내주하시면서 당신의 능력으로 나를 날로 새로이 빚어 주십니다. 그 창을 통해 나는 예수 그리스도를 배우고, 좇고, 닮아 갈 수 있습니다. 그 창이야말로 예수 그리스도를 보고, 호흡하고, 그분과 대화하는 통로입니다.

그 창은 또 '사람을 향한 창'이기도 합니다. 하나님의 말씀 속에서 성령의 전이 된 그 심령의 창은 나와는 전혀 다른 사람을 받아들이는 수용의 창이요, 상대의 슬픔과 고통을 읽게 해주는 통찰의 창이요, 상대의 입장에 자신을 세우는 이해의 창이요, 궁극적으로 상대와 함께 삶을 나누는 조화의 창입니다. 그러므로 말씀 안에서 성령님과 우리 자신을 연결시켜 주는 이 심령의 창이 없이는, 설령 함께 사는 부부일지라도 막상 결정적인 순간에는 남남보다 나을 바가 없습니다.

그리스도인이 하나님의 말씀을 떠나서는, 어떤 경우에도 주님을 본받는 참된 그리스도인이 될 수 없는 이유가 여기에 있습니다. 오직 말씀 안에서만 우리를 그리스도인답게 인도해 주시는 성령님과 우리 자신을 이어 주는 심령의 창문이 열려지기 때문입니다. 그러나 그것은 싱령님께서 먼저 우리에게 당신의 말씀을 주시고, 성령님께서 우리에게 먼저 임해 계시기에 가능한 일임을 잊어서는 안 됩니다.

내가 방 안의 창문을 열 때 외부의 신선한 공기와 소리가 즉각 방 안으로 들어오는 것은, 그것들이 닫힌 창문과 이미 맞닿아 있었기 때문입니다. 내가 말씀 속에서 심령의 창을 열 때 성령님과 즉각 연결되는 것 역시 마찬가지입니다. 고넬료 일행이 알지도 못했던 성령님께서 먼저 욥바에 있던 베드로를 가이사랴의 그들에게 옮기시고, 베드로를 통해 고넬료 일행에게 그들이 상상치도 못했던 하나님의 말씀을 먼저 주신 것처럼, 성령님께서 먼저 우리에게 임하시고 먼저 말씀을 주셨기에 우리가 말씀 속에서 성령님과 이어질 수 있는 것입니다.

그래서 성령님께서는 오늘도 우리에게 이렇게 말씀하고 계십니다.

> 볼지어다 내가 문밖에 서서 두드리노니 누구든지 내 음성을 듣고 문을 열면 내가 그에게로 들어가 그와 더불어 먹고 그는 나와 더불어 먹으리라 (계 3:20).

이것이 하나님께서 베풀어 주신 은혜에 감사하는 감사 주일인 오늘, 성령님께서 우리에게 주시는 메시지입니다. 생각해 보십시오. 하나님의 영이신 성령님께서 죽을 수밖에 없는 죄인인 우리에게 당신의 말씀을 먼저 주시고, 말씀 안에서 성령님의 인도하심을 받을 수 있도록 성령님께서 먼저 우리에게 임해 주시고, 더욱이 우리가 성령님을 향해 우리 심령의 창을 열게끔 성령님께서 우리의 심령을 밤낮 두드리고 계시는 것보다 더 큰 감사의 조건이 어디에 있겠습니까? 지난 1년 동안 나의 계획이 성취되고, 그로 인해 나의 소유가 더 늘었을 수 있습니다. 그러나 하나님을 믿는 우리에게는 그런 것이 참된 감사의 조건일 수는 없습니다. 세상의 소유는 아무리 늘어나도 그것은 결코, 내게 영원한 생명을 안겨 주지는 못하기 때문입니다.

반대로 지난 1년 동안 나의 계획이 무산되고, 그로 인해 나의 소유가 도리어 줄어들고 내 삶이 더욱 궁핍해졌을 수도 있습니다. 그러나 하나님을 믿는 우리에게는 그것 역시 불행의 조건일 수 없습니다. 세상의 궁핍함이 절대로, 나를 영원히 죽일 수 없기 때문입니다. 오히려 물질적 궁핍함으로 인하여 내가 그동안 외면해 왔던 하나님의 말씀을 경청하고 말씀 속에서 성령님을 향해 내 심령의 창을 열게 되었다면, 그것이야말로 그 무엇보다도 더 큰 감사의 조건이 아닐 수 없습니다. 말씀 속에서 내 심령의 창을 열고 성령님을 주인으로 모시어 들인다는 것은 한편으로는 유한한 내가 영원과 이어지는 것을 의미하고, 또 한편으로는 이 세상을 새롭게 하는 작은 예수가 되는 것을 의미하기 때문입니다.

사랑하는 교우 여러분!

우리 모두 하나님께서 이미 우리에게 주신 하나님의 말씀을 날마다 귀 기울여 듣고 그 말씀을 마음에 담아, 굳게 닫혀 있던 우리 심령의 창을 여십시다. 그 창을 통해 우리 속에 내주하시는 성령님의 인도하심 속에서, 예수 그리스도를 본받는 참된 그리스도인으로 살아가십시다. 바로 그것이 감사 주일을 맞아 우리가 하나님께 드릴 수 있는 가장 아름다운 감사의 예물이 될 것입니다. 하나님께서는 언제나 당신의 말씀 속에서 당신을 향해 심령의 창을 연, 겸손한 사람을 통해서만 역사하시기 때문입니다.

지난 1년 동안에도 우리 인생에는 폭풍이 있었습니다. 피하고 싶은 한파가 있었습니다. 견디기 힘든 아픔도 있었고, 고통도 있었습니다. 그럼에도 오늘 또다시 새날을 맞게 해주셔서 감사합니다. 오늘도 그리스도인으로 호흡하게 해주셔서 감사합니다. 그리고 감사 주일을 맞아 하나님께 감사의 예배를 드릴 수 있는 은총을 베풀어 주셔서 감사합니다. 무엇보다도 죽을 수밖에 없는 더러운 죄인인 나에게 하나님의 말씀을 먼저 주시고, 하나님의 영이신 성령님께서 내게 먼저 임해 주시고, 또 내 심령의 창을 밤이고 낮이고 두드려 주심을 감사드립니다.

이제 고넬료 일행처럼 낮고 겸손한 마음으로 하나님의 말씀을 듣고 마음에 담아, 성령님을 향해 내 심령의 창을 활짝 엽니다. 그 창을 통해, 성령님께서 내 마음속에 들어오시어, 내 인생의 주인이 되어 주옵소서. 성령님께서 말씀 안에서, 나로 하여금 예수 그리스도를 닮아 가게 하옵소서. 성령님께서 말씀 안에서, 나의 영성이 날로 더욱 깊어지게 하옵소서. 그리하여 나의 코끝에 호흡이 있는 동안, 나로 인해 내 주위 사람들이 행복을 누리게 하옵소서. 언제 어느 곳, 어떤 상황 속에서도, 이 어둔 세상을 밝히는 성령님의 도구로 살아가는 기쁨을 누리게 하옵소서.

세상의 것으로 인해 일희일비하는 어리석음을 탈피하여, 하박국 선지자의 고백을 자신의 고백으로 삼은 우리 모두의 삶이, 하나님께 드리는 가장 아름다운 감사의 예물이 되게 하옵소서.

"비록 무화과나무가 무성하지 못하며, 포도나무에 열매가 없으며, 감람나무에 소출이 없으며, 밭에 먹을 것이 없으며, 우리에 양이 없으며, 외양간에 소가 없을지라도, 나는 여호와로 말미암아 즐거워하며, 나의 구원의 하나님으로 말미암아 기뻐하리로다. 주 여호와는 나의 힘이시라, 나의 발을 사슴과 같게 하사, 나를 나의 높은 곳으로 다니게 하시리로다"(합 3:17-19). 아멘.

28. 세례를 베풀라 _{대림절 첫째 주일}

> 사도행전 10장 44-48절
> 베드로가 이 말을 할 때에 성령이 말씀 듣는 모든 사람에게 내려오시니 베드로와 함께 온 할례받은 신자들이 이방인들에게도 성령 부어 주심으로 말미암아 놀라니 이는 방언을 말하며 하나님 높임을 들음이러라 이에 베드로가 이르되 이 사람들이 우리와 같이 성령을 받았으니 누가 능히 물로 세례 베풂을 금하리요 하고 명하여 예수 그리스도의 이름으로 **세례를 베풀라** 하니라 그들이 베드로에게 며칠 더 머물기를 청하니라

가이사랴의 이방인이었던 고넬료 일행은 베드로의 입을 통해 나오는 하나님의 말씀을 들었습니다. 그냥 스쳐 지나가는 말로 들은 것이 아니라, 귀를 기울여 경청하였습니다. 그 말씀을 마음에 담고 그 말씀을 좇아 살기 위해 말씀을 들었습니다. 그들의 그 낮고 겸손한 마음에 성령님께서 임하셨고, 그들은 방언을 말하며 하나님을 높이 찬양하였습니다. 그 순간 욥바에서부터 베드로를 따라온 유대 그리스도인들, 곧 그들의 종교 관습에 따라

할례받은 유대인들은 깜짝 놀랐습니다. 그들은 할례받지 않은 이방인들에게도 성령님께서 임하신다는 사실을 그때까지 상상해 본 적도 없었기 때문입니다. 그것은 유대인이었던 베드로에게도 놀라운 광경이었습니다. 그 놀라운 광경을 직접 확인한 베드로가 취한 후속 조치를 본문은 다음과 같이 증언하고 있습니다.

> 이에 베드로가 이르되 이 사람들이 우리와 같이 성령을 받았으니 누가 능히 물로 세례 베풂을 금하리요 하고 명하여 예수 그리스도의 이름으로 세례를 베풀라 하니라(47-48절 상).

베드로는 그 즉각, 욥바에서부터 자신을 따라온 그리스도인들로 하여금 이방인 고넬료 일행에게 세례를 베풀게 했습니다. 그것은 당시 유대 그리스도인들의 사고를 넘어서는 일이었습니다. 그때까지만 해도 유대 그리스도인들은 세례를 이방인과는 전혀 무관한 것으로 여기고 있었습니다. 물론 이 이전에 빌립 집사가 유대 광야에서 이방인인 에티오피아의 관리에게 세례를 베푼 적이 있음을 우리는 사도행전 8장을 통해 이미 알고 있지만, 당시의 유대 그리스도인들은 아직 그 사실을 모르고 있었습니다.

그러나 성령님께서 이방인인 고넬료 일행에게 임하신 것을 직접 확인한 유대 그리스도인들이 자신들의 그릇된 신념을 버리는 것은 전혀 어려운 일이 아니었습니다. 그래서 베드로는 지체 없이 유대 그리스도인들로 하여금 이방인 고넬료 일행에게 세례를 베풀도록 했습니다. 그것은 초대교회의 지도자인 베드로의 입장에서 본다면 지극히 당연한 조치였습니다. 중요한 것은 이방인 고넬료 일행이 아무 거리낌 없이 세례를 받았다는 사실입니다. 이것은 이방인인 그들이 모두 세례 교인으로 살아갈 것을 기꺼이 결단했음을 의미합니다. 그렇다면 2천 년 전 그리스도인들에게 세례의 참된 의미는 무엇이었겠습니까?

우리가 2년 9개월 전 수요 성경공부 시간에 고린도전서 10장을 통해 살펴보았듯이 성경은 세례를, 출애굽한 이스라엘 백성이 홍해를 건넌 것에 빗대어 설명하고 있습니다. 이집트에서 노예생활을 하던 이스라엘 백성은 하나님의 인도하심 속에서 이집트를 떠나 홍해를 건너게 됩니다. 하나님께서 당신의 능력으로 갈라 주신 홍해를 이스라엘 백성이 발로 걸어서 건너갔습니다. 이스라엘 백성이 홍해를 다 건넌 뒤에 홍해는 다시 합쳐졌습니다. 이와 관련하여 고린도전서 10장 1-2절은 이렇게 증언하고 있습니다.

> 형제들아 나는 너희가 알지 못하기를 원하지 아니하노니 우리 조상들이 다 구름 아래에 있고 바다 가운데로 지나며 모세에게 속하여 다 구름과 바다에서 세례를 받고.

성경은 이스라엘 백성이 갈라진 홍해를 건너간 것을 가리켜 '세례'라 정의하고 있습니다. 그날 그 홍해 가운데에서 오늘날과 같은 그 어떤 형식의 세례 예식도 거행된 적이 없었지만, 성경은 그날 홍해를 건넌 모든 이스라엘 백성이 다 세례를 받았다고 증언하고 있습니다. 그날의 도해渡海, 즉 홍해 건넘 자체가 세례의 본질적 의미를 지니고 있었기 때문입니다.

이스라엘 백성이 이집트의 노예살이에서 해방되었다 해도 홍해를 건너기까지는, 아직 이집트를 완전히 벗어난 것이 아니었습니다. 그들이 홍해 앞에 당도하였을 때 마음이 변한 이집트의 파라오는 그들을 되잡아오기 위해 이집트의 전 군대를 동원하여 추격하기까지 했습니다. 따라서 이스라엘 백성은 홍해를 건너 홍해 건너편에 당도함으로 비로소 이집트의 영향권에서 완전히 벗어날 수 있었습니다. 그리고 갈라졌던 홍해가 다시 합쳐짐으로, 그들에게는 이집트로 되돌아갈 수 있는 길이 사라지고 말았습니다.

이처럼 이스라엘 백성에게 홍해 건넘은 이집트와의 완전 단절을 의미했습니다. 홍해를 사이에 두고 홍해 이쪽과 저쪽의 삶이 확연하게 구분된 것입니다. 홍해 이쪽의 삶, 즉 이집트에서의 삶이 죄와 사망의 노예 된 삶인 동시에 단순히 먹고살기만을 위한 육적인 삶―한마디로 자신의 생명을 매일 무의미하게 갉아먹는 허망한 삶이라면, 홍해 저쪽의 삶은 영원한 진리와 영원한 하나님의 나라를 지향하는 영원한 생명의 삶이었습니다. 그래서 그날 홍해 속에서 그 어떤 외적 세례 예식이 없었음에도, 그들의 홍해 건넘 자체가 세례였습니다. 세례의 본질적 의미가 종국에는 이 세상에서 사망으로 끝나 버릴 옛 삶과의 단절인 동시에, 영원한 생명을 주시는 하나님을 향한 새로운 출발이기 때문입니다.

그러나 이스라엘 백성이 이집트의 노예살이에서 출애굽하여 홍해 건넘의 세례를 받았다고 해서 그 동기가 그들 자신에게 있었던 것은 아닙니다. 그들에게 그것이 가능할 수 있었던 것은 하나님에 의한 유월절이 선행되었기 때문입니다. 이집트의 파라오가 이스라엘 백성을 해방시키지 않을 수 없도록 하나님께서 이집트 내에 있는 모든 사람의 장자와 모든 짐승의 첫 새끼를 치셨습니다. 그러나 이스라엘 백성은 하나님께서 양의 피를 집 문틀에 발라 두게 하심으로 그들의 생명을 지켜 주셨습니다. 양의 피가 발라져 있는 집은 하나님의 심판이 뛰어넘어 갔기 때문입니다. 이날을 히브리어로 '페사흐 פֶּסַח'라 부르는데 '뛰어넘다'라는 동사 '파사흐 פָּסַח'에서 파생된 단어입니다. 이 단어를 번역한 영어의 '패스오버Pass-over', 우리말 '유월절逾越節' 역시 똑같이 '뛰어넘다'는 의미입니다. 따라서 하나님에 의한 유월절이 이스라엘 백성으로 하여금 출애굽하여 홍해 건넘의 세례를 가능케 해준 직접적인 동기였습니다.

　오늘의 본문 속에서 이방인인 고넬료 일행에게 베풀어진 세례의 동기 또한, 그 당일의 어떤 특정 사건이나 사람에게 있지 않았습니다. 고린도전서 5장 7절은 십자가에 못박혀 돌아가신 예수님을 가리켜 "유월절 양"이라 부르고 있습니다. 예수님께서 십자가에 못박히신 날이 시기적으로 유월절이 시작되는 날이기도 했지만, 그보다는 예수님께서 당하신 십자가 고난의 의미가 '유월', 즉 'pass-over'였기 때문입니다. 하나님께서 당신의 독생자이신 예수 그리스도로 하여금 우리가 받아야 할 죄의 형벌을 십자가에서 대신 받게 하심으로써, 우리를 향한 하나님의 심판이 'pass-over' 되게 해주신 것입니다. 그러므로 출애굽한 이스라엘 백성이 홍해 건넘의 세례를 받을 수 있었던 동기가 하나님에 의한 유월절에 있었듯이, 오늘의 본문 속에서 이방인인 고넬료 일행이 세례를 받을 수 있는 동기 역시 예수님을 유월절의 양으로 삼으신 하나님께 있었습니다. 이것이 오늘의 본문이 이렇게 증언하는 이유입니다.

> 이에 베드로가 이르되 이 사람들이 우리와 같이 성령을 받았으니 누가 능히 물로 세례 베풂을 금하리요 하고 명하여 예수 그리스도의 이름으로 세례를 베풀라 하니라(47-48절 상).

　이방인 고넬료 일행에게 복음을 설교한 당사자가 베드로라고 해서 세례마저 베드로 자신이 집례한 것은 아니었습니다. 베드로는 욥바에서부터 자신을 따라온 그리스도인들로 하여금 고넬료 일행에게 세례를 베풀게 했습니다. 세례의 동기나 효력 혹은 권위가 세례를 집례하는 사람에게 달려 있지 않기 때문이었습니다. 그 대신에 한 가지 조건이 있었습니다. 세례를 베풀되 반드시 '예수 그리스도의 이름으로' 세례를 베풀어야 한다는 것이었습니다. 하나님께서 인간의 죄를 대속해 주시기 위해 유월절 양으로 삼으신 예수 그리스도 안에서만 인간이 하나님을 향한 영원한 생명의 삶을 살 수 있기 때문임은 두말할 나위도 없습니다.

그러므로 이방인 고넬료 일행이 기꺼이 세례를 받았다는 것은, 십자가에서 자신들의 죗값을 대신 치러 주신 예수 그리스도 안에서 하나님을 향해 영원한 생명의 삶을 살기 시작했음을 의미합니다. 다시 말해 그들은 홍해 이편의 옛 삶을 버리고, 홍해 저편의 영원한 삶을 지향하기 시작한 것이었습니다.

자신의 욕망이 원하는 대로 자기중심적인 삶을 살던 인간이 자신의 옛 삶을 버리고 하나님을 향해 삶의 방향을 180도 전환한다는 것은 쉬운 일이 아닌 것처럼 여겨집니다. 만약 이렇게 생각하는 사람이 하나님을 믿지 않는 사람이라면 그것은 지극히 자연스러운 일입니다. 하나님을 믿지 않는 사람에게는 자기중심적인 삶이 최고의 가치이기에, 그 삶을 버려야 할 이유나 명분이 있을 수 없기 때문입니다. 그러나 만약 하나님을 믿는 사람이 그렇게 생각한다면 그는 그가 믿는다는 하나님도, 하나님의 은혜도, 아직 바르게 인식하지 못하는 사람임이 분명합니다.

지난 시간에 정한조 목사님(100주년기념교회 전임목사―편집자 주)이 언급한 것처럼 사도행전 10장의 초점은 하나님께 맞추어져 있습니다. 사도행전 10장의 주인공이 겉으로 드러난 베드로나 고넬료가 아니라 하나님이시라는 의미입니다. 그도 그럴 것이 사도행전 10장에는 '하나님'이라는 호칭이 열세 번, 하나님의 영을 일컫는 '성령'이라는 호칭이 네 번, 하나님을 뜻하는 '주'라는 호칭이 한 번 등장합니다. 이것을 모두 합치면 하나님의 호칭이 무려 열여덟 번이나 등장하고 있습니다. 이를테면 사도행전 10장은 하나님의 이야기로 시작하여 하나님의 이야기로 끝나고 있습니다. 그래서 베드로 역시 구원의 복음을 하나님 중심으로 설교하였습니다. 즉 하나님의 복음은 화평의 복음이요, 하나님께서는 화평의 복음을 갈릴리에서부터 시작하게 하셨고, 갈릴리의 나사렛 사람이었던 예수님이 시혜자와 치유자의 삶을 살 수 있었던 것은 하나님께서 그에게 성령과 능력을 기름 붓듯 해주셨기 때문이요, 유대인들은 나사렛 예수님을 십자가에 못박아 죽였으나 하나님께서 사흘째 되는 날 죽음의 한가운데에서 나사렛 예수님을 다시 살리셨으며, 베드로 자신이 예수님을 알기도 전에 하나님께서 자신을 예수님의 증인으로 미리 지목하여 선택하셨으며, 하나님께서 인간을 심판할 재판장인 동시에 인간에게 죄사함을 줄 구원자로 세우신 분이 나사렛 예수님이라는 것이었습니다.

베드로가 설교한 그 하나님은 단지 설교 속에만 존재하는 추상적인 하나님이거나, 인간의 삶과는 전혀 무관한 천상의 하나님이 아니었습니다. 그 하나님은 이방인인 고넬료의 기도와 구제를 그의 기념비로 받아 주셨을 뿐 아니라, 고넬료로 하여금 욥바에 있던 베드로를 청하도록 역사하셨습니다. 하나님께서 그 이후에는 일이 어떻게 전개되는지 그저 관망만 하신 것이 아니었습니다. 이방인이었던 고넬료는 그때까지 사도 베드로와는 일면식도 없는 사이였습니다. 한 번도 만난 적이 없는 사도 베드로를 고넬료가 직접 찾아가는 것도 아니고, 사람을 보내어 가이사랴에 있는 자신의 집으로 청한다고 해서 베드로가 응할 리가 없었습니다. 그래서 하나님께서는 가이사랴에서 50여 킬로미터 떨어진 욥바의 무두장이 시몬의 집에 체류 중인 베드로로 하여금 기도하게 하시고, 그 기도 속에서 고넬료가 보낸 사람들을 따라가도록 베드로에게도 역사하셨습니다. 베드로는 그들을 따라 50여 킬로미터의 길을 걸어 가이사랴의 이방인 고넬료의 집으로 갔습니다. 그곳에는 고넬료의 가족뿐 아니라, 고넬료가 불러 모은 친척과 친구들이 다 함께 베드로를 기다리고 있었습니다. 베드로는 그들에게 하나님께서 십자가의 예수 그리스도 안에서 성취하신 구원의 복음을 설교했습니다. 선민의식에 사로잡혀 있던 유대인의 관습상 유대인이 이방인과 교제하는 것은 위법이었습니다. 그런데도 유대인인 베드로는 유대인의 관습법을 어기면서까지 이방인 고넬료 일행에게 복음을 전했습니다. 그것이 하나님의 명령이었기 때문입니다. 그러므로 고넬료 일행에게 복음을 전한 베드로는 실은 하나님의 도구였을 뿐이요, 하나님께서 베드로를 도구 삼아 그들에게 직접 복음을 전해 주신 셈이었습니다.

이것은 이방인 고넬료 일행에게는 기적과도 같은 일이었습니다. 그들은 하나님께서 예수 그리스도 안에서 성취하신 구원의 복음을 전혀 알지 못했습니다. 알지 못했으니 알려 한 적도, 알려 할 필요도 없었습니다. 그런데도 하나님께서 친히 욥바에 있는 베드로를 동원하시어 그들에게 구원의 복음을 전해 주시고, 구원받은 하나님의 자녀로 세워 주셨습니다. 세상의 많고 많은 사람들 가운데 하나님께서 먼저 그들을 주목하셨습니다. 하나님께서 당신의 시선을 먼저 그들에게 두시고, 그들을 지목하여 당신의 자녀로 세우시기 위해 그들과 일면식도 없던 베드로를 당신의 신비한 능력으로 그들에게 보내시고, 베드로를 통해 구원의 복음을 친히 전해 주셨을 뿐 아니라, 하나님의 영이신 성령님께서 그들에게 직접 임해 주시기까지 했습니다. 이 놀라운 하나님을, 하나님의 은혜를 확인했을 때 그들의 감격이 얼마나 컸겠습니까? 얼마나 큰 감격 속에서 그들이 세례를 받았겠습니까? 그리고 세례를 받음과 동시에 그들이 홍해 이편의 삶을 버리고 저편의 삶으로, 다시 말해 하나님을 향해 자신들의 삶의 방향을 180도 전환하였음은 너무나도 당연한 일이 아니겠습니까?

그러나 이것은 2천 년 전 성경 속에서만 일어난 일인 것은 아닙니다.

아시는 바와 같이 저는 지난 주간에 창립 30주년을 맞은 제네바한인교회를 다녀왔습니다. 주님의 은혜 속에서 예정된 집회를 마쳤고, 특히 1998년부터 2001년까지 3년 동안 저와 함께 신앙생활을 했던 교우님들과는 눈물로 하나님의 은혜를 나누었습니다. 그분들 가운데는 자신의 이야기를 실명으로 여러분에게 밝혀도 좋다고 승락한 유연희 집사님도 있었습니다.

유연희 씨는 본래 하나님을 믿지 않던 분이었습니다. 1998년 9월 22일에 제네바에 도착하여 9월 28일에 체류 허가를 받은 저는, 10월 첫째 주일인 10월 4일부터 제네바한인교회에서 정식으로 설교하기로 예정되어 있었습니다. 그 나흘 전 수요일인 9월 30일, 이성금 집사님이라는 분이 자기 집으로 저와 몇몇 교우님을 점심 식사에 초대하면서 유연희 씨에게도 주초부터 전화로 연락하였습니다. 당시 유연희 씨는 스위스에 유학 왔다가 프랑스인과 결혼하여 세 살 된 딸을 두고 있는 34세의 젊은 주부였습니다. 그분은 자신을 초대하는 이성금 집사님의 전화를 받고 정중하게 거절하였습니다. 한인들과는 담을 쌓고 살던 유연희 씨는 자신을 초대한 이성금 집사님이 누군지도 알지 못했고, 그분이 자신의 전화번호를 어떻게 알고 있는지도 알 수 없었기 때문입니다. 그러나 이성금 집사님은 포기하지 않고 계속 전화를 걸었습니다. 네 번째 전화를 받았을 때 유연희 씨는 이 집사님에게, 도대체 알지도 못하는 자신을 왜 초대하려는지 이유를 물었습니다. 이 집사님은, 사실은 한국에서 새로 온 목사를 초대했는데 당신도 합석하면 좋겠다는 생각이 들어서라고 대답했습니다. 어릴 때부터 외가로부터 불교의 영향을 받고 자란 유연희 씨는 그런 이유라면 더더욱 초청에 응할 수 없었습니다. 그렇지만 화요일 저녁에 여덟 번째 전화를 건 이 집사님은, 하루만 더 생각해 보고 가부간에 내일 전화를 달라며 자신의 전화번호를 주었습니다.

마침내 식사 당일인 수요일 아침, 유연희 씨는 이 집사님에게 전화를 걸어 자신의 속내를 밝혔습니다. 목사와 함께 식사한다면 목사가 식사하기 전에 분명히 기도할 텐데, 자신은 기도할 마음이 전혀 없으므로 갈 수 없다고 했습니다. 그러자 이 집사님은 기도 시간에는 부엌으로 피하게 해줄 테니 아무 걱정 말라며 초대의 뜻을 굽히지 않았습니다. 이 집사님의 끈질긴 초청에 유연희 씨는 어쩔 수 없이 그날 점심 식사 자리에 참석하게 되었습니다. 그런데 제가 식사 기도를 할 때 미처 부엌으로 피하지 못한 유연희 씨도 엉겁결에 함께 기도하게 되었습니다. 이래저래 불편하기만 한 유연희 씨는 속히 식사 자리가 끝나기만을 바랐습니다. 식사에 참석한 분들과 나누던 대화의 내용이, "과연 부모가 자식을 제대로 지켜 줄 수 있는가?"라는 주제로 옮겨 갔습니다. 부모가 빤히 보는 앞에서도 자식이 사고를 당하는 이 험한 세상에서 "하나님께서 우리 자식을 지켜 주시지 않는다면 과연 누가 지켜 줄 수 있겠느냐?"고 제가 반문했습니다. 그런데 저의 그 질문이 유연희 씨의 가슴에 꽂혔습니다. 이국땅에서 외국인과 결혼하여 딸을 낳은 유연희 씨는 자신과 남편이 자식을 완벽하게 지켜 줄 수 있다고 믿어 오고 있었습니다. 그러나 부모가 자식을 지켜 줄 수 있는 범위는 지극히 제한적이라는 사실을 그날 처음 깨달은 것이었습니다.

그날 식사를 끝내고 집으로 돌아갔지만 그날 밤에도, 그다음 날에도, 일주일 후에도, 아니 열흘 후에도, '하나님께서 우리 자식을 지켜 주시지 않는다면 과연 누가 지켜 줄 수 있겠느냐?'는 질문이 뇌리에서 떠나지 않았습니다. 마침내 유연희 씨는 10월 셋째 주일, 이재철 목사가 그토록 확신에 차서 말하던 '이재철 목사의 하나님'이 어떤 분인지 알기 위해 제네바한인교회를 찾았고, 바로 그날 예배를 통해 자기 자신과 자기 자식을 영원히 책임져 주실 하나님을 눈물 속에서 인격적으로 만났습니다. 그리고 그날부터 제네바 한인교회의 교인이 되었습니다.

그다음 달에 저는 교우님들과 함께 유연희 씨 댁으로 심방을 갔습니다. 제가 예레미야 32장 41절을 봉독했습니다.

> 내가 기쁨으로 그들에게 복을 주되 분명히 나의 마음과 정성을 다하여 그들을 이 땅에 심으리라.

그리고 제가 유연희 씨에게 말했습니다.

"당신이 유럽 땅에 견고하게 뿌리내릴 수 있도록, 하나님께서 하나님의 마음과 정성을 다하여 당신을 유럽 땅에 친히 심어 주실 것입니다."

유연희 씨는 예레미야 32장 41절 말씀 앞에서 흐르는 눈물을 주체하지 못했습니다. 당시 그의 집 옆에는 공동묘지가 있었습니다. 한인 사회와는 담을 쌓고 살던 유연희 씨는 남편이 출근한 뒤에 시간이 있을 때마다 공동묘지로 나갔습니다. 그곳에서 무덤 사이를 산책하거나 벤치에 앉아 책을 읽으며 유연희 씨는 허무감에 빠지곤 했습니다. 저 무덤 속에 시체로 누워 있는 사람들처럼 이 세상에 태어난 사람이 예외 없이 모두 죽는다면, 대체 인간이 태어나야 할 의미는 무엇이며, 또 살아야 할 의미는 무엇이라는 말인가? 사랑하는 남편과 자식이 있긴 하지만 의미를 찾을 수 없는 자기 삶에 대한 허무감에서 벗어날 수 없었습니다. 그래서 무의미한 삶을 살 바에야 차라리 죽는 것이 낫겠다고 죽음을 생각한 것이 한두 번이 아니었고, 남편에게 자신이 죽으면 자신의 시신을 유럽 대륙에 묻지 말고 반드시 한국 땅에 묻어 달라고 부탁하기도 했습니다. 의미를 찾을 수 없는 자신의 삶이 살아서는 말할 것도 없고 죽어서도 이국땅인 유럽 대륙에는 영영 뿌리내리지 못할 것이라는 존재적 고독감과 절망감으로 인함이었습니다. 그런데 하나님께서 예레미야 32장 41절을 통해, '네가 유럽 땅에 견고하게 뿌리내릴 수 있도록 내가 나의 마음과 정성을 다하여 너를 유럽 땅에 심어 주겠다'고 약속하신 것입니다. 하나님께서 넓고 넓은 유럽 대륙에서 삶의 의미를 찾지 못해 허무감과 절망감에 빠져 있는 가련한 한국 여인의 신음소리를 들으시고, 그에게 주목하시고, 친히 대답해 주신 것이었습니다. 그녀에게 하나님은 자신의 마음속 깊은 곳까지도 주목하시고 응답해 주시는 살아 계신 하나님이셨습니다.

그리고 또 한 달 후, 그해 성탄절에 유연희 씨는 세례를 받았습니다. 제가 제네바한인교회에서 세례를 베푼 첫 번째 세례 교인이 된 것입니다. 그날도 그녀는 하염없이 눈물을 흘렸습니다. 자신의 죗값을 치러 주신 예수 그리스도 안에서 영원한 삶의 의미를 찾은 감격의 눈물이었고, 60억 인구 중에서 자신에게 주목해 주신 하나님에 대한 감사의 눈물이었고, 홍해 이편에서 홍해 저편으로 삶의 방향을 전환하는 결단의 눈물이었습니다.

그 이후 유연희 씨는 참된 세례 교인으로 누구보다 아름다운 믿음의 삶을 살아오고 있습니다. 이번에 제네바에서 다시 만난 유연희 집사님은 이번에도 눈물을 흘리며 제게 이렇게 말했습니다.

"하나님께서는 유럽 대륙에서 고독과 방황 속에 버려져 있던 저를 구원해 주시기 위해, 10년 전에 목사님을 한국에서 제네바로 불러 주셨습니다."

오늘의 본문을 빌려 설명한다면 10년 전 유연희 집사님은 가이사랴의 이방인 고넬료였고, 저는 저도 모르게 그분을 위한 베드로로 하나님에 의해 쓰임 받은 셈이었습니다.

그러나 이것이 어찌 유연희 집사님만의 고백이겠습니까? 이것은 저 자신의 고백이기도 하고, 여러분의 고백이기도 합니다. 하나님께서 60억 인구 가운데 보잘것없는 우리 개개인을 주목하셨습니다. 그래서 수많은 베드로들로 하여금 우리에게 전화하게 하시고, 우리를 찾게 하시고, 우리에게 복음을 전하게 하심으로, 우리를 영원한 생명을 지닌 하나님의 자녀로 세워 주셨습니다. 이 하나님을, 하나님의 이 구원의 은총을 정녕 믿는다면, 우리가 세례의 외적 형식을 거쳤든 혹은 아직 거치지 않았든 상관없이, 우리 모두 본질적인 세례 교인이 되어야 하지 않겠습니까?

사랑하는 교우 여러분!

하나님께서 우리를 구원해 주시기 위해 당신의 독생자를 유월절의 양으로 보내 주셨음을 기리는 대림절 첫째 주일을 맞이하여, 우리 모두 죄와 사망의 노예였던 삶으로부터 출애굽의 대장정을 시작하십시다. 홍해 이편의 옛 삶을 버리고, 예수 그리스도 안에서 홍해를 건너, 영원하신 하나님을 향해 홍해 저편의 영원한 삶을 지향하십시다. 그때 우리는 비로소 우리 인생의 참된 의미와 가치를 찾게 될 것입니다. 그때 진리에 깊이 뿌리내린 우리의 삶은 이 세상의 어떤 폭풍에도 흔들리지 않을 것입니다. 그때 물거품처럼 사라져 버릴 우리의 뜻이 아니라, 영원하신 하나님의 뜻이 우리의 삶 속에 결실될 것입니다.

우리의 참된 미래와 희망은 예수 그리스도를 보내 주신 하나님, 오직 그 분에게만 있습니다.

이 세상의 60억 인구 가운데 나를 주목하시고, 나의 작은 신음에도 귀 기울여 응답하시고, 수많은 베드로들을 동원하시어 예수 그리스도 안에서 나를 하나님의 자녀로 세워 주신 하나님 아버지!

하나님께서 나의 죗값을 대신 치르게 하시기 위해 예수 그리스도를 유월절의 양으로 보내 주셨음을 기리는 대림절 첫째 주일을 맞이하여, 이제 예수 그리스도 안에서 출애굽의 대장정을 시작합니다. 죄와 사망의 노예였던 홍해 이편의 옛 삶을 버리고, 주님 안에서 홍해를 건너, 영원하신 하나님을 향한 홍해 저편의 삶을 지향하게 하옵소서. 오직 하나님의 나라와 그의 의를 먼저 구하는 나의 삶을 하나님께서 친히 불 기둥과 구름 기둥으로 지켜 주시고, 하늘의 만나와 반석의 생수로 책임져 주실 것을 믿음으로, 담대하게 홍해 저편으로 나아가게 하옵소서. 홍해 저편에서 언제 어떤 상황 속에서든 본질적인 세례 교인으로 살게 하옵소서. 그리하여 하나님께서 나를 위해 이 땅에 보내 주신 예수 그리스도 안에서 나의 인생이 참된 의미와 가치를 지니게 하시고, 진리에 견고하게 뿌리내린 나의 인생이 이 세상의 그 어떤 폭풍에도 흔들림이 없게 하옵소서.

그와 같은 삶을 지향하는 우리 모두, 홍해 이편에서 여전히 죄와 사망의 노예로 사는 사람들을 홍해 저편으로 인도하는, 이 시대의 베드로들이 되게 하옵소서. 아멘.

29. 며칠 더 머물기를 대림절 둘째 주일

사도행전 10장 44-48절

베드로가 이 말을 할 때에 성령이 말씀 듣는 모든 사람에게 내려오시니 베드로와 함께 온 할례받은 신자들이 이방인들에게도 성령 부어 주심으로 말미암아 놀라니 이는 방언을 말하며 하나님 높임을 들음이러라 이에 베드로가 이르되 이 사람들이 우리와 같이 성령을 받았으니 누가 능히 물로 세례 베풂을 금하리요 하고 명하여 예수 그리스도의 이름으로 세례를 베풀라 하니라 그들이 베드로에게 **며칠 더 머물기를** 청하니라

10년 전 제네바에서 3년간 혼자 살면서, 그 이전에는 전혀 몰랐거나 아예 생각조차 해본 적이 없는 것들을 삶의 경험으로 터득한 것들이 많았습니다. 이를테면 그릇을 구입할 때, 저는 반드시 그릇을 뒤집어 그릇의 밑바닥을 확인하게 되었습니다. 그 이전에 한국에서는 제가 그릇을 직접 구입해 본 적도 없지만, 혹 그릇 가게를 들러도 그릇의 겉모양만 보았을 뿐, 그릇의 밑바닥을 뒤집어 본다는 것은 상상해 본 적도 없었습니다. 처음 제네바 생활을 시

작할 때에도 겉모양만 보고 그릇을 구입하였습니다. 그 뒤 식기세척기를 구입하여 사용하면서 새로운 사실을 알게 되었습니다. 세척기 속에는 그릇을 뒤집어 넣지 않습니까? 그때 그릇 밑바닥이 속으로 움푹 들어가 있거나, 그릇의 밑받침 역할을 하는 둥근 테 모양의 굽이 밖으로 돌출되어 있으면, 그 속에 고인 물은 세척기의 건조력으로는 전혀 마르지 않았습니다. 처음엔 그 같은 사정을 모르고 문제의 그릇들을 세척기에서 꺼내다가, 위를 향해 있는 그릇 밑바닥에 고인 물을 흘려 세척기 속의 멀쩡한 그릇들까지 젖게 하기가 일쑤였습니다. 결국 그런 그릇들은 밑바닥에 고여 있는 물이 흐르지 않도록 조심스레 꺼내어, 마른 수건으로 일일이 닦을 수밖에 없었습니다. 그렇지 않아도 혼자 해야 할 집안일이 태산처럼 많은 터에, 세척기 속에서 자동 세척이 끝난 그릇들을 다시 마른 수건으로 닦는다는 것은 너무나도 아까운 시간 낭비였습니다. 그 이후부터 그릇을 구입할 때는 반드시 그릇을 뒤집어, 밑바닥이 평평한지 확인하게 되었습니다. 제게 있어 좋은 그릇이란 세척기 속에서 완전 건조되는 데에 아무 지장이 없는 그릇, 다시 말해 세척기에서 그냥 꺼낼 수 있는 그릇이었기 때문입니다.

또 냄비를 구입할 때에는, 가능한 한 좋은 냄비를 선택해야 한다는 사실도 알게 되었습니다. 한번은 슈퍼에서 대단히 싼 냄비를, 그것도 파격적인 할인 가격으로 판매하고 있었습니다. 마침 여분의 냄비가 필요할 때여서 덥석 그 냄비를 구입하였습니다. 그러나 처음엔 몰랐지만 시간이 지나면서, 그 냄비로 음식을 하면 음식의 맛이 다르다는 사실을 알게 되었습니다. 예를 들면 똑같은 라면을 끓이는데도 종전의 좋은 냄비를 사용하느냐, 새로 구입한 싸구려 냄비를 이용하느냐에 따라 라면의 맛이 확연하게 달라졌습니다. 물론 싼 냄비 쪽의 맛이 현격하게 떨어졌습니다. 몇 차례나 시험을 해보았지만 결과는 언제나 마찬가지였습니다. 그 과정을 거치면서 결국 좋은 냄비가 음식 본래의 맛을 제대로 지켜 준다는 사실을 터득하게 되었습니다.

이외에도 3년 동안 혼자 살면서 배우고 알게 된 것은 참으로 많습니다. 이처럼 세월은 우리가 자각하지 못하는 가운데, 우리를 어떤 면에서든 삶의 전문가가 되게끔 도와줍니다. 세월의 가치가 바로 여기에 있습니다. 그러므로 세월 흘러감은 아쉬워하거나 안타까워할 일이 전혀 아닙니다. 세월이 흐르지 않으면 우리는 삶의 유치함과 서투름에서 벗어날 길이 없습니다. 세월이 흐르지 않고서는 삶의 전문가가 될 도리가 없는 것입니다. 도시에서 박사학위를 받은 젊은 자식이, 정규교육을 전혀 받아 본 적이 없는 시골 부모의 삶의 지혜를 도저히 따라갈 수 없는 것은 부모와 자식이 경험한 세월의 길이가 다르기 때문입니다.

그러나 그리스도인이 된다는 것은 전혀 다른 차원의 문제입니다. 그것은 삶의 전문가를 뛰어넘어, 진리와 생명의 전문가가 되는 것을 의미합니다.

가이사랴의 이방인 고넬료 일행은 베드로의 입을 통해 나오는 하나님의 말씀을 귀 기울여 경청했습니다. 그들의 그 낮고 겸손한 마음에 성령님께서 임하심을 확인한 베드로는 그 즉각, 욥바에서부터 자신을 따라온 그리스도인들로 하여금 고넬료 일행에게 세례를 베풀게 했고, 이방인 고넬료 일행은 기꺼이 세례 교인이 되었습니다. 이로써 가이사랴의 이방인 고넬료 일행에 대한 하나님의 신비스러운 구원의 섭리를 전해 주는 사도행전 10장은 대단원의 막을 내리게 됩니다. 그런데 사도행전 10장의 마지막 구절인 48절 하반절이 이렇게 끝을 맺고 있습니다.

그들이 베드로에게 며칠 더 머물기를 청하니라.

베드로가 이방인 고넬료 일행에게 복음을 전하고, 그들에게 세례를 베푸는 것으로 모든 것이 끝난 것이 아니었습니다. 사도행전 10장의 막이 내린다고 해서, 그것으로 베드로와 고넬료 일행의 관계가 종결된 것은 아니라는 말입니다. 고넬료 일행은 베드로에게 자신들과 함께 머물러 줄 것을 요청했습니다. 사람들은 흔히 헤어질 때 "좀더 계시다 가지 벌써 가시느냐"고 인사를 하지만, 그것은 그야말로 인사치레인 경우가 대부분입니다. 그러나 본문에서 '청하다'로 번역된 헬라어 동사 '에로타오ἐρωτάω'는 그저 한번 해보는 빈말이 아니라, 온 마음을 다해 간청한다는 의미입니다. 우리는 이 단어를 마가복음 7장 24-26절에서 접할 수 있습니다.

> 예수께서 일어나사 거기를 떠나 두로 지방으로 가서 한 집에 들어가 아무도 모르게 하시려 하나 숨길 수 없더라 이에 더러운 귀신 들린 어린 딸을 둔 한 여자가 예수의 소문을 듣고 곧 와서 그 발아래에 엎드리니 그 여자는 헬라인이요 수로보니게 족속이라 자기 딸에게서 귀신 쫓아내 주시기를 간구하거늘.

사랑하는 딸이 더러운 귀신에 사로잡혀 있다면, 대체 그 어미의 심정이 어떠했겠습니까? 그 가련한 여인이 어느 날 주님께서 두로 지방에 계신다는 소문을 듣고, 주님을 찾아와 주님 앞에 엎드리어 자기 딸을 고쳐 주시기를 간구했습니다. 그 간구가 얼마나 애절하고도 간절했을는지는 충분히 짐작할 수 있습니다. 그 여인의 '간구'가 헬라어 원문에 '에로타오'로 기록되어 있습니다. 따라서 귀신 들린 딸을 둔 어미가 애절한 심정으로 주님의 도우심을 간구하듯, 고넬료 일행은 베드로에게 자신들과 함께 더 머물러 줄 것을 간청했습니다. 그것도 몇 분이나 몇 시간 혹은 하루 정도가 아니라, 자신들과 함께 며칠 더 머물러 줄 것을 간청하였습니다. 그것은 단순한 인사치레가 아니라, 베드로와 조금이라도 더 있기를 간절히 바라는 그들 진심의 발로였습니다.

베드로는 돈이 많은 사업가가 아니었습니다. 배운 것이 많은 지식인도 아니었습니다. 권세를 지닌 고관이나 뛰어난 재능을 자랑하는 예술가도 아니었습니다. 그는 가난하고 무식한 갈릴리의 어부 출신이었을 뿐입니다. 그런데도 고넬료 일행이 왜 베드로에게 며칠씩이나 더 머물러 줄 것을 간청했는지, 우리는 그 이유를 잘 알고 있습니다. 고넬료 일행에게 베드로와의 만남은 그들의 인생에 새로운 분기점이 되었습니다. 베드로를 만남으로, 고작 가이사랴의 공동묘지에서 한 줌의 흙으로 끝나 버렸을 그들의 인생이, 가이사랴의 공동묘지를 넘어 영원한 하나님의 나라와 영원히 접속하게 되었습니다. 베드로와의 만남을 통하여, 그들은 홍해 이편의 허망한 옛 삶을 벗어던지고 예수 그리스도 안에서 홍해를 건너 홍해 저편의 새로운 삶을 시작하게 되었습니다. 베드로가 전해 준 복음을 믿음으로, 그들은 예수 그리스도 안에서 혈통적으로나 법적으로나 명실공히 하나님의 자녀로 인정받는 은총을 입게 되었습니다. 한마디로 베드로로 인해 그들은 비로소 삶의 참된 가치와 의미와 목적을 바르게 깨닫고 구현하게 되었습니다.

그러므로 그들이 베드로에게 며칠 더 머물러 줄 것을 간청한 것은, 그들이 바보가 아닌 바에야 너무나도 당연한 일이었습니다. 그들에게는 베드로부터 더 듣고 더 배워야 할 것들이 아직 무궁무진했기 때문입니다. 그들에게 베드로란 인물은 한 번 만나는 것으로 그쳐서는 안 될, 절대적으로 필요한 진리와 생명의 전문가였습니다.

그렇다면 이제 본문을 베드로의 입장에서 생각해 보십시다. 그는 본디 무식하고 가난한 갈릴리의 어부였습니다. 그날 고기 잡아 그날 먹고사는, 오직 자기만을 위해 살던 사람이었습니다. 물론 그때에도 베드로의 도움을 필요로 하는 사람들이 있기는 했습니다. 주님께서 열병에 걸린 베드로의 장모를 고쳐 주셨음을 증언하는 마태복음 8장 14-15절에 비추어 볼 때, 그에게는 분명 부양해야 할 처자식이 있었습니다. 함께 고기잡이 나가는 동료들이, 때로는 동네 친구들이 베드로의 도움을 필요로 하기도 했을 것입니다. 그러나 그것은 단지 육적 삶에 국한된 것이었습니다. 바꾸어 말하면 홍해 이편의 삶을 위한 것이었습니다. 그렇기에 갈릴리 시절의 베드로에게는 어릴 적부터 같이 지내 온 친구와 동료들이 많았을 것임에도, 그들 중에 베드로로 인해 인생이 새로워졌다는 사람은 없었습니다.

그러나 지금 베드로는 갈릴리와 동떨어진 가이사랴에 와 있습니다. 자의에 의해서가 아니라, 가이사랴에 사는 이방인 고넬료의 요청에 의해서였습니다. 베드로와 고넬료는 예전부터 알던 사이가 아니었습니다. 그들은 서로 생면부지의 관계였습니다. 그렇다고 그 두 사람 사이에 직업적인 연관성이 있는 것도 아니었습니다. 고넬료는 식민지에 주둔하고 있는 로마 군대의 장교인 반면, 베드로는 식민지 변방의 보잘것없는 어부에 지나지 않았습니다. 그런데도 고넬료뿐 아니라 고넬료의 일행 모두의 인생이 베드로와의 만남을 통해 완전히 새로워졌습니다. 그래서 생전 처음 만난 베드로임에도 그곳의 모든 사람들이 베드로에게 하루도 아닌, 며칠씩이나 더 머물러 줄 것을 간청했습니다. 그때 베드로가 스스로 느낀 보람이 얼마나 컸겠습니까?

어떤 사람은 돈을 버는 데, 어떤 사람은 명예를 얻는 데, 또 다른 사람은 출세하는 데 자기 인생의 보람을 둘 수 있습니다. 하지만 그런 보람은 모두 상대적입니다. 자신의 계획이 이루어지면 당장은 보람을 느끼지만, 그 보람은 자기보다 더 큰 일을 이룬 사람 앞에서는 상대적인 빈곤감이나 박탈감

혹은 열등감으로 무너져 버립니다. 참된 보람은 항상 진리에 의한 변화로 비롯됩니다. 진리는 언제나 절대적이기에, 오직 진리에 의한 변화만 절대적인 보람을 수반합니다. 그 절대적인 보람은 내가 만나는 사람을 통해 확인됩니다. 내가 진리 안에서 변화되었다는 것은 내가 변화된 만큼 진리가 나를 지배하고 있음을 의미하기에, 내가 만나는 누군가의 삶 역시 나를 지배하는 진리에 의해 변화되기 마련입니다. 따라서 나로 말미암아 변화된 사람을 통해 진리에 의한 나의 변화가 확증되고, 변화된 나의 삶에 대한 보람 또한 확인하게 됩니다.

베드로를 만난 이방인 고넬료 일행이 모두 진리이신 예수 그리스도의 사람으로 변화되었다는 것은, 베드로 자신이 예수 그리스도 안에서 그만큼 진리의 사람으로 변화되었음을 입증하는 것인즉, 베드로 자신이 고넬료의 집에서 느꼈을 보람은 이루 말할 수 없이 컸을 것입니다. 그곳에서 일어난 모든 일은 홍해 건너, 홍해 저편에서의 일이었기 때문입니다. 우리가 오늘로 35주째 살펴보고 있는 사도행전 9장 32절 이후의 베드로의 행적을 이 관점에서 되돌아보면, 그 모든 행적이 베드로에게는 말할 수 없이 큰 보람의 연속이었음을 알게 됩니다.

예루살렘을 떠나 사방을 두루 다니다가 발길 닿는 대로 룻다에 이른 베드로는, 그곳에서 8년이나 중풍병자로 누워 있던 애니아를 만났습니다. 그리고 베드로를 통해 역사하신 주님의 능력으로 애니아는 중풍병에서 치유되었습니다. 그곳 사람들이 베드로에게 자신들과 함께 좀더 있어 주기를 원했음은 물론입니다. 그때 욥바의 신실한 여제자인 다비다가 죽었습니다. 그녀의 죽음을 아쉬워하던 욥바의 그리스도인들은, 마침 베드로가 인근 룻다에 머물고 있다는 소문을 듣고 사람을 보내어 베드로의 왕림을 간청했습니다. 그리고 지체 없이 욥바로 달려온 베드로의 기도로, 죽었던 다비다가 다시 살아났습니다. 그 놀라운 광경을 목격한 욥바 사람들 역시 베드로에게 욥바에 더 체류해 줄 것을 간청했음은 두말할 나위가 없습니다. 베드로는 욥바의 다른 사람 집을 다 마다하고, 유대인들이 인간 이하로 취급하던 무두장이 시몬의 집을 자신의 유숙지로 선택함으로써, 참된 신앙이 무엇인지 자신의 삶으로 욥바 사람들에게 보여 주었습니다. 그때 욥바에서 50여 킬로미터 떨어진 가이사랴의 이방인 고넬료가 욥바로 사람을 보내어 베드로를 가이사랴로 청했고, 그 요청에 응한 베드로를 만나 새로운 인생을 살게 된 고넬료와 그의 일행 역시 지금 베드로에게 자신들과 함께 며칠 더 머물러 주기를 간청하고 있습니다.

이처럼 베드로가 가는 곳마다 새로운 생명의 역사가 일어났고, 베드로는 예수 그리스도 안에서 자신도 모르게, 만나는 사람마다 홍해 저편으로 인도해 주는 진리와 생명의 전문가가 되어 있었습니다. 그렇다면 매일매일 그와 같은 삶을 살던 베드로가 한 해의 마지막 달을 맞았을 때, 지난 한 해를 되돌아보며 주님 안에서 느꼈을 긍지와 보람이 얼마나 컸겠습니까? 볼품없는 갈릴리의 무식한 어부에 지나지 않던 자신으로 하여금, 진리를 좇는 영원한 생명의 전문가가 되게 해주신 주님께 대한 감사는 또 얼마나 컸겠습니까?

오늘은 올 한 해의 마지막 달인 12월 첫째 주일입니다. 이제 우리 모두 지난 1년을 되돌아보십시다. 우리 각자는 지난 1년 동안에도 많은 사람들을 만났을 것입니다. 그들을 우리 기억의 화면 위에 떠올려 보십시다. 그들 중에 단 한 사람이라도, 나로 말미암아 인생관이 새로워진 사람이 있습니까? 그렇다면 주님께 감사드리십시다. 그들 가운데 단 한 명일지언정, 나로 인해 예수 그리스도 안에서 인생의 홍해를 건넌 사람이 있습니까? 그렇다면 주님을 찬양하십시다. 진리 안에서 새로운 삶을 시작한 누군가가, 오직 진리를 위해 단 10분이라도 자기 곁에 내가 더 머물러 주기를 원한 적이 있었습니까? 그렇다면 주님께 영광을 돌리십시다. 그것이야말로 내가 예수 그리스도 안에서 그만큼 진리의 사람으로 변화되었다는 가장 확실한 증거입니다. 그 증거가 있는 한 비록 세상에서는 올 한 해 동안 우리의 계획이 어긋났다 해도, 하나님 앞에서 우리는 실패자가 아니라 성공한 사람들입니다. 우리가 하나님 앞에 보여 드릴 것은 세상의 업적이 아니라, 예수 그리스도의 진리 안에서 변화된 우리의 삶이기 때문입니다. 그 변화된 삶의 증거 위에서 올 한 해를 매듭짓는다면, 우리 각자의 2008년은 예수 그리스도 안에서 크나큰 긍지와 보람의 해로 승화될 것입니다.

독일이 원산지인 셰퍼드는 세계적으로 그 이름이 널리 알려진 개입니다. 19세기 말 독일의 퇴역 군인 스테파니츠M. Stephanitz는 여생을 바쳐 새로운 품종의 개를 개발하고, 그 이름을 '목자'란 의미로 셰퍼드shepherd라 지었습니다. 목자가 외부의 공격으로부터 자기 생명을 걸고 양을 지키듯, 자기에게 주어진 경비임무에 투철한 개란 의미였습니다. 과연 그 이름답게, 셰퍼드는 서양산 개 가운데 지능과 경비 능력이 탁월한 개로 공인되고 있습니다. 그래서 어느 나라에서나 셰퍼드는 경비견이나 경찰견, 그리고 군용견으로 이용되고 있습니다.

우리나라 천연기념물 제53호인 진돗개는 셰퍼드에 비해 지능이나 경비 능력이 뛰어나면 뛰어났지 조금도 뒤지지 않는 명견으로 인정받고 있습니다. 진돗개가 주인에게 충성하면서, 주인의 생명과 재산을 지키고 보호하는 지능과 능력은 타의 추종을 불허합니다. 그러나 이상하게도 그렇듯 뛰어난 진돗개가 가정용이 아닌, 경찰견이나 군용견으로 이용되는 예를 우리는 전혀 찾아볼 수 없습니다. 알고 보면 그 이유가 참으로 감동적입니다. 셰퍼드는 자기 주인이 바뀌는 것을 전혀 개의치 않지만, 진돗개는 주인을 바꾸지 못하기 때문이라고 합니다. 경찰이나 군대에서는, 한 사람이 한평생 동일한 경비견을 다루는 법이 없습니다. 일정한 기간이 지나면 담당자가 바뀌기 마련입니다. 그때 셰퍼드를 비롯한 다른 개들은 사흘만 지나면, 바뀐 담당자를 거리낌 없이 주인으로 모시고 그의 명령을 따릅니다. 그러나 진돗개는 한 번 주인을 정하면 그 주인에게만 충성을 바칩니다. 기르던 진돗개를 먼 지방의 친척집에 주었더니, 몇 달이 지나 그 진돗개가 옛 주인을 되찾아왔다는 것은 과장이거나 지어낸 이야기가 아닙니다. 그것은 한 주인에게만 일편단심 충성하는 진돗개의 특성으로 인함입니다.

사랑하는 교우 여러분!

우리에게 새로운 생명을 주시기 위해 예수 그리스도께서 유월절 양으로 이 땅에 오셨음을 기리는 대림절 둘째 주일을 맞이하여, 세상의 것들을 마치 셰퍼드처럼 번갈아 가며 우리의 주인으로 섬기던 어리석은 삶에 마침표를 찍으십시다. 그리고 본문의 베드로처럼 오직 예수 그리스도의 십자가만을 자랑하고, 십자가의 예수 그리스도만을 주인으로 모시는, 진돗개와 같은 일편단심의 믿음으로 올해를 매듭짓고, 그 연장선상에서 2009년을 시작하십시다. 그때 우리를 만나는 사람들이 더욱 진리를 쫓기 위해 우리에게 자신들과 함께 머물러 줄 것을 간청할 것이요, 세월의 흐름과 정비례하여 우리 자신의 삶에 대한 긍지와 보람은 날로 더 커질 것입니다. 세월이 흘러가면 갈수록, 우리는 더더욱 진리와 생명의 전문가가 될 것이기 때문입니다.

올해의 마지막 달인 12월을 맞아 지난 1년간을 되돌아봅니다. 물거품 같은 욕망의 노예가 되어, 시도 때도 없이 세상의 것들로 내 인생의 주인을 바꾸어 가며 살아왔습니다. 그럼에도 주님께서 보잘것없는 나의 삶을 통해,

누군가의 인생이 새로워지게 해주셨음을 감사드립니다. 진리 안에서 바르게 살기 원하는 누군가가, 자기 곁에 내가 조금이라도 더 머물기 원하게 하셨음으로 인하여 주님을 찬양합니다.

우리에게 새 생명을 주시기 위해 주님께서 유월절 양으로 이 땅에 오셨음을 기리는 대림절 두 번째 주일을 맞이하여, 우리 모두 주님의 십자가만을 자랑하고, 십자가의 주님만을 내 인생의 주인으로 모시는, 일편단심의 믿음 속에서 올해를 매듭짓기 원합니다. 이제부터 나를 만나는 사람들이 오직 진리를 위해 자기 곁에 내가 좀더 머물기를 원할 정도로, 내가 먼저 확고한 진리의 사람이 되게 하옵소서. 세월이 흘러갈수록, 진리와 생명의 전문가로 살아가는 삶의 보람과 긍지를 누리게 하옵소서. 더 이상 홍해 이편이 아니라 홍해 저편에서, 진리로 엮어지는 새 삶의 희열을 누리게 하옵소서. 주님 안에서 사람의 인생을 새롭게 해주는 것보다 더 보람된 삶은 없으며, 내가 진리 안에서 변화되는 만큼만, 내가 만나는 사람들이 변화됨을 언제나 기억하게 하옵소서.

그리하여 우리의 코끝에 호흡이 있는 동안 매해의 마지막 달을 맞을 때마다, 후회와 탄식이 아닌 긍지와 보람 속에서, 감사와 찬양 속에서, 한해 한해가 영원한 의미로 승화되게 하옵소서. 아멘.

부록

성탄 축하 예배 **새것이 되었도다**
2008년 12월 25일

2008년 12월 25일

새것이 되었도다 성탄 축하 예배

고린도후서 5장 17절
그런즉 누구든지 그리스도 안에 있으면 새로운 피조물이라 이전 것은 지나갔으니 보라 **새것이 되었도다**

지난달 초, 한 교우님이 보낸 편지 속에 시 한 편이 동봉되어 있었습니다. 제가 목회의 길에 들어서기 전에 오랫동안 깊은 교분을 맺었던 시인 정현종 선생의 시였습니다. 〈방문객〉이란 제목의 그 시는 이렇게 시작됩니다.

사람이 온다는 건
실은 어마어마한 일이다.
그는
그의 과거와
현재와

그리고

그의 미래와 함께 오기 때문이다.

만남의 중요성을 이보다 더 잘 표현할 수는 없을 것입니다. 누군가를 만난다는 것은 현재 시점에서만의 그를 만나는 것을 의미하지 않습니다. 그것은 오늘에 이르기까지 과거에 축적된 그의 경륜을 만나는 것이요, 그의 현재의 인격과 능력을 만나는 것이요, 나아가 그의 미래의 가능성을 만나는 것입니다. 이 사실을 깨달은 사람은 누구와의 만남이든 만남을 소홀히 하지 않습니다. 만남은 상대의 과거와 현재와 미래를 동시에 얻는 것이기 때문입니다. 누군가와의 만남을 통해 우리의 인생이 전혀 예기치 않은 방향으로 전개되는 경우가 허다한 것은, 인간의 만남은 이처럼 과거와 현재 그리고 미래를 동시에 아우르기 때문입니다.

하나님과의 만남 역시 마찬가지입니다. 인간이 하나님을 만난다는 것은 하나님께서 인간의 과거와 현재와 미래를 만나 주시는 것이요, 인간 역시 하나님의 과거와 하나님의 현재와 하나님의 미래를 만나는 것입니다. 하나님께서는 영원한 분이십니다. 영원은 인간의 시간을 기준으로 한 과거와 현재와 미래를 초월하는 것입니다. 그러므로 인간이 하나님의 과거와 현재와 미래를 만난다는 것은 영원하신 하나님께도 과거와 현재와 미래가 있다는 말이 아니라, 인간의 시간으로 볼 때 우주와 인간의 역사 속에서 과거에 역사하셨던 하나님과 현재에 역사하고 계시는 하나님, 그리고 미래에 역사하실 하나님을 인간의 시간을 초월하여 만난다는 의미입니다.

인간의 만남이 중요한 것은, 만남은 상대의 과거와 현재와 미래를 동시에 얻는 것이기 때문이라고 했습니다. 그러나 우리가 만나는 사람들의 과거가 모두 아름다운 것은 아닙니다. 추하고 이지러진 과거의 소유자들도 부지기 수입니다. 우리가 만나는 모든 사람들의 현재의 인격과 능력이 다 출중한 것은 아닙니다. 만남 자체를 피해야 할 비인격적이고 비윤리적인 사람들도 분명히 있습니다. 우리가 만나는 사람들의 미래의 가능성이 다 긍정적일 것이라고 단정할 수도 없습니다. 현재보다 오히려 부정적인 미래를 살게 될 사람도 얼마든지 있을 것입니다. 게다가 인간의 과거와 현재와 미래를 통틀어도, 그 시간의 길이 또한 대단한 것이 아닙니다. 한 인간이 이 땅에 살아 있는 동안 그의 과거와 현재와 미래를 다 합쳐도 백 년이 넘는 사람은 거의 없습니다. 백 년을 산다 한들 영원의 관점에서 본다면, 백 년이란 실은 한 점에도 미치지 못할 정도로 지극히 짧은 시간입니다.

그럼에도 인간과 인간의 만남은 중요합니다. 설령 한 인간의 과거와 현재와 미래 그리고 또 다른 인간의 과거와 현재와 미래가 모두 부정적인 사람 간의 만남이라 할지라도, 마치 수학에서 마이너스에 마이너스를 곱하면 마이너스가 더 커지는 것이 아니라 반대로 플러스가 되듯이, 그 부정적인 두 사람의 만남도 경우에 따라서는 얼마든지 긍정적인 결과를 초래할 수 있기 때문입니다.

길어야 고작 백 년을 넘기지 못하는 인간의 과거와 현재 그리고 미래를 만나는 것도 이처럼 중요하다면, 하물며 인간이 하나님을 만나는 중요성은 두말해 무엇하겠습니까? 하나님의 과거는 영원하십니다. 하나님의 현재도 영원하십니다. 하나님의 미래 역시 영원함은 물론입니다. 하나님은 흠이 없으십니다. 하나님은 완전하십니다. 하나님은 전능하십니다. 하나님은 시간과 공간을 초월하시고 무소부재하십니다. 그 하나님을 만난다는 것은 과거의 역사를 주관하셨던 하나님, 현재 온 우주 만물을 주재하고 계시는 하나님, 미래에도 당신의 섭리를 한 치의 오차도 없이 성취하실 하나님을 만나는 것입니다. 그렇다면 이 사실을 알고 믿는 사람이 하나님을 만날 때, 어떻게 그 인생이 하나님에 의해 새로워지지 않을 수 있겠습니까?

다윗은 시편 34편 9-10절을 통해 이렇게 고백했습니다.

> 너희 성도들아 여호와를 경외하라 그를 경외하는 자에게는 부족함이 없도다 젊은 사자는 궁핍하여 주릴지라도 여호와를 찾는 자는 모든 좋은 것에 부족함이 없으리로다.

사자는 백수의 왕이 아닙니까? 그중에서도 젊은 사자라면 누가 감히 그 앞에 맞설 수 있겠습니까? 그 젊은 사자가 궁핍하여 주리는 경우를 상상인들 할 수 있겠습니까? 그럼에도 불구하고 사자는 혹 그럴 수 있다 할지라도, 여호와를 찾는 자는 반드시 모든 좋은 것에 부족함이 없으리라고 다윗이 고백한 것입니다.

모든 좋은 것에 부족함이 없다니, 언뜻 다윗이 화려한 왕궁에 앉아 이런 고백을 했으리라고 생각하기 쉽습니다. 그러나 시편 34편에는 '다윗이 아비멜렉 앞에서 미친 체하다가 쫓겨나서 지은 시'라는 표제가 붙어 있습니다. 그 시는 다윗이 화려한 왕궁에서 부귀영화를 누리며 모든 것을 부족함 없이 소유하고 있을 때 지은 시가 아니었습니다. 다윗은 본래 베들레헴의 이름 없는 양치기였습니다. 어느 날 블레셋의 거인 골리앗이 대군을 이끌고 이스라엘을 침공했을 때, 골리앗의 위용에 기가 질린 이스라엘 장수들은 누구 한 명 감히 나가 싸우려 하지 않았습니다. 이스라엘이 풍전등화의 위기에 처한 것이었습니다. 그때 양치기 다윗이 분연히 일어나 단신으로 골리앗을 격파함으로, 일거에 구국의 영웅이 되었습니다. 그러자 다윗에게 질투심을 느낀 사울 왕이 집요하게 다윗을 죽이려 했습니다. 다윗을 제거하지 않으면 자신의 왕위가 위태로워질 것이라는 근거 없는 두려움 때문이었습니다. 이스라엘 내에서는 더 이상 사울 왕의 칼날을 피하기 어려웠던 다윗은 이웃 가드 왕 아비멜렉에게 피신하였습니다. 하지만 그곳 역시 다윗에게는 안전지대가 아니었습니다. 어쩔 수 없이 다윗은 침을 질질 흘리면서 미친 사람 시늉을 하고서야 겨우 목숨을 지탱할 수 있었습니다. 그리고 그 직후에 지은 시가 시편 34편이었습니다. 침을 질질 흘리며 미친 사람 시늉을 하지 않고서는 생존조차 불가능했던, 절망적으로만 보이는 그 상황 속에서 "여호와를 찾는 자는 모든 좋은 것에 부족함이 없으리로다"라는 고백이 어떻게 가능할 수 있었겠습니까? 시편 34편 자체가 그 해답을 제시해 주고 있습니다.

다윗은 먼저 시편 34편 4절과 6절에서 이렇게 고백하였습니다.

> 내가 여호와께 간구하매 내게 응답하시고 내 모든 두려움에서 나를 건지셨도다(4절).
> 이 곤고한 자가 부르짖으매 여호와께서 들으시고 그의 모든 환난에서 구원하셨도다(6절).

'여호와께서 나를 건지셨도다', '여호와께서 구원하셨도다'— 주어 '여호와'에 대응하는 동사의 시제가 모두 과거형입니다. 하나님께서는 다윗의 과거 속에서 다윗을 위해 역사해 주셨습니다. 그러나 그것이 모두가 아니었습니다. 다윗의 고백은 이렇게 이어집니다.

> 여호와의 천사가 주를 경외하는 자를 둘러 진 치고 그들을 건지시는도다
> (시 34:7).

'건지시는도다'—동사의 시제가 현재형입니다.

> 너희 성도들아 여호와를 경외하라 그를 경외하는 자에게는 부족함이 없도다(시 34:9).

'부족함이 없도다'—역시 동사의 시제가 현재형입니다. 다윗은 과거 자신의 삶 속에서 역사해 주셨던 하나님, 그 하나님께서 지금 현재도 자신을 위해 역사하고 계심을 믿었습니다. 하나님께서 당신의 천사들로 하여금 아무도 손을 댈 수 없도록 자신을 둘러 진을 치게 하심으로 자신을 현재형으로 건지고 계시며, 자신에게 그 무엇도 부족함이 없도록 현재형으로 치밀하게 역사하고 계심을 다윗은 믿음으로 고백했습니다. 이것은 너무나도 당연한 일 아니겠습니까? 자신의 과거 속에서 역사하신 하나님이시라면, 그리고 그 하나님께서 영원한 하나님이시라면, 그 하나님께서 왜 자신의 현재 속에선들 역사하시지 않겠습니까?

마침내 다윗의 고백은 다음과 같이 승화됩니다.

> 젊은 사자는 궁핍하여 주릴지라도 여호와를 찾는 자는 모든 좋은 것에 부족함이 없으리로다(시 34:10).

'부족함이 없으리로다'—동사의 시제가 드디어 미래형이 되었습니다. 자신의 과거 속에서 역사하신 하나님께서 현재에도 자신을 위해 치밀하게 역사하고 계시기에, 그 하나님에 의해 모든 좋은 것에 부족함이 없게 될 자신의 미래를 다윗은 확신하고 있습니다.

이처럼 다윗에게 하나님은 자신의 과거나 현재, 혹은 미래의 어느 한 시점에만 역사하는 분이 아니셨습니다. 하나님께서는 다윗의 과거와 현재와 미래를 통틀어 동시에 역사하는 하나님이셨습니다. 그래서 그에게는 이 세상의 그 어떤 절망적인 상황도 문제가 되지 않았습니다. 그것은 오히려 감사의 조건이었습니다. 어떤 상황이든 그것은 자신의 과거와 현재와 미래를 통틀어 역사하시는 하나님에 의해 주어질 부족함 없는 미래를 향한 관문이었기 때문입니다. 이처럼 다윗은 미래뿐만 아니라 그의 현재와 과거의 의미조차도 하나님에 의해 새로워짐을 믿었습니다. 이런 믿음을 지닌 다윗이었기에, 3천여 년이 지난 오늘날까지 그가 우리 믿음의 표상으로 우뚝 서 있는 것은 결코 우연의 결과가 아닙니다.

오늘은 우리를 구원해 주시기 위해 하나님께서 보내신 예수 그리스도께서 이 땅에 오셨음을 기리는 성탄일입니다. 우리가 예수 그리스도를 믿는다는 것은, 2천 년 전 이 땅에 오셨던 과거의 예수님만을 믿는 것을 의미하지 않습니다. 주님을 믿는다는 것은, 2천 년 전 성경 속에서 역사하셨던 주님께서 과거에 역사하셨던 것과 동일하게, 우리의 현재는 말할 것도 없고 미래에도 역사하실 것을 믿는 것입니다. 바꾸어 말하면 우리의 과거와 현재와 미래를 통틀어 역사하시는 주님에 의해 우리의 과거와 현재와 미래가 동시에 새로워짐을 믿는 것입니다. 사람들은 현재와 미래가 새로워질 수 있음은 믿지만, 이미 지나가 버린 과거가 새로워진다는 것은 받아들이지 못합니다. 그러나 주님 안에서 현재와 미래가 새로워질 수 있다면, 과거 역시 새로워질 수 있습니다. 아니, 과거가 새로워지지 않으면 현재와 미래가 새로워질 수 없습니다. 새로워진 과거의 연장선상에서만 현재와 미래가 진정으로 새로워질 수 있습니다.

현재 외국에서 살고 있는 중년의 자매님이 있습니다. 가난한 시골에서 태어난 그녀는 딸 많은 집에 또 딸이 태어났다고 낙심한 어머니 손에 죽임을 당할 뻔했다가, 그날따라 일찍 귀가한 아버지에 의해 구사일생으로 목숨을 부지하게 되었습니다. 일곱 살이 되던 해에 동네 아저씨에게 성폭력을 당했습니다. 초등학교 2학년 때에는 동네에서 열린 노래자랑 잔치에 갔다가 험상궂은 남자에게 끌려가 강간을 당했습니다. 주위에 많은 사람들이 있었지만 아무도 도와주지 않았습니다. 중학교 2학년 때에는 동네 불량배들에게 납치되어 성유린을 당했습니다. 중학교를 끝으로 공장을 거쳐 조그마한 회사에 입사해서도 상사로부터 짓밟히고 말았습니다. 세상에는 자신을 짓밟는 사람들만 있을 뿐, 누구 한 명 자신을 도와주는 사람은 없었습니다. 믿을 사람도 없었습니다. 젊은 나이에 이미 만신창이가 된 자신이 이 땅에 태어났다는 것 자체가 저주스럽기만 했습니다. 찢어진 삶의 고통과 극심한 가난 속에서 더 이상 자신을 지탱할 수 없었던 그녀는, 여자로서는 더 이상 내려갈 수 없는 인생 밑바닥으로 자신을 내팽개쳤습니다. 그리고 그녀의 인생은 하루하루 망가져 가고 있었습니다. 그러다가 그녀는 우여곡절 끝에 외국으로 이주하게 되었고, 그곳에서 주님을 믿게 되었습니다. 그러나 신앙생활을 할수록, 그녀에게는 도저히 해결할 수 없는 문제가 있었습니다. 바로 로마서 8장 28절의 말씀이었습니다.

우리가 알거니와 하나님을 사랑하는 자 곧 그의 뜻대로 부르심을 입은 자들에게는 모든 것이 합력하여 선을 이루느니라.

그녀가 비록 그리스도인이 되었다 해도, 자신의 과거가 생각하는 것조차 끔찍할 정도로 추하다는 사실에는 아무 변함이 없었습니다. 대체 쓰레기보다 더 더럽고 더 역겨운 자신의 과거가 어떻게 합력하여 선을 이룰 수 있다는 말인가? 아무리 생각해도 그것은 불가능한 일로 여겨졌습니다. 과거의 문제가 해결되지 않으니, 그녀는 현재의 삶 속에서도 별다른 의미를 찾을 수 없었습니다. 그러다가 근래 그녀는 30여 명 정도가 소속된 작은 공동체와 인연을 맺게 되었습니다. 그 공동체의 구성원들은 모두 인생 밑바닥에서 삶에 지치고 사람들에게 상처 받은 가련한 사람들이었습니다. 놀랍게도 그들의 인생이 자매님과의 만남을 통해 새로워지는 것이었습니다. 자매님으로 인해 그들의 상처가 치유되고, 자매님을 통해 그들이 삶의 소망을 갖는 것이었습니다. 인생 밑바닥에서 신음해 보았던 자매님이었기에 그들의 신음소리를 들을 수 있었고, 그들의 아픔에 동참할 수 있었고, 그들과 함께 마음을 나눌 수 있었던 것입니다.

그제야 그녀는 비로소 자신이 그토록 지워 버리고 싶어 했던 자신의 과거가 주님의 아름다운 도구로 쓰임 받음을 깨달았습니다. 자신이 도저히 해결할 수 없었던 로마서 8장 28절의 말씀, 즉 쓰레기처럼 추하기만 했던 자신의 과거가 예수 그리스도 안에서 이미 합력하여 선을 이루고 있음을 확인한 것입니다. 그뿐 아니라 자신은 그동안 늘 버림받는 존재라고 생각했는데 자신을 진정으로 사랑하는 사람들도 있다는 사실, 자신도 진심으로 사람을 사랑할 수 있다는 사실을 깨닫게 되었습니다. 자신의 과거와 현재와 미래를 통틀어 역사하시는 주님에 의해 자신의 과거의 의미가 새로워졌고, 그 토대 위에서 자신의 현재와 미래 역시 새로워지게 된 것이었습니다. 그래서 그녀는 주님께 감사의 편지를 쓰고, 그 편지를 자신의 이야기와 함께 제게 보내왔습니다.

주님, 저를 아름답게 길러 주셔서 감사합니다. 저를 강하게 길러 주셔서 감사합니다. 저를 건강하게 길러 주셔서 감사합니다. 저의 바른 자아를 주님 안에서 되찾을 수 있도록 길러 주셔서 감사합니다. 저를, 주님의 향기를 품고 성장할 수 있도록 길러 주셔서 감사합니다. 제 안에 계신 주님의 빛을 발할 줄 아는 지혜를 주셔서 감사합니다. 저를 바르게 죽을 줄 아는 사람으로 길러 주셔서 감사합니다. 저를 받는 사람에서 주는 사람으로, 주님의 만찬에 참여한 사람에서 만찬으로 초대하는 사람으로, 말씀을 듣는 사람에서 참된 나눔을 행하는 사람으로 길러 주셔서 감사합니다. 무엇보다도 바르게 사랑받을 줄 아는 사람으로, 바르게 사랑할 줄 아는 사람으로, 말씀의 거울에 제 모습을 비춰 볼 줄 아는 사람으로, 말씀을 따라 진리 위에 설 줄 아는 용기를 지닌 사람으로 단단하게 길러 주셔서 감사합니다. 이제부터 오직 저를 살려 주신 주님의 증인으로, 십자가의 증인으로 살아가겠습니다.

주님께서 오늘의 본문인 고린도후서 5장 17절을 통해 이렇게 말씀하십니다.

그런즉 누구든지 그리스도 안에 있으면 새로운 피조물이라 이전 것은 지나갔으니 보라 새것이 되었도다.

그리스도 안에서는 누구든지, 과거에 아무리 추한 삶을 살았다 해도 누구든지 '새로운 피조물', '새것'이 될 수 있습니다. 예수 그리스도께서 우리의 과거의 의미를 새롭게 해주시고, 그 연장선상에서 우리의 현재와 미래를 영원히 새롭게 해주시기 때문입니다.

그 주님께서 2천 년 전 오늘 이 땅에 오셨습니다. 그 주님께서 다윗처럼 미친 짓거리를 하지 않고서는 생존 자체가 불가능할 정도로 절망 속에 빠져 있는 우리를 위해, 방금 말씀드린 그 자매님처럼 지워 버리고 싶은 추한 과거의 상흔으로 괴로워하는 우리를 위해 이 땅에 오셨음을 믿으십니까? 그 주님께서 우리의 주인이 되시어 이미 우리에게 임해 계심을 믿으십니까? 그 사실을 정녕 믿는다면 우리의 절망은, 이미 예수 그리스도 안에서 새로운 미래를 위한 발판이 되었습니다. 우리의 과거는, 예수 그리스도 안에서 합력하여 이미 선을 이루고 있습니다. 예수 그리스도 안에서 새로운 과거와 현재와 미래를 얻은 우리는 이미 영원한 새것, 새로운 존재가 되었습니다. 이 진리를 깨닫는 순간부터 우리는 예수 그리스도 안에서 영원히 새로워진 새로운 존재답게 새로운 삶을 살게 될 것이며, 새로운 삶을 사는 우리로 인해 이 세상이 새로워질 것입니다.

이것이 바로 2천 년 전 이 땅에 오신 주님의 복음입니다.

우리를 위해 주님께서 이 땅에 오셨음을 감사드립니다. 주님께서 우리의 주인으로 우리에게 임해 주심을 감사드립니다. 우리의 과거와 현재와 미래를 만나 주시고, 감싸 주심을 감사드립니다. 우리의 절망을, 주님 안에서 새로운 현재와 미래를 향한 발판으로 승화시켜 주심을 감사드립니다. 기억에서 지우고 싶은 우리의 추한 과거가, 주님 안에서 이미 합력하여 선을 이루게 해주셔서 감사드립니다. 더러운 죄인인 우리를, 십자가의 보혈로 영원한 새것이 되게 해주셔서 감사드립니다. 이제 이후로 우리 모두 일평생 주님만을 주인으로 모시고, 오직 주님 안에서 주님의 말씀을 좇아 살게 해주십시오. 지난 세월의 밑바닥 인생으로 인해 괴로워하고 신음하다가, 주님 안에서 새로운 과거와 현재와 미래를 얻은 자매님의 기도가, 우리 모두의 기도가 되게 해주십시오.

"주님, 저를 아름답게 길러 주셔서 감사합니다. 저를 강하게 길러 주셔서 감사합니다. 저를 건강하게 길러 주셔서 감사합니다. 저의 바른 자아를 주님 안에서 되찾을 수 있도록 길러 주셔서 감사합니다. 저를, 주님의 향기를 품고 성장할 수 있도록 길러 주셔서 감사합니다. 제 안에 계신 주님의 빛을 발할 줄 아는 지혜를 주셔서 감사합니다. 저를 바르게 죽을 줄 아는 사람으로 길러 주셔서 감사합니다. 저를 받는 사람에서 주는 사람으로, 주님의 만찬에 참여한 사람에서 만찬으로 초대하는 사람으로, 말씀을 듣는 사람에서 참된 나눔을 행하는 사람으로 길러 주셔서 감사합니다. 무엇보다도 바르게 사랑받을 줄 아는 사람으로, 바르게 사랑할 줄 아는 사람으로, 말씀의 거울에 제 모습을 비춰 볼 줄 아는 사람으로, 말씀을 따라 진리 위에 설 줄 아는 용기를 지닌 사람으로, 단단하게 길러 주셔서 감사합니다. 이제부터 오직 저를 살려 주신 주님의 증인으로, 십자가의 증인으로 살아가겠습니다."

주님 안에서 새로운 과거와 현재와 미래를 얻어 영원한 새것이 된 우리의 삶을 통해, 이 세상이 날로 새로워지게 해주십시오. 아멘.